国家出版基金项目
NATIONAL PUBLICATION FOUNDATION

中国近代画报大系

报刊文论卷

天津市档案馆 编

吉朋辉 周利成 主编

上海书店出版社
SHANGHAI BOOKSTORE PUBLISHING HOUSE

"十四五"国家重点出版物出版规划项目

国家出版基金资助项目

上海市促进文化创意产业发展财政扶持资金资助项目

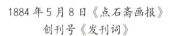

1884年5月8日《点石斋画报》
创刊号《发刊词》

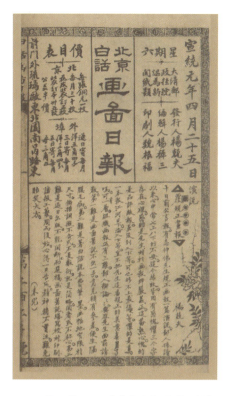

1909年6月12日《北京白话画图日报》
第220期《复规正画报》

1890年10月16日《飞影阁画报》
创刊号《发刊词》

1925 年 9 月 21 日《上海画报》第 36 期　　　1928 年 7 月 7 日《北洋画报》第 5 卷
《画报的文字》　　　　　　　　　　第 201 期《北画产生之程序》

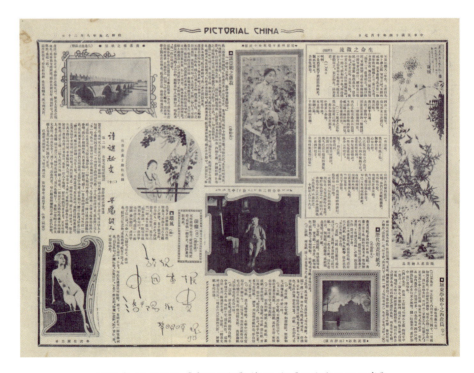

1925 年 10 月 7 日《中国画报》第 21 期《历代书画用纸考》

1929 年 9 月 21 日《北京画报》第 2 卷第 51 期
《对于画报界之刍言并祝京画》

1930 年《良友》第 49 期《五十年来画报之变迁》

1931 年 6 月 20 日《中华画报》第 1 卷第 20 期
《画报与新闻影片》

1932 年《国剧画报》第 1 卷第 1 期《发刊词》

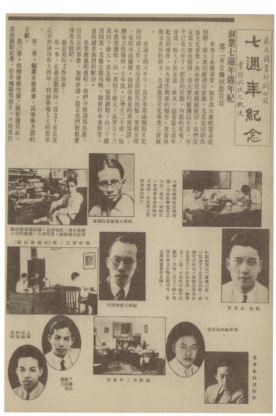

1931 年 10 月《良友》第 62 期《创业七周年周年纪》

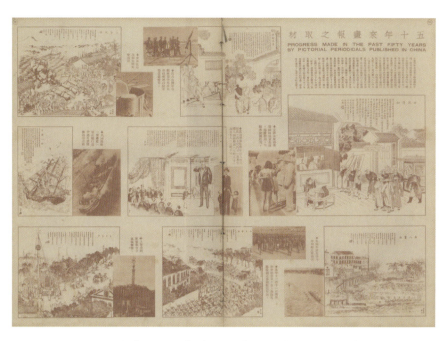

1934年《大众画报》第14期《五十年来画报之取材》

1934年《良友》第100期

1935 年《大众画报》第 15 期《从画报所见五十年前之妇女观》

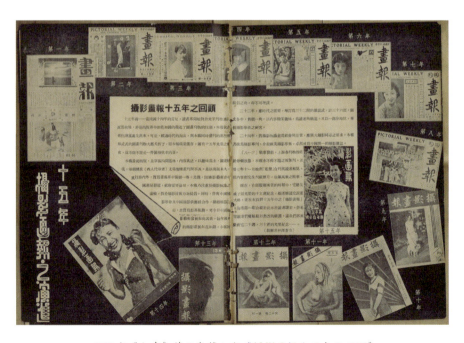

1939 年《电声》第 8 卷第 1 期《摄影画报十五年之回顾》

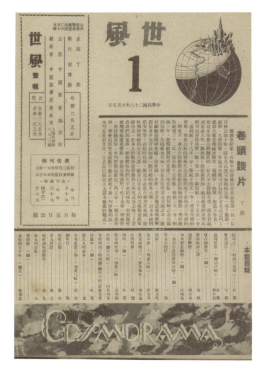

1939年9月5日《世风》创刊号《卷头谈片》

1940年《良友》第150期《谭中国的版画》

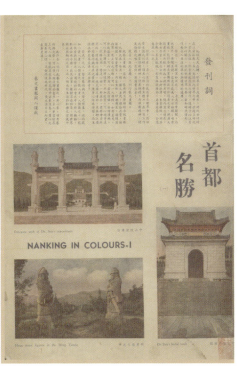

1946年7月《艺文画报》创刊号《发刊词》

总　序

陈平原

　　从事学术研究的，不见得非十八般武艺样样精通不可，因不同研究课题，难度、重点、理论框架与突破口迥异。比如近代画报研究，论述固然不易，但资料积累是第一位的。我在 2008 年香港三联书店版《左图右史与西学东渐——晚清画报研究》的前言中称："不登大雅之堂的'画报'，难入藏书家法眼，故当初虽曾风风火火，很快就星流云散，隐入历史深处了。等到学者们意识到其研究价值，已是'百年一觉'。随着中外学界兴趣陡增，若干晚清画报得以影印刊行；但若想了解全貌，还是得像傅斯年说的那样：'上穷碧落下黄泉，动手动脚找东西。'"这个努力搜寻的过程，会有很多意外的惊喜，但更多的是让人难以释怀的失落。

　　十年后，北京的生活·读书·新知三联书店刊行《左图右史与西学东渐——晚清画报研究》增订版，篇幅增加了一倍，论述上也有很多推进，这与我多年来四海奔波，进出国内外各大图书馆有关，也得益于众多晚清画报的整理与影印。除若干单行本外，尤其值得推荐的是全国图书馆文献缩微复制中心编印的《清代报刊图画集成》（2001）、《清末民初报刊图画集成》（2003）、《清末民初报刊图画集成续编》（2003）。这三套大书的制作，虽有不少错漏，但还是给我的研究提供了很大便利，故心怀感激。

　　记得三十多年前我写作《二十世纪中国小说史》第一卷（北京大学出版社，1989/1997 年；后改题《中国现代小说的起点——清末民初小说研究》，北京大学出版社，2005/2010 年），同时配套编辑《二十世纪中国小说理论资料》第一卷（与夏晓虹合编，北京大学出版社，1989/1997 年；后改题《清末民初小说理论资料》，北京大学出版社，2021 年），那种两条腿走路，相互促进的感觉，确实很不错。如此兼及史料整理与专著写作，是向鲁迅学习的，即希望每个重要论述"我都有我独立的准备"（参见《不是信》，《鲁迅全集》第三卷第 229 页，人民文学出版社，1981）。学界都知道，鲁迅的《中国小说史略》之所以在同时代著作中鹤立鸡群，很大程度缘于其有《古小说钩沉》《唐宋传奇集》《小说旧闻钞》三书垫底。我做晚清画报研究时，也很想学，但最后放弃了，原因是难度太大。

正因深知其中的利害与难处，当看到天津市档案馆周利成先生与上海书店出版社合作，拟编辑出版《中国近代画报大系》，我马上答应为其撰写申请国家出版基金的推荐信。这套大书共 8 册，涵盖了 1874—1949 年近代中国的大部分画报，包括画报图录提要卷（附画报存目提要）、报刊文论卷、公牍档案卷、中国近代画报史稿等部分。即便自撰的画报史稿不够尽善尽美，单是这巨量的资料辑存，也都将大大嘉惠中外学界。

周利成先生 1989 年开始从事档案工作，编写过《天津老画报》《北京老画报》《上海老画报》《民国画报人物志》《老画报风尚志》等书籍，还主持或合编若干天津档案图书，对画报及档案这两个领域均学有专长。由他来负责这个重大出版工程，我以为再合适不过了。

大概是研究档案出身，周先生汇编中国近代画报资料时，并不满足于作为文本的报刊文章或图像，而是兼及整个画报的生产机制以及政策制定，尤其第七册"中国近代画报大系·公牍档案卷"，涉及画报的备案、登记、监督、检查、取缔等规章制度与实施办法，我相信对日后研究新闻出版、文化批评、图像叙事的学者，都会有很好的启迪作用。

我与晚清画报纠缠了二十年，深知其中的甘苦。也曾试图将视野延伸到近代中国或整个二十世纪中国，最后搁置的理由，是搜集原始资料的工作量实在太大。如今有了周先生编纂的画报大系，我相信会有很多年轻学者涌入这一很有发展前景的研究领域。

2023 年 10 月 31 日于京西圆明园花园

编辑说明

一、本书选录 1893—1949 年中国各地报刊中关于画报的文章，另有少量文章选自同一时期出版的相关著作和政府公报，共 346 篇，按内容分为创刊宗旨、编辑者言、品评纪念、调查报道、历史考述、理论概观、著名报人七个部分。每部分文章按照发表时间顺序排列。出自同一时期的文章，保留原刊排列顺序。

二、原文以"发刊词""创刊词""发刊小言""创刊自白""编辑者言""编辑后记"等为题的，目录中在原标题前添加画报名称，以便于读者查阅。目录中的其他标题和正文中所有标题都保持原状。文末标明文章出处，包括报刊名、期数及出版时间，其中出版时间有详细至日期者，也有简略至年份者，均视原报刊所标明而定。

三、原文没有标点或标点不符合现代汉语标点规范者，一律予以添加或修正。原文未划分段落或划分不合理者，由编者酌情加以划分或修正。

四、所选文章均为繁体字，现录排为简化字。对异体字改为选用字；另对一些旧写字词，如"的"写作"底"，"很"写作"狠"，"她""它"写作"他"，"那么"写作"那末"，"知识"写作"智识"，"彻底"写作"澈底"，"哪"写作"那"，"花"写作"化"等，均保留原貌，以体现文章的历史性。

五、书中表示补充说明的"（）"均为原作者所加，予以保留。编者确认为错别字的，以正字注其后，用"〔〕"表示，个别字词确为衍文，予以删除；确认为漏字的，补注于文内，用"［］"表示；无法辨认的字用□代替；大段残缺者用〈残缺〉表示；编者删略的内容用"〈略〉"表示。

六、对原件中存疑的内容及需要说明之处以脚注作解。

目 录

contents

第一部分

创刊宗旨

发刊词①

美　查

　　画报盛行泰西，盖取各馆新闻事迹之颖异者，或新出一器、乍见一物，皆为绘图缀说，以征阅者之信，而中国则未之前闻。同治初，上海始有华字新闻纸，厥后《申报》继之，周咨博采，赏奇析疑，其体例乃渐备，而记载事实必精必详，十余年来海内知名，日售万纸犹不暇给，而画独阙如。旁询粤港各报馆亦然。于此见华人之好尚，皆喜因文见字，不必拘形迹以求之也。

　　仆尝揣知其故，大抵泰西之画不与中国同。盖西法娴绘事者务使逼肖，且十九以药水照成，毫发之细、层叠之多不少缺漏，以镜显微，能得远近深浅之致。其傅色之妙，虽云影水痕、烛光月魄、晴雨昼夜之殊，无不显豁呈露，故平视则模糊不可辨，窥以仪器，如身入其境中，而人物之生动尤觉栩栩欲活。中国画家拘于成法，有一定之格局，先事布置，然后穿绰以取势，而结构之疏密、气韵之厚薄，则视其人学力之高下与胸次之宽狭以判等差。要之，西画以能肖为上，中画以能工为贵。肖者真，工者不必真也。既不皆真，则记其事又胡取其有形乎哉？然而如《图书集成》《三才图会》与夫器用之制、名物之繁，凡诸书之以图传者，证之古今不胜枚举，顾其用意所在，容虑夫见闻混淆，名称参错，抑仅以文字传之，而不能曲达其委折纤悉之致，则有不得已于画者，而皆非可以例新闻也。

　　虽然，世运所至，风会渐开，乃者泰西文字中土人士颇有识其体例者，习处既久，好尚亦移。近以法越构衅，中朝决意用兵，敌忾之忱，薄海同具，好事者绘为战捷之图，市井购观，恣为谈助，于以知风气使然，不仅新闻，即画报亦从此可类推矣。爰倩精于绘事者，择新奇可喜之事摹而为图，月出三次，次凡八帧，俾乐观新闻者有以考证其事，而茗余酒后，展卷玩赏，亦足以增色舞眉飞之乐。倘为本馆利市计，必谓斯图一出，定将不翼而飞，不胫而走，则余岂敢。

光绪十年暮春之月

尊闻阁主人识

（《点石斋画报》创刊号，1884 年 5 月 8 日）

---

①　原文无标题，此标题为编者所加。——编者注

发刊词^①

飞影阁主人^②

　　画报昉自泰西，领异标新，足以广见闻、资惩劝。余见而善之，每拟仿印行世，志焉未达。适《点石斋》首先创印，倩余图绘，赏鉴家金以余所绘诸图为不谬，而又惜夫余所绘者每册中不过什之二三也。旋应曾太宫保之召，绘《平定粤匪功臣战绩》等图，图成进呈御览，幸邀称赏。回寓沪，海内诸君子争以缣素相属，几于日不暇给，爰拟另创《飞影阁画报》，以酬知己。事实爰采乎新，图说必求其当，每月三期，每册十页，仿折叠式装成，准于九月朔日为第一期，逢一出报。并附册页三种，曰《百兽图说》《闺艳汇编》《沪妆士女》，它〔他〕日或更换人物、山水、翎毛等册，必使成帙，断无中止。至于工料精良，犹其余事。

　　夫以一人之笔墨，而欲餍通都大邑、海澨山陬之人之心，此亦至不及之势。是册一出，吾知向之争先恐后以索得余画本为幸者，当无不怡然涣然矣。然则是册也，余敢不尽技以献耶？计每册价洋五分。本阁设在上海英租界大马路石路口公兴里内，售处托申报馆经理，以及各外埠申报处均有发兑。赐顾者请就近购阅为盼。此布。

庚寅仲秋

飞影阁主人谨白

（《飞影阁画报》创刊号，1890 年 10 月 16 日）

《启蒙画报》缘起

　　（宗旨）将欲合我中国千五百州县后进英才之群力，辟世界新机，特于蒙学为起点，而发其凡曰：古之小学左图右史，今以图说创为日报。惟是丹青绮丽，物理何裨？论议邃深，通人之病。故孩提脑力当以图说为入学阶梯，而理显词明，庶能收博物多闻之益。

---

① 原文无标题。——编者注
② 即吴友如。——编者注

（图画）参考中西教育课程，约分伦理、地舆、掌故、格致、算数、动植诸学，凡此诸门，胥关蒙养，兹择浅明易晓者，各因其类分绘为图。

（论说）图画下方演为论说，贵能引伸其理，毋使藻饰其词。理达词明，书能尽读，进而益上，学为通儒，养正之功，必从此始。

（功效）课本纷糅，旬报濡滞，以此言训，奚餍蒙求？斯报课有定程，学无限课，日新月异，首尾相衔，愚鲁不畏烦难，高明不嫌凌躐，必较寻常课读功效尤神。

（言语）中国语言最杂，甚至各府州县不能相通。本报浅说均用官话，久阅此报或期风气转移。

（理想）当世界大通，维我国民不特蹑列强之后尘，尤宜开公理之进步。此大通世界，求诸曩编四库无其陈迹，揆诸今代万国犹待大同。往者已矣，来日方长，攘攘群生，茫茫大陆，窃愿合我中国千五百州县后进英才之群力，豁然辟世界新机也，岂得诿为乌托邦耶！

（《启蒙画报》创刊号，1902 年 6 月 23 日）

《戊申全年画报》弁言

古人研究学问经济，必借左图右史，岂不以宇宙间山川、形胜、人物、风俗，下逮草木、虫鱼、鸟兽之微，苟非记载精详，即不足以供当世之研求，起群情之观感。然载籍详矣，而无精美之绘画以为参观，则世间之形形色色仍未能显著于当前，而旨趣亦必不永，此书籍之于图画所以合之则两美，而必不容分而为二者。若夫报纸为开通民智之要点，严正之词不易入，则以谐语佐之，精深之文未易喻，则以浅语辅之，而其间论说纪事所不能尽者，又必借图绘以传其神而寄其趣。此固东西报馆之通例，而亦上下社会所欢迎，蕴之弥深，恢之弥广，负规风政府、启导国民之责任者，固非此莫属也。

《时事报》之刊行《图画日报》也，创始于丁未冬月，于论说、时评、专电、要闻、各省时事、各国译闻、本埠新闻与夫小说、杂俎外，另加图画于第三张，其间如译本小说描摹欧美各国风土人情，阅者不出户庭而五洲万国之情形历历在目矣。《图画新闻》专绘各省可惊可喜可讽可劝之时事，言者无罪，闻者足戒，而劝善惩恶之意即寓于中矣。毛笔画，钢笔画，举凡鸟兽、虫鱼、草木一一绘其情状，供学堂之临摹，而动物、植物之精神无不跃跃于纸上矣。此外寓意画、讽刺画、滑稽画以诙谐游戏之情存醒世觉迷之意，我政府与国民受一时之激刺，而种种腐败皆将逐渐改革矣。综其所得，知外情，审内政，浚智识，广见闻，而于本报第一、二张之论说记载，非特并行不悖，抑且相得益彰。然则画报之发刊对于官绅商学各界所以促宪政之进行、增人民之程度者，其收效岂曰小补之哉？

虽然，犹不能无歉焉。夫事过而情移者，世俗之恒情也；即事而生感者，又人情之通例也。《时事画报》发行迄今三年于兹矣，上自缙绅士夫，下逮妇人稚子，近自吴越各省，远及欧美诸邦，莫不一纸风行，争迎恐后。然而销流愈广，荟萃愈难，期间既购阅者不无散失之虞，未购阅者更怀殷企之意。亦有中途添购，未能补全，虽一脔之已尝，实全豹之未见。苟非重行付印，辑为全编，亦何足以餍当世之心而慰购阅本报之盛意乎？本馆知其然也，因自丁未十一月发刊之日起至去冬为止，以全年画报重付石印，删订成书，并为类别群分，俾阅者日手一编，从容展阅，于焉察物理，审人情。事或杂乎庄谐，情每寓于褒贬，后之视今犹今之视昔，所以生感发而神向往者，意在斯乎？意在斯乎？

抑吾闻之：东西洋各大报馆最注意于图画一事，凡世界著名之山川、奇异之建筑、伟大之人物、新发明之机械器具，莫不摄其全影，刊入报中，以供世人之观鉴，所以民间智慧日增，识见日广，而国势强盛，亦于是乎基焉。吾国报界尚在幼稚时代，虽通商各口岸报馆已不下数百家，而注意于图画者尚鲜。本报自惭能力薄弱，仅先以此区区者贡献于官绅商学各界而已。蒙薄海之欢迎，得通人之称许，他日扩而充之，益求精进，以冀渐合于东西洋各大报馆之规则，当亦吾国官绅商学各界所亟为赞成者乎。而本报益不敢不深自加勉矣。

（《戊申全年画报》第一册，1909 年 4 月）

《菊侪画报》发刊辞（演说）

杨曼青

画报与字报比较，画报如同看戏，字报比作听书。看画报的，不认字可以瞧画儿，看字报若是不认字，即只好数个儿吧。画报一看便知，不论妇孺易于知晓，比如画有个梳拉翅头的，除却画擅楼子之外，看画儿的决不能说是个男人，这就是画报易晓的浅理。虽只说看画报容易通晓，也在乎画的好坏。画猫若像个驴样儿，大概也不大受瞧。画法出名不出名，就在笔路儿精与不精了。果然画法精工，不用说看报，就是看画儿也可以解颐。

《菊侪画报》社会上久已知名，单以画法而论，总说是一技之长，看他画的如何，就说"可以的"，"瞧的下去"，"不坏"，"看的过儿"，"还将就得"，"有点儿意思"，"没大毛病"，"在画报里头总算是一把手"。能落这们几句和平话，这笔画儿就算不容易。今天画报一出版，有人翻篇儿一瞧，概不由己的一撇嘴，说"咳！不成"，"糟糕"，"坏透了"，"不能瞧"，"这画的是什么呀"，"嗳！一本报花十五枚铜元倒是小事，可惜我的目力在画报上糟塌的不值"。以上这些句话的话，画画儿的虽然听不见，可也难免背地里有人说。

画报既讲以工细为主，万不可自己来个自卖自夸。现在各家画报，各有各的好处，还须阅报的诸君品评。画画儿的也没有幛眼法儿，也没有朦眼砂，画儿的好坏，搁在一处比，惟独《菊侪画报》不佳，预备人看报的时候，就是把菊侪这个活人，挟在画本子里头教他自己对着看画报的诸公央求，说《菊侪画报》怎么好，架不住偏不在他的画儿上注意眼光的。漫说是画报，就是字报也是一样，也怕搁在一处比着瞧呕。

记得前代有位号称"六如居士"，姓唐名寅字伯虎，本是一代的风流才子，以诗文书画名重一时。因为恃才傲物，为同时者多不相容。唐六如以清高自旷，乃以作画自娱。唐君有首七绝，如同自己写照："不练金丹不作〔坐〕禅，不为商贾不耕田。闲时写幅丹青卖，不使人间造业钱。"足见唐六如先生也是个以书画为业的。论到菊侪出这种画报，虽说是种商业，内中可关乎着开通民智的意思，较比卖画儿为业差强。可是菊侪远不及六如居士，其一技之长，搁在画报上还可以说得下去。所以今天在下这篇发刊辞，不能把《菊侪画报》夸的□□似的，满打屈着心〔辛〕苦一捧①场，人家不瞧，也就叫作白贴靴，总不如阅报诸君有目共赏为□□。

（《菊侪画报》第 1 期，1911 年 10 月 22 日）

画报复活感言

鲁 达

拒约风潮潎洞五洲，士大夫奔走于市，妇孺号叫于道，此非乙巳之秋耶？当此澎湃声中，《时事画报》乃出世，以提倡民气、启诱愚蒙为主旨，坚持平等、博爱、自由三大主义，风行一纸，遐迩传诵。政界缘是嫉之，屡施困厄，同人曾未少挫其锐，而社会之受

---

① "捧"字疑为衍文。——编者注

其影响转疾而且众。政府忌之愈深，欲施其剧烈手段，社友散避，而此画报遂黯然无声，别此昏暗沉沉之世界以去。

今何时耶？满虏之命运告终，民国之新猷初启，朝野额手，士女相庆，举凡百物，皆具生机，于是同人有以光复《时事画报》为词者。商诸余，余答之曰："君等既创日报，得以发挥素志而有余，否亦可规复其去秋之《平民画报》，何事断断于'时事'二字为？"同人曰："唯唯，否否。时事者，近代之观察物也。一时一事，变幻百出，绘影绘声，莫时事若。同人之不欲去此二字，职是故耳，岂有他哉！"

时事纷纷，余脑昏昏，骤闻友言，却立消魂。已而悟曰："是矣，是矣。"余办画报凡十年，中历时事亦凡十年，感情随事实而更变者凡千百次。即如余向主平等、自由、博爱者也，凡立一言，专就进取及物质上鼓吹之，今而知其谬也。自由平等，就物质上决不能行，纯在精神上言之耳。苟人人返其心，复其性，以求良心之所安，斯始为真自由平等也。准是一人之心理，尚且因时以迁，况世界之时事耶？社会之时事耶？然则"时事"二字，甚有趣味者也。姑爱同人之请，从新组织是报，而复以"时事"名之。

今日也者，政治之革新已去，道德之革新未来。道德非指忠信、礼义、廉节种种旧说言之。法律愈密，天性愈失；进化愈高，人道愈苦。强凌弱，众暴寡，相仇相杀，相欺相诈，皆可谓之公理。然则社会之罪恶宁有已时？言念及此，于是集同人，振其舌，摇其笔，高呼于五岭以南，而冀人民之及早警觉，则斯报之出版，不能稍事因循矣。故当民国元年初秋之日，为吾《时事画报》复活之时，余乐其可知也。余因是不得不猛勇以自勖，并勖同志诸君，且祝本报之前途，并祝世界人心日趋光明也。

谨志数言以祝之曰：乾精神灵，孕秀含英；庶汇化育，人类以成。乃有民生，亘及季世；潮流纷急，时事惊悸。手无斡天，只仗喉舌；唤醒梦梦，积愤始泄。此报来由，乙巳之秋；事值拒约，强崛出头。中历多故，为伥所苦；同志走避，不敢与语。民国鼎新，欢乐芸芸；斯报复活，还我精神。

（《时事画报》第 1 期，1912 年）

发刊辞

更 生

扬雄有言："雕虫篆刻，壮夫不为。"而学者于抚古有得，亦未尝不欣然乐，色然喜焉。际此国事蜩螗,四海困穷,吾人虽不能稿项黄馘以终,借此排遣,亦得苟全性命于乱世矣。况后起之徒,多数典忘祖,心甘自外,使衣冠文物之邦,尽沦兽蹄鸟迹之区,岂独伊川披发之痛耶。嗟嗟!四千余年之古国,虞汤文武之盛,汉武唐宗之威,不可再睹。然三代彝器,犹有存者,一经摩挲,渺焉神往,谁得以粪土而视之乎?是提倡而保存之,亦吾侪应有之责也。语云:"识时务者为俊杰。"吾人居朝无名,弃利于市,好作高蹈,亦苏轼之谓满肚皮不合时宜耳。幸海上交通称便,铸版綦易,借兹篇幅,发其精蕴,声气于焉沟通,情感允为联络。春秋佳日,同约胜游,金石焉,书画焉,古乐焉,诗词焉,尔作我馨,此唱彼和,其乐陶陶。曰:吾道不孤,吾道不孤。愿世之君子,幸毋忽诸。

（《金石画报》创刊号，1925 年 11 月 12 日）

要说的几句话

记　者

中国的报纸杂志,就现今人民知识程度而论,总算够发达的了。然而社会所最需要的画报,却还十分缺乏。画报的好处,在于人人能看,人人喜欢看,因之画报应当利用这个优点,容纳一切能用图画和照片传布的事物,实行普及知识的任务,不应拿画报当做一种文人游戏品看。举凡时事、美术、科学、艺术、游戏,种种的画片和文字,画报均应选登,然后才能成为一种完善的报纸。这样组织完备的画报,中国还没有一个。所以同人按着这个宗旨,刊行这半周刊,将来发达以后,再改为日刊,也说不定。不过大凡一个报纸的发达,不单靠报纸本身的善进,必须社会的人们从旁帮忙。 所以我们在这创刊的时候,希望社会各界的人士,多多的指教和帮助我们。

（《北洋画报》第 1 期，1926 年 7 月 7 日）

惭愧得很

骆无涯

惭愧得很。我对于电影，一来没有下过深切的研究，二来也很少与电影界接近的机会，说起来竟完全是一个门外汉。可是我们那位管见先生，一定要把这编辑的责任推在我的身上，非得使我漏这一个脸不可，再三再四的不肯担任，再五再六的要我担任。弄得我没法，只得老着脸皮上台，预备给看官们喝上一个倒彩再说。话虽如此，可是我终觉得很惭愧，因为我委实不配做这件事。

既然老着脸皮上了台，那末当然不能不开口说几句话，把我们发刊这《电影画报》的旨趣，来说一说明。诸位先要明白我们这发刊的旨趣，并不是为抱了出风头主义，特刊一张报出出风头，也不是出了这一张报，为向电影界接近，预备向电影界方面活动。老实说，我们第一个目的，是想挣钱，因为我们对于发行广告上都有把握。虽则挣不挣钱，是不能预先说定的，不过大约或者不致〔至〕于十分亏本。至于第二个目的，是想对于电影界贡献一点小意见，这种意见，电影界是否能够采纳，姑不必说，我们却只管做我们的事，尽力的贡献。还有第三个目的，国内对于电影的刊物，除出各公司宣传用自办的一种特刊外，其余委实少见。为应增〔读〕者的需要起见，似乎这张《电影画报》，也不可少。因此我们便毅然决然，大胆的把这《电影画报》产生了。诸位眼光中以为如何，伫候明教。

（《电影画报》第 1 期，1926 年 10 月 25 日）

开场白

瘦 鹃

我国近几年来，电影艺术的进步，电影事业的发达，真是突飞孟晋〔猛进〕，一日千里。不过艺术和事业是没有止境的。我国——其实不只我国——现在的电影艺术和电影事业，是否可说登峰造极，尽善尽美，我想不论何人，终不敢下这断语。同人等应着时势的潮流，创办这张《电影画报》，唯一的宗旨就是：讨论电影艺术，鼓吹电影事业。

但是同人等能力有限，虽然抱着这种志愿，恐怕不能胜任，极希望研究电影艺术者和从事电影事业者来襄助、指教。

（《电影画报》第 1 期，1926 年 10 月 25 日）

《电影画报》的责职

瑛

宣传的力量，和事业的盛衰，确实有密切的关系。所以无论那一种刊物，均具有一种宗旨，而施展其宣传能力。上海的画报，不知有了多少种，连名字都记不清楚，遑论辨别其宗旨了。这一张《电影画报》，当然为电影界尽宣传的能力，那是极显明的，用不着多说。兹就责职上约略说几句。

第一公正的评判。我国电影事业，可算是盛极一时，出品繁多，良莠不齐。对于好片固当奖誉，对于劣片，亦当针砭。第二要提创有益社会的影片。丁此世风日坏，人心刁险，文字上的劝导，几失其效力，惟电影感人最深。所以电影正可乘此机会来提创实业，改良社会。此亦是《电影画报》所应当鼓吹而提创的责职。

（《电影画报》第 1 期，1926 年 10 月 25 日）

发刊词

夫欲立言以昭大公而示来兹者，必先知立言之本。盖立言与德功并称所系綦重，且驷不及舌，一词既措，更易为难，可不慎其始哉？顾一审今日之所谓言论，辍〔辄〕有片面之言。曲护攻讦，殊乏价值，良以未谙于内容耳，则纠正之机关专矣。况中华电影，识见未丰，谋所以规导，则纠正之机关，尤不可一日迟也。

欧美电影事业，莫不依电影刊物为媒介，唯吾中华则凤毛麟角，有者悉狭小规模，不足以起社会之注意。况社会于一片之将出，咸欲得确知其价值，而制片业者亦亟须观社会心理之背向，则非有公正之刊物，以灵通之消息，剖白双方真相不可也。

同人等之纂斯书也，亦尝审之再三，而毅然以大公无私、不阿谀、不曲护为立言之基础，而打破历来电影界之宣传及攻讦政策，俾社会人士确知一片之价值，而制片者亦借此明社会之心理。故本刊于一片之问世，预将斯片之内容及公正之评论，以正当之步骤昭示社会，俾观众不致歧途妄从，浪掷金钱于虚牝。且由斯而可知一片之真价实所在，不复再为假舆论所蒙蔽矣。然斯事体大，同人等才轻力棉，汲深论短，贻讥虽〔难〕免。所冀海内立言诸君子，有以匡我不逮，则电影幸甚！本刊幸甚！

（《中国电影杂志》创刊号，1927年1月1日）

发刊词

无论一种什么出版物，第一篇无不堂堂皇皇的，冠以一篇发刊词，本刊当然也逃不过这个老例。可是，本刊雅〔也〕不愿把些无聊废话来给阅者相见。老实地把本刊之宗旨和希望写出来，告给阅者们。

的宗旨①，顾名思义，当诸君不用说是以体育为主，但我本刊们试放着远些眼光来看，中国然之体育事业，有乐观处吗？有成绩可言吗？我以为成绩不是绝无，亦未算得良好。乐观处当然有，悲观处亦大不少。这句话看来，说它是滑稽的也得，说它是滑头也得。可是，从严密的眼光看来，这句话非常之的确。就成绩方面来说，远东运动会举行了七次，其中中国曾获全场冠军一次，其它如足球、排球、篮球等，也算过得去。就中足球占六次，近数次且每况愈下。有几项运动连预赛也不能入选。那么，把成绩的好处和劣处来比较，不用说谁也知道好处少而劣处多。至到第二层就乐观一方面来说，我们试看近日的体育家人材辈出，体育机关的成立风起云涌，确是一种无上的好现象。但假如我们就悲观方面来说，则中国人士对于"体育"二字能够了解的，不过限于都市的一部分，至到内地则还万万说不上。就是那都市的一部分，也多数因为政局杌陧、地方多故，未能够尽量发展。对于中国体育事业抱着乐观的也未可敢说一定呢。

阅者们请不要怪我把些丧气的话来自隳我们的志气，不过见得这般就要说这般，有毛病就要求改良才是。我国的体育事业既如上头所说，难道是就由他便罢不成？须知我们既然明白体育事是重要的，就无论什么情形，都要澈底奋斗才是。国人大部分对"体

---

① 原文如此。——编者注

育"二字还不大注意吗？我们一定要设法子来宣传，文字宣传之外，还把图画来极力鼓吹。本刊的宗旨就是向这一方面着手！虽然是力量薄弱，也不敢不勉力去干。将来国人不用说全体，得到大部分都向体育路途上来研究，同时远东运动与及凡有对外人的竞技，都得着良好的结果，这就是本刊的最初希望了。

（《体育世界》，1927 年 3 月 30 日）

《革命画报》之使命

愚　父

《革命画报》之使命有二：一为发扬革命之精神，一为指导改革之途径。综观沪上近年以来所出之画报，处于军阀势力压迫之下，大都抱定"只谈风月"之宗旨，纵本报虽欲于是时出版，亦断不能与之并立，此固环境所迫，乃无可如何者也。

自国民革命军驱逐"土匪式"之军队以后，上海已隶青天白日旗帜之下，言论界之趋向为之一变。而反观已出版之画报，固仍陈陈相因，间有插入关于革命事业之照片，然此不过因为一种供人玩赏之性质，其效力或予阅者留一纪念之影象，至与使命无与也。所谓使命者，吾前不云乎：一为发扬革命之精神，一为指导改革之途径。

当此民族主义未达到解放目的以前，帝国主义者勾结我国之军阀、买办、资本阶级，以及反动派之煽惑作乱阴谋时代，首宜创造富于刺激性之图画，借以深刻入于民众之脑海，以坚其志意而同立于革命战线之上，以期努力前进，不稍退缩。此所谓本报当负发扬革命精神之使命也。民族主义既宣告成功以后，而世界弱小民族均得实行解放，此固吾党之所愿，然舍此以外，关于民权、民生诸端之建设，所关尤巨。凡社会上应行改革之事，如教育、实业、妇女，以及美术、宗教、戏剧等，举凡社会上之各种现象，几无一事不纳在革命范围以内。其有赖于图画效力之感化，所需甚繁。此所谓本报当负指导改革途径之使命也。在本报未产生之时代，虽欲完成上两项之使命，而苦无实验之场所。今者，本报既已印行出版，即宜首负上列两项使命，而不容稍懈者也。

丁兹革命尚未成功之日，环顾国中关于革命性质之画报，除广州外，实难其选。在上海未发行本报之先，画报除供人玩赏及可留作纪念以外，而无一种革命性之表现。犹有说也：处今后本报既已出版，若不克负此使命，未可言也。记者甚希望本报秉承先总理三大政策之革命精神，并敬谨遵守其遗嘱，以完成此发扬指导二者之使命也。

（《革命画报》创刊号，1927 年 4 月 16 日）

发刊小言

老　凋

　　我不能画，偏叫我办画报，真是约约画。无锡没有制版的地方，偏要在无锡出画报，岂不拆烂画？不，不，我不能画，有曹涵美能画；岂但能画，在无锡还能翘起一个大拇指玩玩。若说无锡不能制版，我们索性到上海去制，《工商画报》也就够了味儿了。

　　《工商画报》如何叫不能画的我办？因为我办过《三日画报》。《三日画报》办得好吗？我自己不敢说。不过停版之后，还有人挂念他。今后的《工商画报》又怎样？我越发不敢自己说。我只知道把我所有的玩艺儿，和请诸位老朋友帮帮忙，在无锡地方上辟一条新的途径吧〔罢〕了。

　　谭到宣传方面，文字万万不及图画来得普及。那末画报的销数一定突出于文字报了。不过办画报也有说不出的苦衷，我自信关于这层，狠明白社会上人的心理，在画报本身上说起来，自然以画为主体，可是社会上大多数人却喜欢瞧照片。画报潮汹涌的时代，请你把那许多画报一张一张的翻开来看，不尽都是照片多过于画吗？那末《工商画报》还是注重画，还是注重照片，我们也曾考虑到这个问题，是多载新闻照片，多载有思想的作品，把金石书画、男女明星、名伶名花等等来做陪衬。我们照这样做去，有不善的地方，那就要请读者来纠正了。

（《工商画报》创刊号，1927 年 8 月 7 日）

编辑者言

　　同人不知自量，以欲为电影智识之贡献与增进观众之兴趣，而创办《华北影报》，今更不知自量，又欲创一《华北画报》，则鼯鼠之技，能无穷乎？然而所以如此者，跬步十驾，未敢自逸耳。虽然，以同人之庸愚，纵极不自量，又安敢以兼人之事自举？故《华北画报》者，即进一步之《华北影报》耳。《华北影报》在昔为四版，今则减为二版，以昔日影声栏之一版增加材料，添插图画，扩为二版，复加封面及各院剧目预告，遂成为今日之画报。在《华北影报》之并存不废者，则欲以影报专司戏院之报告，以画报为电影智识之贡献耳。惟是同人谫陋自惭，或者希望诸君之不弃，予同人以匡助与教益，使将来之《华北影报》亦如今日之画报，或更进而得以增设期报、月报、日报，是则同人之厚幸，而馨香祷祝者也。

（《华北画报》创刊号，1928 年 1 月 1 日）

《海珠星期画报》出版纪

闽城魏君赫

昔传贾胡自异域，负镇国珠至五羊，国人重载金宝，坚赎以归。道经半海，珠复还江，固以名焉。王勃《净慧塔记》曰"闾阎雾朴，士女云流"，则昔日珠海已蔚然文物荟萃。郭景纯谓南海衣冠之气，斯其地也。今则海舶通运，路轨贯输，东西文化，流入最早，软红十丈，车水马龙，又与昔殊。《海珠星期画报》今于是而出世，缅维珠海胜迹，为革命策源地，为各省模范都。读先总理遗嘱曰："革命尚未成功，同志仍须努力。"值此珠海潮流，风起云涌，狂澜既倒，挽正有责。以是命名之意一。

抑吾闻之，珠崖故郡，多出异宝，夜光照乘，名不虚传。举一切魑魅魍魉，怪状异形，尽早毕露。斯报发起，即人情诡谲，风俗诈伪，正如禹鼎镌奸，燃犀右耀。以是命名之意二。

扶舆清淑，气多所钟。珠湄衣带，适三江秀蔚，抱五岭奇观，金石图书，层见迭出，先贤后哲，交相辉映。兹报组织，爰集古今中外名流画本，刊诸篇章，期无负此邦灵秀，以饷阅者。以是命名之意三。

或曰珠海人士，俗尚淫靡，人心浇漓，已有江河日下之势，长此而往，将何以堪！有心人所为太息咨嗟不置也。然物极必反，穷变斯通，理所常然。报纸为鼓吹文化先声，为提撕社会喉舌，安知淫靡浇漓者不复为醇懿朴茂，有如镇国之珠，去而复还耶？以是命名之意四。

噫嘻! 沈香浦外, 风雨关情。拾翠洲前, 江山增感。慨自红军蹂躏, 赤焰纷腾, 举目河山, 大都萧瑟。兰成作赋, 偏在戊辰, 而斯画报出现, 又在兵燹甫平, 疮痍未复之后。对滔滔珠石, 得无言尽声嘶, 忧伤憔悴耶? 抑知否否, 悲尽兴来, 亦盈虚有数也。不观乎当道诸公之整饬党纲, 提倡民治, 于大难初夷而励精伊始乎? 愁云黯淡之珠海, 一变而为花月光辉之珠海也。画报同人亦将振厥全神, 利其词锋, 以助政府为兴革, 不谓之乐观不可也。

文友罗君达夫, 以斯报出世舌, 余不揣弩劣, 爰撰兹篇, 并馨香以赞祝之曰: 一纸风行, 四方远布, 如玉山耀, 如珠川吐。观画兴感, 盎然真趣, 宜庄宜谐〔亦庄亦谐〕, 星期一度。诚灿然而美备兮, 为海珠之画报。

(《海珠星期画报》第 1 期, 1928 年)

时代的使命

宇宙的巨轮, 循着他铁一样的定律, 一刻不停的转变; 昨日骄视一切的花儿, 今朝已被人篡夺了王位。

诗人悲悼他的好梦不长, 委纳斯感叹人间的青春易逝。

为了要弥补这莫大的缺陷, 我们才创设了这《时代画报》。我们要从宇宙的残忍的手中, 挽回这将被摧残的一切, 使时代的青华, 永远活跃在光明美丽的园地中, 不再受到转变的侵蚀。

沧海桑田, 桑田沧海, 任是无情的宇宙颠尽了万汇的面目, 但是这里的一切将永远长存。

亲爱的读者们, 请来共同维护这新辟的园地罢。

(《时代画报》第 1 期, 1929 年 10 月 20 日)

当第一步跨上去吾们的路时

兴趣是滋润生活的唯一的要素，吾们举办这册小小的刊物便是由于某一种趣味的冲动。这本小册子也可以说就是吾们兴趣的表现，但吾们不敢即夸为艺术的表现，所以这里更不用解释吾们是躲在"象牙之塔"里呢，还是直立在"十字街头"。吾们没有固定的目标和计划，只想向美的路上一步一步的走去。吾们并不希望于人生方面有多大的贡献或影响，当诸位读到这薄薄的一册感到些恬静、深刻、轻松、美妙的感觉时，吾们就不至十分失望了。

在明媚的春光中，《艺友》已发了它底嫩芽，新生者的希望是无穷的，需要的是同好者底指导与爱护。同志们！努力吧！吾们几个人的心力是有限的。

有一点要慎重声明的，就是《艺友》绝对不是艺友社若干人底私产，它是完全公开的一片大众的园地，外稿之投来，吾们十二分的欢迎。图画方面不论创作、介绍、建筑、摄影、图案、漫画，文字方面不论诗歌、小品、散文、小说、论文、随笔，在可能范围内，吾们一定尽量的登载。

多说话是有"自家广告"的嫌疑的，算了罢。

（《艺友》创刊号，1930 年 4 月 6 日）

《墨海潮》发刊辞

查烟谷

日月星辰丽乎天，天之文也；山岳河海载以地，地之文也；人得天地之中以生，经史词章，彪炳万古，人之文也。文字始倡，实先有画，故六书首重象形、指事，而后有转注、形声。书之始，先有篆而后有隶，继有草，最后始有楷。孔子赞《易》，漆书三灭，铁挝三折，韦编三绝，其时胥以铁笔镌诸竹简。至三代彝器碑碣，尤为古人手迹之可宝者。十七帖谓五帝以来即有画，度亦以铁为笔、以漆为色者耶？经籍所载，禹铸九鼎，揭神怪之形状，以昭示来兹，其文与益之《山海经》互相发明。今九鼎之图不可复睹矣，恬笔伦纸，文明利器，书画者借之以行，然笔则创于垩者，纸则先有书绅，遥想三代时，当有以布为书画者，所谓绘事后素，指素布耶？年湮代远，惜不传耳。汉魏晋唐，代有作者，教学授受，积稿盈筐，或付诸剞劂，或被诸金石，孤本残碑，烂铜破铁，为抱残守缺者所宝。降至近代，影印之术日趋精密，范铜铸锌，脱胎如真。于是一纸真迹，可化为千万，不胫不翼而至万里焉。

敝会既居于人文荟萃之区，又丁此科学精良之日，正宜搜集名贤制作，倡导美感精神，欲以传世致远，挖雅扬风，不可无所编纂。故前为《艺苑》集其菁华，而测海有遗珠之憾；继为《墨林》摘其美粹，而战时遭散帙之悲。其言提创，仍愧因循。差幸时局苟安，斯文未丧，多材竞爽，群彦联欢。于是，本编应潮流而出世。

窃尝仰视俯察，知海潮与日月相应，为天地间最有信之一物，故名是编曰《墨海潮》。潮信逢朔望为大泛，历千万年而不爽约。此编按月发行，母〔毋〕使失信而已矣。且造化之亭毒万物，无不新陈代谢，如潮流之不停，即以一艺鸣世者，非得天独厚，即应时适宜，历世相嬗，人才辈出，譬如花草，应令发葩。故美术之道，自其变者而观之，则数年数月之间，作者之宣扬与求者之倾向，时有变更，而自其不变者而观之，则古人之精品与时人之创作，均有经久保存之资格，与日月丽天、江河行地同为不朽焉。此敝会《墨海潮》所由发刊也。

（《墨海潮》创刊号，1930 年 9 月 10 日）

发刊词

植　三

画报是现在一种鼎时髦的出版物，因为容易明了，且饶有趣味，故此极合群众心理，大受社会欢迎。古人说道，不出户庭，能知天下事，这是读报纸的效力。现在有了画报，更可不出户庭而见天下事了。有许多事情，用文字形容，说来说去，说不明白，譬如美国的海底铁路、芝城的机器屠场，用文字叙述，在未身历其境者看来，恐怕不大信为真有其事，苟一经摄影，铸成电版，印诸报上，则真形毕现，略为说明，虽识字有限，便能了解，便信其然。故宣传文化、开导民智，的确以画报力量为大，此种出品发达，就是国家极好的现象。

本报组织，唯一目的，在把世界情形，搜罗刊载，使国人未到其境，能够目睹其事。时事之外，对于各国风俗习惯、社会进化状态，特别注意，尽量揭载，使读者如到博物馆，洞悉世界大势。对于印刷铸版，务求善美，使读者不厌，一面增进见识，一面增长兴趣。但是此种责任，至为重大，尚望海内外热心文化之士，鼎力赞助，不吝教言，使得随时改善，这是我们无限欢迎的。

（《时事画报》第 1 卷第 1 期，1930 年 10 月）

发刊宣言

在这新兴的电影事业雄飞突进的年头，这一张小小的刊物应着时代而产生，原是一桩极平凡的事情。但我们却抱着十二万分的热情，希望在这隘小的园地里，培起灿烂的花，结起美满的果来！

我们不是替已过去的电影作品做宣传的留声机，是本着为人生而艺术的意义，贡献我们的真诚，联合起同情于我们的同志们来研究和讨论，怎样去发挥电影艺术的本能，使它有益于人生，尤其是要使它适合于我们的民族的人生。希望替幼稚而灰色的中国影界杀开一条血路。

西片中很多佳作，但是这些只能供我们做参考的资料，而不是整个的适合和有益于我们的民族和人生的。在以前的国产片里，不能说没有值得赞美的作品。而多数成绩的幼稚、粗劣，思想的陈腐、错误，是不容掩饰的事实。我们要站在民族的、艺术的意义上，加以善意的奖掖、纠正，使这个怒苗的蓓蕾——中国电影事业——不遭风雨的摧残，渐渐地放出美丽的花朵。借银灯的光辉，刺醒沉迷的同胞，走上光明之路。

我们的愿望是这样的伟大，而学识和能力又是很浅薄的。深望海内外的同志们给予充分的扶助，共同灌溉这块园地使它茂盛起来！我们希望做一块小小的石片，投入这湛深的艺术大海之中，会起一个波动的水花和一些共鸣的应声！

（《电影三日刊》创刊号，1930 年 12 月 24 日）

我们的宣言

汤笔花

几年前，中国影片公司好像雨后春笋，蓬蓬勃勃的开将起来，多似过江之鲫，数也数不清楚。除了少数规模较大的公司之外，其他所谓影片公司者，集合几百块钱的资本，租了一间亭子间，钉着一块马口铁的招牌，就算一所公司，居然也要开拍影片，阿猫做导演，阿狗充演员，甚至登报招考男女演员，布成种种骗局，结果逃之夭夭，闹得乌烟瘴气，不可收拾。不到几年，终究失败，同归于尽。到如今只剩了几家有实力有组织的影片公司，他们在风雨飘摇的国产电影潮流中勉强支持着，真不容易。

可是，影片公司一天一天的衰败下去，那影戏院却一天一天的多将起来，偏偏不映国产影片，却大映而特映其舶来影片！多开一家影戏院，就多替外国影片做买卖。可笑中国人正不争气，为什么接二连三的去欢迎外国影片？自从有声电影进口以来，那电影项下的漏卮，又扩大了许多，每年给外国人吸收去的金钱，正不知多少呢？话要说回来了，国产影片哪里比得上外国影片，那喜欢欣赏所谓艺术的贵同胞们，似乎不看外国电影是不时髦的，于是外国影片渐渐兴旺起来，国产电影慢慢失败下去。

讲到中国的电影出版品，除却多数专替国外电影宣传外，要想得到一本讨论国产电影的刊物，正是眇不可得，这也是潮流使然，不得不如此吧！不识时务的我们，却不打打算盘来出这本《影戏生活》，我们的宗旨是讨论电影艺术，提倡国产影片，因为迎合潮流起见，却不得不刊些关于外国的电影文字，好叫国人采他人之长，以补己之短，这一层，要请读者原谅的。

我在民国十三年曾经和周世勋、程步高诸君合办《影戏春秋》，用尖利的笔墨，作深刻的批评，不顾一切，大胆直写，销数达到两万多本。可惜出版该书的书局老板别有鸿图，就此停版，我就踏进民国日报馆编那《电影周刊》。那时邵力子、叶楚伧诸先生都很赞成提倡国产影片哩。如今我编辑本刊，好像唱独脚戏一般，幸亏老友周世勋他答应每期帮我的忙。我们除了几位特约撰述之外，很希望外界投稿。我们抱着大无畏的精神，百折不挠的干去，不为势屈，不为利诱，只知公理，不知强权，态度公正，不偏不私，不一味谩骂，不无理攻击，这是我们的宣言。

末了，还要请读者诸君多多指教、批评。

（《影戏生活》创刊号，1930年12月26日）

发刊辞（节选）

胡伯翔

凡一学艺，皆具有专门之特性，其深奥曲折，非入其中不能悉也，非读其专门之书不能明其底蕴也。学术昌明之国家，凡一学艺，无不有专门书报杂志以为研究之资，观其书报杂志，即可知其国民程度之一斑。专门之学，实一国文化所系焉。

〈略〉

过去之《摄影学月报》注重专论，《天鹏》注重照片。专论与照片俱足益人智识，增人兴趣。本杂志拟文字与照片并重，摄影佳作固甚难得，而专论尤难搜罗。盖善摄影者，未必皆能叙述其学理，然叙述学理与技艺之专论，必于善摄影者与科学家中求之。因非精于科学与艺术者，其学说无裨益于实用，反兹惑焉。

〈略〉

爰将本杂志编辑之旨趣为读者告，愿与读者共勉之：介绍各国有关于摄影之学艺，务博而窍，并鼓励国人作勇往实践之研究，融会而贯通之，使其能适应吾国文化与生活之环境；表彰真实艺术，提高标准，使国民艺术有时代精神与民族特性；矫正国人对于摄影之流行思想，使极光大，制止颂赞或谩骂式之批评，欢迎根据学理之批评，使一般人不着魔道；鼓励组织摄影团体，互相切磋，集思广益，作真实之研究，以免幼稚者巧立名目，使不知底细者易于误认，而有碍于我国艺术文化之发展。

总之，本刊以艺术为前提，用不偏不党之精神，搜罗海内摄影学者学术与经验之专论与名家之照片，供大众之参考。月出一册，布诸海内，大则提高国民艺术文化，小亦可开国民摄影之兴趣。杂志虽为文化之枢纽，终赖专家与读者之倡导，编者只负运输之责而已。苟欲中国摄影艺术在国际上占重要之地位，则国人之努力于斯道，实刻不容缓也。

（《中华摄影杂志》第 1 期，1931 年 10 月 1 日）

发刊词

年来国人对于戏曲之研究，已有浓厚之兴趣。戏剧刊物虽已产生不少，顾大多注重于研究与批评之刊载，至于文图并重如欧美之舞台画报《The Theatre》、日本之《演艺画报》，此类刊物尚付缺如。即平、津、沪各画报，亦罕有此种专门戏剧文图并重之读物也。

本会旨在振兴国剧，发扬文化，补助教育，除已印行戏剧丛刊外，并创刊《国剧画报》周刊一种。盖年来国人之治戏剧者，其目光已不专重于腔调之变化、场子之改良，而在搜集文献（如朱遏先之搜得升平署文献、齐如山之拍摄精忠庙壁画）、保存图照（如梅浣〔畹〕华之购藏明清脸谱，余叔岩之收藏程徐画像），为学的方面之校订与整理之新工作。本会同人年来所得资料，颇有足供同好之研究者，故特创刊此报，将所藏资料公诸世界，以期造成此种研究戏剧之新风尚，而于国剧前途有所裨益。

本报以图为经，以文为纬，用忠实的态度、科学方法，对国剧为整理与研究之工作。无论昆汉秦黄，一切图照概行刊载。至于附刊评论剧艺文字，悉以戏剧全部原理为标准之客观的平衡之批评，毫无派别及个人成见，纯以绝对的真善美为归宿，而成一公共研究国剧之公开机关，期于戏剧刊物中，辟一新途径焉。

（《国剧画报》第 1 卷第 1 期，1932 年 1 月 15 日）

开场白

梦　庵

银幕系世界八大艺术之一，美国十大实业界，尤占重要地位。因其有启发人性智慧和潜移默化之力，诱掖社会，厥功甚大。本报同人竭其棉薄，将中西影片作艺术之探讨，瑕瑜褒贬，一秉至公。手此一纸作顾影之向导，或公余之暇充消遣资助，均无不可。兹将本报宗旨略列如下：

（一）本报之银幕向导，视影片之优劣顺次排列，使阅者按图索骥，不致徒耗无谓金钱。

（一）本报三日一星，将该明星之历史、近影、曾演何片一一公布，务求详尽，使顾影者对于该星表演影片时发生一种兴趣。

（一）本报所刊各项照片均含艺术意味，新颖超越而未经他报揭载者，因辗转刊登之报，读者购阅，如味同嚼腊〔蜡〕之憾。

（一）本报介绍新片敏捷准确，或间出特刊，以资褒扬。

（一）本报三日一刊，俾材料充实，不致滥竽充数及转载之弊。

（《银幕与摩登》创刊号，1932年6月1日）

创刊底旨趣

新光摄影技术社社长　高维祥

酝酿已久的《健而美影刊》，今果如所期于民国二十一年十一月宣告出版了。当这本刊创刊纪念号刊行伊始，我谨以创刊人的资格，把我们健而美照相馆刊行这本在东方出版界堪称别开生面、独创一格的定期刊物底志趣，简括地写在下面：

十年来一心一志从事于摄影技术上的研究，已给我一点新的觉悟了。我觉得摄影对于人生的关系，在人像摄影上最能够表出来的。人物是社会的基础，所以人像便成为图影趣味的中心。人像摄影家的责任虽说是要忠实地描写人生的事态，把它明显地表现于纸上，但是我新近的见解，经多番的考虑之后，却以为发挥人像的健美是人像家所应当十分努力的，因为人像不但是个人生的纪念品，还须给大家欣赏着，这才含着重大的意义。它的感化力非常之大，我说它是个不灭的火、永亮的光，无时无刻不在射发着它的光辉，表示它是个"健美的典型"，值得人们的赞羡！

尤其你的爱人底一张健而美的人像照片，最能助长你对于他或她真正的认识，在真挚的恋爱上你俩都将永远的感受无限的幸福，不论您俩是生离，还是死别了。

单从摄影方面努力，而不注意人物的本身，是一般人像摄影家失败的原因。纠正人物本有的缺点，助长人物心、灵、肉、性一致的健美，便是人像摄影家的最大责任，至少对于平时不注意健美生活的人们是这样的。一位衣冠不整齐、皮肤不纯洁、体魄不健全、神采不活泼的"病客"，到了一家照相馆来，说要拍得什么健而美的人像照片，我想那位人像摄影家便要急起慌来，感觉应付困难了。他的回答也许是这样的："请你今天先到美容馆，明天再往疗养院去请教，后天回到我们这里来！"这句话真值得寻味啊！

我现在的立场还是三句话不离本行，我们在创办健而美照相馆于上海之前，特地刊行这本影刊做大众的读物，我们名正言顺的宗旨是要：（一）提倡健美的生活；（二）打破沉闷的空气；（三）助长欣赏的真趣。给我们多多选择健美的人物，并帮同一般对于人像摄影深感兴趣的同志们尽量地用摄影方法去发挥人像的健美，所以在另一方面我感得对于促进中国摄影事业所不能轻易放弃的责任。在还没有人出而提倡之前，先要：

（四）选登健美的人像;（五）译著摄影的文章;（六）介绍影事的创作。这样一来,我多年的愿望已得从今天起逐渐实现了。我们不甘自居下流,所以要顾到我们的人格,去完成我们伟大的责任!

（《健而美影刊》创刊号,1932年10月15日）

诞生的话

在这伟大的转变时代,我们虽然遭受着帝国主义和军阀官僚的层层剥削,但在黑暗的另一方面,赤热的烈焰却在火山内潜伏着。《电影与文艺》便在这严重的局面中堕地了。

尽管有人把电影视为少数人的娱乐品,文艺是没有阶级性的,但这只是骗人的伎俩。电影和文艺同是经济社会组织的上层建筑,它的价值,纯粹基于它在社会中所发生的功能。

打开窗子说亮话,本刊创办的使命,就是站在时代的立场上,在可能的范围内,介绍一些新兴电影和文艺,同时以公正的态度,对于文艺刊物和中外影片加以严格的批判。我们的力量很微薄,自然不能满足读者的要求。我们很希望,爱护本刊的人们给我们有力的帮助。

临了,致谢帮助我们的友人!

（《电影与文艺》创刊号,1932年12月17日）

发刊序旨

记　者

九一八之辱,时至今日,为两周年。既悼四省沦亡之痛,复感国势漂摇之忧。卧薪尝胆,匹夫有责,枕戈待旦,志士之分。其奋笔直书,所以大声疾呼,以警告国人者,在此危急存亡之秋，同人等岂敢稍辞其责？爰在九一八两周年纪念日，发布此刊，与国人相见，痛定思痛，更感酷楚。前事之不忘，后事之师也，览斯册者，其有儆于中乎？

凡册中所论述，力求通俗，且不敢稍为偏倚。对于中国现状，在客观上指明其痛症之所在，或则明白表出吾国现时政治上所切需要者之为何。此外，外交、国防亦稍有论述，其论旨唯在提倡民气、积极报国而已。盖今日之航空，实为国防上之急需，故专篇述焉。此外关于国民生计之痛苦，自九一八以来经过之国情，亦分编揭于纸上。至于东北四省，今已沦陷，何时收复，正遥遥无期。言念故土，同胞二千万人均沦于敌，此其伤心者，世上事宁有伦比！故篇中再三致意于东北四省，希望国人无或一刻忘之。

记者仓卒秉笔，其关于国难之痛，人民所欲言之话，未免挂一漏万，然区区报国之心，亦庶其少尽于万一耳。国难未已，时又两年，北大营之无抵抗而退却之后，其间经过关外之苦战及淞沪之血战，以至于塘沽协定，无一而非隐痛。编完之后，不禁惘叹久之。

此外，关于照片材料之搜集，亦颇费一番功夫，并用宋体字精印，此点关于同人之努力亦足述者。

末后，吾人敬致谢意于登广告各商店，使本刊能与国人相见，皆赖其踊跃之力也。

（《九一八国难纪念集》，1933 年 10 月 10 日）

大众出版社创办旨趣

事业初创，例述其旨，惟出版社无待繁言，盖刊物本身，即其旨趣之宣述者矣。夫人尽知文化事业，灌输知识，为邦国前途之所系，然其收效之厚薄，则视适应社会情形与否为权衡。中国社会对出版事业最切之要求，厥为大众化之普及运动。惟徒云"大众"，每易沦于浮泛。书报之普及，赖乎方法之实施也。具体言之：取材切合实际生活，售价低廉以便购买；意识正确以负时代前驱之责，经营克己以服务效率为前提；持远大之眼光，作周详之计划；集群力以实现之，只问耕耘，无秘诀也。同人等志趣相投，协组斯社。爰先刊行《大众画报》，其他出版继续扩展。事关文化，有待社会督促；工多愿宏，尤赖群力共擎。庶几"大众"名符其实，于国族前途容效微劳，此岂独本社所企盼？邦人君子，幸垂教焉！

（《大众画报》第 1 期，1933 年 11 月）

创刊旨趣

梁得所

《文化》是怎样的一种杂志呢？我们用本身名字来解释：文，是文章；化，是溶化。选采文章，溶化缩写，便是本刊编辑的方式。用这方式来摄载现代流动的思想，溶〔融〕汇多方面的知识。这样的刊物本子虽小，称为"文化"的提炼品也不算夸大罢。

这杂志是大众化出版计划的产品，供应读书界几种普遍而迫切的需要。几种需要是什么，和怎样可以供应，现在分别谈谈：

第一，我们需要广博的知识。生活充实的唯一秘诀，就是有所专长之外而能具备多方面的常识。我们活在现代，社会思潮和世事进展，纷呈日新月异的景象。各方面有相互的关联，求知的范围也就很广。为应博览的需求，本刊替读者搜罗国内出版的杂志三百种，选定国外杂志五十种。三百余种杂志自然包含多项的专门学识，如政治、经济、社会、科学、艺术、杂谈……我们把这些材料汇集之后，用充分的人员和时间替阅者浏览，每类中选出不可不读或值得一读的著作，摄成每月一册涵义充实的刊物。稿源既广，原著各有独到，足使内容博而能精，是无疑的结果。

第二，我们要讲求经济。读书欲既难餍饱，而个人购读数百刊物，在金钱和时间上都是不经济且不可能的事。即如本刊所搜集的中外杂志，个人只能置备偏爱的数种，其中有些恐怕我们平日连名目都未听过。虽或公共图书馆间有置备，但我们职业之余读书时间有限，欲求博览怕连文章的目录都难一一读完。再者，有时见一篇著作题目很好，费相当时间把它读完，结果所得很少或竟一无所得。种种不经济的情形，使刊物虽多，而与大众接触的机会和效能都不普及，本刊为补充这缺憾，办法已如上述，把个人未能置备的刊物尽量置备，替大众先作选择，采其精华，每篇著作的含义溶化之后，用简洁而明了的文字缩写而成短篇。这种工作之为读者讲求时间、精神和金钱上之经济，其理甚明。

第三，我们要顾全兴味。读书犹如饮食，目的虽在营养，却不能当做一种免〔勉〕强的苦事。通常足以败坏我们读书的胃口者，就是太冗长、太浮泛或太涩硬的文章，使我们食而难化。我们从这点着想，考察通常每篇著作，其内容意义可用二三千字伸述无遗。当然我们知道某项原著在某项专门读者看来不厌其长，而且本刊所未选者并非就无可读。惟在大众知识立场，本刊的质与量以适应为标准。把广大的杂志界搬到读者面前，再由此引读者到广大的杂志界，都是意中的事。是以这杂志对大众知识的供献，如用饮食为喻，纵不欲命为富有生活素的粮食，最低限度也是一种适胃而可口的点心。

以上提出对一般读者需求的供应，与其说是本刊具备的优点，不如说是创刊的旨趣。现在就本此原则让这杂志刊行问世。至于装册厚实而小巧，是预备放进每个读者的衣袋里，以其随身轻便而易读，使内容所载的涵义随时得由衣袋输入脑袋，借为知识充实之一助。这点贡献，想为大众读者所接纳罢。

民国廿三年一月

梁得所叙于大众编辑部

（《文化月刊》第 1 期，1934 年 2 月）

芳　容

周维善

当一个刊物的诞生，定有篇冠冕堂皇的发刊词，好似三不管地带卖膏药般的说着："咱有膏药真好！能治砂〔沙〕眼、鼻息不通。"结果，所谓发刊词，就是牛皮，意义和面上排列的鼻子头一般。换句词说，是如人身上的最高顶点所谓的帽子，帽子底下边，才包括着芳容，如张三爷耳朵长、李四爷眼儿大等等之类，乍看之后，便使生疏的人有个深刻的认识与印象。

现在正是春的时候，春为万物复活的时期。环顾宇宙中一切生的景象，嫩绿如茵的弱草，头与头，肩并肩，在初醉的春风飞过时，她们和潋滟萦回的绿波一样荡漾着、舞蹈着。黄油油的菜花、红灼灼的桃杏，都歌唱着。这春风、春色、春心、春情、春梦……钻进了人们的心头。春带来了欢乐，带来了生机，亦带来了忧愁和烦闷。我们这小小的艺术界，也在这春神主宰一切之中萌动了。所以，始有本刊之产生。

回顾中华五千年文化的坟墓，荒凉的枯冢，钻进这枯冢，寻找出已往日常生活的总账，所记载的艺术只是如此死人一般的呆板躯壳，似这等不啻向国际的民族地位上，宣布了中国艺术破产。如今大鼻子的黄毛们碧眼下，露布着两列皎白的贝齿，东洋的矮小和尚们趾高气扬。我们艺术界也应挥毫而起，为中华民族争口气，负起责任来！

本刊这块园地，公开的无偏无党，是全国艺术界的园地，雅俗共赏的 Garden。故此，有漫画与艺术界二和〔合〕一的部门。漫画的部分是表现代社会的现象 Antinomy 的缩影，"艺术界"是介绍国内外艺术家一切艺术杰作，使艺术的好爱者与学者得有正确的认识与趋向。

话又说回来，这个年头儿，生活尽在倾轧的齿轮下。总之，本刊不辞劳瘁与艰辛，愿与读者诸君共同努力向前走去，发扬中华民族的艺术，使她如左上方天真的稚童活泼的长大健壮起来，在国际间唱出民族英雄的豪歌在未来！

这"叶青碧草地，蓝绿水天长"的春景，多末使人心情撩乱。本刊随"春宵一刻值千金"的时节而来，且莫如"桃花乱落飞红雨"而去。这个芳容画完了，话〔画〕的缺憾是不免的，尚盼同胞热心赐教。

（《天津漫画》创刊号，1934年5月1日）

《女子画报》发刊辞

姚黄心勉[1]

我知道，一般人喜欢看画报，比看杂志的兴趣来得更浓厚些；我又知道，一般编画报的人，大都把女子当作花枝，靠她们的面孔来吸引一般人的视线；我更知道，读过《女子月刊》的人，都说她的文字是再好没有了，可是图画却比文字差得远，简直不堪寓目。

我要洗雪《女子月刊》的耻辱，我要洗雪女子的耻辱，我要从图画中激发女子的志气，提高女子的人格。因此，我早就想办《女子画报》了。可是，我没有美术天才，我没有编辑经验，我没有充份时间，我更没有丰富的印刷资本。所以，现在决不敢办月月出版的画报，只能够一季出一期，作为《女子月刊》的图画附刊或图画专号。

我想，这《女子画报》应该和别的男子画报有点不同才是。我想在这《女子画报》中刊登些向上的女性照片、女子的书画艺术家，以及各地风景、各地妇女生活，使得一般读者在文字以外，更从图画中找得真相，以作印证。

读者啊，请你们帮助我，多多投寄图画照片，把这薄薄的《女子画报》充实起来，美丽起来！自己的园地，自己来灌溉吧！

（《女子画报》创刊号，1934年6月15日）

---

[1] 夫姓姚。——编者注

前　言

叶鉴修

美术在商业上的重要，早已为一般人所公认。近年来，因为商品的产量增加及销售上的争战，顿使美术在商业上占了更重要的位置。一件商品的需要美术的装璜，一家商店的需要美术的布置，商品推销上需要多量美术化的广告，都已成了当前最重要的问题。可以说，商业美术在现在与将来的期间，将把握着商业争战上的权威。无论是厂商、店商都须应用美术来发展他们的营业，庶可在商战中站住脚头，占到胜利。

因此，商业美术作家也都应着时代的需要而起，担负这一个振作商业的重任。但是，过去因为一般商业美术的从业员，对于技巧上缺少训练，学识上缺少进修，感情上缺少联络，因此对于商业上还不能充分地挥发〔发挥〕各人的力量，使商业美术臻于更完善、更重要的地位。这不得不说是过去的一种错误和缺憾！

在最近，上海一埠的商业美术作家们，已经一致的从过去的错误中觉醒过来。大家感于商业美术的重要、个人力量的单薄而团结起来，站在商业美术作家协会的集团之下，大家作一致的努力。这一个重要的结合，我们深信与商业美术的前途上，是会发生更伟大的力量与结果出来。

本会感于商业美术的重要和各会员间需要一个进修联络的机会，因此在商业美术作家协会成立之后，便首先编印《商美》问世。在这本刊物中，我们将用我们的全力，从事于商美的理论探讨与技术进修。对外，我们将宣示本会的态度与今后的努力方向。我们想用商美的力量，来挽回近世商业不景气的狂潮，使国内的工商业从衰落中发展进步起来。这责任我们知道是很重，这事务我们知道是很繁，但是我们要在繁重中打开一条发展商业的出路来。尚望海内的美术家及厂商们随时予以赞助及指导，不胜幸甚！

（《商美》创刊号，1935 年 1 月）

发刊辞

编　者

这是《长虹》出版的第一期，照例，得由编者说几句关于印行本刊的话。

有人说："现在的一般照相材料行，往往不能与从事研究摄影的人们，作一种适当的联络，那不特使喜欢摄影的人，感到不满意，就是对于照相材料行方面，也是一个极大的损失。"不错，我们要消除这种隔阂，于是我们出版《长虹》——希望借《长虹》的小小园地，沟通关于二方面的消息。这是《长虹》发刊的缘起。

《长虹》是小册子，内中没有盈篇累牍枯燥乏味的议论，有的只是些有关摄影方面的趣味的纪载，消息的传递，相片的揭晓……希望《长虹》的读者，多供给些诸如此类的材料，这是《长虹》发刊的内容。

《长虹》是一本完全免费赠阅的出版物，目的在谋大众的服务。所有印行的费用，完全归上海河南路一四九号益昌照相材料行负担——这是《长虹》发刊的主体。

最后，希望同情的读者，多多指示我们，补我们的不足！

（《长虹》创刊号，1935 年 3 月 1 日）

开场白

编　者

我们在创办现象图书刊行社之先，就抱了个绝大绝大的欲望，这个欲望预备在现象图书刊行社成立以后出版多种伟大得惊人的杂志，只〔至〕少想在这出版狂兴时期的"杂志年"杀开一条血路。我们的希望无穷无尽，我们的工作轰轰烈烈，简直有"了不得""了不得"之概〔慨〕。

事与愿遂，现象图书刊行社宣告成立，第一册伟大而又了不得的杂志就是《现象》。创刊号编辑之先，未始不曾筹谋内容的方针，惨淡经营，居然出了五期，所谓"了不得""不得了"的成绩，只不过一册渺乎其小的小册子，算开炮第一声，血路业已打开，深堪告慰。

欲无尽止，由《现象》而《健美与艺术》，第三种杂志就临到《现象漫画》了！这"现象漫画"四个字，多么神气十足啊！自然这一册东西是非同凡响了。我们在编辑之先，抱了更大的欲望、更大的志愿工作着，预料这一册东西出版，风行遐迩，纸贵洛阳，一版再版而三版，非但"杂志年"中的狗屁东西一齐打倒掉，简直唯我独尊。凡在《现象漫画》里写一篇短得不过十七零三字①的稿子，居然文坛登龙门，声震海内外。时至今

---

① 原文如此。——编者注

日，创刊号如时出版，其内容之丰富，自不待言。

时代不停地突飞猛晋〔进〕，化费两毛大洋买一册杂志的读者们，眼光不比往昔，鉴辩〔辨〕力日益锋利，好好一册内容精采的刊物，如今是变做平淡肤浅的东西了。《现象漫画》自不例外，伟大无可伟大，渺小格外渺小，加之付印如是急促，粗制亦复滥造，未悉《现象漫画》的读者翻得如此成绩，将予以何种感想？

本来这一类的东西是雕虫小技，无足以夸大其词，更且序拔〔跋〕宣言，尤不适以阐扬本书。无管私生官生，既经出版，自当郑重其事。创刊号既如此内容，我们总认为成者已矣。前车可鉴，虽然这一册自以为伟大而实际小的刊物，我们应当尽力培植。心有余而力不足，希望同情我们的读者，共同扶持这册小东西。本刊幸甚，本刊读者幸甚。

吹牛容易，吹过了一番牛，总算占得这书端的一席地位了。实在做一件伟大的事，当然不是容易，本刊筹备二月，奔走风尘，满希望得心应手，虽不能得伟大贡献，满想予读者以新鲜刺激，所谓事与愿遂者，结果愿违于事，但我们有一日生存，尽一日责任。

话虽如此，内容花花绿绿，尽量描写动物间一切生活，然我们的性质白璧无瑕，但谁也不能污辱了我们的白纸，谁也不能购买我们的灵魂，责任我们担负，篇幅读者公有。

（《现象漫画》创刊号，1935 年 4 月 16 日）

创刊语

冯启明

当着国家多难，世变方殷的时会，同人们竟然起来创办这本刊物，好像是不识时务吧！然而，我们要想着中国中代文艺极盛之时，正在南北朝混乱时候，欧洲文艺复兴也适当宗教战争期中，足证无论古今中外，当社会生活愈不安定，人们愈加需要精神上的安慰，而文化事业即为人类的情感和思想之寄托，且又能促进人之生活而臻于美善。我们既知道文化事业与社会人类有这样的密切关系，故虽在战争混乱颠沛流离的环境，我们也当极力提倡，来减少我们精神上的痛苦，这是本刊发刊的动机。

况且，我们处于庄严伟大的宇宙间，一瞥崇高生命的内容，那复杂而严酷的生活，灵魂和精神的麻痹，真是使我们愕然而惊异，我们在这愕然而惊异的生活圈里，各自伸展其生活之技能。所以，我们就不能不跟随着这新世纪的思潮汹涌激流而前进。因此，我们就在这世纪里要创造我们新的生命，表现我们新的意志，更把我们新的生命力来作燃料，陶遍了冷酷的人寰。我们既认清这种目标，同时抱着坚定的意志，勇猛地、积极地来作这世纪的前驱，不要被这世纪踏在我们的身上而过，更将自我的精神向着新意识出发来暗示未来的进展。

本刊是公开的园地，是为着时代及大众的需求而创刊。现在只是泥土中一粒的种子，初发着的新芽，将来的怎样生长，我们固然无从知道。不过，我们当然极力的栽培灌溉，但也要读者和作家的维护指导，才能使它渐渐高长，将来开成灿烂的鲜花，结成甜蜜的硕果，永远地到处传播。

（《新世纪》创刊号，1935 年 11 月 5 日）

发刊词

现代的画报是现代的文化艺术之结晶，也是近代机械化印刷术之最高表现。它具有较其他书报杂志更易吸引注意的力量，又有较活动写真更易散布的便利，而形成为现代人士所必需阅读的刊物。同时也是社会教育及宣传事业上唯一的利器。

我们知道，文字是思考的，图画是直观的；文字是象征的，图画是写实的；文字是机械的，图画是美术的；文字是记事之符号，图画乃传形之工具；文字须学而后知，图画则不学而辨；文字因有国别故须加翻译，图画则无国界而人尽可识。所以，现代新闻纸之构造，每每文图并重，借以调和幅面，各种书报杂志亦莫不皆然，良以图画赋有天然之美，而传情逼真，与文字互相参证之结果，所予读者之意识更强而印象愈深故耳。

本画报鉴于时代使命之重大，社会需要之迫切，不揣浅陋，愿以最新之姿态，争取光明之前途。际此国难严重之时，敢忘匹夫有责之义。故苟为棉力之所及，自当以国家本位第一主义为经营最大之目标。盖现代的画报已不复是仅供消遣之读物，民族复兴的文化建设既已为整个学术界之崭新企求，则出版业之不宜自外，当为明显之理，无俟赘言。至于内容之力求充实，印刷之力求精良，文字之务期隽永，售价之务期低廉，分所当尔，尤不敢不勉。

今日为本画报创刊之期，谨举斯旨以为努力之准，尚望邦人君子严加教督，随时予以指导，不胜大愿。

（《中国画报》创刊号，1936 年 1 月 5 日）

伍联德为《图文》发刊启事

联德早岁即以倡导文化事业为职志，曾集合友人创办良友图书印刷公司，并创刊《良友》图画杂志，开辟出版界之新途径。赖同人之赞襄，社会之掖奖，得以风行海内外。联德不敢自满，数赴国外考察研究，以求进步。惟十载辛劳，心力交瘁，孱弱之躯，难胜繁剧，故于前岁辞去良友公司总经理职务，拟作长期修养，以为异日效力社会之地步。乃有昔日友好，鉴于近时出版颇现式微景象，爰组织图文出版社，并发刊《图文每月画报》，以谋复兴。且以联德对于出版事业略有心得，坚邀主持编务。联德自维谫陋，本不敢肩此重任，惟既许身文化事业，自不容苟安藏拙，故再勉竭驽骀，追随诸同志之后，共策进行。

兹于出版之初，谨申发刊之旨：窃维图画可以激引兴趣，启导知识，固已人所共悉。愿纯恃图画，得益亦属有限，必须辅以充分之文字，始能相得益彰。所以命名为《图文》，盖即取图文并重之义。其次，我国画报盛行，近年为最，然为投时尚所好，多趋软性，致为识者所诟病。矧当此国家濒于危亡之秋，正吾人埋头苦干之时，允宜于兼顾兴趣之余，应注重新知识之灌输、爱国心之诱导，俾读者进则观察宇宙万物，退则娴习持身处世之奥。救国之道綦多，即此亦其一端。惟兹事体大，诚非浅薄如联德者所敢妄冀。所幸同事诸子均学有素养，且在出版界久负时誉，联德不过参与末议，忝总其成而已。尚望当世贤俊、故友神交共锡南针，同加扶植，俾《图文》得完成其使命，幸甚。

（《图文每月画报》创刊号，1936年1月15日）

明耀五、万籁鸣、徐心芹、韦乃纶为
《图文》发刊启事

我国教育不振，民智低浅，普及知识，自以画报为宜，良以图画为共通之语言，虽异邦殊俗，皆可领会，村夫俗子皆能知解。惟晚近画报盛行，率趋软性，既失输导知识之旨，尤乏振奋人心之效。窃图画之功用固在于诱发兴趣，然不应专注于兴趣，须详叙图画所蕴含之知识，始克尽介绍知识之责任。同人气求声应，所怀佥同，爰本斯旨，为发刊《图文每月画报》。惟同人虽致力出版事业有年，究未敢自信，特商请伍联德先生担任总

编辑。伍先生为《良友》图画杂志创办人，对于画报有深长之经验，又数度出国考察研究，故思想恒能推陈出新。前经体弱辞职居家体〔休〕养，经同人殷勤相劝，勉为其难，得蒙慨允，不仅同人之幸，读者诸君谅亦引以为幸也。

（《图文每月画报》创刊号，1936 年 1 月 15 日）

发刊词

编 者

摄影在今日已成为国际间普遍的艺术。各国年来对于摄影术的研究，非常努方〔力〕。观乎近年来摄影器械之改良及摄影书报之蓬勃，不得不令人益觉中国摄影界之岑寂。

在工业落后的中国，摄影器械的制造和改良，虽暂时还谈不到，但事业的成功，端赖各人的研究和努力。欧美摄影事业之有今日，非偶然所致。摄影本为新兴科学的艺术，突飞猛晋〔进〕，亦仅数十年间事耳。十年前，日本摄影材料的需要亦都仰给于欧美，而近数年来，非惟许多简单的器械已经自造，即留影的软片，日人亦能自制，流行于市场矣。其出品之精良与否，姑置勿论，但一种努力的精神，希望国内研究摄影的同志和工业家加以注意。否则提倡摄影者，适以增国家之漏卮耳！

国内摄影界之材料，暂时既不能不取给于外人，则在使用之初，当如何斟酌而节省？常见阴天或傍晚，持方匣镜箱行速摄者，失败而不自知，虽为摄影者常识之缺乏，然亦因无相当读物为之引导耳。一般摄影者可分为二种：一种人虽手持镜箱，而对于摄影常识根本莫名其妙；另一种人则虽于摄影有些明了，而又秘密居奇。前者则愈摄愈糟糕，终觉摄影是回难事而不肯再干；后者则自夸自擂，以为"万人皆下手，惟有我最高"，其程度亦可想见。其实中国摄影者，岂无能手？独因时习之深而不好露身手。所谓大智若愚、大勇若怯、深藏若虚之隐作家，其今日真正研究摄影者欤？

编者同人素嗜摄影，几于废寝忘食。每于工余，辄挟镜箱偕出，或流连于乡村陇亩之间，或登高山而涉流水，无分于寒暑。兴之所至，即披荆攀棘，亦觉趣味盎然，以为非有耐劳克苦之精神、尖锐深刻之目光不足以言摄影，于是有鹰社之组织。二三年来，外间鲜有发表，今日本刊之发行，实第一遭与社会人士相见。

本刊以"飞鹰"命名，盖亦自祝其"云程万里""一飞冲天"也。虽然，狂风暴雨，挫折兹多，尚希读者诸君随时爱助。他日飞渡重洋，飞过喜马拉雅山，飞遍了世界，非惟本刊之幸，亦中国摄影界之光也。

本刊内容，务求艺术大众化，并极欢迎有价值的文字和意味深长之照片。我们选择的标准，不以作家之名定取舍。

本期承诸同好惠赐佳作，益增光彩，编者谨于此志十二分谢忱。

（《飞鹰摄影杂志》，1936 年 1 月）

谈办画报

秋　尘①

老同学美术家王卓受国家广告公司之聘，主编《玫瑰画报》，约包经第女士襄其事。经第从余夫妇学，前后盖已七载。受事之初，来问办画报之方法，因随手草此告之，借以就正于读者。

报，人人以为能办、好办，而其实未必；画报，人人亦以为能办、好办，而其实更未必。办报固不易，而办画报则尤难也。

因篇幅及出版次数所限，取材必须严格，绝不能有丝毫塞责，不可滥用一块版，不可多写一个字。图片不用，尽可置之架上；文字欠佳，最好扔之篓中。不登则已，登则必精。

作报无论大、小、画，要牢记一个"新"字，"一新耳目"之"新"与"推陈出新"之"新"皆属之。要想出人头地，必须时时留意，如已落在人后，最忌一步一趋〔亦步亦趋〕，努力最新收获，不必顾惜旧的。

画报应注重趣味，尽人而知，而趣味未易言也。风韵与下流，蕴藉与颓靡，仅一间耳。派头必须高尚，调门莫唱低级，与其使读者服麻醉剂，勿宁使读者"啃木梨"！

画报与日报不同。人取其大，我取其小；人取其博，我取其巧。巧多在微妙中，在人不留意中，亦多在自己缜密安排中，于是编画报者乃不能不细，手不能不细，粗枝大叶，所不取也。

画报得要美。美，为一切报纸之必备条件，而画报其尤甚者也！人不为美，何必看

---

① 即吴秋尘。——编者注

画报；我不为美，又何必办画报？能够做到王摩诘所谓"诗中有画，画中有诗"，尽美尽善，烟云满纸，则庶几近之矣。

画报还得要活。万万不可呆滞，须期期变化，各具其妙，兼收并蓄，样样周到，有庄有谐，有哭有笑，可作狮子之吼，也学黄莺之叫。夫然后才不觉沉默而单调，显得齐全而热闹。

人若问我画报果然如是办耶？曰："然。"问办画报之道果尽于此耶？曰："当然未尽，是其大者。"问当年办画报时是否遵此以行，设今日有人约你再办画报，是否亦能遵此以行耶？曰："才力或有未逮，而此最低之几项原则，则当永矢弗谖也。"又问遵此以行，又果能邀一般读者之爱好耶？曰："但期高山流水有知音耳，取悦于人人，则何敢存此奢望？"愿问难于我之经第，永识此言。

（《玫瑰画报》创刊号，1936 年 2 月 28 日）

卷头话语

编　者①

一九三四年大闹着杂志年，连接着去年的鼎盛时代，同时跟着很迅速地没落了。一九三六年，世界是危机的，社会不景气继续着，出版界沉默地，我们的《万影》在这时候生产了。

《万影》自己相信对于出版界没有什么可以贡献，只是为了出版事业趣味，我们的内容也就是趣味化，和我以前编的《女神》画报和《青青电影》是同样的，但至少是应该比较以前的进步些，跟着时代共同进步些。

《万影》的取材将多从于妇女方面的。像小姐们的时装式样，本刊当按期介绍；室内的布置，本期里是贵族化富丽的；下期拟介绍平民化的居室布置，内容是写述不尽的。编者当以最精美的材料，集合于我们的《万影》里。

（《万影》创刊号，1936 年 5 月 20 日）

---

① 编者为严次平。——编者注

改良旧剧（发刊词）

——要创造旧剧的新生命，从改良旧剧本身做起

白 雪

本报筹备之初，就有人来问："你们谈的是旧剧，抑是话剧？"我们率直地答道："旧剧。"那人便露出很鄙夷的神情道："这些封建残余，应该把他埋葬到坟墓里去，何必再去谈他？"我们又答道："我们想改良旧剧！"那人一听连连摇头，鼻子里哼了一声，冷笑道："改良旧剧？怎样去改良呢？"说毕，又吐了一口唾沫，头也不回，便扬长而去。

我们给那人碰了一鼻子灰，又干脆的教训了我们几句，一时倒使我们啼笑皆非。然而，仔细想想，觉得那人说话并非没有道理。在二十世纪的现在，时代的巨轮不断地向前推进，物质文明和科学进步的火炬正在猛烈地燃烧着。我们极应该提倡些合乎时代潮流的戏剧，而极不应该再把这些封建残余、充满古董气味的旧剧拿出来谈谈。这种与时代潮流背道而驰的举动，自难免遭人非议。然而，话虽如此，我们标榜旧剧，自然也有我们的理由。我们知道戏剧是一种艺术，戏剧的良窳、艺术的优劣，足以影响到整个民族的思想和整个国家的文化、政治以及其他一切。戏剧有了这样重要性，于是，每一个国家便需要有一个好的戏剧，使其表现这一国家民族的思想、文化、政治等等。所以，这个戏剧又叫做"国剧"。

我们中国当然也需要有一个好的国剧。不过，中国的"国剧"是什么？是平剧吗？是话剧吗？这却成为一个很严重的问题。提倡平剧的人自然主张以平剧为"国剧"，提倡话剧的人当然主张以话剧为"国剧"。你排斥我，我攻讦你，各说各的理由，于是，大家闹得一团糟。究竟谁是孰非，一时也无从断起。本报同人则以为，艺术无国界，既然致力于戏剧，便应该有一种摒除成见、公正无私的态度，去作一种广大深刻的研究。我们的见解，以为旧剧提倡封建迷信，说神道鬼，宣示愚忠愚孝，原是绝大的缺点，然而，这决不是旧剧本身的缺憾，充其量而言，剧本不良而已。至于话剧，历史既极短暂又不能深入广大民间，只是搬演些翻译作品，又因为陈义高深，无法使下层民众澈底了解，所以话剧剧本只能供给少数智识人士的欣赏之外，决不能充当大众所需要的干粮。旧剧则不然，本身早已获得极大成功，无论乡农妇孺，都有深刻印象。这样一比较，话剧与旧剧相差之远，实不可以道里计。因此，我们决不愿舍近取远，而把以往获得成功的旧剧，加以蔑视和放弃。我们决意要改良旧剧，充分地去表现国家民族的思想、文化、政治等等，使其成为中国的国剧。我们标榜旧剧，其最大目的便是如此。

但是怎样改良旧剧呢？这个口号在十几年前已经有人高唱入云了。时至今日，旧剧本身非但未见改良，反而窳败愈甚。这并非说旧剧已经到了无可收拾的地步。几千年前

的孔子学说流传到现在，今人尚且崇奉不暇，何况旧剧的潜势力已经深入了民间。不过，坐而言不如起而行。空言无补事实，唱高调更没有什么用。我们应该脚踏实地，认清目标去做。欧阳予倩说："我们要创造旧剧的新生命。"是的，要创造旧剧的新生命，只有先〔从〕旧剧本身的改良做起。我们也知道这个使命非常伟大，这个责任非常重要，我们已准备用精细的工夫、充分的时间、实干的力量、持之以恒的态度，去改良旧剧。我们决不做浮面的工作，也决不踏空言的覆辙。我们要把旧剧本身细细的加以剖解，像医生检验身体一样精细，决不许有半个微菌留存在里面。要改良旧剧的本身，要创造旧剧的新生命，除了这个方式之外，便别无其他办法可想。

　　本报发刊宗旨大概已如上述。现在不管别人在讥笑着，也不管这个工作如何地繁重，成功失败，却是另一个问题。最后，我们决不会忽视了下列两件事：一、我们当然承认话剧是前进的艺术；二、我们希望社会人士随时以大众的力量来指导我们。

（《戏剧周报》创刊号，1936 年 10 月 9 日）

创刊献辞

编　者

　　我们是渺小的一群，站在世界的一角，窥视着这无穷的宇宙。

　　世界是包罗万象，天下是无奇不有。平凡的事实中含着真理，蛮荒的泥土下埋着宝藏，等待着人们底发现共挖掘。

　　好奇之心，人人有之。人类最大的欲望是求知，最大的愉快是知的满足。假使人类没有这一种欲望，那末，一切智识无从而来，一切文明亦无由产生。所以说，好奇为文明之母，亦不为过。

　　宇宙是一部读不完的大书，一页有一页的珍奇，一篇有一篇的价值，那一页不值得我们反复阅读？那一篇不值得我们细细咀嚼？然而，宇宙无穷，人生有涯，势不能游遍天下，窥尽世间，力不从心，〔撼〕莫大焉！

　　我们时常在盼望，盼望有这么一本杂志出现，能将宇宙间一切奇怪事物、珍异现象，呈现在我们眼前。我们认为，这样性质的刊物需要很是迫切，但是，这种工作好像还没有人高兴做。为了适合这种需要，同人等不自量力地把这责任自负于肩，创刊了这本小册子。以整个宇宙为材料，以天地万物为对象，怀寻珍猎奇之心，抱有异必录之旨。上自天，下迄地，一切自然界之珍异怪象及世界各国之风土人情、科学发明、军备武器等等，均在兼收并蓄之列。图照务求新异，文学必须珍奇；借"新奇"为号召，寓智识于兴趣；言所未言，见所未见。既可供酒余饭后消遣阅读，亦可由此而知宇宙神秘究竟如何。读者设若能于趣味之外另有所得，那便是我们底意外收获了。

（《世界猎奇画报》创刊号，1937 年 3 月 25 日）

《少年画报》发刊词

西谚说："知识是力量。"每个少年都该服膺这句话，因为真实的知识是人生成功的钥。无论我们企图那一种事业成功，必须先求知，所知的越多，则所企图的事业越有成功的可能。举个浅显的例子来说：拍网球的时候，如果先知道甚么是网球术，学习关于网球的基本技能，然后更进一步研求各种拍法的秘诀，勤于练习，就不难成功［为］一个网球名手。 对于网球术是这样，对于其他事业也是如此。

我们研究各种学问，常会引用"甚么""怎么样""为甚么"几个名词。英国名作家吉卜林（Rudyard Kipling）说的，五千个"那里"，七千个"怎么样"，十万个"为甚么"，意思是说可以用"那里"起头的问题有五千个，可以用"怎么样"起头的问题有七千个，可以用"为甚么"起头的问题有十万个。这里所谓问题，当然是指关于各种知识的问题而言。吉卜林所举出的问题的数目，虽然不能包括了人类全知识所有的问题，但也可见人生的知识问题是多么的广博繁多了。各种书籍纪载着各种问题的答案，因为时间和经济关系，我们不能遍读，我们要获得能解决各种问题的真实知识，必须采用一种比较有效而经济的方法。本画报的使命，是用真实的图画和浅显的文字，介绍各种真实的知识，满足少年们的求知欲。俗语说"百闻不如一见"，图画的作用在显示事物的真实性，看了图画，不但可以在短时间内明了某种事物的真相，而且可以使所见的事物在头脑里留一深刻的印象。这就是编印本画报的意义和作用。

本画报所介绍的知识范围很广，包括自然科学、应用技术、社会艺术等。在这广大的范围里面的种种事物，有的诸位还没有澈底知道，有的也许完全不知道。例如虹是甚么东西？怎样会有雷电？怎么会有潮汐？怎么会有昼夜和四季，以及其他许多日常惯见的自然界现象，本画报将有翔实的叙述，给诸位解释。

人类怎么利用自然力？怎么发明了几种机械使它们为人类服务？本画报也要讲到。

从杠杆、螺旋、滑车等简单机械作用，讲到构造很复杂的印刷机、蒸汽轮机、戴赛尔机等，都用图画表示它们的构造和作用，使诸位澈底明白它们的工作情形。

关于动植物界的奇观，以及生命的种种活动，例如肌肉、神经和血管的工作；视觉、听觉、味觉、嗅觉和触觉等的复杂作用，都有图文解释得很清楚。

关于地质和地理方面的问题，也有很精美的图文解答了。例如地震和火山爆发的原因。风有时是我们的友，有时是我们的敌。以及其他目类的问题，都一一的简易化了。即是未受科学洗礼的少年，也能一看就懂。

本画报不但解释种种常见事物的真相，即科学界中的最新颖的学说，例如相对论、原子构造、时间与空间的秘密、星球与星云的性质，都用精确的图画，辅以浅显的文字解释清楚。无论那一个少男少女都可以明白这些学说的大概。

我们现在有留声机、无线电、活动电影等可以享乐。但是，在我们这些人当中，有几个人能够确实知道这些东西的作用和真相呢？关于无线电广播怎么会把节目送到我们家里来，有声电影怎么会在银幕上发声，留声机唱片怎么制法和怎么发音，本画报都有很精密的图文，把这些东西的作用真相，源源本本的叙述出来，使人人能懂。

本画报虽然注重科学的介绍，但我们并没有忘记了关于社会、艺术各方面的材料。体育也是我们很注意的。关于各地运动的表演及各种运动的基本技能，都将借图文的表现力，作积极的介绍和提倡。

娱乐是人生很重要的事，它能活泼我们的身心，增进我们的工作能力，诸位可以在本画报里看到不少可供娱乐的材料。

最后我们要说的，就是本画报创刊伊始，希望诸位把自己所需要的爱读的材料告诉我们，我们在可能范围内，当尽量地接受。同时希望海内的少年读物专家、教育家、科学家、艺术家、教师们、家长们对于本画报的编制予以积极的批评和指教，使这份小小的刊物日益进步，成为全国少年的恩物。

（《少年画报》创刊号，1937 年 4 月 1 日）

创刊自白

编 者

宇宙是万有的，万有包含宇宙间存在的一切。所谓人类、生物、地球和化石，都不过是孕育于万有的宇宙中的分子。这些分子全受着万有的支配而存在，离去万有，一切的存在便会失掉他的重心。而万有是千变万化的，它有一派超时间和空间的潜势力，不可捉摸地支配着一切分子，因此一切分子不能不跟着万有的变化而变化。于是，宇宙间的纷繁复杂的现象，便在万有的变化中层出不穷了。

最明显的，在人类社会中时常看到的，生存、斗争、恋爱和艺术，那委实只是万有的现象中一部分插曲，然而光是这些插曲，已够一般人领略不完，对于此外的宇宙全部演绎，自更不胜认识。固然，这世界有不少的哲学家和科学家在探讨宇宙的一切，他们也许已获得多少认识，可是一般人对于万有的认识，终感觉到不够呀！因此，为适应一般人企图认识的需要，为提供万有现象的暴露，必需有一种特殊而普遍的、别于哲学家和科学家所采取的研究形式，来从事透澈的理解，这便是《万有画报》创刊的动机。

《万有画报》是一个解剖的小宇宙，是你的宇宙，是我的宇宙，亦是人人心目中的一个小宇宙。在这宇宙的缩影中，它会坦白地反映出万有的姿态，让你认识现世界一切应认识的现象。所以，《万有》的内容该是倾向于包罗万有的，举凡人类社会的运行，有机体与无机体的演变以及其他广大的或微细的动态，含有认识个性者，都一律被采作现象的标本。这是《万有》迥异于一般庸俗的有怪癖的杂志的风格，亦就是它的特征。

这创刊的第一期，适逢英王乔治六世举行加冕典礼，就把加冕典礼的种种大书而特书。这并无什么宣传作用，乃因那种被举世瞩目的新鲜事件，亦是万有现象之一态，而这一态正是反映出二十世纪的矛盾的两重奏。一方是民主意识的抬头，一方是君主意识的残余发酵，对于这种相映成趣的奇观，乌可以不大书特书？故是来一个特辑专号。

为筹备这个专号，同时亦就是筹备创刊，曾经化费相当的时间和相当的物质精神，终算不失望兑换得相当的收获。本期之差强人意，引为自慰者，是搜集英王加冕的难能可贵的资料，相当丰富而精彩，对于"专号"两字，可称做到的。此外，一切图文亦还不致〔至〕于不顺眼，像一个新陈代谢的流行公式，那种取材是不经见的。又苏州人的消闲艺术，全篇笔致轻松而风趣，亦是够刺激的。至于叶浅予、黄尧的漫画，一望而知是精心特构。不过，就内容的总值严格估价，自认尚未臻于所定的尽善尽美的水准。故自下期起，同人等当下更大的努力，于形式内容方面作进一步的改进，同时并请爱好《万有》的读者，惠赐精彩作品（所需佳作详征稿启事），以便充实篇幅，襄我不逮，而期达到标准画报之理想也。

（《万有画报》创刊号，1937 年 5 月 15 日）

编者拜启

刊物的创刊，照例是会有发刊辞之类的东西的，那大概是为的取个吉利，表示有始有终的意思。正如新年开出门来，隔夜先在大门口贴上一个喜字同样。明知没有什么意思，即终于不能免俗。再不然，则是有什么编辑方针，或是发刊的宗旨要告诉给读者。

《电星》的创刊，说起来是有些滑稽的。现在就来说一点经过。起先，只是几个朋友偶然凑在一起，谈起近来电影、戏剧界方面的种种；后来，不知怎样的谈话的重心集到了什么戏好，什么戏不好，以后什么片子快要公映，那位伶人快要登台上来。于是，有一位朋友忽然心血来潮，提议办一个这方面的刊物试试，算是给爱好电影、戏剧的消消闲，于自己则"不作无聊之事，何以遣有涯之生"，免得整天价闲荡着。如果办得不错，则说不定还能解决一点生计。

在这样的动机下办刊物，再来写什么发刊辞之类，假装正经说一套为什么为什么，那实在还吃亏于面皮欠厚；而在被称为"孤岛"的上海的现在，要我写一点为什么来，也实在写不出；何况内容就是最好说明，走江湖者说，他的狗皮膏药能治五痨七伤，按其实际，原只是狗皮膏药一张耳。与其被人戳穿而难堪，还不如老老实实说一点实话为愈也。虽然此刻说来难免有点觉得面孔热辣辣。

如此说来，近乎发刊辞之类的东西似乎可免矣，然而免不掉。那是为我们对本期本刊，自己就觉得有好几点地方不满。第一我们原计划封面用变色版的，然而因为时间太匆促，结果却只能像现在这样子；第二又因为时间太匆促，有许多材料都还没有收齐，以致内容大为减色。至于编排的形式欠美观，那还在其次。

检举出一大串的不满，并不在于请读者诸君原谅，"一份行情一份货"，读者是应该有权利要求读物的完美的。我们也极想做到如此，所以打算从下一期起，我们就来一个改进。改进得如何程度，此刻我们还无从详细告知，可以告诉读者诸君的就是下一期起，我们将刊登一篇《剧坛外史》，作者瞿史公先生是一位剧坛的通人，他将把他所知道的外史，毫不隐饰的告诉我们。此外，我们预备把文字分成"新闻网""银色杂笔""特稿""读报剪闻"这样几类。在这样分类下，除"特稿"作有系统的报导和介绍之外，其他的都想保持一个短小精悍的原则，在重质不重量下，尽量省去费〔废〕话。这方面尤其是在"新闻网"方面，我请求诸位读者的帮忙，我们于每条新闻录用之后，当奉薄酬。

要说的话已尽于此，我们敬待诸位的指教。

（《电星》创刊号，1938 年 1 月 1 日）

序

郭一予

自抗战序幕展开以来，已达周年有余。倭寇势穷力蹙，欲罢不能；我则愈挫愈愤，愈战愈强。然为持久抗战计，必须运用宣传力量唤起民众，一致参加抗战工作，争取最后胜利。

宣传工作分文字宣传、言语宣传、艺术宣传。此次，本会约集各专家名流参加各项宣传，并由宣传组举办抗敌绘画展览，插写民族英雄事实及敌人残酷行为，触目惊心，不胜怆感。抗战迄今，被倭寇蹂躏地区面积在二百万方公里以上，人口约近一万万五千万，我将士牺牲几至十万人。我们的农村田园、工业建设以及文化机关全被毁坏，壮丁青年惨遭杀戮，多数同胞流离痛苦。至于老弱妇女受到兽军的凌辱、屠杀，实打破人类历史中黑暗的纪录。

兹值画展特刊付梓，特志数言，愿我全国同胞一心一德，在三民主义旗帜及最高领袖指挥下，努力奋斗。蒋委员长说："中国立国原则为总理创制之三民主义，此为无可动摇、无可移易者。中国民族既已一致觉醒，绝对团结，自必坚守不偏不倚之国策，集中整个民族之力量，自卫自助，以抵抗暴敌，挽救危亡。"尤其我们艺术界人士，应统一言论、思想、行动，确立必胜信念，奉行三民主义，共同努力，完成抗战建国任务，达到民族自由平等的目的！

二十七年八月二十五日郭一予于重庆行营政训处

（《抗敌画展特刊》创刊号，1938 年 8 月）

尝试者的自白

一 发①

寂寞无聊的孤岛上，书摊子的架子上仍旧挂满着花花绿绿的书报，孤岛上的读物，

---

① 即范一发。——编者注

并不算少啊！硬性的、软性的、清淡的、浓厚的、综合的、一般的，应有尽有。读者吃着了罗宋汤、英国大菜、美国面包，再有变味过的中菜，此外，我们想来一道配合大众读者的菜肴，不知应当怎样才好？我们开始尝试着，试验怎样的读物是大众读者所需要的。

在纸价飞涨、印刷费加价的时候，我们要出版一种定价低廉而内容充实适应读者的读物，在"五分"杂志里要加着铜图画报，使读者有"文""画"综合的刊物可以阅读，这是我们的尝试。

我们虽然也知道一篇极有文艺价值的文章，倘不署名"鲁迅"，是引不起读者注意的，但是我们的刊物里却并不。凡是除了作者自愿发表真姓名之外的，一概用秘密的化名。读者或者要看到许多陌生的笔名，请不必费心猜度这是谁的化名，不论是名家还是无名作家。我们要尝试有价值的文字是毋须用署名来号召的。

空洞、肤泛、敷衍都是使读者烦恼的，我们的刊物里想做到篇篇文字可读，张张图画可看。量的方面是充实，质的方面是兴趣，这是我们预备尝试的。成功？失败？都是从尝试来的，我们要尝试到失败，或者尝试到成功。

（《文画周刊》试刊号，1938 年 10 月 15 日）

创刊之话

有另起炉灶之必要

为什么我们要出版《电影》副刊呢？动机很简单。自从《电影》出版以来，我们对于好莱坞的消息与图片便特别地注意，最近期内，已由五页扩充到九页。可是一方面我们仍然觉得篇幅不够，有许多精彩的文字与铜图都不能尽量登出，同时读者常常有来信，对我们好莱坞消息方面的努力，觉得很满意，但说到后来，总是希望我们能够再扩大篇幅。所以，我们便想到这一个办法——使《好莱坞》这方面实行独立起来，成为一个独立的刊物。这便是本刊诞生的原因。

它具有特殊的优点

本刊，正如我们在下面的标语所说，是一个以好莱坞消息图文为主的影刊（我们很高兴，在我国出版界里，本刊算得是第一种这类的刊物），所以是具有它的特殊的优点。因为篇幅的增加，我们对于好莱坞影界和影人的一切，可以尽量增加；对于好莱坞的新作品，也可以多多介绍和批评。这些批评都是根据了外国著名影刊或编者观片后的批评而编写的。至少，对于爱看外片的读者们，有相当帮助吧！

还有一点很重要的

此外，还有一点很重要的。本刊的任务，可以说是代表了许多外国电影杂志。现在我们买一本外国电影杂志，最便宜也要八角钱，本刊内容是撷取各外国杂志的精华，每星期只要购阅本刊一册，一个月内的外国电影杂志，便可以无须购买了。

我们参考用的外国电影杂志有：《Photoplay》《Motion Picture》《Modern Screen》《Picture Play》《Screen Book》《Hollywood》《Film Fun》《Screen Romances》等十余种。

（《好莱坞》创刊号，1938 年 11 月 5 日）

发刊词

谢文元

孤岛人口密集，各项娱乐也应运地日益繁荣。娱乐刊物的丛生，似乎都负起了宣扬娱乐的伟大使命，各尽它们报道的能力。

人们的需要娱乐，乃是借以调剂日常生活的苦闷。人们在辛苦忙碌之余获得了娱乐，身心便得以营养，是以娱乐是人类的精神粮食，谁也不能缺少的。

然而，娱乐决不是简单的消遣事件，它有导人走入光明大道的伟大能力，也有驱使陷入殁落的危害。高尚的娱乐都有至高无上的艺术价值，谁也不能否认的。要是我们正在找寻高尚娱乐，要求在如许娱乐刊物中给我以准确的报导的话，我可以说这是绝无仅有的事。这不是说所有的娱乐刊物都未负它们应负的使命。实际上，它们确乎故意地把至高无上的艺术丢诸一旁，较有刺激的攻击事项，特别加重了质料，非但蒙蔽了读者的视闻，反且麻醉了读者的神经。因之，竟也有被恶意滥骂而自杀了。诸如此类，他们的刺激构成了陷人殁落的罪恶，对整个的娱乐圈未获得丝毫的扶植而外，却特别地加以伤害，这是一般较有目光者所共知的事实。

《仙乐画报》的诞生，并不是来纠正所有娱乐刊物的错误，而指陈他人的罪状。我们可以说是应时代人士的需要，以高尚纯正的态度，发扬娱乐的光芒，以富有艺术价值的跳舞、电影、平剧为中心材料，并副以其他娱乐的动静。虽然我们是心近力远，能力有限，对于图画、文字暨漫画等各项材料的搜集，务求确切而深蓄趣味，特约海内同人为我们执笔，本我们的精神，负出版物应负的责任。

创刊号已草率问世，幸希高明不吝赐教，并随时供给材料，本刊幸甚，读者幸甚。

（《仙乐画报》创刊号，1938 年 12 月 1 日）

发刊词

周云钦

"休谈国事，莫论人非"，被困在孤岛上的人们，早已像失去了驾驶力的小舟，已陷于烦闷的深渊，一般青年们正在黑暗中摸索，这是何等的苦闷呀！同人等有鉴于斯，就抱定了绝大的欲望，特编辑《甜心》软性读物，借以调剂生活的苦闷，增进娱乐，供给孤岛上人们一点精神的食粮。

筹备二月余的《甜心》创刊号，终于今日与读者相见了。本来早期可以诞生，而因插图及材料所缺乏之故，所谓精神食粮的成绩，只不果〔过〕一册渺乎其小的册子，终算是呱呱坠地了。希望读者们努力地培植，使得成功〔为〕一种不废之物件，那就能继续的长进了。

在经济上，《甜心》不思赚钱，也不想赔钱。在内容上，不敢博得出版界甚么的地位，只求读者认为可调剂精神的苦闷读物，则已觉不算冤枉了。

《甜心》内容多取娱乐之材料为主。若"电影""跳舞""戏剧""弹词""歌女动态"等，趣味消息报道为主体。今后如海内同文，幸希高明不吝赐教，并随时供给材料，不仅干者以及编者引以为荣，更是读者之幸也。

（《甜心》创刊号，1939 年 1 月 1 日）

写在创刊号前面

严次平

那是在二星期之前，虞嘉麟兄来找我三四次，可是几次都没有碰见。

一个傍晚，我到中西电台上去访他，嘉麟兄正在奏着曼特铃播音，第二天的早晨他介绍朱文德君和我相见。

原因是朱君和嘉麟兄合办了华安广告公司，广告公司里除了代为播音及代绘各种广告外，同时组织的计划里，还有出版部，想每月出版一册画报，做做自己公司对外的宣传。这计划是相当的伟大，上海最大的永安公司也不过如此而已。

他来找寻我的原因，就是要我来负编辑的责任，一时间我也没有想到自己编着《青青电影》和《明星照相本》的忙碌，在谈了几句他们的计划和内容后，我就一口答应了。自我踏进社会以来，对于编辑画报，我感到顶有趣味，我常时会一夜编到天亮，在印刷所的排字间机器工场一天到晚的留恋着。

讲到几年前我编辑过的画报《女神》《万影》《明星特写》等大约十几种。它的内容多半是趣味性的，这次华安广告公司出版的画报，它第一个问题，就是取材求趣味性，不苦涩，不沉闷，因了这一原因，所以我一口就答应了编辑的任务。

我在这册创刊号编辑之前，报告些关于本刊以后取材的大概内容。本刊的定名是《上海特写》，以后将以上海的种种分门别类，以趣味和常识的态度介绍于读者之前。第一期应了时令的需要，出版了一期游泳号，所以其他的部份是减去了。下期起，刊登关于美容和化妆的、家庭的装饰和建筑、卫生、经济、电影、戏剧、运动、歌舞、娱乐、文艺、摄影等类。

第一期在匆忙中编就的，是非常的杂乱无章，尤其是在广告的编排，没有一定的规定尺寸，下期起，定有一个整齐的画面，"谨此预闻，决不食言"。

（《上海特写》第 1 期，1939 年 7 月 20 日）

卷头小语

编 者

画报是一种用浅显生动的图画来表现的综合知识读物，它是撷取各种科学、美术、时事、新闻等的精华来作为资料，所以，它对于灌输知识一点，比较专门刊物有特殊的一般性。但在挽近以来的出版界，一般性质的画报委实太少了。这出版荒的现象，显然与青年的迫切求知欲互呈矛盾的反映。因此，为想尽一点灌输知识的责任起见，本公司爰有《新新画报》的创刊。

本画刊的旨趣

《新新画报》的性质，在原则上稍异于一般普通画报，它除具有普通画报的特点外，更负有发扬工商业的使命。因此，它的旨趣，第一是提供一般生活知识，第二是阐明社会现象与工商业动态，第三是介绍新工艺商品。在这三种旨趣下，本画刊企图与读者打成一片，以良友的地位来指导一般读者。

本画刊的内容

本画刊的内容，由于立场的关系以及现实环境的障碍，有许多比较硬性的东西都只能让别的画报去刊载，这里所发表的多半是含有常识性的趣味资料。虽然在阵容方面未免软弱些，但文字方面力求生动实际，图画方面注重现实趣味，这也一样足以弥补缺憾的。

本画刊的风格

所谓风格，是指形式而言。本画刊的形式迥异于一般刊物，它的编排方法着眼于文字、图画的新感觉印象，以求适应美观，而引起读者的鉴赏欲。固然这一点新颖的姿态在本期中容或未能完全做到，但来日的改进，终希望能够达到尽善尽美的目的。

本画刊的印刷

本画刊的印刷，为求绚烂有致起见，封面特用七色照相版精印。至于正文，起初本决定用影写版，但因战后的上海印刷界，几家仅有的专业影写版的印刷工厂尚未全部复业，所以不得已暂用铜版印刷。然于印刷方面亦力求清晰、美观，以饷读者。大概下一期起当在可能范围内改用影写版，已在计划之中。

本画刊的印数

本画刊的印数是三万本。三万本虽不是怎样惊人的数目，但在出版业不景气的目前，也不能不认为小有可观。这三万册印数拥有的读者，决不止于三万，至少应有十万读者。希望这十万读者能和本画刊密切维系，督促本画刊趋向改进之途。

本画刊的售价

为普及阅读起见，本画刊虽化费巨大的成本，却仍以最低的售价嘉惠读者。试想在平时，化两角代价买一本大型画刊已不可得，况值此纸张、印刷飞涨的今日？然为给与一般人以精神的粮食，这一点牺牲是分所应为的。

末了，还得要告诉读者的，本画刊因搜集资料等种种关系，暂定三个月出版一期，时间虽隔得久长一些，但给读者阅读的东西不会少于每月一期。如果必要的话，本画刊得随时遵从读者的意见改为月刊。

（《新新画报》创刊号，1939 年 7 月）

卷头谈片

丁　熙

据调查结果，百物中的涨风以文具品居第一位，占百份之四十强。这文具品究不知指的是那一项？仪器，纸张，文房四宝，算起来全都可以包括在文具品之内。仪器大都是德国来路货，划线笔、圆规制造不容易，而且又全部都是纯钢质的。

好久不去探听市价，现在买起来定必大吃一惊无疑。就记者所知，只有纸价的市情比较可以弄得清楚一点。算一算，铜版纸八十五元一令，道林纸二十八元一令，报纸十四元一令。这是目前的价格，那么，以前的价格又是怎样的呢？记得在三年前的一个夏天，朋友中间偶然也动动出版物的脑筋，那时铜版纸卖三十二元，道令纸十元零点，报纸三元一令。相隔三年，统盘纸价相差竟达三倍有余。出版物之在目前的情状，其困难也可知。

可是，文化究竟是立国之本，说好听点是精神食粮，即使退一步想，看看杂志、画报，解解闷儿，多少也可以知道一点目前的世界大势，以及本国的状况等等。在此时此地，尽也不必说什么文化救国、鼓吹热忱那样的大言大语，只是以文化人的立场报道点零碎消息。许多人的脑海里想像到上海究竟是怎样了？看看我们的画面，细细体味我们文字里的味儿，别说像吃橄榄那样涩里带甜，就说是啤酒吧，吃了也够一个爽快。再仔细算算，本刊售价每册定二角五分，一点不想牟利。那么，出书究竟赶点什么正经呢？说一句厚脸的话，本刊是提倡文化，立在自己岗位上去谋求应尽的职责。

（《世风》创刊号，1939 年 9 月 5 日）

发刊词

胡心灵

当一九三九年将逝，一九四〇年来临的时候，我们这一个小小的刊物——《电影生活》，呱呱坠地了。

在创刊号发刊的今天，照例行公事，要说两句开场白，把我们的立场、宗旨和希望，略略地申述一下。

文化是人类的精神食粮，我们的刊物虽小，但也究竟是精神食粮之一。人类的精神食粮，较肉体的食粮，当然尤为重要。食粮能够维持人的生命，同时也能损碍人的生命，那是要看这食粮的性质如何为定。所以，一个刊物的出版与否事小，而影响读者与社会事大。所以，在创刊号发刊的今天，编者个人感到相当的"寒心"。不过，以我们的力量和在目前的环境，我们不求有功，但愿无过，做到问心无愧，就心满意足了。

我和文楠兄合资创办本刊，一无作用，二无背景，完全是出于兴趣，基于友谊的合作。所以，我们的立场是最纯洁，最公正。我们鉴到过去一般有关电影界的所谓"舆论"，每每易陷于非"骂"即"捧"的二个极端，或者图一时下笔时和博得一些低级趣味之流的兴趣，在有意无意间，却影响了他人的名誉和人格。连想起从前阮玲玉所说的"人言可畏"四个字，不禁使我们执笔的人为之战栗。舆论有时被人利用了，可以当作一把杀人不见血的刀。因此，我们抱定不漫骂、不瞎捧的宗旨。但如果有值得颂扬的地方，我们也乐于颂扬，如果应该声讨的时候，我们也不辞口诛笔伐。

我们的名称既叫作《电影生活》，因此，我们不论在文字上或照片上，特别注重电影生活。第一期因为创刊伊始，未能名副其实，深以为歉。但我们自第二期起，将照此目标做去。同时我们希望电影从业员和读者诸君与我们精诚合作，使这一个小小的刊物，能够得到充份的营养，得以长大成人，成为电影从业员与读者自己的刊物，以期贯澈我们的初衷。

本刊编印匆促，缺点不免，又因本期提前（圣诞节）出版，故发稿较早。承诸友好所赐之大作，凡本期未及排入者，当于下期发表。尚祈读者与作者诸君见谅是幸。又蒙沪江照相主人姚君为本刊特摄封面照片，谨此一并致谢。

（《电影生活》创刊号，1940 年 1 月 1 日）

前　记

　　暑假期中我们偶然谈起课外的工作，似乎没有伟大的企图，轻轻地把自己的能力估计一下，似乎又可以办一个版画月刊。什么困难都没有顾虑到，意志却十分坚决。随后解决了经济的问题，纸张和印刷也相继解决了，偶然就产生了这个小小的刊物——《现实版画》。

　　我们为的是提高兴趣，加强学习能力，并不想扯起大旗说大话，压倒一切，亦不想出风头、赚大钱。不说自己的好，但不敢存心潦草，宁缺毋滥，在质方面下工夫。

　　内容以抗战建国及后方生活为主，不涉党派，不作无病呻吟，立场是严正的。版画之外还有一些关于艺术方面的文字。

　　内地缺少版画上的材料，印刷也相当困难。所以，铜刻、石刻等作品都没有，现在只有木刻。用原木板印刷当然不是理想的，但成本已很重了。在印刷方面蒙三育研究社努力帮忙，不胜感谢！

　　几位先进木刻家答应和我们刻一点东西，可惜这期出得太速，未能等候，歉甚！我们的助教孙宗慰先生能和我们赶写一篇文章，实属难得。朱文振先生代我们翻译，一并在此致谢！

十一月一日写于艺术室

（《现实版画》创刊号，1940 年 11 月 1 日）

发刊词

郑天木

　　在这沉闷的气氛里，加了"易惹是非"底时代，最聪明的处世方法还是持着一种"闭门读书"的态度罢。然而，沉沦在孤岛上的一大群，总感觉到"文化的囤积"。漫画的诞生，可以说是想弥补这缺乏之一个极其渺小的单位，也可以说有限的碎米在平粜。这"官话""开篇"，本来不预备写的，可是为了表示本刊的态度、内容和展望而又不能少了这些。

　　漫画的一贯态度，是促进文化之又一因素，象征现实社会之缩影。内容侧重于漫画和木刻，除此之外还挟着一些世界名作、摄影、编译、文艺、戏剧、诗歌等，和一些有趣味而不是低级的东西。不论是什么，凡足以一阅一读而不背时代进展的、来表现社会底生活的、不偏于任何思想的，都概括起来。因此，在综合阵线上，沙石的地方恐怕难免。然而，一座巨厦的完成，单靠了士敏土——水泥，没有沙石的混合，是难于凝固而成的。新兴艺术在打样的时代，应当尽量地扩展和尝试，以树立广大的基石。

一个小型的刊物，为了目前的"荒"，顾不了这小东西的营养是什么，急速地就降临人间了。它也许先天不足，让社会的大众来"后天培养"罢。刚出世的它，对自己抱着绝大的希望。但在萌芽时代，不能马上就有优美的果实，正待群众的维护。不久的将来，也许成就它所期望的开展。本刊抱极大的决心以求实现将来的开展，但十二万分的希望读者给予我们"永生"的指导。

（《漫画月刊》创刊号，1941 年 5 月 10 日）

发刊小言

一个刊物的创刊，照例似乎得来一个发刊旨趣之类的话，我们既不能免俗，好在这里又留出一块空白，不妨来谈谈我们的立场以及关于发刊《中国影坛》无关紧要的话。

我们以为在目下这个时期，在公余之暇，还是看看电影比较实惠些，说得低鄙些，我们不妨以电影作它为一种消闲品。一种娱乐，无况它不但是个综合艺术的结晶品，而且多少含有些教育成份的。所以，我们的目的是希望大家不妨多化些时间，多费一点心血在这上面研讨研讨。

《中国影坛》在草率的筹备出版了，内容离开我们理想太远是必然的事，这是万分抱憾的。我们相信在这之后一定能弄得理想一些，而愿意使读者看到一些趣味的、崇高的、新型的文字与相片。

我们的出版是站在读者的立场，我们不愿意让读者看得到一本纯粹的宣传刊物，我们即使有一部份宣传的东西，然而我们相信这是读者所喜爱的。请检阅一下我们的内容，相信便会了解我们苦衷的。

《中国影坛》是属于读者们的，我们热诚读者赐予高见，同时我们预备放置一个信箱，读者诸君有关于电影方面疑难问题，我们尽可能的为读者服务，关于此类函件，请径寄上海维尔蒙路树德里三十四号李松毅君转《中国影坛》编辑部。

（《中国影坛》创刊号，1943 年 11 月）

创刊词

钟克明

在首都，不乏政治、经济、文化各部门的刊物，但通俗的、易于为大众接受的综合性的画刊尚付缺〔阙〕如。这真是一个遗憾。

我们相信，这种通俗趣味性的综合刊物，不仅易于为大众接受，而且是社会一般人所需要的调剂精神的读物。为适应社会的需要，于是我们决定创办这《都市生活画刊》，直接的使它成为大众精神的食粮，间接的在调剂读者精神之余，灌输一点知识，使大众生活在都市里合理化一些。

当我们开始筹备时，才感觉到工作的艰辛，譬如稿件的来源就是一个大问题。虽然承蒙友好们热诚的支援，给予我们许多可贵的文章，但知识方面的翻译的稿件几乎没有，这已经失去我们办这刊物的一半意义。不过，我们并不灰心，我们想等刊物出版以后，是有许多读者来帮忙的。

匆忙的使《都市生活画刊》和读者见面了，在创刊词上我们不愿多说什么，我们只是埋头作去，作到合乎我们也合乎读者的理想境地。不过，单靠我们自己的力量是不够的，我们在等待读者热情的援手。

（《都市生活画刊》创刊号，1944 年 6 月 1 日）

发刊词

《艺文画报》同人

地球天天在转，世界日日在进步，时代亦时时在往前拓展。吾人生活于此世界之中，欲赶上时代，不致落伍，即当对此进展之时代，随时予以注意，加以关切，庶能明了世界大势，审知时代情形，作为吾人生活的准则与环境的适应。

语云："耳闻不如目见！"普通日常新闻，白纸黑字，传闻异词，容或不能为人十分了解；唯有画报，能将各种真实图照提供于读者之前，使广大读者有目共睹，对此如亲历其境，随而产生情感，发出力量。黑白分明，知所抉择；朱紫杂陈，明其去取。美美丑丑，形态无从掩饰；善善恶恶，公道自在人心矣！

抑有进者，吾人生活于此进步之世界中，因日常生活之忙碌，烦其心神，劳其体力，在一日工作之余，理宜调剂精神，舒展胸襟，而调剂精神、舒展胸襟之唯一良伴，则图画尚矣！

故吾人应此需要，乃刊行《艺文画报》。此《艺文画报》系为一艺术与文学的综合性画报，九开大本，每月一期，图文并茂，雅俗共赏，编排精谨，质量丰富，内容生动，印刷优良，堪称国内第一流正宗之刊物。可以一人独阅，如对至友，伴我寂寞；可以二人同看，若逢佳偶，倍增情趣；可以多人传观，似得瑰宝，共加欣赏；可以赠寄远人，恍接良朋，借通心曲。一册在手，使精神有所寄托，情感得以升华。戒荒废之嗜好，免无聊之游乐。因艺术与文学之薰陶，使身心得其安慰，而生活止于至美至善，不亦乐乎！

若天下之人，皆有艺术与文学之修养，进而能知"爱人者人恒爱之，敬人者人恒敬之"，能以敬爱与同情之心周旋于社会之中，对人接物，动止必循乎理，从政治事，举措不出于妄，则世界将永无相砍之日，而人类咸能生活于和乐之空气中矣！

此即吾人刊行此《艺文画报》之一片心意。唯有艺术与文学，可以使人类复归于自然。吾人希望世界上之人类，皆能在爱美的氛围中滋养生息，群以此爱美的心情，不断推进此时代，使生活日日向前，至美至善！

《艺文画报》同人谨启

（《艺文画报》创刊号，1946 年 7 月）

摄影同志们起来

——为纪念知友陈传霖君作

卢施福

摄影同志们，我们彼此阔别了好久。当我们又在这里互相会面，真是何等欣喜。我们处在这个乱世界里，经过遥遥八年的战争，如今能得你我相看，彼此还在人间，真是幸福！

在这八年里，世界的幻变不必说，单说我们摄影同志集团里也受着一桩损失，就是黑白影社发起人之一的摄影忠实同志陈传霖君，因遭遇与病魔关系，竟与世长逝了。这不单是摄影界的损失，可说是整个艺术团的不幸。

陈君对于摄影是最努力的一位，他集合摄影同志林泽苍、聂光地、丁升保、吴中行及已故的林雪怀诸君，组织黑白影社，订章起草，征求社员，筹备展览，发行影集等，奔走不遗余力。未数月，黑白影社以少壮的姿态雄据于影坛，并时常鼓励同志，多实习和多加研究。他的作品很多入选各国著名的沙龙，并获得各种奖章，也是英国皇家摄影学会会员。他应用徕卡镜箱的技巧很熟，差不多十分之九的作品都是在他的徕卡镜箱中所产生的。

现在，我们这一群爱好艺术的人，将继续陈君的遗志，又活动于摄影园地之内，渐渐地发扬我国的摄影艺术的精神。

回顾最近的摄影界，可说寂寞之至，既没有一次摄影展览，也没有一本摄影方面的杂志，使研究摄影者感觉无聊，学习摄影者感觉棘手，陈君地下有知，也将长叹我道的衰落竟至如此。

近有黑白社老同志穆一龙、陈怀德、童祖仁诸兄，鉴于摄影界的寂寞，特创立中国摄影出版社，发行《中国摄影》月刊，宗旨在研究初步技术及高深学理，为沉寂的摄影界打开一户联络之门。但愿从此携手起来，向着摄影艺术的最高顶点迈步进行，不独是穆、陈、童三兄的所希望，也可慰藉老友陈传霖君于地下。值兹《中国摄影》诞生之际，借此放出愉快的声音，喊着"摄影同志们起来"！

（《中国摄影》创刊号，1946 年 10 月 1 日）

创刊辞

孝 思

我国创办警察，迄今逾四十年。在这半世纪当中，千万从事警察工作者，为了人民的安宁与幸福，流过汗，流过血。尤其是抗战时期，警察官吏为国守土的事迹，真是一首悲壮而伟大的史诗。可是到今天，社会人士对于警察业务并未完全了解，对于警察人员多属漠不关心。驯至本应密切合作的警察与民众，各持立场，背道而驰。考其原因，虽属多端，但两者之间缺乏精神与文化上的联系，以致无法互谅互助，确是不容否认的事实。

诚然，警察事业是无名英雄的事业，在警察官的立场上，他们所有的劳绩与成就是不期望人人皆知的。然而，我们站在第三者的地位，觉得唯有将警察的工作与动态忠实地向社会大众普遍介绍，警民之间才能产生互信与共信，进而达到休戚相关、携手共进的地步。故本画刊的创行，一方面固然是在保存有价值的材料，供警察人员的参考，而其最理想则在增进警察与人民间的友情，加强二者的合作，俾"国法"与"民意"溶成一体。因此，本画报的目标有四：

第一，报道警政动态；

第二，记录警察资料；

第三，介绍警察学术；

第四，促进警民合作。

警察工作用艺术性的画报来介绍，无疑是一种新的尝试。这颗幼芽的发育滋长，有赖各位读者的爱护。同时，本画报又是诸读者自家的园地，我们更希望得到园主们的朝夕灌溉。如果对本画报有所指正与批评，我们是竭诚欢迎的。至于对本报如有能为诸君服务之处，也请不存客气见告。

最后，本报谨以初生婴儿般赤诚的心，向为民众服务、为社会造福的现代警官以及各界同胞，致最敬礼。

（《警察画报》创刊号，1946 年 10 月 10 日）

《香港画报》题词

陈　策

神圣抗战，瞬经八年，胜利终为我有。但是，检讨过去，吾人在抗战期中，以言道德、魄力、勇气、谋略都优于敌人而可与盟国媲美，所差就只科学的水准远不如人而已。关于此点，又不能不谈起我们数十年来所提倡的"教育建国"了。

欧美科学先进国家，他们都注意平民教育。除了学校教育以外，社会上还有报纸、杂志等刊物发行，供给学者以课外研究的材料，既可辅助学校教育所未及，各界人士亦从而得到正确的新闻报道和时代的智识。就中尤以画报图文兼备，更令阅者易于明了所载的内容，而引起阅读的兴趣。所以，不论年龄的老幼、程度的高低，任何阶层的人都喜看画报。

本来欧美各国对于科学是公开研究的，即以盟国在此次战争用以致胜的原子弹来说，原子的理论早由亚里斯多德的时代起已经开始探讨，直至近十年来外国的画报杂志常有片断的报导。因为分剖原子的方法，近年才能由机械文明的发展而达到成功。各国科学家陆续在画报和杂志上发表研究所得，但是没有单行本。而盟国则集其大成，更动员大批专家运用巨量资金，把各方面分解原子的学理配合上军械学的炸弹构造，卒能产出这奠定和平的武器而已。是以，余此类推，出版物对于国家社会各部门的推进都有很重要和密切的关系。

在长期抗战中，我国文化事业备受摧残，造成大可痛心的景象。现在，我们希望致力出版业人士，本以往宗旨，继续为国家效力，尤以画报能使我国国情给予国人以明确的指示，并且能公之于世界，有加紧复员的必要。现在适值《香港画报》出版，仅以最深的诚意，寄予无限的厚望。

（《香港画报》创刊号，1946 年 11 月 11 日）

创刊辞

编　者

话剧、电影与文化乃至社会教育的关系，尽人皆知，毋待赘述。话剧在近十年来虽有长足的进步，其艺术水准且远在电影以上，但至今未能深入民间。电影根基较深，不幸目前也难逃中国民族工商业的普通运命：外受金元电影的排挤，内受政治杌陧、经济凋零的现实的牵掣，呈现着无生气状态。

要突破这种危机，当然在于客观条件的改善，但主观的努力显然也是一种决定的力量。说到改善客观条件，首须扭转当前苦闷的政治局面，兹事体大，自非剧影两界人士所可为力；说到主观的努力，却是每一个关心剧影的人都应尽其所能，拔〔披〕荆斩棘，从万难中开辟坦途。

由我们看来，话剧、电影要发扬光大，首须深入群众，把根基扩大、加深，这可说对话剧尤其重要。而这种责任，不但在剧影工作者本身，文化界都须从旁尽推动揄扬之力：这就是本报当此出版业低潮中毅然出版的初衷。

创刊伊始，谨赘数语，以告读者。

（《艺海画报》创刊号，1947 年 1 月 16 日）

编者的话

黄也白

《上海生活》自筹备迄今，转瞬三月，中间因集稿的困难，以及摄影、铸版等费时过久，所以耽搁了许多时候，这是我们非常惭愧的。

现在，创刊号在难产的形势下终于出世了，可是形式与内容实在太不像样，同时时间性的东西无法收集，与我们的理想距离甚远。

我们原来的计划，《上海生活》的内容是"画报杂志化，杂志画报化"，可惜人力、物力不够理想，同时担任编务的几个朋友，各人都有固定的职务，没有多余的时间来参加工作。所以，在种种原因下，这创刊号简直就没有什么精彩可言。

不过，这也是一种教训，我们无论如何要想法克服，读者看过后如认为这本东西还可一看的话，那我们的精神总算没有白化。第二期起，决定来一个澈底革新，把所有的缺陷加以弥补。

下期预定中想做到的是照片不用铜版，改用橡皮版，封面改用七色橡皮版，并且一律用道林纸精印。虽然预算要比现在超过二十倍，但我们已得南洋方面与关外某大书报社的协助，销数有绝对把握。创刊号因尝试性质，我们只印了二万本，可是外埠预定的却占十分之六以上，这情形给我们很大的鼓励。我们决定从第二期起，以最新姿态与读者相见。

近来文化界受了纸张的激涨与进口的限制，已没有胜利后第一年的活跃，出版界更没有生气，可说动一动就要蚀本。不要说杂志界，就是日报方面，大报除一两张能靠广告盈余外，其它许多报馆，那一家不在叫苦？

说到杂志方面，最多的销路恐也不会超过一万份，试问在如此情形下，要想立足，谈何容易？反观外国杂志与画报，却正在大量倾销，据说就《LIFE》一种，上海方面就要销到二万册，我们听到了，真是又痛心又惭愧。痛心的是人家办杂志都有经济后台，国家贴补，而我们的杂志界，都是以小资本去打冲锋，既没有人奖掖，资本家更是不会来睬你；［惭］愧的是我国物质条件太差，即使有了资本、魄力，却没有一流的印刷，要想和外来杂志竞争，也心有余而力不足！

我们虽然也同样在困难中挣扎，却并不气馁，决定向理想的目标一步步做去。虽然在这年头办出版事业是被公认为一件吃力不讨好的事。

本刊已向主管机关请求登记中，预计下月第二期出版时，登记证即可颁下。有人说，《上海生活》以前也有出版过，是否有妨碍？我以为，以前出版的纯粹杂志，况且开本大小不同，而我们现在出版的是画报，彼此都无影响。要是以前的《上海生活》领到登记证，那么，我想主管机关也会指示我们的。

本刊并蒙各大公司、各大厂商惠刊广告，使我们增光不少，特此志谢，以后还望继续赞助。

（《上海生活画报》创刊号，1947 年 4 月 30 日）

写在前面

编　者

《上海警察画报》经过短时间的筹备之后，欣逢这三十七年的元旦佳节出版了。

当一种报纸或刊物出版的第一天，照例必有一篇《创刊词》或《发刊词》之类的文章。我们虽然是一本画报，着重在图片现实的写照，但总还具着报纸本身的意义，也需要说几句话：

自从胜利以后，上海的警察工作是艰苦地开展着。无论在设施上、技术上，都有着显著成绩的表现，这是众所周知的事实，用不到费辞赘言。不过办这个画报，倒并不是为自己表扬这些，而是这种新的设施与技术，纵然都有过一番报导，但我们总以为还不够十分完整与具体——这因为文字的传达不及图照那般来得真实与使人了解。所以，想借这个画报来做展览的工作，使大家真正充份地明白上海警察的外表与内在，从而打破过往少数人对于警察机关所怀着可怕与神秘的观念。进一步来说：可以促进警民之间亲切的感情。

当国家已正真〔真正〕走入民主与宪政，人民与警察休戚相关而打成一片的今日，这种辅助警民之间了解的刊物，实在是极其重要的。

至于内容方面，当设法不使其枯燥与呆板。在上海这样五光十色的都市里，犯罪事实也随着时代的进步而日新月异。我们想把每次破获的案件，用现场的真实照片登载出来。那种离奇曲折令人神往的镜头，读者们看了，真仿佛是在书坊间醉心于一本福尔摩斯小说或者是在电影院里目不转睛的在看一张侦探片，其意味当可体会。

由于筹备时间的仓卒以及我们本身对编排画报的还缺乏经验，纵然匆匆创刊，缺点当然不免，希望海内名家多予指导。在读者们的爱护之下，不断地力求改进与充实。这是我们的由衷之言。

（《上海警察画报》创刊号，1948 年 1 月 1 日）

站在我们的岗位上（代发刊词）

齐协民

行宪的新政府终于在全国同胞企翘中出现了。由于这股清新动力的激荡，我们确信以往社会上的颓靡风气和徘徊不知所从的迷惘，将因此而得以清扫，找到正确的目标，憧憬于未来的光明远景，不禁使我们联想到欧洲的文艺复兴。现在是黑暗后的黎明，残冬后逝的春天。

近年来，因为政治的不上轨道与国民经济日趋枯窘，文化事业已成为枝头的黄叶，社会上一些人每每因为当前的物质生活而忽略了精神文明。因此，素以五千年悠久文明自豪的中国，精神文明遂因之而趋于销沉，甚至一般献身于文化事业的工作者，也常被目为不达实务的书呆子。这种趋势危险已极。试看当年纵横欧亚两洲的蒙古民族，不是已因缺乏文明而退回到草原上去了吗？美国虽注重物质生活，但他近年来对精神生活的探求是值得我们注意的。

固然，目前的文化低落，它的主因是国内大局动荡，民不聊生所促成。然而，我们确信今后的中华民国，在由戡乱而蕲求和平统一的原则下，久困的民生将可得以复苏的。

《中华画刊》在此时创刊，不敢自居为时代的火把，倘能因这一点萤光而使趋于衰颓的精神文明重发光芒，则是我们的意外收获了。

《中华画刊》对我们是一个新的尝试，它以每一个想吸收精神食粮的人为对象，不拘公务员、小市民、工人、学生、儿童以及职业或家庭妇女，都是我们的读者。它的读者既如此广泛，而收容的篇幅却又是这薄薄的一册，所以在这文字选择上，我们务求短小、清新、隽永，图片的取材务期能配合时事，不使一图一文生浪费之感。不过，这只是我们一点愿望，至于能否实现，尚待读者用心血来灌溉。

这是我们的岗位工作，在文化事业对物质条件低头的现在，我们誓排除万难，完成这个理念，望读者与我们携起手来！

（《中华画刊》创刊号，1948 年 6 月 5 日）

第二部分

编辑者言

例　言

一、本书借图画之玩赏引起儿童向学之观念，故所绘图画必于德育、智育、体育有关。

一、本书科目甚繁，每册必抽换一二，以新阅者之目。其科目计二十二门列下：修身、国文、历史、地理、算学、手工、图画、体操、动物、植物、矿物、格致、卫生、音乐、歌谣、风俗、寓言、游戏、新器械、悬赏画、中国时事、外国时事。

一、本书图画上端标明科目，图中则以极简单之文字说明之，俾儿童既阅是图，更读其文，即知大概。其年尤幼不能认识文字者，则可由年长者为之讲解。凡四五岁之儿童，略解图画者即可阅之。

一、本书特列"悬赏画"一门，并薄有酬赠，以鼓舞儿童之兴趣。

一、本书共十六页，内插五彩图八页，颜色鲜明，印刷精美，儿童阅之自然爱不忍释。

一、本书按册蝉联而下，儿童阅之既久，自能增进学识。

一、本书专供家庭教育及幼稚园之用，并可为小学校之奖赏品。

（《儿童教育画》第 1 册，1908 年 12 月）

本馆征求名人小影

谨启者，泰西各国凡君主、总统、内外各大臣以及绅商学各界有名人物，均有肖像，并详载政绩事实，盖以备社会之矜式，发国人敬礼之观念，用意诚远且大也。吾国现届九年预备立宪时代，凡一切新学问、新事业勃兴未已，而独于政界、学界、商界、实业界各名人概无记载，致盛德勿彰，识荆无术，即异国人之来游者，欲悉此邦人物，亦难以按图而求，殊不足资观感而深向往。敝社同人不揣梼昧，特设环球社于四马路中和里对门，编辑各国风景及中外名人事略，汇订成书，按日出版。他日书成，自应按期赍呈哂政。如蒙惠赐玉照及年岁、住址、政绩、事功，另立表式如下，即希交贵书记逐行填写，迅赐邮寄本社，俾得摹绘入册。所辑小传系据稿记载，并不敢稍参褒贬，以存真相。事关公益，务乞不吝珠玉，无任盼祷。

环球社图画日报馆谨启

（《图画日报》第 1 号，1909 年 8 月 16 日）

本馆征求上海建筑及商场

　　启者，本社每日于本报第八页增绘"上海之新建筑"一门，如学堂、医院、公所、厂房、花园、局所、银行以及各大商业，凡关公益之建筑、商业之建筑，除由调查员随时摄影调查外，特恐挂漏万一，以讹传讹。如蒙代为介绍，即恳详示坐落及建筑时代、建筑费用，以存真相。设能将房屋影片一并邮寄本社，俾得逐日摹绘刊登，聊尽提倡之微意。此布。

图画日报馆谨布

（《图画日报》第 1 号，1909 年 8 月 16 日）

本馆征求小说

　　本报之设，为开通社会风气、增长国民智识，并无贸利之心。惟小说一门，最易发人警醒、动人观感，故本报逐日图绘社会小说《续繁华梦》及侦探小说《罗师福》二种，以饷阅者。惟逐日出版，著作需时，本馆同人除著述、编辑、调查外，惟日孳孳，大有日不暇给之势。伏念海内不乏通人，如蒙以有裨社会、有益人心世道之小说见贻，不拘体裁，长短咸宜，特备润资，以酬著作之劳。译本请勿见惠。务祈不吝珠玉，无任盼切。

本馆著述部同人公布

（《图画日报》第 1 号，1909 年 8 月 16 日）

编辑小言

芙　孙

海上画报，未三月竟达二十种，而后起者复正兴未艾，是诚艺术界之好现象，顾余深作杞忧。盖文字之报，信笔写来，亦能充满篇幅；画报取材，则有时而穷，长此以往，何以为继？是画报不虑销路不畅，独虑取材棘手耳。最近遇叶飞君，适有《星期画报》之组织，坚以辑务属余。叶君识画家、艺术家、美术家不少，汇集材料无虑盈箧，譬诸治餐，美味佳蔬，满厨罗列，仅视庖人之手段如何耳。特恐庖不善治，负此美味，奈何。

（《星期画报》第 1 期，1925 年 9 月 6 日）

本报简章

第一条　名称。本报由海内金石书画家、珍藏家所发起，定名为《金石画报》。

第二条　宗旨。本报以保存国粹、提倡金石书画为宗旨。

第三条　地址。在上海法租界皮少耐路文元坊三弄二十九号。

第四条　出版。本报定于十四年十一月十二日第一期出版以后，三日一期，逐月十期，一年计一百二十期，遇国庆日出增刊一期。

第五条　组织。本报组织如下：

（一）编辑部。凡文字、印存、画稿、写件之编次皆属之。

（二）介绍部。汇集金石书画家之润笔单，作者、求者两代介绍，提取润资三成补助本报。

（三）代售部。凡投登书画稿件，标明价目者以及商彝夏鼎、周秦铜器、汉魏碑版拓片等等，愿意出售者，成交后提出三成补助本报。

（四）广告部。代作书画美术广告，价目面议。

第六条　招待。凡海内金石书画家之初次莅沪，人地生疏，本报同人特指定住所，备食宿、灯油、茶水，每人每日只收膳费五角（布置完妥登报通告）。

第七条　展览。本报每半年开展览会一次，择春秋佳日，于名园胜景陈列彝鼎图书名人金石书画，任人观览，略收券资以资补助。

第八条　本报认海内金石书画家为发起人，一切办法有未妥之处，得随时容纳多数人之意见酌量修正。

（《金石画报》创刊号，1925 年 11 月 12 日）

征稿简章

（一）文字不论小说、笔记、琐闻、论著、随录、补白、小品等等，须简短而富有趣味者，至长亦不得过千字。登否概不退还。

（二）印存、画稿、写件等等不登退还，已登保存。而本报六阅月后开书画展览会一次，以售价之半奉酬本人。

（三）凡前人杰作只供赏鉴不愿割爱者，应预先声明。

（四）凡投登本报之件，除文字以外概须略附说明，俾读者得有所寻索。

（五）另有作用稿件一概拒却。

（六）投送人通讯居址务希详明。

（《金石画报》创刊号，1925 年 11 月 12 日）

今日我在《上海画报》上说的话

舍　予

打开历本一看，今日一行到底，是个人人知道的好日子。虽不是（除危定执）的黄道，却是个成功的（成）字，那下面宜的是会亲入学、赴任出行、求婚纳采、嫁娶进人、竖柱上梁、开市交易等等字样，无所不宜。恰巧本报在今天做一周纪念，那得不令人恭贺一声长命百岁呢。

再查本年岁次丙寅，本日又是丙寅，一连两个丙寅，注定本报往后更要蒸蒸日上，如火（丙）如荼，在一般同业中间，虎（寅）视称雄啊。

（《上海画报》第 118 期，1926 年 6 月 6 日）

画报容易？

丹 翁

画报容易办吗？真容易。一、新婚的小夫妇愿意在画报上漏〔露〕脸；二、银幕上的明星也愿意在画报上漏〔露〕脸；三、学堂里毕业的男女生、办学的男女教员都愿意在画报上漏漏〔露露〕脸。因此上，材料就永远用不完了。可惜阅者诸君脾气太不好，他看了叹气道："我们盼望了好几天，才看见他一次，他全给我们看惯了的，叫我们看，画报这样办法，画报真容易了。"哈哈，你看看我们《上海画报》，才知道不容易呢。

（《上海画报》第 144 期，1926 年 8 月 23 日）

岁首宣言

记 者

本报呱呱坠地以来，至今已满半岁矣。出世之时，元气未足，人们多以为他必定养不大的了，不意如今居然一天比一天的壮旺、美丽起来，大出意料之外。这虽说是保姆们养育得法，所用养料精美的缘故，但多少也要归功大众爱护之力，记者不免要道谢一番。

不过，报纸能使人人满意最是难事，尤其是画报一类。因为看日报的人只有一种共同的希望——得到迅速确实的消息，看画报的人却分为若干种，他们各有各的眼光与要求：有专注意时事照片的，有偏重美术的，有喜欢看奇异事物的，种种不同。只就美术一项而论，又分国粹派、东西洋派、金石派、雕刻派……因此，编者想要调剂各方面之需要，甚不容易。不明白的人或者是有偏见的，有时少不了就要说我们没材料。其实充满篇幅的是些什么呢？我们从没敷衍过，所以大多数明白编辑困难的人，对于我们的报却是赞奖有加，我们十分感激。

今年岁首号如此精美，想寻遍中国也找不到同样的一张报，不独我们满意，预想阅者诸君也表同情。由今年起，我们更把取材的范围扩充，现在大略说一下，就是：从前不大用的风景一类的照片，以后选难见者多为登载；对于西洋一切艺术作品广为介绍；游戏一类亦多选登，以引起读者之兴趣；文字则取严格主义，非精不录，宁多载图画，以符名实。此外，改良计划尚多，逐渐推行。所望读者时常惠教，以匡未逮，同人幸甚！

（《北洋画报》第 51 期，1927 年 1 月 1 日）

编辑者言

本报自改用画报专用铜版纸以来，印刷上益显精美，图画色泽格外鲜润，绝非用他种纸时所能得，此盖有目共睹者也。编者自信主张得当，可惜纸质较脆，不耐多折，并易破裂，实属美中不足。而画报为人人愿意保全之刊物，既有此弊，遂不得不图改良之法。现闻阅者中多不赞成此种纸张，但本报不敢遽认为多数的意见，因此请求热心本报诸君来函表示主张，俾本报有所遵循，使多数阅者均得满意，编者不胜厚望之至。

再本报改用此种铜版纸，并非为省费起见，须知此种纸价值较之从前所用之纸为昂，所以市面上绝不多靓。本报自行定购大批，存此备用，即使众意主张仍用前纸，本报仍须于设法销售此批定货后，始能改用，否则既已牺牲于前，又须损失于后，实有所未能也。

关于性史的文字，本报已声言除确有见地者外，不再录选。上期所登《白头》一稿，系因其颇能代表一班投稿者之见解，而承认性史为淫书，又为今日社会之公论，此种论调，俨然已成一种势力，因不得已始选登该稿，用以代表其余。本报深望此后不再有关于该书之文字发表矣。

《津桥蝶影录》作者喜晴雨轩主已允续稿，只因抱恙，故久搁笔。日前又以事入都，小说暂难续作，据言不日回津后必当有以与诸君相见于本报也云。

本报欢迎社会及官场趣闻，以不涉猥亵，不近攻讦，而其事可以保证确实者为限。投稿者应指明所谈者为何人，关于新闻来源，本报必当代守秘密。酬金特别从优。

（《北洋画报》第 55 期，1927 年 1 月 15 日）

因办报而不能受气的一封来函

岳 君

微雨先生撰席：

　　鄙人很拜服先生的文才，每次读到尊辑的几张报纸，真教我五体投地。在去今一月之前，鄙人也见猎心喜，办了一张报（报名恕不宣布），未出三期，就宣告停版了。停版的原因，是实在受不下隔夜气。我办了这张报，几乎把我气煞了，化洋钱请人家做稿子也要受气，印刷所排字人也要受气，报贩、兜广告、做铜锌版，无往而不气。我总不料，办报是个受气筒，这是非尝试不能知道的。先生在报界很负盛名，不知道也曾受过这种气吗？（下略）

　　微雨道：这种气是免不了的，但我等为报纸前途起见，无论什么气都应当忍耐，这是鄙人办报的经验。质之岳君，以为然否？

（《中国摄影学会画报》第 91 期，1927 年 5 月 28 日）

一年以来

王小隐

　　予书此四字，不禁感慨系之。非如龚定庵所谓"略工感慨便名家"也，而此岁月推迁之速，人事变化之奇，虽欲效尼山氏之"不动心"，乔达摩之"皆虚妄"，确确乎其无此能力。吾心不能如止水，又不能如木石，则此感慨为自然之"心作用"。尚恐一观此"一年以来"之四字而略动其感慨者，固不仅于区区一人，更不仅吾同社诸人，且不只于读报之诸君子也。

　　吾尝太息而言之矣，人生之时间，宛如悬诸壁间之"日历"，愈撕愈少，终至于无，此无可如何者也。而人生之精神方面，则应如每天送阅之报纸，当连续不断其工作，日积月累，虽亦不妨"换取洋灯""包花生米"，而终有多少之可存。若吾画报之幸而不至坠此厄运，犹能装为巨册，试一披览，觉人生之义意〔意义〕，绝不至于悲观，大足为此"日历式"之人生，添出无数活泼的新趣味。当此举国头脑清晰者流亦每至于相率厌世之际，则吾对于《北洋画报》之"一年以来"，真觉其为生趣之源泉。使将有以改造此颓废之风习，则固有责无旁贷者矣。

然则胡为而办画报乎？欲答此一问，必先问胡为而看画报乎。人类于饥食渴饮之外，所以异于其他之动物，以其能有精神之享乐，换言之即有"美育的涵融"与"美的赏鉴之本能"而已。昔之办画报，有一时期，固将为不能赏鉴文字之美者而设（清光绪末年，北京有《启蒙画报》，为儿童最早之读物，继有刘炳堂所绘之画报，亦意在辅助识字不多者而设）。今日画报则不然，非不能赏识文字之美也，读者之眼光程度，殆已非仅记述文字所能满足其欲望，必另求造型艺术，始能畅适其玩赏。吾敢矢言，读《北洋画报》者，其赏鉴图画之力，必且超过爱好文字之美，若仅仅能看图画者，必非真能赏鉴图画者也。

中国"一年以来"，百事诚不免于凋敝，文物与干戈，若似乎其不相容也，然而美育之力量，每以其"超脱力"与"普遍性"，溶解无数悍戾之气质，养成一种高洁之情绪。故观裸体画而不生淫邪之思，见珍贵品而无攘夺之念，斯即于风云俶扰之"一年以来"，所仅具之收获，而所供献于当世，与当世所以垂青于《北画》者，意者亦在兹乎。况时事摄影之刊载，尤足为此"一年以来"之纪录，而为"美育运动"需要之背景者也。

办画报既有此种重大意味，宜已有宏效之可睹矣，则又不然。夫能解临池之乐者，初未必即以书法名也，而自然之涵育，可自消释其矜躁之气质。试问吾人今日除饮食睡眠以外，将以何事稍为精神之安慰？公共之设备既无可游览（天然美如公园，人造美如画院），而私家收藏又尽在估客巨室，亦无从而窥见，《北画》而于尺幅之间，设法罗致而表现之，同时使中国以外之人亦得略窥中国艺术之过去成绩与未来之发展，不复以"无文化"相訾謷，并介绍东西两方之作品，用以放开新旧之范围，成为世界的艺术之汇，则于若干个"一年以来"之后，始能略有成绩，或者无不希望乎。

总之，吾人梦想之"黄金时代"，必不在过去而在将来。斯同人所共勉也。（汗流浃背之日写。）

（《北洋画报》第 101 期，1927 年 7 月 6 日）

过去未来

武　越①

出版一周纪念完全筹备好了，我也该说几句，点缀点缀才对。然而地盘都让他人占领，

---

① 即冯武越。——编者注

只剩下这几方寸，能够作甚么用呢？我虽是〔不〕是个英雄，但亦有用武无地的感慨呀！

闲话休提，讲讲我们的报吧。先说过去，但不〔是〕过去有甚么可以留恋的呢？不过一百张破纸，一千几百块铜版罢了，真不值得提呀！我们的小品文字太过胆大了，把土豪劣绅骂得忍无可忍，便惹起过几番交涉，可惜官司没打成，不然的话，我们的报倒可以占点儿光啊！

我们不是自己鼓吹：《北画》编辑的方法的确是比较有统系，有精采，其所以战胜之处亦在此了。现在的销路比较初出版的时候，超过五倍以上，这是何等可喜的事啊。

有这般的成绩鼓励我们，怎敢不勇猛精进呢？第一步的办法，便是扩充地盘，这是说增刊副刊，这总算是创见的，《北画》不胜荣幸。我们每期刊登十三四幅图画，许多读者还嫌少，说没有材料，胃口也太大了！试看看上海的画报，常常只有七八幅，何不比较比较呢？我们决定增加副刊，就是要多登图画，想以后读者定必能满意了。

除各种图画仍是每期参杂刊载外，风景一项打算多登，外国奇闻异事亦多多介绍。我们不但要使《北画》成为中国唯一的画报，而且要使它成为国际化的和美的刊物。

（《北洋画报》第 101 期，1927 年 7 月 6 日）

为《良友》发言

伍联德

《良友》的使命

出版业可以保国育民！

印刷业可以强国富民！

很显然地呈现在我们的目前的，世界上富强的国家，其教育与文化必兴盛。所以欲谋国家的富强，第一要振兴教育，发扬文化。然而教育如何使其振兴？文化如何使其发扬？便成一个很大的问题了。

什么政治救国，什么经济救国，先知先觉者，早已很热烈地在提倡了。我们在这里没有甚么主义可提倡，也并不是谋其远者大者，我们只立定我们的一个小小的目标，同时也是一个一切主张所需要的根本的基础工件来作我们的志愿：

以出版业保国育民；

以印刷业富国强民。

我们的志愿许是很小，但是我们以为这是实行的救国良方，我们恐怕我们的实力或有不足，所以联合多数没有党派的同志来组织《良友》。《良友》的使命是来普及教育的，发扬文化的。如其能够达到这个使命，那我们小小的初志也可以偿了。我们再也没有什么奢望——或者也可以说这就是我们的奢望。

《良友》的贡献

振兴教育的方法，各有各的主张。有的以为设立学校，有的以为创办图书馆，这都是提倡教育的重要的企图。但是，有了学校而没有书报给学生们读，有了图书馆而没有书报来供给，也是无济于事的。那么教育之于学校，学校之于书报，都是有密切的关系和同样的功能，是很显然易见的了。古时的书籍是用竹简刻就，或用兽皮画成的，而那时的书籍只限用于少数的人，断不会能流传普遍。现代科学昌明，以纸代简，以机器代人工，因此一书之成可以广传千万，而人人亦可得而读了。所以书报多的国家，他们读书的人亦必多，读书的人多，则民智开，民智开而国无有不强的。书报少的国家，读书的人必少，读书人少，则民智塞，民智塞而国必弱。这是成为正比例式的定义了。我们今日的中国，民智未开，教育不振，我们可以武断的说，就因为书报太缺乏的原故。我们要民智开，教育兴，惟一的门路，就要多出版书报。但是出版书报，必有赖乎印刷了。所以我们《良友》的任务，是出版和印刷。我们也深信出版印刷的职业，是开导民智、普及教育的惟一工作，故我们勤奋，努力，来为《良友》，更希望《良友》对于我们中国也有普遍的贡献。

《良友》的过去

我们努力印行《良友》两年了。这虽是很短的历史，没有什么可以记述，也没有什么光荣，但以我们的主观看来，却有两点要在这里谈谈的。

《良友》报的特点：

我们中国的杂志在出版界历史最长的不过四十年，而它们在这个时间里，照样的编辑，循例的出版，没有什么改良，也不见到有什么进步，还是白纸印了黑字，也还是永远弹着没有时间性的老调文章。我们的《良友》出版只有两岁的生命，我们不敢说在今日我国出版界里有什么过人之处，但却不是白纸印黑墨了，也不是只谈空理的老调文章了。印刷方面，我们加了许多的颜色，使人看了总感觉有趣而生美的观感；内容方面，除了那苍蝇般的文字之外，并加插许多图画，使人目靓而易明。以上这两点，是我们《良友》的特点，也是我们在这两年来努力改善的表现。这不敢自满，更不敢因此而居功，但在我们的意识里头却有些安慰了。

《良友》报的缺陷：

在中国今日的情形之下来谋出版事业是很困难的，尤其是发印一种杂志。本来印行书报和杂志的目的是求普遍，求普遍便要材料好，价格公道。《良友》材料好坏，我们都尽了力量了，但价格还没有使它再廉，这是我们的缺陷，也不是我们的初意。现在杂志中最美最廉的，可算美国出版的《礼拜六晚邮报》（Saturday Evening Post），材料既是丰富，印刷又美观，只售美金五分。我们的《良友》也想如此的，但我们现在的力量终做不到。这并非我们不想做，其实因为我们的工商业不争气。《礼拜六报》之能如此价廉，就因为收入工商界很多的广告费来帮补的，其实每册的成本何只五分呢？我们《良友》力谋他的材料精良，同时广告收入帮补又很少，所以只可照今日的定价了。这是我们以为最缺陷的事。我们虽然有抱普遍书报的使命，但以商业上的原则来顾存血本，不能作过大的牺牲。

《良友》的希望

我们的《良友》的过去和现在是怎样，凡读过《良友》的人都明白了，这些已往的事，不想多讲，我们只希望将来。

在人生中无论做什么，惟有希望能使人所谋的事才有乐趣进步与成功。所以我们想不变我们工作的兴趣，更想谋《良友》的进步与成功。这要有希望和努力才能达到，然而有了希望，能够做得到与否，我们除了尽有人事的力量之外，还靠天意的相助。

（一）希望我们《良友》现在所抱着这一普及教育、发扬文化的目标保持到底，不见异而思迁，不因难而思退，更不受任何势力的支配。取材严而均，言论公而直，持着我们的目标，忍耐，向前，努力去实行，以求贯澈，这是我们第一个希望。

（二）做事最怕没有目标，有了目标无事患不能成的，我们既求宗旨的贯澈，那么物质上的希望，尤其余事了。内容改善，篇幅增加，印刷精美，材料丰富，价格公道等等，这些不过求物质的进步罢了。但是如何能使这些物质上的改良，那就要靠你们——读者们——负一份责任来栽培、指导与扶持。这是我们第二个希望。

（三）第三希望就是希望《良友》报的自身了。我的对于它不想有很大的贡献，只希望它本身生了一种力量来，那力量到了人们的心坎里去，就会使人的思想转移，学问进步，心灵得着无限的慰籍〔藉〕。这是第三个希望。

（四）希望除了致力于《良友》报之外，更把我们的工作逐渐扩大——多出几种适应中国需求的刊物和书籍，同时在印刷术方面谋新的改进。这是第四个希望。

如果能够达到这几个希望，我们的志愿已偿，目的也达到了，还有什么要求呢？但是希望不只是希望便了的，须得求希望的实现。我们要求它实现，不是我和《良友》的同事们的力量可以做到，还要凡是我们的《良友》，都携着手共同的努力，奋斗。努力，奋斗，这就能将希望来实现，也就是我和我们《良友》的同事们的希望的实现。因为我的要求希望的实现，故在此而发言，所言是否有当，我们随时都预备听你们的指教。

（《良友》第 25 期，1928 年 4 月 30 日）

《北画》真正价值之所在

编 者

　　《北画》出世以来，华北日处于热烈战争之中，交通梗塞，我报销路居然得位"大"报之列，日报中望尘不及者，比比皆是。是固主事者两年来惨淡经营之成绩，然《北画》之受民众欢迎，亦自有故。

　　《北画》印刷之精、纸张之美，此皮毛事，皆易摹仿，可以勿论，惟取材之广与善，实为造成《北画》真精神之原素。《北画》取材，包含一切时事，如民众运动、国家大典、国耻事迹、战争实景、各项发明、社会游艺、各种集会等是。至如人物，则凡闻人、学者、艺术家、体育家、闺媛、伶工等之照像，罔不加意搜罗，随时刊布。艺术部分，则不分中外古今，举凡金石、书画、戏剧、电影均广为登载。此取材之广也。

　　至于编辑方法，亦独擅胜场。每期所登照片，种类支配十分均匀，不偏于一种一类，缘乎社会上嗜好各异，欲使人手此报，均得其所乐睹之照片也。至于各项材料，亦均有其一定之位置，非不得已，不轻移易，所以使读者一展报章，即知何自而获睹所最注意之部分。此种办法，画报中亦惟《北画》独有。

　　迩来国中画报多偏重艺术，于时事照片误为宣传之品，概屏不录。不知国人惟不克目击时事之真相，故政治社会迄鲜进步。报纸为传播消息之利器，以时事真相披露于众，使国人借图画之介绍，了然于各种时事之经过，因推测其发展之趋势，是其所影响于社会之观听，至巨且大也。某新闻学家之言曰："画而不报（偏重艺术者），何成其为报？报而不画，又何贵其为报？"可见既以画报为名，应有画报之实，偏重一种一类者，不能跻画报之列也。惟我《北画》，能秉斯旨，故洵足称为"画报"而无愧也！

（《北洋画报》第 201 期，1928 年 7 月 7 日）

七月七日

尘

《北画》创刊也，在一九二六年之夏七月七日；《北画》之结束一百号开创二百号纪念也，在一九二七年之夏七月六日。《北画》今日之结束二百号开创三百号纪念也，又适值七月七日。《北画》与七七，诚有不解之缘哉。

七七为双星聚首之日，七六为鹊桥待渡之期，与天上中国的恋爱之神牛郎织女大有关系。一年中恋神之美满的时期，只有此一个希望之夜，一个收获之夜。《北画》凡过纪念，不是希望无穷，便是收获丰富，其美满正不下于牛女之会焉。

佛家作佛事，七七四十九日功德圆满；道家炼丹，也须七七四十九日竣工。《北画》不早不晚，年年此日，得一圆满之结束，又岂偶然哉？

《北画》为国内有数之艺术化报纸。艺术之精神，不出一"巧"字，巧字上之数目，不为一、二、三、四、五、六、八、九、十，单单是一"七"字。"七七"者，巧而又巧也，太太小姐穿针求而不得者，本报信手拈来矣。

从七月七日想到长生殿，从长生殿想到了去年《北画》在大华楼头之欢宴，那不是"夜半无人私语时"，却是"夜半人多笑语时"。末了，我索兴〔性〕套两句唐诗来，以祝《北画》，说出来稀松平常，诗曰："天长日久有时尽，此报绵绵无绝期。"

注：七月七的故事，都属于夏历，搬来借用，有人或者以为不大得劲。其实不然，我们强制牛女改用阳历，有何不可？以今年论，阳历第一比阴历早一两月，而且没有闰月，可以早见些时，想更为讲爱情如牛女者所欢迎耳。

（《北洋画报》第 201 期，1928 年 7 月 7 日）

《北画》产生之程序

武 越①

凡一纸《北画》之得贡献于读者之前，其间所需要之手续，至为繁夥，"来处不易"

———————————

① 即冯武越。——编者注

一语，未尝不可用之于此。

《北画》原料以摄影、绘图为大宗，有若干外勤记者努力搜罗绘制，寄致本报，经过审选，然后规定尺寸，制为铜锌等版。至于文字，亦由若干撰述担任之。每期报之底样，于一星期前即约略拟定，将图画、文字地位先期排妥，然仍不免变更。因印刷份数太多，底样制成后，须于出版之前四五日即交印刷所排样，且至少须经两次校对。然再经垫版、磨字、上版等手续，舛误即所难免。

发行一事，分躉批与零寄二种。直接订阅均由本报营业部径行封寄，所有定户姓名、住址、期数均有详细记录。印签、折叠、装封等手续完竣后，即运至邮政总局，照立券报纸例收寄，所以不须粘贴邮票，此邮局为销路广大之报而设之特例也。邮局按住址将报投递，于是本报乃得与读者相见。

凡每纸之出，必经三四十人之力，不可等闲视也。故读者慎为保存，迨每至半年，本报出过五十期，作一结束时，即装订成册，置之案头，以供暇时浏览，每与青灯嘉茗相为伴侣，实生活享用中之一段清福，足与衣食住行四端共存于不敝，俨如名葩芬馥，历久而弥馨也。

（《北洋画报》第 201 期，1928 年 7 月 7 日）

编者与读者

梁得所

从本期起，封面用人像印彩色，我们相信这应是阅者所需求的点改良。

封里第一页，是留英学生会会长莫庆淞君的武装摄影。莫君的剑术为牛津大学之冠，代表全校参加校际比赛，这固然是个人的光荣，也是中国的一点光荣。处在竞争的世界，或大或小总该追求一两件足以取胜的长处。银杯的虚荣不足轻重，而那种占优胜的精神，是我们所急需的。

摄影术在中国量与质方面都有很大的进步，好的作品果然有美不胜收之概。本期选刊复旦大学展览会的出品，下次选刊沪江大学的。

最近国际美女比赛已结束，第一名是美国芝加哥城的代表。本报收到各国代表合照和皇后摄影，都刊在本期，阅者看看这结果的评判公平不公平罢。所可惜的，中国竟没有代表！国际间大小事情，往往没有中国参加。如最近世界运动会（不久将有照片寄到），日本和欧洲小国有派选手与赛，而我国一个也没有。我们不用说不平话，推源其故，大概皆因国内连年多事，实在无暇顾及。不过，从历史看来，中国经过一个很长的时期是以本国为天下，对于国外的一切多谟〔漠〕不关心。虽然现在中外已开放了，可是狭隘思想的流毒，未必全无影响，至少会令我们懒于参加世界活动。近来看外国的影戏和滑稽画，过〔还〕把中国人描成男子垂辫，女子缠脚，我们看了自然有点生气，可是假设世界运动会和美女比赛会都有中国今代的青年参加，那么，世〔界〕对于中国人的印象总有点不同了。这不过是就事论事罢。总之，我们应该把自己放在最宽大的范围里，成为世界的一份子。虽然实行比较说话难而且慢，但我们总得有点信念。

第十七页外国新闻中，有一幅马路上偶然发生的事情，那就是几只鸭子走到车水马龙的路上，巡捕见它们处境危险，便护送它们通过，敏捷的摄影记者马上摄得一幅有趣的图。此图刊出来，自然是有一部分好奇心的小题大做，可是事实而论，爱护生物这观念是应该存在我们心里的，至少对于生物不加以无聊的损害。

第卅四页的文字颇有些特点，那便是一位儿子介绍他的父亲。曾孟朴先生（东亚病夫）和虚白先生是父子两人，是现在努力于文学事业的两位同志，真美善书店出版的量与质可作证据。不久以前得相晤的机会，见那上了年纪的病夫简直是生气勃勃的青年，后来更得知道他从前怎的用苦功而不觉其苦的学成法文，至今不释。别后托虚白先生写几句事实，介绍于本报阅者。也许有人现在自修法文而感着困难的看了，能激发一种勇气，不过编者的希望不是限于这样小。因为即使画家、木匠或其他人，但凡肯以自己所致力的事物做兴趣的中心，自然能够造成另一世界，在这情形之下，一切困难都不斥自退了。病夫先生和阅者诸君以为这话对不对呢？

（《良友》第 29 期，1928 年 8 月 30 日）

编辑余谈

梁得所

本报以十二期为一年，到现在刚满三岁了。记得第廿五期起封面和内容曾略为变换。在这一年中，由我们的考虑和阅者来信的批评建议，发见不少应该改良的地方。其中有些限于环境，暂未能把计划尽量实现，但在我们能力范围内，必要有多少改进。现在把进行中的要项，向爱护本报的良友们预告：

一、全部用铜版纸。纸质在印刷上很有关系，现在本报前部有两叶铜版纸，其余的是道林纸。铜版纸纸质幼滑，最宜于印画，印出来的成绩往往和原来照片无大分别，至于价钱比道林纸差不多贵一倍。本报为求精美，以后全用铜版纸。

二、文字加增一倍。本报是画多话少的杂志，自然以图画为主。但好些读者觉得文字有限，三几个钟头便读完。本报原本打算加篇幅，但既改良纸张，势难同时加增，然又决不减少图画来加文字。现在只有一个办法，图画是有加无减，但在排印画的空白上，加排六号字。除了每幅图画底下五号铅字的中英文注释之外，用更小的铅字作较详的叙述。例如福煦将军逝世，就附叙福氏生平功绩及其伟论。阅者倘事忙，可只看每图的注释，倘时间充足，可以细读一切。这样一来，内容不但有平面，而且有容积的深（Depth）了。既利用小铅字，两三方寸的小空白便可载百数十字，而这百数十字，在编辑的时候，往往要读完一部书或翻阅一堆报纸然后写成的哩！

三、材料务求精选。徒然贪多是无用的，所以除量的方面设法加增外，尤须着眼于质。本报在有限的篇幅中，当尽力搜载有价值的东西，而编排亦求其美。

四、发表时事述评。本报取材是普遍的，其中一部分是时事的篇幅有限，新闻每每缺乏系统。以后每期登一篇提纲撮领而不是账簿式的文字，把一月的大事一气叙述。这篇文章已特约黄天鹏先生担任，黄先生是《申报》要电编辑，兼任《报学月刊》的主笔，撰作时事述评，必不是寻常可比。

五、连续登载漫画。漫画含讽刺意味，而且有使人发笑的功能。现已特约中国第一画社作长篇滑稽漫画，题为《女书记》，描写我国现代生活上种种冲突的背景，一个女子周旋其间，发生许多滑稽的事情，很有趣味。

六、缩编影戏小说。每期除特约文学家创作短篇小说之外，另载一篇影戏小说。影戏剧情多取材于世界小说名著，如法国小马仲①的《茶花女》，俄国托尔斯泰的《复活》，美国霍桑的《红字》，不胜枚举，都是不朽之作。可是原著很长，或更未有中文译本，许多人未得一阅。现在挑选有价值而情节曲折的，复述成短篇小说，并有剧中插图。这样既可当小说读，又仿佛看一出影戏。这件工作，特约《新银星》电影杂志编辑陈炳洪先生担任，简直是再适当没有的了。

至于下期的封面，是崇德女学校花马淑贞女士丽影，彩色金地，非常华丽。上面举列几点，都由下期起实行，其他细节，不及一一预告了。

末了，不得不向阅者道歉：出版延期，成为过去一年中最大的憾事。阅者催促的信件收得多了，就是本公司为营业着想亦何尝不着急？只因制版印刷之阻延，迟误的日子积少成多。今后亦将尽力消除这缺点。

---

① 原文如此。——编者注

《良友》出版了三十六回，倒算结交不少良友，然而现在只满三岁，不能不说尚在幼弱的时候。希望大家用一点小小的友谊，爱护她，培养她，固然不让她夭折，更不让她变老，只叫她活泼泼地生长着罢，永远保持青春的少艾。

(《良友》第 36 期，1929 年 3 月 31 日)

再为《良友》发言

伍联德

力求进步改良，决毋故步自封。

中国现今不患出版物多，只患多而不精。

出版界今日之呼声——努力，合作，进取，和改善！

在文化事业没有充分发达，人民知识参差不齐的中国里，经营出版事业，谁也公认为今日当急之务，同时就是极多困难的企图。我们在这急务当中努力，至今已过三年了。在第四年伊始的本报，我不能不对关心《良友》事业的朋友们而再为《良友》发言。

在过去的几年来，最足使我们告慰的，就是我们同事能够保持一种可贵的精神——合作，进取，改善的精神。拿事实来说，试从第一期的《良友》看到今日的三十七期，请问国人，是退步呢还是进步？虽然离完善之点尚远，可是"不问收获，但问耕耘"，《良友》至今仍然站立发展，不是偶然的事。我们是青年人，势必自策自励，鉴国人故步自封的前车，勉力保持合作进取的精神，在诸多困难的环境当中奋斗。《良友》的事业是要永远站在世界的！

常常遇着朋友问我：《良友》有什么计划？在未能畅谈叙述之前，只可答"有计划"三个字而已。现在办一事业真不是易的，徒然有计划而倘不能使其实现，也等于纸上谈兵。事无论大小，想达成功目的，当然必要先有计划，此外更要金钱与人才，三者缺一不可。有了经济与人才，所有的计划就成为切实的计划。目下《良友》的情形，就是根据着人才与经济之厚薄，循着商业的程序，逐步进展，在能力范围内，见一步走一步。将来编辑部的扩大、新式印刷机之装置，以及一切业务上的组织和物质上的设备，自然由力量加增应着需要而办到。

以商业的方式而努力于民众的教育文化事业，这就是我们的旨趣。也许还有人未认得清楚罢，所以间有指为某派某派的宣传机关，为某人某人所把持，这些捕风捉影的话，本无须置辩，头脑清楚的阅者，都能明白《良友》就是民众的《良友》，内容不务深奥，不偏不倚，惟以建设的、友爱的精神，与阅者结不解缘，运用浅明的图画文字，传播与时俱新的知识。希望借这点棉薄的实力，对内提高国民的知识和艺术，对外则表扬邦国的荣光。这就是《良友》的态度。

近年来，接着《良友》而出，与《良友》相仿的画报，有如雨后春笋一般多起来，这实在是出版界的好现象。假如我国画报界只有《良友》，怎够为四万万国民服务呢？更请看看美国，据最近调查，一年向政府注册的出版物二万余种，现有月刊二千二百余种，出版营业每年高至十八万万金元。反观我国冷落情形，实在不堪提论了。所以在我国幼稚的出版界，刊物不患多，只是多之中要力求其精罢。倘若我国出版物追及美国之一半，人民智识生活必大有可观，到那时候，我们的使命已经不落空了。

我国出版界的朋友们，我们今日的事业，不是专为个人谋利益的，乃是为一般国民求幸福的事业啊！在社会事业没有充分发达、人民知识参差不齐的中国，我们的责任更重。在我们所负责任之下的呼声，就是努力、合作、进取和改善！

编者附志：本公司总理伍君联德，为公司任务有南洋之行，舟车劳顿中刻以《良友》为念，笔撰此文，虽寥寥千数百字，而所述《良友》事业状况，足使阅者明了，关于出版界言论，更可与同业共勉。此文由星洲寄到时，本期尚有一部分篇幅未印，即发表于此。

（《良友》第 37 期，1929 年 7 月）

牢骚语

松 樵

玩画报虽以营业为原则，总不失为文人韵事。厕身其间者，尤须保持人格，爱惜名誉。故本报同人相戒，关于选材，以艺术为前提，不揭阴私，不事谩骂；对于同业，以联络为主旨，不攻讦，不倾轧。若能借此多结识些良朋益友，未始非快事也。即如上次本报改组，停刊两月有余，某报竟冷讥热嘲，大放厥词，摆尾摇头，大得其意。不意曾几何时，彼竟一蹶不振，吾固依然故吾。谚云"得意须防失意时"，吾人当三复斯言，引为殷鉴也。回溯吾报自民十五以月刊问世以来，而半月刊，而周刊，今日已发行二卷矣。此四年来，感受无量波折，历尽不良环境，幸赖社友群策群力，团结力坚实，奋斗精神始终不渝，而入于今日之康庄坦途者，非偶然也。兼之各方友好，或以箴言勖勉，或以图稿见贻，雅意殷拳，至堪细感。今后益当奋勉图强，庶副各方殷望。兹值二卷发刊之始，用赘数语，志我感怀。

（《北京画报》第 2 卷第 51 期，1929 年 9 月 21 日）

告别读者

擎　宇

　　同人编《华北画报》至第九十六期，废然而叹曰："吾人编画报之始，固虑其鼫鼠五技而穷也，今果然矣。"昔者，同人尝竭其知力焉，以创《华北影报》，自一期以至九十六期，垂一年；再复竭其余力焉，以兼办《华北画报》，自一期以至二十七期；又加刊一张，附于画报，曰"副刊"，至五十二期，以行之不便，废之，移其稿转投于各报，为每日之电影消息，而影报、画报之发行不辍。至于今日，影报刊至第三百四十四期，画报至九十六期，共二年又六月，始由一种而增为二种、三种，自每星期一刊而进为再刊、日刊，加无已，进无止。考其绩，宜若甚有可观也，岂知不然，非五技而穷也耶？改之，改之，毋俟明日。夫甫田自荒也，衢道不至也，知至至之，知终终之，穷则变之，闻斯行之，又何待于明日也！于是断然迄止画报之刊行，而即易之以《影声》，于十一月三日出版，每星期刊行二次，附于《影报》。其篇幅为二版，其取义为广博，以画报之重图为太狭也。义博则多取，二版则少予，多取而少予，岂不进退精审，绰绰有余裕耶。

　　抑画报亦非概从此而消灭也。华北公司近有全国编译总部之组织，设总机关于上海，暂以联业编译公司名义，于电影界出三种刊物，曰《影报》，曰《影报画刊》，曰《影戏杂志》。前二者皆画报也，今已刊行于世。于是同人乃举画报之责任界之联业，是《华北画报》之名亡而实存，使同人得以分工之利，而收专一之效于《影报》之《影声》也。然而同人不敏，不知今后之《影声》果能胜于昔日《华北画报》否也。请拭目以待之，大雅其教之。

（《天津华北画报》第 97 期，1929 年 10 月 27 日）

四周年致语

记　者

光阴荏苒，又到七月七日。本报结束其第四年之工作，继续开始其第五年之贡献。展阅旧报，已成九大巨册，自顾欣然，于是不能无一言。

回顾最近一年中，华北画报再度涌起。独立经营者，在平有《安琪儿》，在津有《玲珑》。附大报而发刊者，在平有《民言》之《星期三》，在津有《午报》之《天津》，有《商报》之《图画周刊》。从 [中] 可知社会人士对于画报之兴味觉深切，而办画报者对于社会之关系亦日以密。本报之创刊也，谬获前无古人之誉，而丁此竞争时期，本报价值不以同业众而稍损其声名，不以产量多而稍减其销路，在画报界犹得保持其固有宝贵之地位。有画报之嗜好者，亦无不乐道本报之成绩，此则同人所视为最可欣幸者也。

本报之"三最主义"：曰"最老"，非敢故步自封，居于老大。老，言其年龄之老也。以四岁之寿，固不得谓之老，然而画报寿至四岁以上者，至少在华北，本报不失其大哥之资格。曰"最大"，非敢以区区一页之纸，而自诩为大，然而独立之画报，固又无大于本报者，谓之曰"大"，不背逻辑。曰"最美"，美丑之分在于比较，谓之曰"最"，本来甚难，而本报四年来之选材，莫不以美为基本条件，将来之目标，一以最美为终点。若夫新旧兼采，中西并用，天下之美，网于一报，固同人等之所预期，而谋以渐实现者也。总括言之，老者其年龄，大者其规画，美者其目标。最之上有最，诚不敢以今日之最，为绝顶之最也。

新闻纸最要之条件有二：一在供给各种社会之需要，二在引起多数阅者之信仰。人有目本报为贵族读物者矣，对民间疾苦固未尝不深切注意也；人有目本报为艺术报纸者矣，对社会人士亦未尝不加之褒贬也；人有目本报为消闲小品者矣，对于一切常识固未尝漠视之也。是以人皆乐于披读。至若形式排列、编辑方法，则新兴同业之效法者尤多，是可知同人等四年来之努力，为不虚费矣。

金价昂贵，纸墨飞涨，读者之所希望本报日刊一页者，在短时期中，似尚不能见诸实行。良以出版界之价值，初不在量而在质，而同人等则尤愿我画之循序渐进，保持其既得之名誉，而不愿蹈进锐退速之戒也。本报近以营业日盛，社址不敷，已定日内迁移新居，以资扩充。惟愿本报与新址以俱新，与新址以日大。所告读者者，如是而已。

（《北洋画报》第 495 期，1930 年 7 月 7 日）

图画的效用

严独鹤

今天是《中华》图画杂志与阅者诸君相见的第一天。仿佛是新戏打泡〔炮〕的第一幕。我也总算是《中华》班中一个凑数的脚色，不能不派些差使。班内弟兄们一商量，说是教我担任讲几句开场白罢。《中华》杂志，原是以图画为主体的，我一不会绘画，二不会摄影，于图画一门，完全是个外行。教外行来讲开场白，岂非稳稳被砸？但是仔细一想，第一个上场，好比唱开锣戏，开锣戏原是起码角儿唱的，那么我就不客气，先来一出罢。

我虽已声明对于图画是个外行，可是这一篇开场白，还讲的是图画。我想表显人群的思想和时代的精神的，人人都知道是文艺，而表显文艺的两种重要作品，却是文字与图画（除文字与图画外，固尚有其他关于文艺的作品，但地位总不及此两者之重要）。就文字与图画比较起来，我们觉得文字的效用，固然有胜过图画的去处，而图画的效用，也很有超过文字的特点。文字的效用，不在本文范围以内，不便细说。如今且把图画的效用，择要叙述一番。

图画超过文字，共有四点：第一是明显。大家都说文字是语言的符号，惟其是符号，所以表现一切思想、一切状态、一切事实，都还不过是间接的。图画却是直接的，譬如写了一个"花"字，到底还不是花，写了一个"月"字，到底还不是月，至多只能说是花和月的代表罢了（古时象形文字，实在也就是图画）。至于图画上或照片上的花和月，大家就一望而知是花是月，无须再加以解释或想像。虽然实质上依然非花非月，不过是纸上风光，然而与花和月本身的形象，却无所差异。因此之故，尽有人不认识文字的，而断无人不认识图画。足见同是一物，或同是一事，用文字代表，不如用图画表示来得明显。

第二是优美。文字自然也有其优美之点，可是文字的优美，是深藏在里面的，不但不认识文字的不知其美，便是认识文字而不到相当程度的，也断乎不能领略这美的意味和美的精神。不比图画的美，有里面，也有表面。里面的美，便是画家所谓"画意"，当然也非功夫到家的不能领会；而表面的美，是人所共见的，也是人人知道欣赏的。并且由欣赏表面的美，也渐渐能深察到里面的美。例如有一幅绝妙的山水或花卉在此，虽在俗人眼光中，未必能了解其中所含幽美的情趣，但如问他好看不好看，他也一定能回答说是好看。足见由图画而引起人的美感，比较来得容易，比较来得有效。

第三是富于刺激性。所谓富于刺激性，就是易于动人情感。文字上的刺激性，在不识字或不通文理的人，固然感受不到，即使深通文字者，一样会因文字的作用，而激发喜怒哀乐各种情感，但论其刺戟〔激〕性之质，终不如图画。读文字中所写的美人，和看图画上所绘的或照片上所映的美人，当然是后一种的观念来得深切。读《吊古战场文》《兵车行》一类的非战作品，虽也觉得满纸凄凉，但终不如观电影或画片中的战场真景来得惊魂动魄，怵目伤心。足见图画的动人，远胜于文字。

为什么如今的新闻纸上，关于重要的新闻，不能不同时将照片刊出？为什么做宣传工作的人，于各种标语而外，不能不多多的张贴些图画？为什么一般阅者，对于图画刊物欢迎的态度，有时还在文字之上？这更是事实告诉我们，图画的效用，十分真切，也十分伟大。同人所以创刊《中华》杂志，也是认定图画有真切和伟大的效用，想将文艺界的"真""美""善"三点，借图画之力，尽量贡献于阅者。尚望爱护本刊的阅者，加以诚意的鉴赏和正确的批评。好在阅者诸君的目光，也正和照相机上的镜头一般，是黑是白，是好是丑，一经摄入其中，不容有丝毫隐蔽，也不会有丝毫差错的。

（《中华》第 1 期，1930 年 7 月）

编辑者言

本期因创办伊始，手续繁重，并以搜罗远东运动会照片等候较久。讵所得虽多，而消息传来，竟致失败，故此次仅择尤刊出十余帧。惟是出版因之愆期，至为歉仄。

本期因多刊时间性之材料，故关于美术品方面似感欠缺，下期当积极增多。

本刊纯取公开态度，欢迎海内外读者投稿。无论图画文字，均所拜嘉。一经刊出，酌奉酬润。惟不得更投他种刊物，以免重复。

本期辱荷诸同志惠赐照片文稿，因为篇幅所限，未克尽容，容陆续付刊，其有必须退还者，当于最短期间付邮奉璧。

（《中华》第 1 期，1930 年 7 月）

创业七周年周年纪

第二次公开招股宣言

世界上各种事业，无非为大众的需求而创办，借大众的维护而发展，尤其是印刷出版文化事业，与社会民众关系密切。我们《良友》为大众而创办，得大众的维护以生存，至今已有七年了，经营的计划、内部的状况，实为一般人士所注意。故此，趁着这七周年纪念的机会，向大众作简单的报告，并广事征求各界的助力，共谋教育文化事业之发展。

在过去的六年中，良友事业由辅助文化的印刷工作，进而直接经营出版，业务规模依程序而扩展。就显而易见的事实为证：办事工作场所七年间已增大二十倍，每年营业总额由一万四千余元长至五十三万四千余元，《良友》报每期销数由三千跃为四万。其他定期刊物和单行本书籍等，也得读者热烈的欢迎。

营业扩展的进程，我们不敢谓为迅速，但《良友》的事业，无时停滞。这是我们敢对爱护者告慰的。

最近进行工作尚多：

第一事，在最近期间内，设立十家良友公司于国内各大商埠，利便各地人士的需求。

第二事，编纂各种丛书，谋学术方面的贡献。

第三事，创办规模完备之摄影通讯社，遣派摄影记者往各地摄取照片，不但为自用照片辟一稿源，更可供给各国报章，对世界宣传中国之真相。

以上三事已着急进行，不久可以实现。其它现成的业务自然继续努力，以谋进展。至于《良友》的将来要发展到什么田地，视乎计划、人才和资本之大小而定。计划与人才，往往就资本的能力而伸缩。换言之，经济力量雄厚，业务规模自易扩展。以事实论，三年前，曾作一次公开招股，营业因而进了一步，这是股东所共知。且该次招股截止后，各地人士仍继续来函投资，足见信用之深。

现在，除上述三事已着手进行外，所应扩展工作正多，故经董事会议决，举行第二次公开招股，欢迎各界人士合作。详细章程附在于后，希望社会人士尽量的指导与协助。

本公司第二次公开招股简章

第一条　本公司遵照《公司条例》所定股份有限公司组织，定名为"良友图书印刷股份有限公司"。

第二条　本公司创办至今已有七年，专以经营印刷及出版事业为目的。

第三条　本公司现设总公司及附属工厂、发行所于上海北四川路，将来当于国内外各商埠陆续设立分发行所，推广营业范围。现在香港、广州、南洋星家坡、梧州、汕头、厦门、南京、汉口、济南、北平、沈阳等处已设有或将办良友公司分销处。

第四条　本公司遵照股份有限公司所规定之《公司条例》，已呈国民政府工商部注册立案，执有第二二八号注册执照。

第五条　本公司规定资本大洋二十万元，分为三期招足。第一次招四万元，第二期招六万元，第三期招十万元。现经董事会议决，遵照原定招股计划实行第三期招股，添招大洋十万元，以达成原有二十万元之资本总额。

第六条　本公司添招新股一千股，每股大洋一百元，一次缴足。

第七条　本公司添招之新股一千股中划出四百股，先尽旧股东分认，从此次公布招股之日起，以五个月内为限，到期如旧股东不认定，即公诸外界，一并招足之。

第八条　本公司添招新股，除以四百股尽旧股东分认外，其余六百股全数向外界公招，凡为中华民国国民，均得认股为本公司股东。

第九条　本公司此次添招新股，经本届董事会议决，在七周年纪念中再续公开招足，故定由民国廿年八月廿日起至廿一年三月底止为招股期。

第十条　凡认股者，不论新旧股东，须于民国廿年十二月以前将所认定之股额全数缴纳于本总公司或本公司指定代收股款者。

第十一条　据本公司历年年结及营业布告极为有利，依理旧股东应有特别权利，惟因本公司以宣扬文化为主旨，不专以个人获利为目的，是以经董事会议决，将以前获得之商誉及营业所得之利益，尽行划归公有。故自民国廿年八月十五日起，新旧股东共享公司所有一切同等之权利。

第十二条　有本公司股份十股以上者，方有被选为董事及监督资格。本公司董事由股东会选举之，每股作一股权。

第十三条　本公司股东常会每年一次，股东届时倘因事不能出席者，得委托其他股东代表出席。

第十四条　本公司每年总决算之后有盈余，先提百分之念五为公积金，再提取股息周年一分外，其余分为六十五份分派，以三十份为股东红利，十五份为发起人红利，二十份为董事及职员工友酬劳费。

第十五条　凡认股者须将认股书填明股数款数，连款一并汇交上海本总公司，当即发与临时收据。至一月后始换正式股票，一俟正式股票发给后，临时收据即行作废。股息自收到股款后三日起计。

第十六条　本公司第二次公开招股通告方法，除作个人通函外，并登载《良友》报及其他日报，俾凡《良友》读者均得有投资之权利。

第十七条　本简章如有未尽事项，悉依本公司在中华民国国民政府注册公司条例办理之。

中华民国廿年八月十五日

（《良友》第 62 期，1931 年 10 月）

最后谈话

赵家璧

这是《中国学生》的最后一期了。

这部《中国学生》杂志由我在三年前独自的创办，经过了不少的困难，而今仍由我在这里向读者说最后的几句话。人是感情的动物，一切在分离的当儿，凭你有多少的理知，纵〔总〕不免有些依依不舍之情。而这一刻的我，一手翻阅着三十本厚厚的书，一边在幻境里，像看见站在我面前的万千读者和投稿者，对于这一个杂志数年来所抱无限的希望和爱护。我怎忍硬着心肠去告诉读者们一个不佳的消息呢！这一期挨到今天才出版，最大的原因也在我无能的去避免这最后一刻的难耐。

而今事情已到了无可如何的地步，最近曾接到数十封探问本志停刊消息的信，今天在这里一并奉复诸君：《中国学生》杂志真的停刊了。

停刊的原因，是因为经过我们编辑部同人与本公司当局的商议，觉得目前的中国，已不需要像《中国学生》般的刊物。我们张眼看世界，再回头望望我们这老病的祖国，一切已是危如累卵，顷刻就有全盘巅〔颠〕覆的危险。在这样一个紧急的时代里，学生们应当负起重大的使命。老年人快要死去，小孩子还没有长大成人，能拯救我们民族的只有年青的学生。然而中国学生目前最大的毛病，是没有充分的学识，同时，社会上也缺乏一种以纯洁态度供给学生们以廉价的合时的学识的书。经过我们几次的讨论，为了适合于这种时代的需求起见，我们把《中国学生》忍痛停办，而由我另编一种《一角丛书》。

把已经稍有历史和地位而曾经不少困难才维持到今日的刊物，突然宣告停办，当然是一件颇足惋惜的事，可是我们公司当局为了求对于我们的国家社会有所切实的贡献起见，把《中国学生》停办而替以定期的小丛书，一方面固抱有绝大的牺牲精神，一方面更希望在《一角丛书》方面，有所实际的成绩，供给读者们一些名贵而急需的材料。

我在答应公司当局的付托以前，我也曾废了不少时间在考虑三年来心血所集的《中国学生》杂志，要是一旦停办以后，所给予万千读者们的失望和惊讶，我将用什么话去安慰他们？我真想不出话来！

朋友，我们在这杂志上已有了三年的交情，而今是为了一种不可挽回的决心和更伟大的使命，不得不在这里分手了。要是读者们想找寻你们三年来的朋友，那么，我们就在《一角丛书》里相见吧！

（《中国学生》第 3 卷第 8 期，1931 年 12 月）

两张封面一个脸蛋

编　者

本纪念刊第一页的封面图案，是北平工学院机织系学生吾侄吴京画的。这封面是登报征求的结果。其余还有几幅，是经过画家童漪珊先生的审查而选定的。画荷花的意义，据他的来信说："画报有人觉得无聊，但我觉得这龌龊的社会，只有他能来调剂，来洗刷，所谓'出污泥而不染'。有的画报是在风流浪漫上用功夫，但《北画》绝不如此，所谓'濯清涟而不妖'，它正是一朵高洁的荷花，而且白雪般的莲瓣，翡翠般的荷盖，醉曆般的'菡萏笔'，是多么的清雅哟！我愿以莲瓣祝《北画》寿。寥寥几笔的原故，一是最新图案的画法如此，同时也可以代表《北画》的简净而纯厚。"

左下角的铜图，是画家童漪珊的祝画，那真美！真比幽娴端丽的闺秀还美！他自己有富于诗意的说明，他的话是如此说："这碧海中的船，永远在扬着风帆飞进；这天幕下的鸟，永远在展着双翼摩空！"——这是六年来一个创格的封面。

第二页封面上郭刘安丽夫人的象〔相〕片，是志同公司摄影部经理林汝福先生特为本报六周纪念拍的。郭夫人头上还有一位郭夫人，在看《北画》呢，这是多深的巧思！我们对于摄此影和被摄此影者，都应当特别的感谢。这是"六年来八百张的《北洋画报》，时时盘旋在爱好艺术者的脑海里"的一幅象征画！

左次修先生，生就一副锦绣肝肠，玲珑剔透。去年的"七七版"，读者大概还记得罢？今年的"北画的脸谱"（请参阅第七版原图）就更有意思！眉目间的红色，是表示热烈，黑是表示诚挚，他以为《北画》有这两种精神。

额上的金花，是引用本报报头上的"七星"。星外六道白圈，是象征"六周"，顺着下去的一条金线，是表示"文光射斗（七星就是北斗）"，当中一个"寿"字，是表示《北画》的"长生不老"。腮上的七色圆圈，是表示七月七日，同时又表示宇宙间所有的色彩，《北画》一应俱全。这脸子很像姜维，然而他并不是姜维，是"北画之神"。

（《北洋画报》第 801、802 两期合刊，1932 年 7 月 7 日）

谢寿带开卷

秋　尘

在今天这六周纪念日，承老友新知送来了这么许多酒烛桃面、鸡肉鱼鸭，年年费心，岁岁劳神，真是感谢，感谢，感谢不尽！

说到本报，虽已有六年之历史，但贡献了一些什么，真不敢说，提不到。即使稍稍有些成绩，还不都是大家的力量。在诸位朋友，自是格外裁成；在本报，不过马齿徒增；在编者本人，更不过是"滥竽充数"的一位南郭先生而已！

在最近过去一年，就是所谓专门"宣传艺术"的本报，也登了不少惊心动目文字和图片。是什么环境，留什么痕迹。在生日想到多难的邦家，我们不能不联想到"生于忧患"的意义。"忧劳足以兴国"，我们就往奋发路上去罢。

在本报过去的一年中，有两件事比较的满意：一是材料和销路，都渐次向外发展；一是本报新来的编辑左小蘧君，成了我们的新生力军，他的确是一个有希望的报业人材。

本报主人冯武越先生，因私事南归，没有能赶回参与这次盛会，这在本报同人自然觉得有些落寞，但同时又相信他在万里外看到这两张被朋友们的佳作点缀得十分热闹的纪念刊时，一定也会和我们一样的愉快，一样感谢大家一贯的赞助。

在今天晚上备些水酒，按着每年的例子，要与大家痛饮几杯，在微醺中，疏星下，我们就要借这机会，把这七月七日出版的第十七卷卷首号，呈现在诸君的眼前。我们真高兴极了，高兴这巧，巧，巧的"喜相逢"的数目！

（《北洋画报》第 801、802 两期合刊，1932 年 7 月 7 日）

《民众画报》筹备出版

本馆为供给不识字及识字不多民众之阅览起见，决定编绘《民众画报》半月刊一种，由教导部展览股主编，设计纲要已经拟定，现正着手筹备，十一月中旬即可出版。

（《教育新路》第 6 期，1932 年 10 月 30 日）

本刊增附画报启事

本刊出版以来，荷蒙阅者厚爱，销数激增。兹于第四卷刊行伊始，除改换新装、充实内容外，并定每月刊印画报一期，篇幅八页，内容如时事照片、学校生活、国际漫画、摄影名作，均在搜罗之列，并敦请广州著名摄影家伍千里先生主编，每月月底出版一次，附载本刊内。惟以费用浩繁，迫得酌加定价，以资弥补。不附画报各期照旧不加，附有画报各期售洋六分，本市定阅小洋九角，市外定阅小洋一元，前预定者不加。区区之数，想为爱阅诸君所共谅也。

（《十日》第 4 卷第 45 期，1932 年）

编绘《新路画报》

本部展览股以前本有画报出版，惟以印刷不良，未能引起民众注意而收佳效。本学期来，乃力求改进，刷新内容，并改名为《新路画报》。现第一期定于十月一日出版，以陆军八十八师为本馆各实施区兵工筑路作中心题材，并有三色套版之连环画《王二正传》，以宣传民众识字，其余尚有小品文字。套色鲜明，铜版清晰，活叶装订，与沪上各坊间所出之画报当无甚差异，想定能受民众之欢迎也。

（《教育新路》第 34 期，1933 年 9 月 20 日）

本报启事

记　者

本报兹值出版千号纪念，荷蒙邦人君子，或锡以鸿文，或赐之鹅绢，宏奖所施，荣同华衮。惟是篇幅所限，美不胜收，且以时日迫促，后至者不及刊入。敬致歉忱，尚希鉴谅，是幸。

（《北洋画报》第 1000 期，1933 年 10 月 19 日）

祝《北洋画报》出版千号纪念序

伯　龙

《北画》自发刊以来，迄今已历八载。创办之初，与《上海画报》，南北颉颃。彼时画报之崛起，如春潮带雨，奔腾澎湃，凡百数十种，每入报贩之肆，五光十色，神迷目炫。未几淘汰殆尽，或限于资本，或窘于材料，相继夭折。缘国人好奇，善于模仿，见异思迁，浅尝辄止，稍遇跌蹶，便舍之他去。此任何事业不能凌驾欧美，仅此一途即足致命，遑论其他哉！

上海为世界企业市场之一，国人习见资本主义者，大托辣司手腕之霸权，争相效尤，故小资本家无从立足。即就画报一业而论，如《上海》《三日》《摄影》等，有已满百号而停刊者，有未满百号而停刊者。除三数图书杂志尚拼命挣扎而外，其他画报（三日刊）销声匿迹久矣。繇此推知弱肉强食之公例，犹吞噬迈进未已也。

《北洋画报》丁此内忧外患、风雨飘摇之顷，不知历几许艰辛，费若干心血，由一积十，由十积百，由百积千，屈指计之，亦已经八年于兹矣。回顾同业，直如硕果仅存，若天文家已经椅签之星宿，熠熠之光，不患失去轨道。虽然，往者已矣，来日无穷。我华北外伺强邻，内蒙国难；人民则酣嬉泄沓，一如平时；社会则百业萧条，几濒绝境。欲于此狂涛振撼之中忍辱负重，以旁挑侧击之异军，用幽默微讽之文字，以唤国魂而启聋聩，是在《北画》同人之努力，与读者一致之动员。记者不敏，愿执毛锥，相与周旋于尺楮之上，它日所届，当不仅祝贺一千号之成功已也。是为序。

（《北洋画报》第 1000 期，1933 年 10 月 19 日）

编辑后记

梁得所

在每期的□页，我们留一□篇幅发表关于画报本身的谈话。现在我们先谈些什么呢？聪明的读者会说："编辑后记照例有所道歉。"这也不错。本报初出第一期，筹备时日偬促。集稿和排印有未及妥善之处，得请读者原谅——虽然原谅是人情，不谅还是道理。

原谅是小事，我们需要的是读者的意见。如果《大众》名符其实的话，我们觉得读者供给意见比较出钱购买更为贵重。说买吗，您不买还有别人买；至于您想出的意见，您不说别人不会替您说。我们且用一句商业化的话对阅者说："如果您看得满意，告诉您的朋友们；不满意，告诉我们。"

商业化，不错。编辑者该知道，刊物印出去是卖钱的，虽然区区几角，可也要想值得叫人买吗？记得从前在学校时投稿杂志而收到酬来的书券，先把那书局的出版书目翻阅，选出其中值得购阅的书，然后将书券寄去换取。赠送来的尚且要选择，何况现在要钱买？现代经济状况影响购买力薄弱，书报每易流为少数人的奢侈品，是以本社在可能范围内力减定价，未尝不是普及运动的一种具体方法。

书报之普及不是简单的问题。中国识字的人根本少，识字而喜阅书报的人更少，喜阅书报而能随意购买的人又少。我们现在对于普及运动，只能踏上初级的步骤，那便是：从书价方面利便一般购买，从内容质料引起大众阅读的欲求和习惯。

内容将何以引起阅读的欲求呢？具体来说：一、有新闻性——因为这是定期刊物，应使人看了一期要想看下期。二、美术欣赏——因为这是画报，画多话少，随处运用美术，现实生活许多苦闷，艺术无疑的是有慰解的效力。三、智识灌输——虽然我们认定消遣品是生活所需要，但不让本报止于消遣。世界是日新月异的，我们的知识赶得上吗？为了大众日常实际的需求，我们不能使这杂志成为空洞的文艺刊物。换一句话说，这画报不但有"平面"，而且要有"容积"的。

以上所提的几种特质与其说是本报具备的美点，不如说是我们企求的目标。怎样能达这目标呢？编者个人固然无能为力，一个作家也不能供应多方面的要求，结果不能不说是靠大众的力。好的材料多得很，编者的工作就是采集，而这种工作好像收账和募捐，没有秘诀。正如本期小说作者老舍先生接航空信后复函说："稿件已赶紧写好，怕你坐飞机来索也。"阅者或以为那似是讨厌的口气吧。那管得许多？反正稿件来了。编者因出版界关系，各界朋友不算少，但从来不肯以自己的事去麻烦人家，只有为刊物集稿，自己就仿佛是一个大债主到处催索。话分两头，事实上供稿者都非常乐意，为《大众》做点事情，谁不乐意呢？而且第一期出版以后，各处知道了，供稿者就不限于〈残缺〉不够，这"够"□有量和质的界说，比如本期收到全国运动会照片三百余幅，但我们不预备出专刊，只能选要扼要而精彩的，占全部八分一的篇幅。其他图文每期题材不同，但性质上是有一贯原则。所谓原则，就是大部分显明的，小部分深究的。

例如南九岛风景照片，只看图下标题，一目了然。如果想深究一点，再看题下数百字的说明，而那二三百字却是编辑部同事费了半天翻查中外书籍然后有根据而写出的。他如整篇文章，本期叶恭绰先生关于公路的意见，便是当今重大问题应加研究的专门知识。每期有这样的一篇专论，下期发表的是中华平民教育促进会总干事晏阳初先生，撰述平民教育之现状与前途。此外文稿方面特约的，每期有创作小说一篇，执笔者是当代文坛第一流作家。继本期老舍先生的《柳家大院》，第二期有施蛰存先生的《鸥》。

其他文字多是短篇的，趣味更为普遍。其中一栏值得特别提及，那便是《妇女与家庭》，往后每期仍有这样的两页，登载家庭常识，描写妇女生活状态，此类材料特别欢迎女读者投稿。其实，整部来说，我们都打算多入家庭去。中国家庭中好读物实在太少，我们总得以阅书报的习惯来充实余暇精神的空隙。如果我们不会消磨时间，时间就会消磨我们。

从实际讲来，我们希望能在微处贡献，因为知道一种书报对社会直接方面的力量到底有限。国家社会的改进，是要大部分人肯看，肯想，肯做。怎样想怎样做，是大众自身的努力，出版物只能叫大家睁开眼睛看。尤其是画报，应该像那忠实而有艺术利器的摄影机，把我们社会的景象摄出来，这些景象都是大众所懂得而应更加了解的。在这里，我们可以因为看见别人而发觉自己，由观察现实而望见未来。我们看罢！

卷末篇幅有限，我们不能多谈了。而且本报内容大部分没有再加注释的必要。至于编者个人方面，自从辞去良友公司职位后，差不多天天接到各方识与不识的友人的来信，询问及高就的去向和原因。现在可以答复一下，就是编者仍旧做编者，离了丰熟的禾田来拓植秧苗所在的园地，工作时间由每日八小时改为十小时。在瞭望荒原而未甘于赞同逸乐之前，我爱秧苗未必不如爱谷穗。在任何的集体，只要有一贯的目标去实现工作理想，最能集多数人之力为多数人做事，便是我全部精神之所在。个人的去留始终仍在社会里，至于本人境况，无往不安，朋友们不必引为过分的希奇，更不要加以无须有的猜忖。我和往日同事常有晤叙的机会，对各方读者更不觉得有隔别之处。而且我相信以后的聊聚更广遍，正如我相信《大众》不是一个空洞的名词一样。

末了，我们致谢本期供稿的朋友们，更盼望着阅者多多的指教。

梁得所　十月廿二日

（《大众画报》第 1 期，1933 年 11 月）

新路画报

本报由本馆展览股编制，用四开道林纸精印。内容有长篇故事、连环图画《王二正传》，及本馆各项事业设施与工作活动等照片选作。自本年十月一日起印行，月出一期，专给识字不多之民众阅读。每期定价二分。现已出有二期，第三期正在编印中，即将出版。

（《教育新路》第 42 期，1933 年 12 月 10 日）

第二期《新路画报》出版

本部展览股所主编之《新路画报》，其第一期业已于十月一日出版，兹悉第二期为"农事专号"，亦已于十月一日出版，第三期为"本馆各实施区概况专号"，正在印刷中，不日亦可出版云。

（《教育新路》第 43 期，1933 年 12 月 20 日）

《新路画报》停刊

《新路画报》自去年刊行以来，已出四期，本学期因事暂行停刊。

（《教育新路》第 49、50 期合刊，1934 年 3 月 20 日）

寄赠《种痘画报》及本馆年刊

时值春令，正办理种痘运动之时，本会特将本馆印就之《种痘画报》寄赠第三民校区各社教机关，以备应用。每机关五十份，计共发出一千九百二十份。又本馆前出版之《周年纪念特刊》，列述本馆各项事业进行状况极尽详，亦各寄赠一册，以供参考。

（《教育新路》第 55、56 期合刊，1934 年 5 月 20 日）

本刊百期言

马国亮

是编辑方面的一个负责人，我倒不能不在这里循例说几句话凑凑热闹。《良友》有了百期的历史，无论主观或客观地说，都值得高兴的。我自然也觉得高兴，可是不是因为自己是编辑的负责人而扬扬自得地那般的。第一，我并不是那从第一期便起始负责到现在的编辑人；其次，即使后来编辑事务不是落在我的手里，反正别人也会把它弄到一百期的，而且也一定会比我编得更有精彩的。

十八年六月，第三十七期开始的时候我才起始襄理本志的编务。那时人家早已把这个杂志弄得好好地，我才把手插进来。得所先生去职后，辱承公司当局的重托，这个担子便转到我的肩上。说来真是惶悚得很的，自己经验既少，学识又浅薄，如果不是得伍、余两先生的指导、诸同事的精诚合作和各地读者的热心帮助，自己实在干不过来。但是还好《良友》竟算出版到一百期了。

一百期，想来时光是过得快的，仿佛第一期的出版还是早上几天的事情一样。但是当我们把第一百期、第九十九期、第九十八期……这样的一页页的翻回去，我们的心在欢快中也许要吊下泪来。工作的成绩是最鲜明的过去的纪录，当我们回过头去，数不清的记忆便一次次地浮跃在眼前，如同一位高年的长者在低诉你儿时的遭遇一样，里面是苦斗中带着希望的哑谜，欢笑中和着眼泪。把过往的岁月回味一下时，我们又不能不觉到出版百期的不易而私自欣幸了。

但是一种工作，如果它的动机和目的是没有弄错了的话，则它必不会劳而无功的。像我们这《良友》，便已经在每期得到了它的酬报。所谓酬报，我的意思不是说金钱，在营业的本身上来说，《良友》是得不到什么的。它所得到的唯一的酬报，便是那百期以来的信誉，那从万里外，从海角，从天涯，从世界的四周所纷纷响着的称许之回声，那末即使经了如何的困苦艰难，也便觉得苦乐相抵了。

这从许多人的心底发出来的同情的声音，至少在证明这工作不是没有意义的一件。在昔，画报是盲目地被认为消遣品，但这观念是渐渐被纠正了。《良友》画报最初的狂热的接受者，大部份是那些毫无成见的海外侨胞们，其后，国内一般的人士们也开始认识了这画报的价值了，观于近年来本志在国内销数的激增，和其他新办画报的出现，便可明白。直至最近，大家都了然于画报是一种最愉快的读物，从这里，人们可以毫不费神地得到最新的世界知识，最新的社会的、科学的与及美术的、文学的种种学问。进步的印刷术更增加了读者的爱好和兴味。因为画报所给与读者不是抽象的理论，却是摆在眼前的以图画来表现事实的学问。小学生不会嫌其太深，大学者不会嫌其太浅，甚至不识字的人，也可因看图而心领神会。最能实施普及教育的工具，除了电影大概要算是画报了。可是说到随时可看、随地可看和能自己永久保存占有的话，则又非电影所能及的。

把每一期的画报存起来，并不是件浪费的工作，倘若你能把一百期的《良友》也存起来，那没你便无异存了一本范围最广博的、最可靠的、最兴味的历史。这话并不夸大，至少这百期的《良友》，便是一本中国的，甚至可以说是世界的，近十年的历史。除了百科全书，我想再没有像那么的复杂、那么的广博的历史的了。近十年来的世界政治舞台的变迁，近十年来各国的变乱，近十年来社会风俗的转移，近十年来科学的发明，近十年来美术作风的倾向，与及宦海的浮沉、人物的出没，等等，都可在这百期中了如指掌。以图画记历史，更使读者如身历其境，仿佛把地球倒转过来一样……

话越说越远，竟像是劝读者以后务必订阅《良友》的宣传稿件了。虽然文字的本身作用原本便是宣传，即使是有意宣传，也不妨事，好在一件东西的好坏大家知，过去的百期更可作为有力的保证。宣传读者看本志，至少是比宣传那种暗示人家不妨尽量饱吃的消化药片更为有益世道人心罢。

闲话少题〔提〕，过去虽出百期，其实也不外孩子的才会开步。未来的日子还多，为读者服务尚有无尽的期数。至于将来如何，明年一百零一期出版时，再请大家来评判评判罢。明年恢复月刊，篇幅加增，虽然工夫更多，事务更忙，但是于编辑方面能尽量发挥，不限于局促的地位，倒乐得大家痛快。

若以本志比作婴孩，则我们便是保姆；若以比作小菜，我们是厨子。但是保姆也有保育不周之时，厨子也会有调味不匀之日。诸如此类，还得请读者常常匡正。

最后，在此百期纪念之际，谨对历年诸读者及各方面赐助的先生们致其至诚之谢意于此。

（《良友》第 100 期，1934 年 12 月 15 日）

《良友》十年以来

余汉生

  良友图书公司之成立，去今已阅十载，而《良友》图画杂志之刊行，至兹亦届百期。抚今追昔，颇足有为读者告者：罗马之成非成于一日。吾人于十年来，虽倍尝艰苦，幸赖社会人士之提携，及诸同事之协力，以有今日，虽于文化上无若何贡献，第即画报一事言之，《良友》既创画报之先河，于介绍文化工作，亦尝一尽其棉薄。创刊行已达百期，不仅销数执画报界之牛耳，且于编辑印刷方面，亦堪与世界先进国家之画报一较其高下。此则吾人所窃自欣慰者。

  犹忆民国十四年，其时《良友》画报尚未刊行，联德先生颇有意于印刷事业，乃以同学之谊，召汉生自粤来沪，共同擘画筹备。乃于是年七月十五日正式成立开幕，是为"良友印刷所"，地址在虹口北四川路鸿庆坊口。店基浅窄，规模极小，所中仅小型之德国机三数部，即以承印外件。

  其时，单张之画报，在上海颇盛极一时，以是吾人开设未久，即接得此项生意。迨一经印出，玲珑剔透，成绩斐然。自后以画报托印者，纷至沓来，营业乃蒸蒸日上，颇有应接不暇之势。惟是承印外件，终非发展之计，为图扩充营业故，遂有自行出版图书之议。

  联德先生固擅长绘事，又曾执业于商务，为儿童教育画襄理编务，故于画报极感兴趣。事先以办刊《少年良友》而屡经失败，经验更多，至是见单张画报之蓬勃，且自办之印刷成绩既佳，因即拟乘此机会，自办一画报。复虑单张画报不能容多量材料，且零散不易保存，结果必被淘汰，乃决意刊印整本之画报，自树一帜，为画报界放一异彩。几经筹划，终乃编辑完竣，制版印刷，装钉成本，销行于世。是为《良友》之第一期，时民十五年二月十五日也。

  《良友》第一期既出版，因系初次，故于推销批发尚无定处。适时值旧历新年，马路上行人如织，而店址之邻又为奥迪安影戏院，更为行人丛集之地，乘年假之暇，乃着排字、印刷等之学徒分挟出版之《良友》，在影戏院前兜售。此印刷精良、材料丰富及装钉美丽之新画报，乃极为人所注意。且以定价低廉，争相购阅。盖其时虽定价大洋一角，其实仅以小一角出售而已。

  《良友》出版时，因事属尝试，未敢存奢望，故初版仅印三千册。出版后联德先生即携回港粤谋推销，该报至港粤，亦大受欢迎，故即以电来沪再版二千，其后续又再版二千，皆于印就后数日内全部销去，无一存余，致近数年来，读者每怀巨金求一创刊号而不可得，良觉欢仄。盖吾人当日，亦初不料其出版即如是畅销也。

《良友》初出即销七千，故第二第三期时，已达一万。因成本过重，售价低廉，销数愈大，亏折愈重，乃于第四期起，每本改售二角，幸承读者之体谅，销数并无消减，反日见增加。中国画报界之基础，于此确立。其时适值国民革命军以中山先生逝世，拜受遗命，移师北伐，屡战屡捷，北伐军之功绩固可光照明月，而中山先生之丰功伟业，亦不可无传，即由同学明耀五先生主其事，编成《中山特刊》，将先生生前之照片、墨迹、事略等搜罗几遍，以图片作传，开中国出版界空前之举。迨《中山特刊》一出，即轰动全国，远至海外各地侨胞，亦争相购阅。几经再版，始足分配。计该特刊销行几十万册，其在画刊所创之纪录，至今仍可谓前无古人，后无来者。《中山特刊》以《良友》之名而遍销各地，而《良友》亦借《中山特刊》之荣誉而遐迩皆知，相得益彰，互为因果，自是《良友》之销路，更与日俱进矣。

十六年，以原有店址不敷，即迁至今址，同时港粤间之分公司，及南洋方面之美美公司亦以次成立，《良友》之推销力乃更形强大。翌年北伐成功，吾人复刊印《北伐画史》，亦行销数万，继复出版各种画刊书籍，一书既出，万人争读，声誉日著。乃思扩充经营，期在文化界作更大之贡献，乃于十七年冬登报增招外股。以信誉早著，故应者纷至沓来。国内虽远如云南、四川，国外如南非洲等，皆争相投股。至《良友》方面，复于三十七期起，添聘马国亮先生，以为梁得所先生之助，书内复改用铜版纸印刷，定价增为三角。以内容充实，印刷精良，销额又跃至三万之数。然以销数日增，铜版印刷过多，则模糊失真，终觉未能尽善，乃于四十五期起改用最新式之影写版制刷，良以是项印刷，虽印百数十万份，版面仍可保持其清晰玲珑，开中国画报界影写版印刷之新纪元，以故一经出版，更大受读者之欢迎。四十九期，再增彩图四页，虽价格增至四角，以内容、选材、印刷皆精，彩图更鲜艳夺目，足供欣赏，故于是年底，销数竟猛跃至四万二千余份。

港粤两地之分公司虽早经成立，惟各地尚付缺如。为便利读者计，乃即先后成立汉口、北平、厦门、南京等地之分公司。迄民国二十年，其时以《良友》在东北沈阳之销路日增，正拟亦在该地筹设分公司，除专售《良友》外，并及本公司出版之图书，以利当地读者。不意接洽甫将就绪，而九一八之难起，至今失地未复，遂使东北同胞与祖国文化隔绝，殊堪慨叹。

一二八之役，日军侵占虹口一带，本公司乃被迫暂时停业。其后乃于战区外临时设立办事处，使《良友》继续出版，因处于各项设备不全之环境下，不得已暂将版本改小，用铜版印刷，至六十七期停战协议既定，始迁回原址，《良友》版本大小亦复原状。直至七十七期，再复回影写版印刷。同时并组织全国摄影旅行团，搜集全国各地景物之照片。二十二年秋梁得所先生去职，由马国亮先生继任《良友》之内容，更形改进，本年六月，因鉴于国内之不景气情形，乃改为半月刊，以利读者之购买。销数虽更增加，惟大多数读者之意，仍以月刊为更佳，同时编辑部同人亦以为月刊编排更形便利，故决于明年恢复月刊。

计《良友》出版至今已达百期，过去既有悠久之历史，未来则更觉方兴未艾。吾人历年来赖社会人士之扶助，感愧之余，更期于未来之岁月中为国家民族竭诚服役，除使《良友》成为最普及之刊物，聊尽推进文化之义务外，并思尽其余力，另为社会作其他方面之贡献，用酬读者之厚意，借副社会人士之殷望。谨于百期纪念中一掬微忱，幸垂鉴焉。

（《良友》第 100 期，1934 年 12 月 15 日）

《良友》一百期之回顾与前瞻

伍联德

民国十五年二月十五日，吾人于冒险之尝试中创刊《良友》。光阴逝水，倏忽九年，时至今日，《良友》无恙，且届百期矣。杂志而刊印至百期，在世界文化历史上言之，原属常事。惟在多难之中国，九年以来，能于惊涛骇浪中奋力前进，自强不息，以迄百期，则又颇觉其不易。赖社会人士之热心爱护，与诸同事之精诚合作，《良友》在画报界创此悠长之历史，稳握销数之牛耳，吾人于感愧之余，弥觉欣慰。

昔古哲有言：一事业之开始，即冒险之尝试。而于《良友》创刊时，犹觉成功之难期。盖远在良友印刷公司成立之前，当时四开大小之单张画报颇为流行，惟一察其内容，大都缺乏学问之原素。窃以为在文化落后之我国，借图画做普及教育之工作，至为适宜。因见市上所有者，皆未能与此道相吻合，其时适有友人如故莫先生澄斋等，拟办一画报，以志趣共同，遂相合作，创刊《少年良友》，亦四开单张，内容皆手绘之图画，杂以少年德育故事，盖纯以儿童为对象，偏重儿童之教育者。不料出版之后，事与愿违，未及数期，即因销路不畅及经济之支绌而停刊。惟自信甚力，稍筹得若干印刷之资，便即续刊，寻又被迫中辍。如是屡仆屡起凡三次，终乃计穷力尽，不得不暂将其放弃矣。顾虽如是，第以素愿所在，未尝不耿耿于怀。继念欲办刊物，尤应先办印刷，更易发展。蓄此私念，未得机缘。民十四年，得欧斌夫人之慨然相助，乃即函召旧同学余汉生先生来沪共同策议，几经奔走筹划，乃顶出北四川路鸿庆坊口之一小印刷所，稍事装修，即于是年七月十五日开幕，定名为"良友印刷所"。店为石库门式，仅得一楼一底之地，店内所有，亦仅小型之印刷机三数部而已。开始营业后，以印刷成绩优美，营业状况颇佳，经济既有基础，而自办之印刷又复精良，于是此酝酿于心中之素志又跃跃欲动，最后乃决再作一冒险之尝试。

吾谓"冒险"，良非过当。盖当时吾人所拟办者非单张式，而是整本成册之画报，此种画报为市上所未有，前人虽偶曾刊办，类皆不能支持而先后停刊。吾人既乏此种经验，而横于前者胥为前人失败之阴影，同时社会人士对整本画报之能否发生兴趣，亦无把握。至于内容之编排取材，更无可借镜，仅在个人之坚决自信力之下，日夜编辑筹划，《良友》创刊号第一期，终乃于十五年二月十五日，与世人相见。既属初次尝试，故初版仅三千本，其后以港粤各地之畅销，乃先后添印四千。初不料此区区数千册之画报，日后竟不胫而走，遍销全球，不特为画报界奠一稳固之基，且为后来者辟一康庄之大道也。

书既出版，即哄动一时，远近推许函件，纷纷而至。吾人于感奋之余，更思力图改进。同时觉个人精神力量究属有限，遂于第五期起，延聘周瘦鹃先生主其事，俾得分负工作。惟以周先生属文艺中人，故报中文字一项，由其负责，个人方面则仍全力注意于图画之编排与选材之精美。销数既每期递增，改良之心愈切。适于是年冬值梁得所先生。梁先生固负笈于山东齐鲁，以事辍学来沪，因接洽印件事，彼此获识，时相会晤，颇觉其年少有为，因即延聘，共同襄理编务。第十二期，周瘦鹃先生以事告退，主编一席，即以梁先生承其乏。

本志销路既日益加增，同时印刷营业方面亦日渐发达，因思有以发展之计，是年冬，乃有美国之行。于该地考察画报及印刷等事业，以资借镜，所获更多，归国后深觉原址不敷应用，乃迁至今北四川路蓬路口新址，以地方敞阔及地址适中，业务更蒸蒸日上。本志销数，已销至二万余份，比第一期时增加数倍。至是公司营业渐具规模，本人方面因又须从事计划其他出版之事业，如《中国学生》《今代妇女》《银星》《体育世界》等各杂志之创刊，以及各单行本书籍之印行等，本志编务，无暇兼顾，若以得所先生专负其责，未免不胜其劳，遂于十八年夏添马国亮先生，稍分其劳。本志亦于三十七期起，全部改用铜版纸印刷，因纸质优美，选材及印刷皆精，销数乃进至三万份。四十五期，更由铜版进而为影写版印刷，复以梁、马两先生之共同努力，本志之销路乃一跃而为四万二千余份，握中国杂志销路最大之权威，不特销行于中国各地，即海外各国，亦无不有《良友》之踪迹。

廿一年一月二十八日，日敌侵袭上海，本公司地点适在战区以内，一月份稿件全部在印刷所被毁。惟时虽在国难期间，同人等对文化及新闻画报之事业，仍不敢懈怠，即于江西路设一临时办事处，并着手筹备一切。其第一事，即为使《良友》能继续出版，以慰读者之望。第以印刷、排稿等皆在极困难之情形，临时乃改用十六开本之铜版纸印刷，同时更将战时新闻搜集，出版《战事画刊》，使世界各国人士，明暴日侵略之真相。战役和议既定，本公司复迁回原址，《良友》虽恢复原有之九开本大小，惟影写版之印刷所一时尚未能修整完妥，故仍用铜版纸印刷。虽铜版纸比影写版之纸价奇昂数倍，然为保存《良友》之历年信用计，吾人乃不惜此重大之牺牲。

本志既握全国杂志界销数之牛耳，对于文化之推进，及智识之灌输，更思竭其驽骀，以求精益求精。因思中国版图阔大，因交通不便，彼此殊多隔阂，本志既以沟通文化、启发国民新知为主旨，各省风景、风俗、文化、物产等之介绍工作，实为刻不容缓。惟是亲历各地搜集图片，工程之艰巨自不待言，第环顾国内拟肩此重责者，尚乏其人。吾人乃不揣棉薄，毅然有全国摄影旅行团之组织，于是年九月出发，团共四人，而以梁得所先生主其事，至于后方编辑出版等一切时宜，乃暂由马国亮先生总负其责。

旅行团计自廿一年九月出发，以《良友》历年之信誉，故所至各地，皆大受欢迎，至廿二年五月返沪，历时九月，费去国币一万三千余元，摄得照片一万数千帧，除供本志用外，并择尤刊印《中华景象》，出版后幸承社会人士之推许，未及一月，即已再版。是书虽不足谓为集中国文物之大成，惟以图片作较详之真象介绍者，颇足称为出版界空前之工作。同时本志亦已恢复影写版印刷，选材更广更精，故虽在战后以及不景气之状况中，仍能保持其素有之销数。

旅行团于五月返沪后未及三月，梁得所先生因另图高就，即向公司提出辞职，吾人苦留不获，梁先生即于八月起辞去本志主编职务。在本志方面虽无若何影响，惟吾人一旦失去此患难与共之多年良友，至可憾耳。梁先生既去《良友》，主编一席，乃由马国亮先生继任。马先生得天独厚，品学兼优，能文善画，更为画报不可多得之才，不仅襄理本志有年，且于梁先生出发旅行时，亦曾独负编务，驾轻就熟，自能胜任愉快，匪特读者所欣慰，亦本公司所深庆得人者也。

良友自刊行至今，历时九载，今年春间，因鉴于世界之不景气情形，影响及于个人经济，为读者购买便利起见，乃于七月本公司创业十周年之时，试改为半月刊。因购买便利，国内销路更比前增加，惟因编排便利关系，同时大多读者亦多来函仍望恢复月刊，为尊重读者之意见计，乃决于明年一月将恢复月刊。

计良友自出版至今，已届百期，回首创刊时，恍犹昨日。计百期以来，吾人虽饱经忧患，履艰险，历崎岖，赖诸同事之合作暨读者之提携，以有今日，良非幸至。惟世界之进展，日新月异，文化之路途，靡有穷期。吾人将更本取诸读者、还诸读者之义，不以营利为目标，但以服务社会为旨，益自奋勉，迈步前进。且也近年以还，画报之刊行者日多，更为我国文化界之好现象。良以图片灌输智识，显浅易晓，实为目前普及教育之最善工具。中国人口之众，幅图之大，文化食粮，固甚感缺乏，吾人本为民众造福之精神，彼此砥砺，分工合作，中国文化前途，实利赖之。至于指导提携，尚有望于读者。

（《良友》第 100 期，1934 年 12 月 15 日）

编者的几句话

舞台上的戏，要想得到观众们的赞美和欢迎，那么总要一班演员们协力同心来卖力气，各献其能，甚至于锣鼓场面也要紧凑。

小小一张刊物，也正和唱戏一般，你要想得到读者们的称许和爱护，那么也要仗着执笔撰稿的一班老板们，不惜脑汁和精神来赐刊杰作。至于编辑，正和戏院后台管事一样，不过来排排戏的次序和催场，或者顶多来饰上一个配角而已。

《风月》出世到今日，十足算是二周岁。在以前这里的管事老板，是一觉先生，他在报界的名声，正好像梨园界里头现在的余叔岩、昔日的谭鑫培，不过因为能者多劳，他竟因无暇兼顾，竟将这件责任付诸在下我了。我是拣场打门帘的一位脚色，要我跑龙套也会晕台的，管事大职，实难应付。不过幸喜撰稿的诸位老板们，特别捧场，居然用不着我滥竽充数的管事，登门去催场，后台来作揖，他们是场场不误，并且愈唱愈起劲，所以到现在，观众们还是热烈地按期卖〔买〕票，争先定座，这真是使我感激到万分呀。二周岁算是过去了，做管事的我呢，还要希望诸位撰稿的老板们，本着已经爱护本报的精神，来常排演几出拿手好戏给观众们看看。这点呢，是我日夜所翘盼的呀。

（《风月画报》第 5 卷第 1 期"风月二周专页"，1935 年 1 月 2 日）

"风月大戏院"的几位名角

鼐 权

好不好是一台戏，齐不齐一把泥。比方拿我们《风画》来说吧，要把他看做是风月戏院，那么三哥无疑的是后台老板，我呢就是前台的管事，送报的老宋和陈二呢，那可以说是坐在铜栏杆后面的售票员了。说到唱戏的角色，不是我吹牛，全是南北驰名重金礼聘的名角。当然卖瓜的不说瓜苦，可是听戏各界士女们也有个评论，角色要不好怎么天天会挂出"座位已满"的牌子呢！须生大王谭鑫培灵犀先生，天赋的好本钱，好气力，每歌一曲，万人空巷，古腔古调，三日绕梁，内庭供奉，声价不减当日的王侯。老汝是王长林，有特殊的绝技，一举一念，观者捧腹，说句摩登的话，他就是标准的幽默家。梅花道人是郝寿臣。龙眼章六是昆曲中之陶显亭，阳春白雪，可惜在现代是曲高和寡了。余叔岩今朔，家学渊源，腔调动人，当代第一正工须生，与老谭相较，只有新旧之别，无高下之分。刘先礼是万人景仰的梅兰芳了，小脸旦子，长的那么爱人，艺术已臻炉火纯青（这是吹么），一双媚眼，一□□□①，倾倒全球。女界我天胆也不敢说，男界中我想吊他棒子，想他心思的人，多如过江之鲫吧！浪翁是生旦净丑无一不精之吕月樵。王季龙，工小生，唱功精细，念做入神，可惜武工没有，读者们想，他是不是姜妙香？舍予和老谁他们是外江派的大老板，一个是小达子，一个是麒麟童，别树一帜，大套本戏，五音联弹，布景新颖，叫座能力也不弱与同台诸角，诚可谓珠璧联合。最近本院不惜重金礼聘当代第一武生泰斗杨小楼马彦祥老板，择吉登台。

（《风月画报》第5卷第1期"风月二周专页"，1935年1月2日）

风月主人与我

刘先礼

风月主人老魏，独身主义，面孔长的像橘子皮，不修边幅，有时擦点雪花膏，更觉其丑。一高兴要洗洗澡，刮刮脸，简直的丑极不可暂注目了。

老魏人虽丑，心却好，很少在报上骂骂人（只骂过我一个人）。我和他认识是在宴游别墅的一天后半夜，和他同去的人都叫他"王八"，姑娘也叫他"王八"。当时我莫名其妙，后来才知道是同他开玩笑，于是我也叫他"王八"。

"王八"虽不好听，可是在班子里却吃香，姑娘们都奉承他，可有时死乞白赖的打他脑袋瓜——亮的和电灯一样的脑袋瓜。

他同我很说得来，他不"拍马屁"，也不"吹牛□"②。他第一次和我要稿子的时候，是屈膝一跪，这着真损，从这一跪，《风月画报》上算是多添了我这一块料。

后来我又介绍王季龙和老汝给他，少不得他又跪了两跪。我们几个人成天价在一起泡，写写稿子，谈谈女人，到现在竟成了莫逆。今天是《风月》两周年纪念，又是元旦吉日，无以为祝，放几下屁，叫读者知道知道风月主人的为人和我们的认

---

① 原文如此。——编者注
② 原文如此。——编者注

识吧。

（《风月画报》第 5 卷第 1 期"风月二周专页"，1935 年 1 月 2 日）

解释封面的画意并祝本报二周纪念

舍 予

　　光阴荏苒，真是有如白驹之过隙，不知不觉的，本报已然有两周的历史了。这第三年的第一期，也就在今日诞生，和读者相见了。在这大好的良晨〔辰〕，本来我预备写一篇庆贺文字来纪念一下，无奈时间不允许，只得将本报这期封面所含的意义来解释一下，权当了我的祝文罢。

　　天空的碧蓝色，是代表太平景象，洁净无尘。银色的月亮，红色的枫叶，全是代替本报"风月"二字的意义。右边的松树，是比喻本报好像老松，愈渐的朴茂。前两棵大的，是纪念过去的两周年，旁边一株小的，仅露尖端，是说第三周年将开始。树上与天空均有白雪，是表现时期是冬令。归纳说起来，它的意义有四点：第一，是代表本报名称；第二，是纪念两周；第三，是预祝将来的朴茂；第四，是表现冬令的时期。总括说，又可以谓之曰："风花雪月。"本报编者病侠兄，一定以为这幅封面是我同老谁合作的，所以才这样大吹大擂，事实是因为最近有一位鄙亲□驾返西方，老谁又偶染采薪，所以我简直弄得手忙脚乱，不要说画管没有工夫拿，就是这篇简短的纪念文字，也几乎不能交卷。像在这种恶劣环境中，还能够勉强将这幅现丑的画，贡献于读者之前，真是我初料所不及。本篇文字，也只得临时抓彩，编者和读者切不要以为是自吹自擂，这全是出于不得已的啊！

（《风月画报》第 5 卷第 1 期"风月二周专页"，1935 年 1 月 2 日）

我的编辑经验

《现代》编辑 施蛰存

　　承《人言周刊》编者的好意，叫我写一点关于"定期刊物在社会上之地位及推进文化之力量，使杂志之使命更为天下人公知"，这个题目实在太大了，我恐怕不能应命，况且目下我已经不是任何杂志的编辑人，似乎可以有不写的理由。但是《人言周刊》编者征及拙作，这回是第三次了，再不应酬一下，自己也说不过去，没奈何，文不对题的谈谈文艺杂志罢。

　　文艺杂志的读者，似乎至今还脱不出智识阶级的圈子，所以要研究它在一般社会的地位，恐怕远不及一张小报。然而即使在智识阶级中，文艺杂志的存在也还是很渺小的。从大学教授到小学教师，从留学生到中学生，把文艺杂志郑重其事地捧着看的，一千人中恐怕只有三五个。要不是打麻将凑不起搭子，逛公园约不到爱人，看电影时间不对，谁会把晴朗的星期日或幽静的月夜消磨在文艺杂志上？再说那一千人中的三五个，正襟危坐的看完了一本杂志，打个呵欠伸个懒腰，回想一下那一篇中的老头滑稽，那一篇中的失恋青年可怜，那一篇中的工人该起来革命——好，这么，本月份的杂志就算看过了。杂志对于他有什么影响？

　　但是这种情形终究不能说是读者不挣气，怪还得怪现在的文艺杂志本身不好。现在的文艺杂志多半是由书局出版的，书局老板的目的是赚钱，他请一位编辑先生来编一个杂志，第一条件是要这个杂志能包罗万象，为的是销路普遍，能得到广大的读者，然能〔后〕才能餍足了他的赚钱的目的。编辑先生在这种条件之下编出来的杂志，当然是思想不能一致，精神无所专注，等于开了一爿百货店。

　　百货店式的文艺杂志对于读者除了消遣以外，没有别的作用的。

　　最近我有一位朋友写了一篇小文章，主张目下我们需要小集团文艺家的同人杂志，这个意见我以为是不错的。凡思想主张相同的人集合在一起，办一个小小杂志，决不希望有广大的读者，但希望它的少数读者，每人都是这杂志的热心拥护者，每人都把这杂志当作自己的思想的代言人，每人都把这杂志当作精神上的良友，这个文艺杂志才可以说是能在读者中间起一些作用。——虽然这作用本来也是极微薄的。

　　我们只要看一看五四时代的《新青年》《创造》《少年中国》，甚至《学衡》，这些使当时的读者激励的杂志，岂不都是同人性质的刊物吗？现在那一个百货店式的文艺杂志能做得到那么大的功绩？

　　可是话得说到自家身上来，我也曾经编过百货店式的文艺杂志，而且说不定将来还要编。这是生活上的一种痛苦，惟其我感觉到这种痛苦，所以我格外企望有纯粹的文艺同人什志出现。

（《人言周刊》第 2 卷第 1 期"一周纪念编辑特刊"，1935 年 2 月 2 日）

编后杂感

伍联德

我承出版界的朋友邀约，主持《图文》编务。前期启事里面已将编辑方针略述大概，现在第二期出版，再将我们的计划和个人的感想和读者详谈一下。

处目前的时代，什么事情都不容易办，尤以出版事业为然。世界不景，农村破产，衣食问题都还顾不到，哪里还有闲钱来买书读，来买课本以外的画报看？我在出版界十余年，虽积有相当经验，到了今日，也要一筹莫展了。

不过，衣食固为人生所必需，而知识亦未尝不是人生必需之一。求知并不限于在学校，离学校而入社会以后，尤须求知以适应其环境。斯时暇晷无多，就惟有取迅捷的途径。画报能以少许的篇幅，介绍一般的知识，获益多而费时少，所以，画报在出版界里还是占有不能动摇的地位。还有一层，图画是世界共通的语言，能传达文字所不能表现的概念，兼具有美感，是以引人观其图以读其文，灌输知识于兴趣之中，这也是画报所以能存在的理由之一。以上虽对一般读者而言，而于在校学生，想得书本以外的知识，也同样适用。

我们若仅汲汲于衣食，而忽略了知识之粮，就只做了衣架饭袋，失了做人的真义。所以，我们中国人要在这世纪里挣扎，非人人有相当的教育和知识不能生存。由此，更知道中国的出版界负有绝大的责任。我们既认定要负起此责任，无论如何艰巨，总是义不容辞，必须向着我们的目标努力。出版事业范围綦广，我们抱了图画为灌输知识的捷径，文字又足以增益图画价值与意义，我们的努力也就以此为目标。

近年画报风行，可谓盛极一时，可惜一般都偏重于画，而忽略了文，不能满足读者由画所引起的求知欲。尤甚者，社会心理喜欢软性，一般的画报为迎合低级趣味，遂使画报品格水平低下，形成无益而有害的东西，致为识者所痛惜。我们创办《图文》，当力革此弊。美感固不可少，低级趣味的风气究不宜助长。即如本期封面，虽用的是女性，却并不以肉感来诱惑，而寓有提倡体育、健全体魄的意思，书内有许多地方亦皆仿此。第一期因赶一月号出版的缘故，时间仓卒，内容殊欠丰美，我们自己都很不满意。自本期起，力求改进，印刷方面当然无疵可指，影写版的特长在能逼真，如其将图缩得太小，反致埋没其长处，所以乘本期内容改进的机会，连篇幅格式也澈底改革。此番改革除上述理由外，还有一种便利，就是较长一点的稿，有时要续刊于后页的，现已可以尽一页刊完。这种本式固为特创一格，即编版方面也曾下过一番心思。

有人对于合钉成帙时，第一期将如何处置，会要发生疑难，这一点，我们也曾顾虑到。我们已决定大本的每年仍出足十二期，像第一期本式，每年加出一册作为增刊。装钉起来，大本归大本，增刊归增刊，或三册或五册合钉一次，这就不成问题了。

（《图文每月画报》第 2 期，1936 年 2 月 15 日）

《少年画报》创刊号内容略述

《少年画报》在四月创刊了，它发刊的意义和发行上的一切事项，在上文中已述得很多，兹不再赘。这里且谈谈创刊号的内容。

封面是七色精印照相的图版，上面是一个白发的老人牵牛饮水，颇有一些闲散的风度。尤其妙的是一首题诗，把图中的趣味全描写出来了，那诗是："白头一老子，牵牛去饮水。岸上蹄踏蹄，水中嘴对嘴。"

国防重地的绥远是我们念念不忘的，悲壮激烈的绥远抗战是我们心向往之的。本刊有系统地用四个全页来说明绥远的现状：第一页是包头、武川、平地泉、百灵庙、萨拉齐和绥东的风物；第二页是受伤士兵的看护和战利品的一部份；第三页是抗战的实验；第四页是绥远地图和绥远人地一瞥。读过了这四页，对于绥远可以获得相当的印象。

新近开放的上海市博物馆是大上海文化建设的成绩之一，崇高的建筑，丰富的搜集，凡是到过上海的个人或团体，总得去观光一下。里面陈列着金石、书画、衣饰、器具很多，颇有历史上的价值，这里都略事介绍。

飞行事业在中国，还刚在萌芽时代，但在政府的埋头苦干之下，的确也训练出几位杰出的飞行人才，其中大部份是男性，但也有好几位女性。如本刊所介绍的王、林、李、杨四位，便是最有名的女飞行家。此外关于航空方面的，还有《飞行小史》三篇，是航空界最初的史实。这是连载性质的图文，以后每期都有几篇。

课外活动是学生们最具兴味的一件事，它的范围很广，这里介绍了《民众学校的小先生》《弓箭练习》《自由车》《童子军》《看护队》《剥制标本》等数种，以后当陆续介绍其他活动方式。《少年棒操》是长篇连载的体育文字，用图画说明。译者赵竹光君，对于器械运动的研究颇有心得，读者如能按图练习，体格上必有极大的进步。

"牛归日"是德国很有趣的风俗，德国巴威地方山中的居民，每年夏季把牛群放到山上散牧，秋季赶回。到回来的一天，情形很是热闹。本期有五张照片，写出了"牛归日"的一瞥。

最后要提到科学方面的材料了。在发刊词中，编者曾提出著重科学介绍的口号，本期中《最初的一部机器》一文，是讲机械原理的；《世界第一长桥》和《一个目的制造》二篇，是讲机械制造的；《甚么是星云？》是描写天文现象的；《说牛》《为什么花有颜色》《为什么避役的舌是长的》《植物能够感觉吗？》《巧妙的保护色》等诸篇，则是属于生物学的。要目很多，这里不再一一介绍了。

（《同行月刊》第 5 卷第 3 期，1937 年 3 月）

《少年画报》发售预约

在一二八国难以前，本馆除有《儿童画报》《儿童世界》二种刊物供小学学生阅读、《东方杂志》供一般人士阅读外，乃有供高小及中学学生的读物二种：一是《少年杂志》，大约适合于高小及初中一二年级的程度；一是《学生杂志》，大约适合于初中三年级以至高中的程度。自从复业以后，后列二种杂志暂未继续编印，各界人士敦促者极多，尤以高小初中间学生无适当之读物为虑。本馆应此需要，特编印《少年画报》一种。

《少年画报》以人类全知识为范围，将大自然及社会内一切事物用图画表示其真象，辅以浅显的文字说明，俾读者可于短时期内对于某种事物获一真实性之认识，同时并于脑海留一深刻之印象，为课外之良好补充读物。对于一般人，亦可增进新知。

《少年画报》的版式，是三开本，正文共四十二面。前部三十二面，系完全用图画，用影写版印刷；后部八面，注重文字，以图画为辅。全年十二期，每月发行一期，于二十六年四月开始发行。

本杂志定价每册二角，创刊号售特价八折，后续出各期仍十足发售。凡定阅全年者，定价二元四角，特价七折，计连邮一元六角八分。

际此《少年画报》发行之初，正为儿童节之期。本馆历年均有减低儿童读物售价办法，今年纸价高涨，儿童读物定价又已颇低廉，事实上难亦举办。但本馆为酬答各界，并庆祝佳节计，仍勉力办理，惟将范围缩小。值此《少年画报》发行伊始，举行三种儿童杂志联合定阅优待办法，凡预定《少年画报》，全年加定《儿童世界》或《儿童画报》一年者，除《少年画报》仍照前项办法按定价七折外，其加定之一种，照定价八折，期限均自四月一日起，至五月底止，计两个月。此种办法，对于同行尤为有利，务祈踊跃预定为幸。

（《同行月刊》第 5 卷第 3 期，1937 年 3 月）

《摄影画报》十五年之回顾

林泽苍

十五年前——当民国十四年的当儿，读书界开始对于文字刊物感到沉闷枯燥，于是出版界中如花如锦的掀起了图画刊物的狂潮，本报就在那狂潮里诞生出来。可是，经过时代的淘汰，与本报同时发刊的那些形形式式的图画刊物大都夭折了，而本报硕果仅存，拥有十五年光荣之历史，这不能不说是一件值得欣幸的事。

本报最初出版，是单张四开道林，内容甚泛，以趣味为主，图画精美，印刷优良（西人代印者），尤为他种画刊所不及。是以出版未久，风行海内外，实为画报界中独树一格。其后，因摄影艺术在中国渐见发达，社会需要益切，本报乃注重于摄影知识之灌输，对于摄影技术力加提倡。同时，并与中国摄影学会及中国摄影供应社合作，联络摄影同志，忠实为影界服务。考今日中国摄影艺术发展如此其甚，每年陈列的摄影画展如花如锦，本报的提倡之功，却不可埋没。

二十二年，应时代之需要，增订为三十二开的杂志式，计三十六页，图文各半，售价一角。以内容精采趣味，为读者所称道。又以一部分地位，专供摄影学术之研究。

二十四年，因摄影知识愈为社会所注意，应广大摄影同志之要求，本报乃改为摄影专刊，介绍欧美摄影学术，卓然成为中国唯一的摄影杂志。

"八一三"战事发动，上海各刊物皆陷于停顿状态，本报亦不得不随之而休刊。及廿七年十一月，始与《电声》合刊与读者相见，但内容则完全刊载照片，包罗万象之精华。

现在，在这艰难困苦的时期中，它终完成了这光荣的十五周纪念。编者历述它演进大略，并在本页将十五年中之《摄影画报》，每卷第一期合编于此示于读者诸君。并希望读者们继续给以热烈的拥护，让我们再来庆祝它二十周、三十周的光荣纪念……

创办者林泽苍志

（《电声》第 8 卷第 1 期，1939 年 1 月 1 日）

编辑者言

从《良友》图画杂志创刊号计算，这一期是第十四年的开始，而正巧是出版后的第一百五十期。假如从良友复兴图书公司成立，《良友》图画杂志复刊号计算，那么这一期正是《良友》复兴一周纪念号，加上又值民国成立第二十九次新年。我们把这一期在质量上都较平时大有增加的纪念特大号，贡献于国内外十万读者之前，一则表示我们的无限欣幸，因为我们的工作，几年来，还不算白费；二则希望各地的良友，以后能更鼓励我们、指导我们，因为回顾全中国的定期刊物中，有这样长久历史的，此外恐怕没有几种，而在倏起倏落的画报界中，这更是一本生命最长的画报。

为了酬答读者爱护本志的热忱起见，我们在这一期的取材方面，范围相当广泛，而内容务求其充实。为了我们要使这一期的《良友》，成为一本有永久价值的纪念册，所以新闻篇幅特别的减少，但是元旦日，粤北战场上华军的大胜利，可称象征未来一年中无穷胜利的第一声。

这一期最值得介绍的当然是千呼万唤始出来的"中国纪念邮票"彩色页，这不但对于国内外的集邮家是无限的宝藏，而且在这十四套难见的纪念邮票中，我们可以看见从一八九六年以来一串中国近代史的缩影：满清的灭亡，孙总理的建国，北洋军阀的嚣张，蒋委员长的统一全国，以后的数年间，中国已逐渐的走上了建设的正轨，开发西北，改革民间的生活。我们化了四个月的时间，毁去了五六次的底板，现在用十二色照相平版版终于印成了。我们要谢谢张赓伯先生，因为在世界上藏有中国纪念邮票全套者没有几人，而张先生是国内著名的集邮家之一。

达盖尔发明摄影术于一八三九年，到今年正满一百年。摄影术对人类文化上所尽使命的伟大正不下于印刷机，因为印刷机只能把言语文字传之久远，到摄影术发明了，任何形象都可以摄入镜头，传递千万人，流传数百年，把人类的文明又推进了一步。就讲本志所用的影写版印刷，在前线所摄的一个勇士，在远方所摄的一所医院，得以映入远在国外的侨胞眼里，还不是一百年前达盖尔的发明所赐。

本期所编"摄影术发明百年纪念特辑"，有文字数篇，均由国内摄影名家执笔，写他学习摄影的经过；美术摄影十二页，表示最近摄影家在美术摄影上的成就。彩色摄影入选证，郎静山先生所藏，是他个人作品历年来参加国际摄影展览会时被选后所得的纪念品。还有最后八页，虽带趣味性，可是也算是特辑的一部，因为单单靠了摄影的发明，我们才到今天还可以看见慈禧太后的玉容，第一部火车的可笑的模样，中国女子的旧式旗袍。人类的文明是永无止境的，但是后世千万人的享受，最先还是少数发明家的理想和他们不断的努力，才在黑暗中获得光明。战时的艺展会，自重庆、成都而开到香港、上海，精美出品，美不胜数。这期所刊，只是沧海一粟。张充仁先生的《测〔恻〕隐之心》，请读者特别注意；徐悲鸿先生的大作，自星加坡远道寄来，更使我们感谢；而胡伯翔先生所作的《马相伯先生像》，应本志之请于三日内绘成，同表感荷。

最后而最重要的是这一期中的几篇专论和文艺作品。阿英先生的《中国画报的发展过程》，在《良友》一百五十期纪念号上刊出，更有价值，但是从这些石印画报里，正培植了今日盛行的现代式画报的基础。版画也是画报的最初的形态，最早见于公元八六四年，郑先生的专论，不特可供读者对中国版画作初步之研究，而且是拟购即将由良友复兴公司发行郑振铎先生编著之《中国版画史》者一篇忠实的介绍。靳以、索非先生的散文，都值得一读，《华亭鹤》是一篇名作，执笔者是国内早享盛名的第一流小说家，读者勿因笔名之生疏而白白放过了。

这一期得以出版，应当向所有赐稿的人感谢，这一期是又一年的开始，在一年开始时敬祝读者康健。

（《良友》第 150 期，1940 年 1 月 15 日）

卷首语

《北漫》虽然屡经易人，但其本身竟已跨越过颇为不短的三年过程了。前后的编辑同人，莫不精神贯注，勤于修剪灌溉并致力维护，热切企望他的发荣生长，能够隆盛茁壮。在这惨淡经营过程里，逐渐由要求获得读者而得到大量读者的热情援助，真是同人所深深感激并可引以自慰的事。尤其在这第四年度开始之初，尚未举步的巡逡瞬间，荣幸得到增添四页篇幅的珍贵机会，在相对的节用物资的现要求以下，又是应该怎样具有盛旺热诚和青年的意志，去从容而又慎谨地举趾与迈进呢？

曾经不断地表白漫画报国精神，诠释漫画的讽谏意义，我们所企望的，就是自肃自戒自责自励之余，同时要求社会意志的树立，和生活美化的实现。所以当此世界秩序再建，扫荡淫靡且惰怠的颓风，而总力参战，向击灭犹太势力展开攻势的今日，漫画膺任文化活动的一隅工作，致力于精神战斗，为大时代驾驭效力，是义不容辞的，且务期达成和平的理念，进蹰到安乐之域以后，始可转换方向，向慰安人生、淳化人生方面伸长。自然，于焉可知当前一般的要求，是力的，更生的意志与行焉，才能配合一般的临战体制，急进且协调地速决一切须要肯定的共同要求，一清宇宙眉目，完成世纪的功勋，击灭霸道的英美势力和个人的功利思想。

所以在此出版三周年的可纪念的时候，我们自许的，不仅是为《北漫》难能可赏的向荣滋长而欣喜，并且渴望同人由自许肯定自信，树立必胜决心，热烈地向无形的胁力排击，务期冲刷干净百年以来深入膏肓的阴毒，企望明朗健爽的生活能够苏息且丰裕，并从农村经济基础为始，一至社会的上层建筑，澈首澈尾由旧的、变质的、被扼制的处境，扶持将养，建设一种协调、共荣、理想的又新性格。不过，这是须要以中心思想建立为起始的，故而对于因逸乐与好奇尝试而积习成性的麻痹惰性，务必猛省警悟，严明正视事实的因果关系，不惜精力，分析乱丝，必求端倪，而予以汰除、改革和转换，料想对于幕洋遗毒所酿成的断丧国脉的沉疴隐患，定能对症下药和息养扶植地重新培养出更新的生命之力的吧。

而纠正错误的积习与观念，是有待于一般文艺复兴运动的展开，与跨越艰辛达成所期目的的成果，来发挥无上伟力的。自然漫画的讽世态度，除正面的具有必胜姿态向击灭英美征途展开攻势以外，对于中心思想的建树、积恶的拼〔摒〕除，尤应配合一切文化活动，担当精神战斗一面的攻防任务，并向内的发展，要求一般的适应时代之意识形态的塑型完成，始能无憾地协调总力的立体战争，奠定协和且共荣的和平大业的基础和建设的。那末我们漫画同人的肩负，自是相当的沉重而且有意义了。所以当纪念《北漫》第三周年的时候，尤当勇敢地稳健地跨迈第四年度的巨步之同时，更要望漫画同人能更炽烈地抱负漫画报国的热诚，向时代冲进，务求必胜，完成参战目的。

（《北京漫画》第 4 卷第 7 期，1943 年 7 月 1 日）

在岗位上

——致敬读者

编　者

全国亲爱的读者们：

时光过得很快，一年就是这样过去了！

新年前夕，我们为检讨过去，策励将来，以"我理想的画报"为题，向读者征求意见，我们可以奉告这几位读者——也就是代表全体读者，对于这些宝贵意见，我们无条件的全部接受。

我们愿意告诉读者的，在战时办这一刊物，我们每天几乎在作战，与材料作战，与印刷作战，与交通作战。本报每周星期五在渝出版，很希望当天不仅能在重庆本地出现，还希望在昆明、成都以至于西北，在当天或迟一二天也能发卖，结果预算到第二天早上一定要赶飞机的，不是停电了，就是机器坏了。为了赶邮车，我们的报从工厂到报社和邮局，不分昼夜，毋论风雨的在走。现在在西南各省，画报大致可以在出版后二三日内出售，西北之兰州，希望不久亦可用航空寄递。

在印刷上，一年来是多少有些改良，现因印数太多，难免还有不清楚的地方，油墨纸张都不是很标准的，读者们也还觉得不够。是的，纸张我们是在不断的在技术上研究，不久可以有更好的纸来印报。

从新年起，我们准备做到下列几件事：

一、增加杂文、散文栏和一个中篇小说。我们正在网罗全国著名作家为本报写杂文或文艺稿子。

二、恢复常〔长〕篇连载的漫画，欢迎漫画家多多投稿。

三、把第五版变成一个新闻版，在这版上有消息、地图、时事漫画、电讯、评论。第六版成为译文版，第七版杂文版，第八版地图与通讯、译文版。

四、逐渐介绍本国将士的战斗生活。朱民威先生已开始为我们写空军将士的传记了。

五、关于科学、新武器、战时生活照片，预备多刊。

六、无论图片或文字，我们不仅刊载好的光明的一面，坏的具有揭发必要者，也预备登载。

不过，要做到以上的几点，也还是不易，希望全国读者还是不客气的指示我们。

还有一点，应向读者说明的，有许多读者因为我们材料多半是硬性的，希望登些明星、交际花之类的东西。编者想说的是，我们《联合画报》诞生在大战之中，我们是战斗的一员，娱乐性的图片刊载，只有等战后再考虑了！

祝全国读者健康！新年进步！

（《联合画报》第 112 期，1944 年 12 月 29 日）

在第二卷的开端谈谈画报内容

编　者

本报画刊创刊于去年十二月二日，到本期（二十七期）整整的半年时光。在出版之初，我们预备把一年中五十二期的画刊合订一册，于时间的划分、收藏的便利，都很合适。那么，由这一期起，就迈入第二卷第一期了。

我国胜利后，在华北首先出现的画刊无疑的就是本刊。在战后国内的经济力量疲惫与物资缺乏的现在，要发行一种画报，格式内容如本刊者，凡是办过画报的人，一定感觉出是一种艰巨的工作，但是我们决不因为种种困难而忽略了文化宣传的使命，也不因物力的消耗而减少我们工作的热情。读者如果注意我们选材的态度和出版的信用，一定能够了解我们的作风。第二卷开始的时候，编者有几点浅见，愿对读者陈述：

第一，一般文字刊物如日报、杂志等，既是现代史的纪录，那么画报更是具体的影像，因为文字只看了想象事实，图片就可以看到事实。画报在历史的价值上可以说非常重要。本刊在创刊号里，曾阐明"以时事为经，以艺术为纬"的态度，也就是"时事第一"、"历史第一"的编法。读者请翻开过去的《民国日报画刊》，半年来的国家大事、世界新闻，读者都能得一个概念。如国军到达平津、麦克阿塞在东京登陆、东京被炸的惨状、日寇在米苏里号投降，和原子弹怎样轰炸长崎广岛、日德侵略国受到的惩罚、恶魔希特拉墨索里尼的下场、蒋主席巡视北平、视察京沪，国军进驻沈阳、长春，政治协商会议开幕、公审纳粹战犯、二中全会开幕、整兵方案签字、五十一国和平机构联合国大会开幕……我们把千变万化的历史，一幕一幕用清晰的照片，呈现于读者之前。至于科学报告、艺术新闻、学府动态，全以最忠实的态度、最纯洁的选材，分门别类，做详明的报告。

第二，画报既是历史的缩影，它的使命应该是庄严的，范围应该是广大的，内容应该是综合的，但唯一的要点，它的本质必须是纯洁的，也就是活泼不失庄严，广泛不拘下流。但是这个条件，做起来却很难。近半年来一般酒吧间刊物风行一时，和七七前的

《良友》等相较，真有天渊之别。我们不想批评过去刊物的是非，只是说说它的原因。自日寇侵占了华北后，八年间把凡有骨气、有灵魂、有内容的刊物，扫的精光，但日寇为了靡饰都市的繁荣，其他专以营业为目的的小型画刊还许发行，政治、文化、经济等问题，这些刊物既不敢谈，只得把整个的篇幅走向畸形发展的路子。旧剧伶人的起居注、舞女明星的浪漫史，几乎占去了整个的篇幅，一般青年，趋之若鹜，看惯了这种刊物，再读一些比较有理性庄严的刊物便觉其焦燥〔躁〕费力而不能安心。

现在国家胜利，专谈风月黄色的刊物已将不为时代所需要，原是它们今日虽有留在社会里的，但已不能再走入庄严的学府之门。一般青年学子也不应再把那些读过只管舒服黄色刊物奉为经典，应该抓住那深邃枯燥的物理学术上，苦苦用心，以充实真实的修养。

富强的国家，必先有其坚固的基础，这基础，就建筑广大的青年群。负有宣传文化领导青年的刊物，它的态度是应该如何的慎重啊！

本刊创刊之初，早已阐明我们的态度，面孔虽失之呆板，但绝不随声附和，因此也就有一部分读者满意，一部分读者失望。但编者却十分虚心的接收读者意见。最后应该声明的，上面这些只是编者对于一般画报的一点意见，并非专指本刊而言。现在约本刊距离理想的境地尚远，愿与读者共勉，以期使本刊成为一个完美的刊物。

（《天津民国日报画刊》第 27 期，1946 年 6 月 2 日）

编　后

画报既是现代史过程的纪录，时事照片，应该占据重要的篇幅。本刊一向对于时事照片特别重视，我们上期发表了国军接防东北的实况，许多读者来信说，他们乍一看到归还祖国东北实况的照片，心情特别兴奋！时事摄影的价值由此更可证明它性质的重要了。

本期的时事片，杜鲁门总统的假期生活和于院长宣慰西安，张、鹿、崔三委员宣慰平津，都是最有意义的纪录片。自下期起，新闻片更有不平凡的贡献，希望读者特别注意。

美术作品，想今后有系统地陆续发表，中西画家各介绍一人，在我们能力所及，想同时刊登作者肖像，庶读者相互印证，发生浓厚的兴趣，并可积存多幅各成一集。不过，这是后话，留待事实的证明吧。

本刊各类稿件，欢迎外界投寄，尤其富于建设性的、文化性的，更为欢迎。如文学艺术团体的活动、学校实况、学生生活及近代画家的作品等，皆请读者源源赐寄。这园地是大众的，希望大众来灌溉，使它能够开放出美丽的花朵来。

（《天津民国日报画刊》第 27 期，1946 年 6 月 2 日）

画报的完成

——由选材编辑印刷到出版的工作程序

每当本刊出版时，读者在公园的椅子上或温暖的书斋中阅读本刊，看得出神时便发出了会心的微笑，谁知道这微笑的代价，却充满了酸辛的背影。一张画报，从编辑到出版，非经过数十遍手续不能完成。愿借这个机会，和读者谈谈"画报的完成"。

一个画报，必有其一贯的作风和独有的特色。如过去上海的画报，《良友》之注重新闻常识，《时代》之注重摄影漫画，《美术生活》的注重中西画介绍，都是各有专长，分途发展。本刊创刊之初，即将四版的内容平均分配，即第一版为时事新闻，抱定"国家至上、民族至上"的信条，以为选稿的标准。一年来介绍国内建设性的新闻片甚多，外间不能多见的新闻，读者常恒于本刊见之。第二、三版，则侧重软性趣味性的照片，如科学知识、新奇事物、美术摄影、古今名画、工艺建设、文化介绍等。第四版侧重地方性新闻及影剧漫画等。

一年来介绍了国内新闻片五百四十余幅，世界新闻约一百六十幅，世界猎奇八十余幅，名人画传三十余幅，科学照片六十余幅，唐宋元明清绘幅〔画〕四十余幅，现代绘画卅余幅，西画四十余幅，美术摄影九十余幅，作家介绍及名贤画像约五十人，影剧九十余幅，学校介绍四十余幅，及其他工业、新闻杰作、人情风俗、漫画、雕刻等六十余幅，共约一千五百余幅。文字约二十余万言。

上述四版材料均经过审慎选择而后决定。四版照片之支配，分量务期均衡。发稿前四版之材料，先做一统括的计划，照片来源除特约及外间投稿外，如有编辑上之需要须自行拍摄者，即由编辑部拟定题目，本报特派记者分赴各处摄取。将外来照片及本报特摄之照片集齐后，由编者审查图片之性质，察其应大应小之尺寸，将全页之样本详细画好，始能交制版部制版。本报自设制版部，遇有临时抽换稿件时，便利迅速。

制版完成后，即分别撰写图片说明。此项工作甚为繁浩，往往因极小之语句而遍览群籍，以求详确。盖画报之本质第一要真实，非撰写文艺或小说也。说明写完后，再汇集与图片吻合之文稿，交工务组付排。

版面之支配，务求大方。本刊之格式，类似美国之《生活》杂志，按照照片之形式发挥图画本身之力量，不以小巧繁褥〔缛〕擅胜。版面排成后，经过再三之校对，始交印刷所印刷。印机借电力加紧转动，此印好之《民国日报画刊》自机中滚滚流出，而达于读者之案头矣。

（《天津民国日报画刊》第 53 期，1946 年 12 月 4 日）

百期纪念的自勉

编　者

今天本刊以百期纪念的面目和诸君相见了。这纪念的心情，一方面是经历了这么久长，居然侥幸地达到了百期的满数，可以喜，另一方面在这遥长的过程，所遭遇的许多波折，创痕宛在，而探首向外望一望，还是来日大难，可以悲。同人等此时的心情，委实是多少有点矛盾的。但是"人生得意须尽欢"，面对着"百期之庆"，我们无论如何也要称觥互祝这一次不很容易得到的纪念啊！

创办之始，同人等明知出版事业是最难持久，先存着"尝试一下"的意思。那时有几位朋友都认为我们小玩玩则可，倘要一本正经的办，结果必定是失败的成份居多。在此"不敢自信"和"不为人信"的情形之下，拼着顶了石臼来跳舞，由他吃力，由他不讨好，一期一期的出版下去，每一期都在事前担心，事后才放下心头之石。到了现在，自己认是侥幸，人家认是难得，终算把以往的疑虑减轻了些。但是，"学艺三年，横行天下。学艺十年，寸步难行"。百期过了，一百〇一期又将怎样去干，才可以对得住读者呢？这一个表面浅显、内里深刻的问题，同人等战战兢兢的担了重大心事，像初办第一期的情景相恍惚。不错，"前事不忘，后事之师"，我们所能够得有今天的一点小成绩，未始不基于当初的小心翼翼和虚怀若谷的起点，同时百期来读者和作者们给予我们温暖的情谊太深厚了。饮水思源，这里由衷的向各位道谢。

下一期是另一个新开始，至少在同人心目中要来一个准备计划。本来埋头苦干是毋须多说的，好比官场套语的"为政不必多言"一样，但谈话的对象是读者和作者，同是一家人，我们不妨共话家常，也可让彼此多了解一点，借以切磋。

一本刊物不但应有精良的作品，更应有正确的立场，譬如说，我们办的是文艺性的月刊，不论处于任何环境与任何情形之下，都应以纯粹文艺为主体，而且它的内层，绝对不容含有稍微牵涉其他的杂质。所谓严守自己岗位，兀立不动，否则八年抗战的长久时间，利诱威逼是免不了的，一旦微有动摇是如何的危险啊！我们始终保持着一贯不变的风格，既不迎俗，也不趋时，宁愿受人家讥讽我们牛步化，而不愿做一株随风摆舞的杨柳。关于百期以后的改进工作，只要不离开这个宗旨，我们对于一般的指导和批评是很乐意接受的。

文艺作品绝对不是幽人雅士赞美风月的词章可以代表的。一篇好作品，它有它的风骨。我们采稿的目的，最注意是文字的"力"，至于声韵铿锵，辞藻华丽，仅列为作文的一种技巧而已。以后希望能够多刊登充满活力的文章，发人深省。亲爱的作者们，早已知道我们需要的是什么，他们供给我们的一定是牛奶而不是清水。

让月刊充份的营养起来吧，说它是老，当然需要滋补，就算是一个壮夫吧，既然要他担起大担子，就得给予他益体的食粮。我们的精神、心血，不断地灌注到它身上，它一定能够昂藏地有所作为。第一个百期好比"幼而学"，第二个百期开始才是"壮而行"呢。

胜利以后，有识之士都在大声疾呼，促起国人注意未来的"危机"。他们说八年打光的不是人民财产，而是国民教育，教育落后，一切都不安定了。这真是至理名言，别的且不谈，单论与教育有直接关系的出版物吧，能够畅销的不是"色情"的就是"投机"的，简直没有正当刊物立足的余地。本来我国文化事业的根基已经是脆弱不堪，到如今可谓连苗芽也将要拔尽了。本刊不敢以"众醉独醒"来罔自矜夸，但是我们有一颗向上的心，至少要做到"虽不能有益，也必不为害。"的境地。亲爱的读者、作者，请您们撒播良好的种子，合力耕耘，将来沃野千里，嘉禾丰熟，坏的苗秧一定要被淘汰的。兴革的问题很简单，只要多兴，不愁不革，教育和文化，当然也不会例外。

拉杂的说了许多话，无非是同人的一些感想罢了。"时而后言，人不厌其言"，我们在百期纪念的时候发言，似乎不至于招人讨厌，但太多了也总觉得啰嗦。千句拼一句说："用纪念的形式来鼓励自己。"切实地寻求可能改进的优点，而解决以往时常遭遇的困难，把读者、作者、编者的力量集中起来，表现一番新的振作！

（《永安月刊》第 100 期，1947 年 9 月 1 日）

从《科学画报》的编辑到发行

同　庚

在这里我们想报导一下科学画报编辑部的内部情形以及从编辑至出版的大概过程。一方面我们希望读者们知道了我们实际工作的情形而给予一些指示和意见，另一方面以本报为例，可使读者们明了一般杂志编辑的大概情形。

这是一个怡静美丽的环境

本报的编辑部系设在上海陕西南路 235 号中国科学社的大厦内底层。这里有一个怡静美丽的环境。编辑室是一间很大的屋子，有充分的光线与空气。左边的墙壁上完全是杂志架，上面安置了许许多多从国内国外各地最近寄到的杂志——大都是关于科学与工程的。从这些新杂志中，我们得到很多关于全世界几个重要地方科学工作进展的情报。从右边的钢窗中，可以看到花园，在那边有绿色的松、柏与草地。这些都市中少见的颜色常常给因工作而疲劳的眼睛一种力量与安慰。此外有许多巨大的书橱，搜藏了很多的书籍——从通俗至专门，以及各种字典、词典和教育部公布的标准名词，因为本报对于采用标准名词一点是非常注重的。

每天收到一百封以上的信

编辑部每天平均要收到一百封以上的信。有的是投稿，有的是贡献意见、咨询疑难、请求代办事务（如代为化验，代向国外订购书籍仪器，代办申请专利手续等），以及参加读者联谊会等等。据统计，最多的是咨询质疑，其次是代办事务、贡献意见，而投寄稿件的却较少。由此可以看出本报的读者多数是将本报看成一位良师益友，更可以看出我国多数的青年有着很强大的求知欲，但是缺乏导师！读者联谊会是最近才成立的，但是参加的读者已甚踊跃，希望这会能一天比一天的推广、发展，让读者们在互励互助中求得彼此的进步。

取材和编辑的方针

本报的口号是"介绍最新科学知识"和"补充实用理科教材"，可以说十五年来一直是循沿着这个方针。因为科学包含的科目众多，所以本报取材的第一个标准是"齐"，在每一期中最好能对物理、化学、生物、医药、航空、机械、农业、天文、地质、地理、生理等等都能讲到一点。第二是"均"，根据前几期征求全国读者意见的统计，知道读者们需要的材料范围极广泛，所以取材时各科材料都要并筹兼顾，对于介绍新的见闻与补充基本常识二面也力求不偏不倚。第三是"新",时代是永远进展着,人类的知识——尤其是科学知识的进步更是一日千里,我们若不是追随时代,便成落伍!近几年来我国在普及科学一点尚未十分成功,至于科学的专门研究上与欧美相距更远。本报既为"科学工作的报导者"和"传播科学的媒介",自当逐月将所得最新的情报传播给每位读者,不要使得我国的民众与欧美的生活在两个不同的时代里!

在"齐""均""新"三个标准外,还具有二个要素,就是"通俗普遍"和"插图丰富"。本报的宗旨既是普及科学,对象又是一般的国民,所以我们要把高深的原子弹的理论用简单普通的话解释出来,把综杂的机械动作用明显清晰的图文分析明白,把繁复工业制造程序用实地的照片逐步的说明。使每个人都懂得科学,喜欢科学,把科学变为每个人生活的一部份。又因为科学是讲实事,求真理,惟有图画照片与事实最接近,在读者们无法亲闻目睹的时候,用照片已是最科学化的报导方式,所以本报题名为《科学画报》,并且随时采用丰富而宝贵的照片。

给予读者们帮助的是谁

在收到了稿件以后,便由编辑们审阅。科学是一种绝对准确而严格的学问,所以在阅稿时也须仔细严密,往往在名词上、文字上即使语气上微小的出入,也会使人误解而发生很大的差异。科学的范围既极广泛,在遇到本报编辑部不能担任审阅的稿件,便转送到专家处请为校阅。本报所聘的专家们都是科学界中极负名望的,都曾在研究院、大学中执教多年的老前辈。他们不但替本报阅稿,并且常常替本报撰稿,又替读者们解答疑难。我们特地在这里提起他们,为的是使读者们的明了给予诸位帮助的是谁?

经常替本报撰稿及为读者解答问题的专家们,现在只能举出数位,无法全部刊出:

曹惠群先生	前大同大学校长	张昌绍先生	国立上海医学院教授
沈义劻先生	国立台湾大学理学院院长	曹友芳女士	中法药学专修学校
秉　志先生	中国科学社生物研究所教授	卢邵静容女士	国立复旦大学
叶蕴理先生	国立厦门大学教授	杨姮彩女士	中央电工器材厂工程师
曹鹤荪先生	国立交大航空工程系主任	吴　蔚女士	天平药厂
裘维裕先生	国立交通大学理学院院长	王世椿先生	中纺公司第一印染厂工程师
卢于道先生	中国科学社总干事	薛鸿达先生	国立交通大学讲师
竺可桢先生	国立浙江大学校长	顾同高先生	两路管理局工程师
孟心如先生	国立医学院院长	潘德孚先生	五洲药厂化学师
李赋京先生	国立河南大学医学院院长	周文德先生	国立交通大学讲师
王季梁先生	国立浙江大学理学院院长	顾泽南先生	上海自来水公司

张孟闻先生　　中国科学社总编辑　　　　　王树良先生　　中华轧铜厂

图画和照片怎样印出

和稿件一起来的，还有许多图画和照片。在选择决定采用以后，先要加一次修饰的功夫。如果原来的是草图，还须用黑墨水重新绘制（因为只有黑墨水绘的才可以照相制版）。照片往往也需加工，例如把模糊的地方描得更醒目，把较平庸的背景修得更艺术化，有时更注上说明，使得易于了解。有时来稿中并没有附图，我们便须为它设计数帧，以帮助说明。修饰以后，便决定其大小，凡有价值的都予放大。当然还要考虑到版面的美观，一切决定以后便送到制版部。

制造铜版的第一步工作为摄影。在照相机中感光片和镜头之间，靠近感光片须放一块画有许多斜角相交网线的玻璃版，故拍摄后经过显影，就可看见干片上的阴影是许多点子所组成的，点子密则画片黑，反之即淡。所谓网线即指网版上的线之粗细多少而言。有少自每时 45 线至 175 等多种。平常制版所用的玻璃多用临时制成的湿片，制法不再赘及（请阅本报 24 期 930 页）。感光后的湿片经过显影定影便成负片而把它烘干，再在铜上或锌上布一层感光药水，以铜片为照相纸，将负片翻印到铜片上就成铜版。次经摇盘蚀镂以及人工的修饰，使光暗部份格外明显，然后再把不需要的地方切除，配上同样大小的木底板，用锡或钉将铜版著牢在木版上，便成为我们所需的铜图了。总之从制备感光玻璃到照相、显影定影以及印在铜锌片上以至人工修饰装配完成后，要经过 22 步手续之多，所以一本杂志出版诚非易事。至于三色版的摄制原理则与此相同，惟需另加滤光镜（红、黄、蓝三种），故一块三色版要分三次做，也就是说三块铜版合起来始成为一块三色版。

"转接不要太多"

这个意见在本报读者意见书中是占首位的，这就涉及编排的工作了。在铜锌版送来以后，就开始检查，合格后便分别编号。编排时另有一种特为本报印就的"排版设计纸"，根据了这张设计纸编排，与实际排出后的情形可以完全符合。这时分配图与文字的相互位置，一方面顾全版面的美观与图文的联系性，一方面使一篇文字要却〔确〕巧排足一面——当然往往有时不能这样如意，在一面缺几行的时候便可找出一篇适合的短文补足。但逢到多出几行的时候，便转接到其他页面上。这样当然使读者感到不便，但有时也是不得已才如此。

在排字房中

本报十五年来一直是上海中正中路 537 号中国科学公司印刷厂承印的。该厂是国内印刷业的权威，无论在技术、机器与管理方面，都可以称得"科学化"与"现代化"。在三楼的排字房中，铅字依部首的次序放在壁架上一排一排大匣子里面，匣子中间再分成许多小方格，每格只放一种字，检字者立在字架前面，把铅字检出放在手盘里面。再交给排字人依照"排版设计纸"把铅字与铜版排成版面。然后在打样架上印一张校样，送到编辑部校正。等到全部改正后，排字房的任务就算完毕了。

一天到晚是隆隆的机器声

排好的版子便送到底层印刷房，在那里一天到晚是隆隆的机器声。本报的格式是18开，就是把一大张纸（43英寸长，31英寸阔）分成18份。印的时候一次印满一大张即18面，以备将来再切开。这是在一种很大机器中印的。中国科学公司有许多四架[①]这种大机器，它们的构造非常精细复杂，每分钟可印五十张（不过通常不能印到此数，因为还需要检查、揩版、调墨等手续）。本报因为销数甚大，篇幅也较多，所以每一期要分四次印，每次只〔至〕少印十五小时，一共要印六十小时才可印毕。

至于封面和插页却是用另一种更精巧的小机器印。这种小机器中国科学公司也有多架，它们完全是自动，只须一按马达开关，它便会自动给纸取纸，每分钟印七十张。本报的插页是三色彩图，所以须印三次（第一次印黄，然后印红，最后印蓝色）。至于封面除了三色彩图外，还有蓝色的边框与银色的字。这蓝色不是一次可以印出来，而且更用一种特别的颜料才可印出。银粉也是要用另外一种机器和特别的颜料才印得出。本报的封面需要很好的技术、特别的颜料与多步的处理才能印出，虽然成本很昂，却是本报传统的特色。

全部印毕后，便把各种纸张依页码折成书的书页，再把一帖一帖的书页依全书的次序叠合。先把书压紧压平，然后用钢镍订合。再用快刀把书边切齐。最后一捆一捆的送到发行部。

《科学画报》到了你的手中

在画报还没有印好以前，管理定户的总发行部早已把几万份封皮纸贴上了定户住址与姓名的名签。本报定户很多，但是都用科学化的〔方〕法分类管理，所以某户者有什么事情通知，立即可以查到他的卡片，某定户何时定阅满期也有纪录可查，所以可以准时通知。印就的画报送来后立即封发，送往邮局。因为本报定户众多，且须挂号邮寄，故至少需时一星期才可全部寄毕。外埠各分发行所、经销处也先用邮包寄出。待到了月底那一天，便把下月份的新书交给上海总报贩转发给分散在全上海各处的报摊。于是在每

---

① 原文如此。——编者注

月一号的那天，你便可以在任何一个报摊上看到了你爱读的《科学画报》！

第二个循环又开始了

或者你只要花两小时便可以把一本画报从头至尾的读过一遍。在这两小时中你会知道了一些新的东西或者发生了一些疑问，或者发现了本报的一点缺陷，于是你就写一封信建议一些意见，或者提出几个请本报解答的问题，或者投寄一篇稿件。于是第二个循环又开始了。现在你或者已大致地明了产生一期画报的大概过程。但是你以前会否想到这里面包括了多少人的精力与时间，多少步机械与技术的处理呢？

我们的几点希望

（1）扩大全国通讯网　本报为一全国性杂志，拥有巨数读者，散布全国各地。我们希望加强扩大全国通讯网，每一城市有一人至数人的特约通讯员为本刊报导当地最近科学研究及建设工业进展情形。

（2）增加理科教材　每期刊载有系统的理科补充读物，以增补中学教科书之不足。与一般教科书编制程序相仿，俾联系应用，双管齐下。而学校与教师亦宜视本报为必用的读物。

（3）增强读者信箱栏　加聘顾问为全国读者解答疑难问题，相当于函授。

（4）增辟书报介绍栏　介绍并评论国内外新出版的科学书籍、杂志。

（5）加速发展读者联谊会　帮助读者建立密切的联络网，共同研究，并定期举行座谈会，共同讨论切磋。

以上是我们希望能在短期内做到的几点，我们期望着读者们的协助与指示，使本报能做到更完善，更臻于读者们理想的地步。

（《科学画报》第 13 卷第 9 期，1947 年 9 月）

编者报告

一、因为交通的不便，以致须〔颇〕多理想中的事情，不能合乎理想，这真是使人干着急而想不出挽救的方法来。本期稿件就有几篇因交通之阻梗而迟到者，以价值可贵而不能不刊载出来以飨读者，希读者诸君勿谓本报不注重内容和时间性也。

二、本报奉命以大部人员赴前方工作，以致业务失于灵活，迫不得已而合期，特此致歉！

三、本报为完成普遍宣传使命计，曾在京着手广泛征求基本订阅与集团订阅，情形极为活跃，并承首都中央、太平、世界、健康、兴中等五大商场派专人以协助征〔订〕，足见爱护文化之深，本报感激之余，特此致谢！

四、上海常熟区卅三保副保长兼候补区民代表曹天颐君于七月八日来函称，有身着服装不整洁之军人，强行推销本报，并用三十六年度之单据，情殊可疑。本报推销员京沪两地共计五人，均受中等教育以上，并曾受严格军事训练者，服装整洁，仪表谦和，均佩带国花红字天蓝边证章，充皮烫金字，身份证上有本报铜印与本人照片。至于本报推销宗旨在于阐扬军事学术，普增人民军事知识，乃顾全军民冲突计，向不勉强推销，不付款可先看报，所有订户一律专差送递。本报自创刊以来，为杜绝流弊事宜，可云费煞苦心，弗料竟有不肖之徒肆意破坏本报名誉，殊属痛恨之极！除敬告本报读者诸君严防外，并向曹君致建议之谢忱！

五、本报第六次社务会议议决，于七月份起成立编辑委员会，各编辑人名单非经董事会会议通过不得公布，希各界赐稿请寄本报编委员〔会〕收为感。

（《陆海空联合画报》第 4、第 5 期合刊，1948 年 8 月 5 日）

本报约稿简则

一、约稿范围（陆海空军与特种部队同此）

1. 有关国防之国父遗教及主席训词

2. 将领言行录

3. 抗战与戡乱之经验

4. 训练经验

5. 学术研究心得

6. 军事技术

7. 国防科学之研究

8. 国际军事之介绍

9. 有关军事学术之研究与新发明

10. 有关国防之各种照片、漫画、木刻、图表等

11. 军中生活纪实特写或散文（附照片更佳）

12. 有系统之战绩报导（内容有图片最好）

13. 将领介绍、私生活与家庭生活素描

14. 军中流行谚话、歌曲、诗词、游记、小说、戏剧、趣闻等

15. 行军散记与战场上之见闻追记

16. 地方风情

二、稿酬等级

1. 特殊价值之文稿与图片不拘帧数及字数，从优给酬

2. 甲等每千字十五至二十万元

3. 乙等每千字十至十五万元

4. 丙等每千字八至十万元

5. 照片每帧五万元，漫画、木刻每幅八万元，均按来稿数量计算

6. 凡系部队、机关、学校团体性之来稿，除长期赠阅本报外，概无报酬金（有特殊价值稿件例外）

三、注意事项

1. 来稿每篇不得超过五千字，特殊价值之文稿不在此限。

2. 文稿以简明扼要之语体文，须用毛笔缮写清楚，并加标点符号，分明章节。

3. 如系图稿表示敌我两方者，敌方用虚线，我方用实线，并注意比例尺注解，以便制版（敌我两方标示概用黑色线）。

4. 来稿如系译文，请将原稿附上，并注名〔明〕出处。

5. 来稿请将尊稿内容、宗旨所在作数语介绍，并在稿末以所根据之重要材料。

6. 来稿登载与否，概不退还，如欲退还，须先声明，附足邮费。

7. 来稿本社有修删权，一经揭载，其版权即为本社所有。

8. 来稿作者用真实姓名，通讯处加盖图章，并请附以作者学历及现职务概略，以便通信连络。

9. 来稿请寄南京建邺路七家湾卅八号本社编辑部。

（《陆海空联合画报》第 4、5 期合刊，1948 年 8 月 5 日）

本报优待集团订阅办法

一、本报为优待各机关、各部队、各军政学校集团订阅计，特拟定本办法：订阅三十份者九折优待，五十份者八折优待，一百份者七折优待，二百份者六折优待，三百份者对折优待。

二、订阅报费一律按定价先付，邮寄不能之处概不接受订阅。

三、平寄不加邮费，如挂号、航空、快递等邮资，由订户自理，寄递方法务请注明。

四、订阅者须派专人负责与本社发行课取密切连系，以免遗失之虞。

五、京沪区集团订阅，一律专差送达。

六、报费寄交南京（七）七家湾三十八号本社或上海分社均可。

（《陆海空联合画报》第 4、5 期合刊，1948 年 8 月 5 日）

我们的报告

编 者

这份小小的电影刊物，是我们几个影剧圈边沿上的人主办的。创刊之初，我们抱着极大愿望，除了对本刊尽极大努力外，我们还计划着其他刊物或丛书的出版，不料仅只一期之后，上海发生"抢购"风潮，作为重要物资之一——也是我们唯一原料的白报纸，在市场上立刻断绝。我们基金薄弱，而且遵守国家的法令，事先我们没有储藏，在如此艰难情形下，我们苦心维持，继续出版。

在上期，我们临时决定，在"量"的方面，只得减去一张，这是抱歉的。但尽量的使"质"充实。这，有许多读者是了解又原谅的，反而写信勉励我们，希望不要中途夭逝。但也有许多读者向我们提出质问，这里就算是一个解答，并致歉意。

自〔白〕报纸的问题是愈趋严重了，我们现在天天派人到纸行去购买，有时跑了整天，毫无收获，或者偶然轧到一二百张，又无补于事呢！制版费在下月有提高折扣之说，又听说印刷所的油墨也成问题了，一切真够使我们伤脑筋。乐观的想法，这现状可能在短时期内就克服的，但又何尚能够不悲观的想到竟停刊在缺乏材料上（本社预备出版的《歌女之歌》全集，版子做好，文字排全，而独缺纸张以付印，这也是顺便要向基本定户们致歉的）。

还有一点，本刊销路是每期在增加，但我们却在限制发行的数量，原因是我们需要刊物的永生。没有一个编者不希望刊物销路剧增，能够做到人手一纸，但是，目前为了节约纸张不得不如此做。除了期望白报纸的恐慌能迅速过去外，还期望读者出版后立即购买，免得因买不着而失望。

从本期起，半年的定户不收了，如果读者爱护的话，则三个月订阅我们照常接受的。同时，上期趣味测验，猜中者已满额，所以即日截止。还有，为了工作的方便，我们特设办事处于上海六合路太和大楼二〇六号室，应请时常通讯的读者们注意。

（《艺海画报》第 5 期，1948 年 10 月 29 日）

改版的话

李大章

《东北画报》，它是在东北解放战争中生长起来的。它在过去出版的四十七期中，虽然还有许多不能令人满意的缺点，但它在宣传党的政策、反映解放战争的情况，特别是在反映部队生活、反映人民解放军的英勇杀敌事迹、反映人民的生产支前、反映军民的亲密团结等方面，更有其教育人民与鼓励士气的意义，因而《东北画报》在部队中，也就受到了比较广泛的欢迎与爱护。

现在东北已全部解放了，目前压倒一切的中心任务，就是全力加强经济建设，努力恢复与发展工农业生产，支援全国快要全部胜利的解放战争。在这种新的情况变化中所给与《东北画报》的新任务，已不可能更多反映野战军的战斗情况和战斗生活，而应该主要综合上述新情况，面向地方兵团，面向工农大众，面向经济建设。首先是应更多的反映工农业生产情况和工农群众的生活，特别是工业生产的情况，而且应将这种情况的反映，密切与支援全国解放战争结合起来，即是说一方应将战争前线胜利的事迹，适当的报导给后方广大工农群众，教育和鼓舞他们的生产热忱，另一方也应将我们后方广大工农群众的支前活动，如生产、优属、拥军等各方面的工作，能很好的反映给前线部队，以安慰和鼓舞他们的英勇杀敌。

《东北画报》，由于它过去是处于战争和比较分散的环境，领导与工作尚不够细致与深入，因而它在报导内容与业务提高上，在大胆创造与通俗普及上，在团结和培养美术干部与摄影干部上，都还做得不够。今后各方面的工作环境和工作条件，是比过去更优越更齐备了，因此更应很好的运用各种有利条件来深入实际，进行大胆的创造，以便达到加强内容、改进业务、团结与培养更多的美术工作者与摄影工作者，共同来把《东北画报》办得更好。

三月廿五日

（《东北画报》第 48 期，1949 年 3 月 30 日）

几点声明

编　者

　　四十八期画报出版了，由于东北迅速获得全部解放，因此我们画报的编辑方针也随着新的情况而有所改变——由主要的反映战争和部队转变为主要的反映经济建设（特别是工业建设），这一个很大的转变，是需要一定时间来重新布置我们的工作的。其次，画报社及印刷工厂均由北满迁沈，由于以上等等原因，使这期画报拖期很久，希望读者们鉴谅。同时，我们当加倍努力工作来弥补这一损失。

　　我们在经济建设（特别是工业建设）的报导工作上，还毫无经验，希望爱护本刊的读者们给与各方面的帮助，我们更希望工人同志们给与我们帮助、批评、建议。因为从过去的经验证明，有了党的正确领导以外，还要有广大读者的连系与帮助，我们的画报才有可能办好，才有可能完成党所给我们的任务。

　　我们在这里诚恳的期待读者们的帮助。

（《东北画报》第 48 期，1949 年 3 月 30 日）

第三部分

品评纪念

→會計部設於經理室，用科學完善之方法，統管一切賬目。並請著名會計師按月查核，所有收支皆慎密而公開。

創辦人兼總理伍聯德

←編輯部在二層樓大堂，日散遍天下之良友刊物，者誕育於此室。叢書互著亦多由此室產生。計此室內，辦事桌十二張，至於收存稿件之屜箱，共有二百五十餘具。現除出版良友報定期刊外，更從事編纂叢書多種。

阅《飞影阁画报》系之以论

自来陌上桑间之敝俗，野田草露之淫风，只曾形诸咏歌，从未有列入图画者。有之，则自本月上旬《飞影阁》第一百六号画报始。《飞影阁》设于本埠非一日矣，笔墨之雅致，拓印之精工，久为有识者所共许。

此旬册内列有《露天牌九》一页，所绘即濮上桑间野田草露之故事，幅端注曰："西尚仁里妓女金红玉，原名朱月清，曾嫁本城某姓为妾，嗣以不甘雌伏，遂尔复抱琵琶。某君者见而艳之，欲藏以汉皇金屋，而妓不愿也。近与兴隆马行之小马夫陆湖生姘识，池中比目，水面鸳鸯，不足以方其欢爱。前日之晚，妓乘陆之车，驰至虹口打靶处，维时皓月当空，四无人影，妓与陆携手同行野田草露之间，盖不啻云雨巫山之会焉。适有乡人行经是处，见而呵之，妓香魂惊碎，飞步登车，加鞭疾驰而去。刻闻妓自受惊后魂梦不安，奄奄病卧，陆常侍汤药，未尝废离。正不知药饵有灵，能曲偿此男贪女爱之愿否云云。"并标其目曰《露天牌九》。初不解此四字命意之所在，及询诸久居海上并曾游历海外者，始知"露天"即草露之意，"牌九"则牧猪奴戏名之一，此剧各取骨牌二张，合计其牌上之点数，以点数之多寡分胜负，两牌合并而成数与两人合并而成双又何以异？既在草露之间，自应以"露天牌九"呼之。

此谚由来亦久，原不自今日始，然此风来日盛，则以自有夜游马车始。若泰西地方，则皆于公家花园中作此勾当，以彼处公家花园极其阔大，有广至千亩数百亩者，其中绿树阴浓，芳草碧色，回环曲折，掩映迷离，设有铁铸椅榻，任人徙倚流连。侧闻每交入暮之时，或至夜阑之候，往往有狂蜂浪蝶恣意成双，怨女旷夫相邀作合。或值月明星朗，则张盖以置诸椅侧，俾见者知而却步，毫不以此为怪。俗虽如此，而其国则风调雨顺，国泰民安，既富既强，有名有利，绝不似我中土时时防人苟合，处处怕人奸污，非谓风俗之攸关，即以污秽为禁忌。以故本埠各花园中绝无此等苟且之事，而金红玉所以必驾车远出，驱而达于虹口打靶地方也。图中点缀草露之瀼瀼，柳风之拂拂，荒畦一角，流水半湾，在绸缪入毂者并不觉夜气已深，风露清冷，而冷风入骨，清露沾肌，其不致潜招痼疾，暗染沉疴者亦绝无而仅有矣。

说者谓此等秽亵之事只应代为掩盖，不合极意播扬，似不免有伤忠厚者。说虽似有理，然试问禹鼎铸奸，夫亦何所取义？即《春秋》所载，乱臣贼子上蒸下淫之事不一而足，独不虞后人之是则是效耶？且宣尼不删郑卫之诗，并尝身适其国，不以朝歌胜母视之，可见圣贤视此等事弗甚经心，不过慨叹其风俗之敝而已。今人之为恶甚于此等事者不知凡几，乃轻其所重，重其所轻，不以所行之悖乱蔑理之事为可耻，而独于风月闲情、男女琐屑之事偏殷殷其防闲焉，切切然交儆焉，不亦愚乎？

泰西人见识绝高，固毫不以之介意，我中国既欲效西法，从西俗，亦应于此等事稍效其大方脱落，而毋庸郑重视之，庶通乎今，亦通乎古，合乎中，亦合乎西，此绘图之本意也。

说者又谓，该妓不狎昵夫王孙公子，裙屐翩翩，而偏狎昵夫马夫下走，是诚何心自甘污辱？殊不知，情之所钟，何分贵贱？性之所近，何判高卑？必取乎贵而仰夫高，是势利之私心，非性情之本色，有识者方且鄙弃之不暇矣，况乎马夫亦未可概论也。王良、造父，千古传名，冉有、樊迟亦为仆御，晏平仲之御者且与晏子同升诸公。吾恐眼前衣冠中人且有目不识丁者矣，其视马夫相去几何？正不必反唇相讥，以五十步而笑百步耳。

纵论若此，明知必招訾议而惹讥弹，然其中实有至理存焉。苟识高千古，读破万卷，环游九万里，遍历五大洲，自能见及乎此而不以为异。谓余不信，请视苍苍，盖苍苍兮不安，早尲尲其击毙。然后知人生情欲之感，夫固莫之为而为，莫之致而致，只可听其自然而不必惊为奇异，庶合乎天地缅缊，万物化生之义也乎？吾于此画报也又何尤乎！

（《新闻报》，1893 年 8 月 18 日）

周年增刊颂词

朱轶尘

自来论画，有以平淡为工笔，有以达境称极造。余谓论画一如言诗，出诸蕴藉，发自性情，故未可执守成法。倜傥者流逸，豪爽者超拔，寒涩者枯瘦，磊落者萧洒。诗与画皆性情之学也。时势之殊，潮流之易，性情有变，画法亦有变。最近欧画流传，崇新者辄抑中而扬欧，好旧者复诋欧而誉中，然皆动于感情，失诸中庸。讵知中画取神，故多不变之法；欧画尚形，故有通俗之效。惟今之画者专事摹古，画意益涩，间有佳笔，不过为逸士文人玩赏解寂而已，未足与语化民导俗也。

脱于今兹有能著詧新潮，阐发精理，神形并取，中欧化溶，以之褒贬当世，浚通智俗，药夫邦人心病，匡救一代之失患，主持者无其人耳。有其人焉，而世未有不倾诚者矣。海上孙君雪泥主撰《世界画报》，已一稔矣，兹有纪念之刊，爰为之颂曰：云间之秀，后起之英，画报发行一载，于今取材既富，用意良深，寓钺砭理，寄惩劝心，布满三千华严妙音，聊志数语借表寸忱。

己未中秋前三日海虞朱轶尘识于超然书屋

（《世界画报》第 13 期，1919 年 8 月）

《世界画报》增刊颂词

俞鸥侣

　　《世界画报》之产生，由于沪上生生美术公司不惜重金聘请海内名画家主任绘图，积学之士主任编辑，出世以来，声誉之隆、价值之高有口皆碑，无待赘言。今届一周纪念，将有增刊之出版。夫斯报内容之丰富，印刷之精美，彰彰在目，今增刊出版，精华所萃，必为美术界之大观，可以预卜也。余愿斯报永垂不朽，则美术前途庶几大放光明也。谨颂《世界画报》万岁。

常熟俞鸥侣谨祝

（《世界画报》第 13 期，1919 年 8 月）

《上海画报》之不忠实

屈　公

　　七月六日出版的第十一号《上海画报》封面上，登着该报社的几句话，说道"承天津的一位阅者寄来张宗昌第十五夫人的一张照片，附有有趣味的说明，本报非常感谢，下期可以披露了"云云。屈公因为要见识见识这张照片，所以到了九日，特地云买了一张画报，翻阅一看，不见一些踪迹，于是把那张画报辗转反侧，翻来翻去，依旧找不到所谓张宗昌十五夫人的照片，这算上了一个当了。还有十一号画报中缝里刊着下一期有"模特儿睡矣"一语，不管他这题是画是文，但是在下一期（十二号）报上连文带画，都没看见，不至〔知〕到哪儿去了。屈公上了这两个当，从此不敢请教了。所以十三号以后的报还未寓目咧。

（《光报》，1925 年 7 月 20 日）

未来之画报

一个记者

敝报出版，不胫而走，问世月余，每期销行逾三万，此固敝报之私幸，亦可见社会需要画报之殷。侧闻有同志者，亦纷纷有画报之组织，惟办报不甚难，命名苦不易。不揣谫陋，谬托先进，漫拟数则，用备采择。刍荛之贡，幸赐垂察：

春申画报，春江画报，沪江画报，申江画报，淞沪画报，中华画报，民国画报，共和画报，东方画报，东南画报，亚洲画报，五洲画报，宙宇画报，地球画报，亚细亚画报，东半球画报，江浙画报，苏民画报，上实画报，南市画报，闸北画报，浦东画报，社会画报，沪商画报，妇孺画报，小儿画报，黄浦画报，歇浦画报，东南画报，大陆画报，大英画报（按若用此名，必须做英国人之机关可用，否则慎勿轻用，免生枝节），电影画报，明星画报，青楼画报，梨园画报，舞台画报，等等。

（《上海画报》第 17 期，1925 年 7 月 24 日）

《中国画报》与《三日画报》之关系

毅①

近日沪上画报风行极矣。其出版最早者，厥惟《上海画报》，创办者为余友毕倚虹君。尔时适五卅惨案发生，各界人士为国事奔走，无暇读小品文字，故《新》《申》二报

---

① 即潘毅华。——编者注

即以《自由谈》《快活林》等暂停刊印，而毕君竟冒险出一消遣之画报。未出版前，在一般人之目光中，以为必趋失败，不意其未及五期，而销数竟达二万六千有奇也。

时《上海画报》之图画编辑，为张氏光宇、振宇昆仲。未几，光宇以排版手续上未得倚虹同意，忽生意见，愤然去职。时余方由菲律宾返，因感受风寒，淹卧床蓐。振宇为余初交，为人颇忠悫，尝托其印《我王万岁》电影译本，深为出力。余病时，振宇恒来省视，喋喋论《上海画报》之发达，余闻之，亦不以为意。惟近年于电影上稍有研究，故拟创一电影杂志，见振宇热于办报，乃委之为图画编辑，振宇意亦甚惬。数日后，又至我家，谓乃兄光宇言，果办电影杂志，不如办一画报，至照相画片资料，可请心心照相馆供给。余为振宇一再劝说，竟无定见，是晚即至光宇许。光宇赁居厦门路贻德里徐小麟家，屋已陈旧，弄又不洁，瓜皮垃圾随地皆是。时在夏暑，居户纳凉于门首者，其盛况几如菜场之晨市。弄道无此阻碍亦仅能通一人力车，今为纳凉者横陈桌椅之属，惟有下车步行。余新病初愈，颇感不便，但小麟、光宇二君定欲余每晚赴贻德里一次。光宇昆仲之居处，为楼下一统厢房，窗壁皆髹以淡绿漆，光彩四照，室内陈饰亦雅洁宜人，不愧为画家之居室。

第一晚在屋顶花园（晒台也）会议，先商量股东责任问题。当时余、光宇、小麟三人各认以百元作基本金，并不取薪。余担任文字编辑，光宇担任图画，小麟担任摄影，并请振宇相助绘事。发行即在小麟经理之心心照相馆。此后，余间日必往贻德里一次，有时为扑克所扰，有时第作无谓之争论，如是者可一旬。此一旬中，余为定预算表、广告定单及价目表，又定其名曰《中国画报》。顾君肯夫在旁闻之，谓不甚动听，幸小麟、光宇咸赞成，故即定名为"中国"二字。未几，小麟忽以事欲赴广州，临行，余又予以见广东市政厅长伍朝枢氏之介绍书，请其向伍氏探询沙面真相及索取惨死者之照片。小麟亦以全权付光宇。小麟去后，我侪仍继续进行。惟曾立一合同，内有一条谓："无论何事，如得多数同意者即可表决。"余以立合同之创办人仅有三人，今光宇代表二人，彼之一言一动，皆可决行，而余则并赞助之权力而无之矣。

当小麟未离申前，曾与光宇及余商议本埠销报事。按上海销报，无论报之大小，例由捷音公所之中坚人包办，其中资格最老者首推阿七，《申报》亦其包销者也。阿七虽不识字，但规画筹算之能，不亚于总商会中列席之绅士。生平无嗜好，积资已达五万，在浦东置田产甚多，手下多高足，如王春山、蒋顺兴，胥其旌帜下之健将也。惟师傅固长袖善舞，门生亦青欲胜蓝，故春山与顺兴，今亦各立一帜。小麟、光宇初以招觅报贩事见托，余即招顺兴至，与之论条件，顺兴固乐受之。事既定，余欣然告光宇，讵知小麟之友郑子褒，同时亦受光宇、小麟之委托，请问于步林屋君，步即以春山绍介。春山久涎顺兴包销上海画报之得意，亦乐应之，既而闻余与顺兴定夺，心至不惬，因有"宁由《中国画报》自销，不愿为顺兴包销"之宣言。顺兴闻之，其不肯相下如春山，于是《中国画报》虽未出版，而二报贩已争嚷各对垒矣。光宇窘之，求计于余，余默然不能答，继告以欲免争扰，惟有出二报，或能使春山与顺兴皆得满意，光宇然之。时小麟已赴粤，光宇有代表小麟之权，故光宇赞成，是议遂定。惟光宇之意，二报虽出一体，而经济上须各独立，工作上则须合作。如每期余能为彼撰一文，则彼将绘一画给《中国画报》。余以俗务较繁，思想又旧，不能为光宇撰文稿，心至歉仄，但以是不能获大画家之手笔，心更不宁矣。

初闻振宇云，光宇将称报名为"社会画报"，及出版之日，受而读之，则已更名为"三日"矣。《三日画报》有心心照相馆之后盾，故照相资料可无断乏之虞。而小麟已由粤返沪，于摄影上尤能加意研究，将来一纸风行，全国拜读时，则心心照相馆或能为之得力不鲜也。谨书此以为《三日》贺，并以告爱读我《中国画报》者。

（《中国画报》第 12、13 期，1925 年 9 月 10 日、13 日）

我看《中国画报》的次序

叶景梁

目下出版的许多画报，我所最喜欢看的，要推《中国画报》了。我喜欢看这个报，有两种理由：第一是颜色美观，而不伤目力；第二是图画清洁，而美丽有致。

我有一种很古怪的脾气，就是看《中国画报》有必定的次序。我每逢买了一张，第一总是看封面的电影明星肖影，第二看里页的电影明星肖影，第三看聿光君的理想画，第四看名人手迹，第五看名胜，第六看古画，第七看名花肖影，第八看文字作品。不知和我有同嗜的诸君，也有这种脾气吗？

（《中国画报》第 14 期，1925 年 9 月 16 日）

嫦娥之画报事业·创刊《月宫画报》

嫦娥颇留意于各地新闻事业。近见上海一方面画报最为发达，自《上海画报》刊行后，继起者有二十余种之多，嫦娥见之，不禁怦然心动。适嫦娥自办电影公司，又不可无一宣传机关，于是决计组织一画报，定名为《月宫画报》，自为经理，又兼任编辑、摄影师。出版后，第一、二、三期销路大畅，达十余万份。惟自第四期后，嫦娥忽感受痛苦。因画报材料不易搜集，画报中之文字尤须逸趣横生，非可如普通报纸以访员函件、通信社来稿充实篇幅者。嫦娥本有旧作多种，乃三期刊后顿现窘状。如即时停刊，实无以慰阅者之望；如继续办理，实有独力难支之势。于是不惜重资，拟延上海有办画报经验之戈公振、丁悚、毕倚虹、张光宇、王敦庆、丁惠康、潘毅华、周瘦鹃诸君来任画报事。至画报小说一项，拟即专延包天笑君主持，因包君担任各日报、各杂志、各画报小说甚多，不难一挥而就也。至印刷方面，拟托《时报》之图画时报部代印，因上海各种中西画报以《时报》之《图画时报》印制最精也。

（《时报》，1925 年 10 月 2 日）

《上海画报》善讹记

《上海画报》记载每乖事实，即如本月三日所记《绍兴琴雪芳绑侄记》，此事各大报于破案时已略有记载，而所谓被绑之王绍文，一八龄小儿耳，父母双亡，托孤于其姑父徐嗣阶，徐为浙江省公署咨议。画报谓绍文一少年意志薄弱人，被惑来沪，则仿佛有一半的自动被绑，殊不知乃一黄口小儿也。又谓闸北侦缉队长俞春林，警厅仅有一侦缉队长，为俞幼伯君，闸北则仅派有队员宋凤鸣，偏〔遍〕讯警厅中人，亦无俞春林其人，画报居然言之凿凿。又谓其祖母见文绍，问尚欲在沪游览否，文涕泣知悔。此小说笔法也，以之记事实，则完全没有这回事也。

（《晓报》，1925 年 11 月 5 日）

《上海画报》变成《黑幕报》

爱读画报者

明星新片《可怜的闺女》中有报纸揭破折白真相一事。此报纸映之银幕，赫然一《上海画报》也。复证以正秋之说明，亦书之曰《上海画报》。且《上海画报》亦曾载有沈慧英与汪小莲幽会之摄影，故凡观《可怜的闺女》者，莫不知有《上海画报》。虽主笔之姓名不同，而为《上海画报》则众口一词。人多佩毕律师之精于广告术，争羡艳之。

《可怜的闺女》系《申报·自由谈》天笑所撰《诱惑》小说之改编，此亦尽人皆知。现剧虽开映，而小说犹续登，故观剧者每喜持《申报》所载小说以对证，余即其一也。讵阅十一月念三日《自由谈》，其中正叙述报馆记者摄影后被困之一段，所谓报馆者，大书特书曰"黑幕报馆"，殊令人不解。岂天笑目《上海画报》为《黑幕报》耶？抑书中本为《黑幕报》耶？由前之说，是天笑之诬蔑《上海画报》，毕律师将何以善其后？由后之说，则《上海画报》因利用作广告而自投罗网，夫复何言？惟书中之人名与剧中同，何独此报馆不同？非但不同，且必标之曰《黑幕报》，此中玄秘，固非吾人所知。然吾知爱读《上海画报》，以及观剧中之《上海画报》，而联想毕律师之《上海画报》者，苟一读念三日之《诱惑》，则必有一重感触。倘稍涉误会，则《上海画报》将永蒙不白之冤。

余为爱护《上海画报》计，深愿毕律师出为纠正，毋甘受之而不辞也。明明《上海画报》，忽一变而为《黑幕报》，此吾之大惑不解者。

（《晓报》，1925 年 11 月 26 日）

画报兴衰史

华

前几月上海画报的风气盛到极点了，一共出了二十余种，福州路各小报滩〔摊〕上、电车上、茶馆里，都有画报的踪迹。一般漂亮朋友不看画报就算不时髦，于是各商店也假画报的名义作为宣布广告，像三友实业社的《三角之光》、天发祥皮货局的纪念刊，都是用画报格式，做他们营业上的唯一广告法。《三角之光》是在三友实业社门口赠送，不到三友实业社去购毛巾物品，得不到的。《三角之光》的内容，最引人注目，是许多赤裸裸的写生模特儿，使读者见了曲线美，就能感想到三友实业社的毛巾，所以这张《三角之光》出版之后，毛巾的销路果然大为发达。有人批评这张《三角之光》的内容，说是三角的曲线美，居然发出奇异的光彩，把南京路上的走路人照得像青铜色染的石膏像，直挺挺的拥立三友实业社门口，看那《三角之光》的曲线美。

天发祥的纪念刊是夹在《申报》里附送的，但是当时各报贩因为画报销路好，就拆开来另外出卖，没有注意《申报》封面的人，都被他们蒙过去。可是天发祥蒋老板是欺骗不过，他老人家为了那张特刊，特地买了份《申报》，拆开来一看，那里有天发祥特刊？再看报上的封面广告，明明注出"今日附送天发祥特刊画报"字样。这一气直气得非同小可，因为他刊行这张特刊一共用去二百多元，又请大名鼎鼎的橘贩文学大家天台山农编辑。山农因与蒋老板向有交情，就一口答应，又特约几个文豪雅士做了几篇吹皮的文章。不料印刷所不帮忙，将枣红色的油墨，印得像酱油一样。亏得所刊登的画片不多，否则一定弄成酱塌饼了。一般小报贩又看见做的文章都是几个大文豪署名，所以拿出来另外出售，当做外快生意，卖不掉，也可以卖给牛肉铺当做包皮纸。但是蒋老板用了二百多元，收此结果，可是冤枉极了。现在假借的风气已衰败了，一般投机性质的画报，一张一张的都被秋风吹落去了。唉，盛衰之感，兀的不令人兴动呢。

(《中国画报》第 36 期，1925 年 12 月 13 日)

《上海画报》出版前之回忆

天　笑

倚虹在筹办《上海画报》之前，频造余舍，时余方从京师归也，其组织之内容，余甚赞成之，谓必可以引起读者之欢迎，而同时渠又要求余为之助。余谓我将以经济上助耶，抑将为文字上助耶？若为经济上助力，则君当知我之窘，且闻君于创办经费已有把握，无俟余助；若为文字上助力，则此报半为图画，半为文字，容量不多，君之文字，尽有号召之力。且我思吾两人无论办何事，必互相牵引，此后拟分功，《上海画报》我拟不附名也。倚虹虽唯唯，然我知其心终怏怏。故《上海画报》出版后之突飞进步，销数至二万，余实未尝有几微之力以助倚虹，仅以彼太夫人之病回扬州省亲，代编辑两期，撰稿一二则。其实《上海画报》自有其价值，倚虹一人足以当之，固无需乎余之为助。而倚虹则终以余之未助彼为憾，而余以追念前尘，此心不无耿耿，每见《上海画报》辄为之心痛也。呜呼！

无音之新闻

汪英宾

　　昨得瘦鹃书，谓六月六日为《上海画报》一周纪念，索吾一言。吾于画报素鲜研究，且笔疏腹俭，复不善作风花雪月之词，殊觉无可供献。惟喜瘦鹃编辑画报之成功，又觉有不能已于言者。偶忆昔年闻北岩爵士一言，颇足以解释画报范围。其言略谓有音新闻终不及无音新闻，细味其言，含有至理。盖以文字表现新闻，欲完全使人领略其中兴趣，必须由视觉而经过听觉；若以图画表现新闻，则一望而知，无须经过听觉，感人之速实较文字而过之。北岩之出此言实亦有其用意，因一般人之见解，以文字新闻为智识阶级所读，而图画新闻则较易通俗，此言似是而实非。夫新闻为一种目的，但求其普遍，不妨互异其方法。文字也，图画也，胥为方法之一种，均足以表现新闻，本无阶级存乎其间，况乎有时用图画表现新闻，为文字所万难形容哉。

　　《上海画报》今已届一周，方之于人，已由襁褓而入于成人之境，唯当此呀呀学语之时，尤宜加意维护。故吾希望今后之《上海画报》可依无音新闻之途径而求之，勿为画报名义所拘束，致失画报乃无音新闻之真义，尤望始终保持乐而不淫之精神，以描写人生之光明。

　　惟有一点须注意者，即以照片或图画表现新闻时，最易发生刺激或放纵之弊害，若在目中有妓心中无妓者见之，固甚无影响，若在血气方刚之青年，固未知社会之黑暗，遂发生刺激或放纵之感想，终必陷于堕落一途，而发生危险。故吾最后希望《上海画报》一方努力无音新闻之传稿，一方须防止刺激或放纵性质新闻之发现，如此兼筹并顾，则《上海画报》前程无量，而社会人群亦蒙其福利矣。质之瘦鹃，或不以其迂腐而嗤之乎。

（《上海画报》第 118 期，1926 年 6 月 6 日）

祝《上海画报》

独 鹤

日昨瘦鹃以书来，谓《上海画报》一周纪念，属为文以张之。予维《上海画报》之在今日，三日一晤，已不啻为吾人之良友，而主持斯报者与编辑斯报者，又确为吾人之良友。值兹一周纪念，乌可无一言以为良友寿、以为《上海画报》寿。《上海画报》可谓为沪滨画报中之先锋，厥后接踵而起者，乃风发云涌，论者至称之为画报潮，同时又窃窃私议，谓潮来至迅，而其退亦至速，然则画报之销歇可立而待也，斯言诚未尝无见。顾世间事物，乘潮而来、随潮而去者，皆其植根浅薄，能力脆弱者耳，若精神有独到，才智有特长，则虽潮流汹涌，安知不能屹然自立而为中流之砥柱？天演公例，适者生存，非虚语也。如《上海画报》者其庶几矣。晬盘初开，希望无极，吾人固甚愿此宁馨儿自幼而壮，自壮而老，以进于无疆之寿也。

吾人既祝《上海画报》之长寿，又深惜创办《上海画报》者毕倚虹君之不寿。倚虹于画报事业经营不遗余力，乃竟未及见此一周纪念，而已溘然长逝，凡属朋辈，触景生感，安得不怆然陨涕！顾使《上海画报》永永常存，则创办人之精神亦与之俱存，九泉有知，或亦足以稍杀其悲欤。

（《上海画报》第 118 期，1926 年 6 月 6 日）

广州之报画潮

慧 狂（自广州寄）

近年海上小报时有变迁，尤以画报最难持久。鲁殿灵光，硕果仅存者，只本报与《上海画报》两家。然上海之画报潮虽已过去，而此间则风起云涌，方兴未艾。一月前有沪人名雏凤者，在粤创一《针报》，此《针报》即小画报之一种也。内容所载大都名妓、名伶之照片，及花界、伶界珍闻，余如女明星之照片、小传及电影批评等，亦有刊载。此报附属于广州之《公评报》内，由《公评报》之执事人员代理其印刷及发行事务。此报出至第三期，因缺乏撰述之人，四出张罗，以至有损害《公评报》之名誉，《公评报》即宣布与其脱离关系。自此该报即一蹶不振，今且有停办之说矣。继《针报》之后者，均有四五种之多，其内容亦如上述之《针报》相仿，一切尺寸大小，与本报同。其首先出版者名《小公评》，此报图画较多，且印刷亦颇明晰，故销数亦多。次日《妙哉》，日《晶报》，日《繁华》，皆相继出版，内容亦颇完善。粤省画报之风行，于此可见一斑。

（《中国摄影学会画报》第 94 期，1927 年 6 月 25 日）

《北洋画报》一周纪念

缪 子

《北洋画报》开办的时候，在下便从旁赞助，一直到现在，居然发刊周年纪念号了，这的确是很可喜的一件事。在外国人所称为华北 North-China 的范围里，除了《北京晨报》有画报以外，竟没有第二家。天津社会爱读画报的，都买上海的画报，所以在《北洋》没有出世以前，天津的报摊上充满了上海各种的画报，这也可见画报在天津是怎样的需要了。自从《北洋》一出，真有"风行一时"的盛况，而北洋的内容，也是"精益求精"，到了这一周年纪念号，更是"美不胜收"。在下以旁观的地位，看他全力经营，实不胜其欣快和赞美，所以不由得要随便讲几句话，顺便祝贺《北洋画报》的进步无量！

（《北洋画报》第 101 期，1927 年 7 月 6 日）

《画报》之三大特色

马崇淦

吾人办事，欲其成功，须有奋斗之精神、研究之态度、公开之气量。吾同学林泽苍君主办与老友吴微雨君编辑之《画报》，俱有此三种特色。

《画报》所登之照片与文字，新颖而有价值。会中记者不辞劳苦，四出采访，每逢开会，必莅场摄影，此其奋斗之精神；对于印报颜色、编辑格式等等，能采纳众意，逐渐改良，此其研究之态度；其他如登载摄影经验文字，常在照片旁说明该照拍法与特色，将摄影秘诀详告阅者，此其公开之气量。

《画报》有将此特色，故能成绩卓著，销路日广，实非一般草率从事之画报所能望其项背。当此二周纪念之时，特为文以表扬之。

（《中国摄影学会画报》第 100 期，1927 年 8 月 6 日）

《上海漫画》

喧传已久之新刊《上海漫画》周刊第一期已于今日出版，五彩印刷，共计八页，内容分彩印、铅印两部，有光宇之立体的上海生活、长篇滑稽画《王先生》、浅予之《新装图说》、文农之《处女膜》、丁悚之《上海偶感》、振宇之《嫂嫂》、飞之《舞场一夜》，辰伯之《壁画》、清磐之《哭笑之所》，尚有上海简单生活谈及有趣味之时事、电影、照片、新闻等数十余件。每期定价五分，实为上海从来未有之美丽刊物。

（《时报》，1928 年 4 月 21 日）

《上海画报》删名记
——舒舍予与黄梅生之小交涉

前日，潘志铨君设宴于澄园，新闻界有与宴者，步林屋先生，携其寄女吴继兰偕。翌日，舒舍予君记一文送《上海画报》，名曰《澄园席上》，已于昨日之《上海画报》刊出。闻当未刊时，曾发生一度小交涉，舒君文中有"林屋先生亦庋止"之句，为《上海画报》之摄影记者黄梅生君所见，将舒文中林屋字样完全删去，既发刊矣，以电话通知舒舍予，舒君不允，黄曰："我之《上海画报》殊不愿有林屋之名发现。"舒颇不怿。翌日，黄致舒电，舒请发刊，黄不允，舒曰："是日林屋先生因应邀乘兴而至，奈何独删其名？"再三交涉，黄君始允于第一节内加入一名，舒君亦只得听之而已。

（《小日报》，1928 年 8 月 13 日）

黄梅生君来函

前日贵报刊有《〈上海画报〉删名记》一文，谓梅与舒舍予君发生交涉。查舍予君来稿，仅于来宾名单中列林屋先生大名，梅并未删去。盖查步君昔亦《上海画报》撰述，犹舍予君之于《上〔海〕画〔报〕》也。梅为文时亦常列步君大名，何至不许舒君提及？梅所删者，仅舒君赞某某二伶嗓音为第一一语。盖嗓音佳者，男伶有荀慧生，女伶有雪艳琴（舒君曾许为第一），某伶似不能当此推崇，故商得舒君同意而删去。梅与舒、步二君均有相当友谊，焉有此等事件，乞代更正。

即颂撰安

黄梅生拜启

八月十三日

（《小日报》，1928 年 8 月 15 日）

祝《北平画报》周年纪念

非　厂

《北平画报》主者，介于吾友，属为文以祝周年纪念，意可感，举尤盛也。曩者曾邀吾以拙作补报末，吾得以迂说附骥尾，迄今引以为荣。今承主者不弃，复重违吾友之属，辄亦为之说。

积三百六十五日为一年，其间晦明风雨燥湿寒燠，虽年各不同，而其为周年则一，此不足纪念者一也；合若干人之心思才力以办报，倏起倏灭者不足言，其幸而满周岁者，在此周岁中之精粗美恶，是乃主其事者所办之痕迹，正与风雨晦明等等，此不足纪念者又一也；吾人生今之世，已病纪念日之过多：得子有纪念，弥月有纪念，周岁有纪念，推而至于寿辰、结婚、晋九、双庆、开张、开吊与夫某日某事某某纪念纪念等，使顽钝如吾之头脑，至于天昏地暗，目眩神迷，几几乎无从记忆，此吾以为尤不足纪念者也。

虽然，吾小民也，小民以为不足，以为病，以为甚苦者，在学士大人缙绅先生，或不以为然，或以为小民宜如此。吾本吾小民之言以为言，在董其事者，方且皇皇然大纪念而特纪念，则吾于此纪念天地中，静吾思，竭吾诚，敬谨为之祝，是即吾所以报主者与吾友也。

其辞曰：《北平画报》者，她是画报中的明星。在此时髦的艺海里，她的头角很峥嵘。我虽不十分谙习艺术，但对于她那美人儿似的美，的确发生了浓厚而真挚的爱情。我爱她，我尤其希望她，希望她一周两周的随时要梳洗修饰，使她出落得若暗室之灯，造成了艺术的光明。到那时，爱她的人们，更不止九九诗翁。

（《北平画报》第 2 卷第 52 期，1929 年 8 月 5 日）

美的《摄影画报》

周瘦鹃（《自由谈》"紫罗兰"）

《摄影画报》，好比一束美丽的紫罗兰。我们能从它那微微的花心里，嗅着一种超出群芳的奇香。更可从它那小小的花瓣上，看着一种胜过常花的色彩，嗅觉和视觉上都感着十二分的痛快。《摄影画报》每期有清香的铜图与文字及其鲜颜〔艳〕的色彩，它那不同凡俗的精神也正和花中的紫罗兰一样。

（《中国摄影学会画报》第 4 卷第 200 期，1929 年 8 月 10 日）

四年后的画报

严独鹤（《快活林》）

当画报出风头的时期，五花八门比马路的招贴还多。但是试把它们的内容一看，从它们那不完美的印刷之中，现出灵魂照片般的铜图和辰州符般的文字，要是不用十二分的脑力去辨别，可说看不出一个字，看不出一张图。简括的说一句，简直是自讨苦吃，还是不看的好。然而话又要讲回来，也许那些办报的因为精神与脑力不足缘故，能把一张报印了出来已是不易，这是我们也得加以原谅的。不过其时却还有一张可算是鹤立鸡群值得一读的，就是《摄影画报》。它的印刷和内容都有很足以惊人的成绩。到了现在，它经过了四个年头的研究，又格外的完美起来，这却不能不归功于办本报者的精神脑力，却有胜人一等的表现。那末现在我们再拿它四年来的成绩来推测下去，也许四年后的本报，比一般的画报都好，这是我敢代全体读报人祝祷的一句颂词。

（《中国摄影学会画报》第 4 卷第 200 期，1929 年 8 月 10 日）

希罕的《摄影画报》

梁得所（《良友》杂志）

画报事业之在中国，与欧美、日本比较起来，质与量都落人后。虽然前几年有一个时期，画报刊行如雨后春笋，可是一一衰落，一一夭折，到今日仍然生存发展的，寥寥无几，而《摄影画报》便是希罕中之一。《摄影画报》刊行不觉二百期了，四年来从未脱期，从这一点我们可以看见不可多得的精神。至于印刷和内容，阅者有目共赏，用不着我多说了。

梁得所，一九二九，七，卅一，《良友》编辑所

（《中国摄影学会画报》第 4 卷第 200 期，1929 年 8 月 10 日）

对于《北京画报》的感想

弄珠（自沈阳寄）

我是北平人，跑到辽宁混新闻事业的，所以对于故乡的出版物，非常关心。近来各处为提倡美术，纷纷刊行画报，辽宁后起的画报，现也正在方兴未艾之际。起初只有一个《大亚画报》，是沈叔邃君主办的，内容狠丰富。后来又出了一个《新民画报》，是附

着《新民晚报》一来复一出版的。最近又产生两种：一个是《辽宁新报》的副刊《辽宁画报》，一个是《民报》的副刊《沈水画报》，均是期刊。《辽宁画报》与《大亚画报》仿佛是孪生。《沈水画报》印刷纸张比较讲究些，但是完全注重书画、金石之类，成绩也狠好。

我的画报癖很深，虽然此地有四种画报，还觉不够看的。前天信步到南市场东北大戏院看电影，听见有报贩喊卖《北京画报》，只听名称，已有苏小乡亲的感想。买了一篇看看，印刷的精美，材料的丰富，真不怪他不胫而驰出关外来了。北京自去岁改为北平，此报名竟未随地更易，颇有深意。因为辽宁的画报，虽有数种，但是感于画片材料不十分充足，遂多不得已取材于外。大约以上海、北平、天津的消息及摄影为多，至于辽宁本地，反倒较少，未免有点喧宾夺主。至于《北京画报》，我虽看见不多，内容文字图画则以本地风光为主，而以他处为副。尤且对关于旧京的一切风景、人物、习俗、古迹、文化、影事更较注重，隐然有保古之意。现在各省人对于旧北京，全看他仿佛是一个古建筑物了，其中一切，多足供考古家的研究了。现在既有一个《北京画报》，可以完全将北京表现出来，那们〔么〕清宫的壮丽，三海的清幽，前门外的繁华，古物陈列所的名贵一切，食色歌舞玩好的精致有味，不是全为他省人所重视吗？那们〔么〕《北京画报》的壮丽清幽、繁华名贵与精致有味，完全与北京同了。他省的人看了《北京画报》，尚且爱不释手，像我这与北京有千载后魂魄乐此的个中人，看了这报，心中又该作什么感想呢？

《北京画报》将刊行纪念号，征文于余，谨将对于该报的感想，赤裸的写出来，不加谀词，大约不至有阿其所好之嫌吧。（弄珠附记）

（编者按：弄珠君为北平之名诗人，现在《东三省公报》主持笔政，最受南北人士欢迎之《小公报》，即弄珠君所主编者也。）

（《北京画报》第 2 卷第 51 期，1929 年 9 月 21 日）

一周祝言

舒小可

《北京画报》为北方画报界创刊最早之画报。既非某日报所附庸，又非某商店之广告，而纯为一独立的民间的艺术刊物，其价值自不可与一般的画报同日语也。主撰事者，为芸子、惜华诸名家，其对于文字图片之检择、铜图章法之布配，尤能浓淡得宜，为柔软派的编辑法之最上乘者。闻本周有周年专号之辑，因草数言如右以为祝。

（《北京画报》第 2 卷第 51 期，1929 年 9 月 21 日）

说《上海漫画》与《时代画报》合并的缘起

编者

我们凭着至诚的愿望，不辞辛劳的经营，在出版界上独峙旗帜，先创《上海漫画》，内容如何，在我们绝对不夸耀，我们尽可让读者来批评。我们在未创刊以前，我们很下功夫，预备在沉寂的我国出版界力树建设，往往经过种的困难，如印刷、制版等等，不能如我们的心愿，受着不知多少的心底里的内疚，但是并不因此延搁过。像这样的做着工作，有二年多历史，我们能够看到从没有间断的在出版，一方面还很安慰，一方面因内疚的袭击，使我们更想努力地进展。再因为当今我民族的时势，承受上下世界的大关键，我们负起为智识上而服务的使命，更办了《时代画报》以应时代的急需。但是我们增加了一些工作，起先需要的分配法制做两种画报还很能如意地进行，现在情形，我们知道时势的紧张，决不能分起来做，因为要那全副精神，对付即将实现的世界。我们所以不惜牺牲以往的成见，用科学化的治事方法，采润精滤渣的技术，为今后开辟新建设的着手，我们的眼光四面去观察，收到了的材料，要使微细的地方，不让读者看了无益。所以，敢大胆地宣言着我们凭经验来，为最经济的有益刊物，使读者精神上得到安慰，实体上得到补益。我们快乐地勇健地趋向公正光明大道，做了读者的常伴益友①。

（《时代》第 4 期，1930 年 6 月 16 日）

---

① 同期《时代画报》更名为《时代》，由月刊改为半月刊。——编者注

《上海画报》大革新

　　望平街《上海画报》自民国十四年出版以来，瞬已七年，为沪上三日刊之画报硕果仅存者。兹以改进印刷，零售概用卷筒上等报纸，每张只收铜元四枚，订户则用一百磅铜版纸，精美异常，报费依旧，并不增加。至内容亦力求充实，除张恨水先生赓续《天上人间》长篇小说外，增聘新闻界知名之士多人，担任撰述云。

（《新闻报》，1931 年 9 月 3 日）

读画报的感想
——为《北画》六周纪念作

兔　公①

　　《北洋画报》是中国北方最好的画报，无论在纸张、印刷、选材及文字上俱是如此。不特《北画》的友人是这样说，非友人也是这样说。最近因六周年纪念发行特刊，吴秋尘先生命作一文。关于画报的编制，吴先生是老行家，我不配在大江边上挑水卖，只说个人读画报的感想，以就正于吴先生。

　　本来画报的功用，不外：（一）绍介〔介绍〕艺术，提高社会的兴趣；（二）辅助文字新闻的不足，使人如身历其境；（三）异种文字的地方，也可用画报传达。一个画报的优劣，除印刷、纸张、格式等等形质上的条件外，尤须以这种条件来衡量。我所读过的中国画报，除却许多蹩脚的之外，觉得上海《图画时报》印刷得的确甚好，只是选材似乎偏重"高材生"，而且缺少有趣味的文字，更其没有排列的匠心。《新闻报》印得真是一塌糊涂。《摄影画报》印得甚好，并且用一种特殊的楷书小铅字印文字，尤其别致，惜乎间有趣味单调的毛病。我个人更不欢喜那个难看的报头：下面"画报"两个大字是一笔的好郑文公，偏上面加上两个黑圈硬填上"摄影"两个不同体的字，活像一张吹弹得破的美人脸上却长了一对猫眼睛。最富丽大方的要推《申报画报》，但似乎太洋气，现在亦已停刊了。北平从前的《星期画报》《民言画报》，以及《北平晨报画报》可算是具有同样特殊

――――――――――
①　即潘兔公。——编者注

风格的画报，这因为主持其事者是林仲易先生。林先生对于排版的方法具有千变万化的绝技，他将文字和图画配搭得成了一个整体，又匀称又奇巧，真像配益智图一样，可惜也都停刊了。现时要数《世界画报》在北平是鲁殿灵光，巍然独存。谈到天津画报，首先数到《北洋画报》了。在这个挂一漏万的略述中，画报界已不胜沧桑之感，而《北洋画报》独能猛进六年，方兴未艾，我们喜读画报的人该是如何的高兴呢！至于前面所举的画报功用，已经提过的几种画报和《北洋画报》作到了何等地步，我怕说错了，《北洋画报》的主人要不服，说得太好了，旁人又疑我吃了主人的糖果，只有请社会去公评，而《北洋画报》的发达便是公评的事实表现。

我还有所感者，便是画报上文字的问题。固然文字要有趣味，但趣味大有优劣之别。我们说了一个笑话，这笑话也许关涉到我们的朋友（无论是识面的或神交的），如若这笑话的结果使所有的人都高兴了，当然是好的。如果有一个人，因这个笑话受了伤，当然是坏的。即使我们偶尔快意误伤了朋友，在朋友并不介意或忍了伤还来原谅我们，我们也是心痛后悔，得不偿失。因为有趣味的事总是善意的（包括有心与无心），趣味阶级的高低大约分界在此。至于更污秽的事，当然在不论不议之列。我爱看《北洋画报》的"曲线新闻"，因为这玩意儿新鲜有趣，而绝未伤人。我爱看秋尘的记事，因为他笔致跳脱而始终不曾跳失了脚踏坏一只蚂蚁。我爱看老宣的文字，老宣在《北洋画报》上可以算是第一位骂将军，我觉得他句句话入木三分，搔着社会的痒处。我曾听到许多小姐们骂老宣缺德，但是没有一个恨老宣的，这应该是因为老宣骂的不是恶意的骂，而是用一种尖酸滑稽的面具遮盖着他本来悲悯的心怀。我以为这是极要注意的事。

最近，有人主张停办大学文法、艺术等各科十年，称为"澈底改革教育"，令人哭笑不得。此事一旦实行，报纸在今日中国的使命更重大了。《北画》以美与善的贡献，使社会得着安慰与苏息，已有六年。这六周纪念，也正是一个新努力的起点。敬以此意为《北画》寿！

（《北洋画报》第 801、802 两期合刊，1932 年 7 月 7 日）

纪念的感想

老　宣[①]

《北画》五周年纪念，仿佛是将将过去，忽忽又满了六周。秋尘兄来信，又向我要纪

---

①　即宣永光。——编者注

念的稿子，开口第一句便说要"短"，可见他与一切报馆的编辑们，有同样怕"长"的心理，并且我也有曾主过某机关报的笔政，也是一见长稿就头痛。所以近几年来，我凡有所作，就力求短缩政策，以便使编辑先生们能够容纳。可惜我习性难移，不作则已，一作就失之于长，经他这一次恳切的要求，使我更觉无话可说，不敢动笔了。

并且我一听"纪念"二字，如同听到我父母的"忌日"，立刻心烦意乱，眼泪就夺眶而出。因为入民国三年以后，我被"纪念"二字吓出了一身的毛病。我只知我国的纪念，如同疮疤，是痛苦的遗痕。多一次纪念，增一番痛苦；多一番痛苦，出一些伟人（？）①；增一些伟人，添一些纪念。伟人生生不已，纪念层出无穷，于是诸般痛苦就连绵不绝。此外，若再加上伟人们娶妻的纪念、生儿养女的纪念、娶儿媳聘姑娘的纪念、买汽车置洋楼的纪念、纳妾骗婚的纪念、姘娼玩妓的纪念、举外债借洋款的纪念、请清兵引外寇的纪念、给太太捶腿的纪念、替小婆洗脚的纪念、拉屎撒尿的纪念，以及其他种种等等，一切的纪念，更令人纪不胜纪，念不胜念。如此接演下去，我中国必将改名为"纪念国"，一年三百六十五日，全改为纪念日，额外再来几个"九一八""六〇六"，或"九一四"各种要命的纪念，必致将我国所有一切的纪念，化零为整，统一于一个"亡国纪念"之中了。

当初后唐明宗夜夜焚香祝天，早生圣人，为生民主。现在我老宣，日日祝女同胞少生伟人，免造纪念日。我正写到这里，周身发热，咬牙顿足，大喊一声说："欲覆之邦伟人众，将亡之国纪念多！""多"字尚未出口，不想到竟惊了我妻的午睡，她登时翻身坐起，柳眉直立，杏眼圆睁，高声骂道："你这只知有己不知有人的匪徒！只顾你纪念东、纪念西，你全不知搅了别人的安宁，简直是不存人心，故意捣乱，无事生非，祸己祸人。若说纪念你生，你生于人有害；若说纪念你功，你本无功可言；若说纪念咱俩的婚姻，我嫁了你，就没有得过太平日子！你真不要面皮！你还纪念呢，什么纪念？你拍拍良心想想吧！"

我经她这一骂，好比青天打了一个霹雳，忽然如梦初醒，才想起我这是为《北画》作纪念之文，并不关涉军国大事，立刻心平气和。自问我既根本不爱国，极端不爱民，我何必在戏台底下掉眼泪，替古人担忧？又何必三个鼻孔，多一股子臭气！况且中国正如老妇人照镜子，日见衰颓，而《北画》则如好学生入学校，后望无穷。同人既精诚努力，读者更热心赞助，焉得不纪，岂可不念？我正好趁此时机，作一篇大文，骗一个"纪念博士"的徽号，以便与性学博士先后辉映！只可惜我经此一骂，打断话头，一肚子纪念《北画》的言词，一字也写不出来了。

（《北洋画报》第 801、802 两期合刊，1932 年 7 月 7 日）

——————————

① 原稿如此。

祝六岁的《北画》

凌　影①

《北画》诞生到而今，倏忽六年了。在她本身说，滋长培植，一帆风顺。既没有生疑难杂症，亦没有感受过时疫热病，所以在这谈虎色变的时期，她能在丰腴的面庞上现示出欣喜的笑容，来领受我们的祝贺。她的先天本来充足，而后天的调护尤其有方，历来的乳媪保姆没有一个不是克尽厥职、望其有成的。如或不信，你看今天她的生日，乳媪如童君漪珊、张君镠子，保姆如王小隐先生，都来看望她、祝颂她，真可以算是得天独厚了。她自从降生以来，只知快乐，只知美善，所以她所表示出来的是天真是活泼，使你消愁，使你陶醉。不过自九一八以来，她也知道人世之坎坷、环境的压迫，她那天真的眉目间，也会有了愁云。我们要知道，她渐渐的认识了一切，更深一层的了解了一切。这正是她的好处。

她的童年固然可恋，但是我们更希望她将来作成社会的中坚，担起为人类的责任。

（《北洋画报》第 801、802 两期合刊，1932 年 7 月 7 日）

变与不变

云　心

六年前的夏天，我在《东方时报》英文部做事时候，王小隐先生正作汉文部的总编辑。汉文编辑部和英文编辑部是里外间，王先生在里间说笑，外间听得很清楚。有一次一个留着长胡子的吴先生找他，他们谈起《北洋画报》来。

"噢，画报，画报！"王先生重复的说。

"啊，《北洋画报》！什么时候出版，什么时候？"他接着问。

"七月七号。"

过几天，我便看见《北洋画报》了。

现在《东方时报》停办了，在与《北洋画报》先后出版的《黄报》《和平日报》《民心

---

①　即徐凌影。——编者注

日报》《庸报》和复刊的《大公报》，除去《大公》《庸报》外，《和平》《黄报》等早都先后停刊了，办报的人也星散了。王小隐先生在这几年，编过报，作过顾问，又编过《东北年鉴》，我离开《东方时报》之后，还作过几天买卖，不过结果依然没有抛掉这一枝笔。至于从先谈《北洋画报》的长胡子吴先生，听说早已成了古人了。

六年来，报与办报的人有这样变迁，想起来真有些沧桑之感。然而《北画》从前六年的七月七日，直到今年七月七日，始终不变，与《北洋画报》有关系的老朋友，亦始终不变。现在报是这样进步，没有被时代赶过；人是这样的越聚越多，没有放弃报的立场。在这周年纪念刊上，新朋旧友都露这么一露，令人忘记了六年来的人事变迁。

（《北洋画报》第 803 期，1932 年 7 月 12 日）

可爱的蜜蜂

谭林北

大前提（通则）："生存最久的是最优的。"

小前提："《北洋画报》是最久的。"

结论："所以《北洋画报》是最优的。"

这几句话并非捧《北画》，事实上在各种的画报里，《北画》有了悠久的、光荣的、六年的历史，当然值得大家的赞扬和期望。但这并不是偶然的事，是主办人和编者具有坚决的毅力的结果。

花匠的灌溉是有毅力的了，但这不能比喻主办和编辑《北画》的人，因为花匠们虽然用了很大的力量，费了很多的时候，才培养出花蕾来，但不能完全归功在花匠，因为花匠不过做间接的工作，仍须依赖植物本身的繁殖的性能。

蜘蛛的工作被认为是有毅力的了，灰心的人们有时见了它的织网的工作，会兴奋振作起来。它的坚苦卓绝的精神会感人这样深。但这又不能比喻主办和编辑《北画》的人，因为《北画》绝不是闭门杜造，悬空抽象，只是由自己肚子里吐出来的东西。

蚂蚁采集的能力，没有什么可以比得上它的。它的不辞劳苦的工作，诗歌里不知有了多少纪载。但这也不是主办和编辑《北画》者的精神，因为《北画》是经过审慎的选择，不是不分好坏的都搬了出来。

只有蜜蜂真可以代表《北画》的主办和编辑者了。它会努力从远的近的地方采取了种种的好的材料，整理过，融化过，去变作蜜糖，来滋润人们的心，来调剂人们的苦。人类在物质上已不能都有甜蜜蜜的享受了，惟有希望在精神上得到了甜蜜蜜的安慰。在过去的六年，《北画》给了不少的安慰与读者。我想将来《北画》的蜂一定可以招了很多诚恳的友蜂，建筑更大的蜂窠，酿更多的蜜糖，来滋润更多的读者。

（《北洋画报》第 803 期，1932 年 7 月 12 日）

乞巧贺《北画》

继　昶

七月七日为《北画》六周诞辰，这是多么巧。照例在庆祝中，要说些吉利话，其实她印刷之精，颜色之美，编排得法，内容充实，经过六度寒暑，早已有口皆碑，不待赘述了。

我这次在她六周大庆，除去谨具不腆之辞，恭祝她前程无量外，并希望：（一）各界读者不要为看小人而看画报，要在闲暇中把她深刻的研究，想出改进的办法，不吝高见，时常与编者商讨，使艺术之光普照在荒芜的园地。因为《北画》确是津市艺术的渊源，她能把社会上沉寂的不景的气象打破，使得个个人能在方程式生活里寻求诗意。（二）负编撰之责的各位老友，都是文艺界先进。他们因为自己负有提倡文艺的使命，所以整年日以继夜，夜以继日，精益求精的努力研究，已经把"美"的思想，播入终日奔走于经济市场上的老板脑里。更盼他们再加些力量，用心理的培植，把天津相沿多年的枯燥环境改建成美丽的花园。

（《北洋画报》第 803 期，1932 年 7 月 12 日）

影报潮

梦 庵

本报以超越独特之眼光，介绍《大饭店》及《国门之战》等新影片，见仁见智，人各有见，虽不能强与人同，然职责所在，聊尽贡献之义务而已。吾国电影刊物，日来风起云涌，形式上如甚蓬蓬勃勃，及一考其内容，便知尽属模仿效尤，投机取巧，欺骗读者。欲求一真材实学、实事求是者，渺不可得。故影报没落时期，为期当不在远。试观往年之交易所、影戏公司、跑狗场等，起初亦澎湃有劲，曾几何时，一败涂地。前车覆辙，其影报之谓乎！兹据影报中之最令人疾首痛心，以其存意欺骗读者，揭楮如下：

《电声日报》，此报专用怪异标题，眩人目光，文笔支离矛盾，无所不用其极。本报一再加以痛斥，冀其稍有觉悟，为影报留余地。近且变事加厉，若批评《欧战外史》一片，说此片无刺激性，并不伟大，而涉及欧美舆论欺人、广告不忠实种种语气，形势严重，十分紧张，有令欢〔观〕影者裹足不前之慨。考彼之所谓"刺激性"，必片中缺少肉感歌舞；"不伟大"者，无枪炮轰炸之穿插。呜呼，误矣！此片乃剧情之刺激紧张、伟大在剧中人之牺牲精神，如此佳片，该报仅在《欧战外史》字面上用功，顾影程度若斯之幼稚，对白不了解，剧情不明了，作此不伦不类之评语，致使读者为彼所蒙，差过赏鉴机遇，其何以自圆其说？

《晨报每日电影》所载应禁《国门之战》影片，为本报第十三期所介绍者。彼意非战题材之片，不合我国需要，尤其不知所云。世界之事事物物，决无终日困斗，长期争战，而能解决一切者。物竞天演，优胜劣败，强人自有强人收，十年欧战，可为龟鉴。该报理智之浅薄，于此可见。应禁云何哉！徒以眩奇而欺骗读者。

尚有其他各影报，均系一知半解，不值识者一笑。由此欢〔观〕之，欲求影报能为读者向导，其可得乎？罗兰夫人曰："自由，自由，多少人借汝名以行罪恶！"吾故曰"影报，影报，多少人借汝名以行投机"矣！执笔至此，衷心惴惴。本报决愿效力前驱，为影报留余地，为本报放光明！读者其鉴诸。

（《银幕与摩登》第 15 期，1932 年 7 月 13 日）

题良友摄影团

中央研究院院长 蔡元培

我国土地的广大，历史的悠远，久已为世界所注目。海禁大开以后，各国学者到内地探险考察的，不胜计数。最近美国的探险队，和褚民谊先生所领导的西北学术考察团，更引起学界的注意。不过我国人士对此，尚无自动的组织，可称遗憾。

良友公司自创刊《良友》杂志以来，以图画之力，介绍我国的国情风俗于海内外，成绩昭著，久为识者所仰佩。现在又组织摄影旅行队，将遍游全国，采取壮丽的山川，醇美的风俗，以及种种新的建设，都收之于印画，宣示世界，以为文字宣传的佐证。其目的之远大，实堪称赞。故赘数语，以作赠言。

（《良友》第 69 期，1932 年 9 月）

为良友摄影团发言

良友公司总经理 伍联德

吾国上下五千余年，纵横千余万方里，山岳磅礴，河川浩汗，物产富饶，人口繁庶，文化风尚、名胜建筑或则发达独早，或则别具风格。近年政府人民共谋建设，交通实业皆有进步，然以地方辽阔，情形隔膜，国人固鲜知各省之确情，外人尤难明全国之实况，以致内地意识，犹在帝王朝廷之世，外人印象，依然缠足留辫之邦。欲图祛除人民之陈念，释去外人之误解，厥为广事调查，沏为专书，而欲收效迅速，传布广遍，尤当摄取真影，刊之图画。

联德昔负笈南大，即知图画有裨教育，及创《良友》，复觉其可助宣传。往岁本此宗旨，刊行《中国大观》销行国内外，再版三四次，对于国情之宣达，当收相当之效果。惟当时搜罗未富，收集不丰，益以时间限制，出版仓卒，挂一漏万，存芜失菁，用是复于去年另组织良友摄影部，摄影全国真情，其目的既可为《良友》另辟稿源，复可供给世界各国书报之宣传。至今内部筹备妥善，故派遣摄影队出发全国，实地摄影照片。天然景物，人工创造，历史古迹，时代建设，边事国防，工业文化，凡足以代表显扬我国者，兼收并取，除供给世界各国报章及《良友》报之用外，专编一书，拟题名曰《中国实况图鉴》，异日书成，不特对内可以启迪民智，对外亦可以发扬国光。第此行使命重大，匪异人任，特推《良友》编辑梁君得所董其事，所盼各地行政长官、社会领袖予以指导，赐以便利，俾期早日葳事，实深厚幸。

（《良友》第 69 期，1932 年 9 月）

《妇人画报》万岁

梁得所

新近行世的《妇人画报》要我写稿，这是不容辞的，然而话题颇不易定。无□，谨以万岁之祝颂，献与画报及读者。

近来，我颇感觉赞颂之重要，并且打算写点赞颂的文字，因为觉悟从前所写反面说话居多，致有讽刺挖苦的嫌疑。这点小小的觉悟，是有事实的来由的。

前不久在广东分公司，问起各种书籍销售情形，提到拙作，店伴对我说："那本小说原本可更畅销的，如果你不是题错书名。"我问错在那里，他说："那本小说题名《女贼》，小姐们来买往往不大喜欢。还有，许多男子们买书送情人，也不会买那听来就得罪人的《女贼》。所以，以后做小说最好定个悦耳的题目，销数必更流畅了。"这位店伴的批评我很佩服，比书报杂志里文艺评论实际得多。书是印来卖的，畅销的便是好书，内容文艺价值如何，是好事者的闲议而已。欲求畅销先要题名悦耳，题名悦耳，好书把握过半矣。

近来一则以喜，一则以悲，因为自觉日渐商业化，不但懂得书报贩卖的门槛，连卖鞋都懂。比如，甲鞋店伙计对顾客说："小姐，你的右脚比左脚粗大些。"小姐不欢而去。乙店伙计对她说："小姐，你的左脚比右脚纤细些。"小姐欣然，买卖就成功了。

悦耳之重要，书名如此，文题亦然。是以这篇短稿题以"万岁"，希望借此博得阅者爱读。

不过，可疑的问题又发生。对"妇人"而祝"万岁"，是讨好呢还是讨嫌？夫"万岁"者，老也。老和脚粗都是忌讳之言，与祝颂意思背道而驰。尝闻女教员被人误以为她是学生，则欣然引为得意，这一点已足证明妇女爱年少。今我竟祝以万岁，分公司店伴见之，不免要说梁某作文又用错题目了。

俗语有云："说得多，错得多。"反正《妇人画报》篇幅有限，也就不再写下去了。毁誉本无据，庸人自猜疑。题目也许用错，可是祝这画报发展前途远大，祝阅者健康愉快，这点诚意，是十成十足不折不扣的。

（《妇人画报》第 5 期，1933 年 6 月 15 日）

《大公报画刊》的要人住宅

志 坚

最近天津《大公报每日画刊》连日揭载党国要人在沪自置住宅，如祁齐路的宋子文宅，哥伦比亚路的孙科宅，西爱咸斯路的孔祥熙宅，亿定盘路的郑洪年宅，莫不宏大壮丽，有如王宫。党国要人置一两所住宅，在现在实在算不了一回事，但我们如略加研究，却是道德上纲纪上一个严重问题。

我们晓得孙中山先生并无财产留给儿子，宋氏的父亲是一位基督教的传教士，孔祥熙在民国初元，只是东京青年会一个干事，至多都不过中人之产。后来他们诚然是显达了，然而依国民政府官制，部长俸给每月只八百元，而兼职不兼薪。我们如假定这二十年间，他们每月都有一千元的俸给，而且能以半数储蓄，则其储金亦不过十余万元，何以能自置数十万元的住宅？溢出之数，实在是来历不明。

近年我国最痛心的一件事，无过于贪污的合法化。某缺肥，某缺瘦，这是公开的评价。缺而有肥瘦，这是承认你于一定俸给之外，还可捞些油水。若使你从一个肥缺回来，而依然是两袖清风，人们倒不一定称赞你正直，而却笑你痴愚。所以宦囊所得，从前讳莫如深，现在却公开地美其轮奂，好在社会人心已经麻痹，并不认他是盛德之累也。

（《中华周报》95 期，1933 年 9 月 27 日）

《北画》千号纪念

老 宣

《北画》出到千号，发行特刊。距排版一天，才来信向我索稿。我遇到这千载难逢的机会，本想作一篇"洋洋数千言"的屁文，出一出风头，怎奈时限短促，我肚内纵有"千言万语"，一急之下，"千思万想"，也想不出来。我只记得《北画》自民国十五年创办以来，历尽"千辛万苦"，"千障百魔"，使《北画》如同"千里马"遇着"千里人"，一往直前，永未停顿。虽然在我国危急变乱"千疮百孔"的日子，《北画》居然能支持到"一千号"之久，每期销到数千份之多，竟得传遍"千门万户"而得为画报之王。其他画报大半中途夭折，后继无人，《北画》仍是"壁立千仞"，根深蒂固。可称是"千军易得，一将难求"；不经淘汰，难别精金。

《北画》既达到这般境地，我本着"千虑一得"之见，仍望谭林北君施用"千方百计"，保持《北画》已获的光荣，使它"日进千里"。对于报材，仍要慎加选择，不可人云亦云，切莫"千篇一律"。务要推陈出新，使之"千变万化"。不为婊子记起居注，免受"千人之所指"；不对国贼作月旦评，以防"千虑的一失"。总要使《北画》成为一个艺术的结晶，如同一个"千娇百媚"的大姑娘，令人见了，"千欢万悦"。在这万方多难的时候，使我们读完《北画》，如同饮了"中山千日酒"，登时无忧无虑，把一切天翻地覆的消息，全都忘了！

值此《北画》千号大典，我本当"千筹百计"，备些礼物到津恭贺，可惜我一贫如洗，徒有其心而无其力。只好勉强将我的鄙见写出来，并且涂成"千秋万岁"四字，当做贺品。要知我这是"千里送鹅毛，礼轻人意重"！

（《北洋画报》第 1000 期，1933 年 10 月 19 日）

青年的《北洋画报》

雨 言

按着中国数学的记数法，到了千，便是一个阶段。从一积到千，是很不容易的一件事。

《北洋画报》从第一号办到一千号了，我们不能不用这"惨淡经营"四个字来恭维《北洋画报》的老板，我们翻一翻一号、一百号的《北洋画报》与现在《北洋画报》比较，便知道现在的成绩比从前如何了！

《北洋画报》可以从一号一直办到一千号，当然因为它永远在前进着，永远在向真美善的途径上变动着，符合着它在一号出版时的社会情形，符合着它在一千号时候的社会情形。"北洋画报"四字不变，但它的性质，是永远抓住时代的。这样，一千零一号，和它在一号的时代一样，不见得老朽，不见得腐败，从一千零一号到一万号，再进四位到数学上进位的第二个阶段，那就是亿，依然只是青年的《北洋画报》！《北洋画报》是一个老青年，一直到无数号，依然是一个老青年！

（《北洋画报》第 1000 期，1933 年 10 月 19 日）

谈北平四画报

余 克

北平之画报并不发达，其能独自创刊继续永久者甚鲜。虽然，亦系缺乏经验及经营不善之原因。似天津之《北洋画报》，独能屹然永立者，乃可证明画报非不能独立生存。观乎欧美国家，则画报之销路以其售价为比例，尤能超过普通之含有图画部分之印刷刊物焉。

北平之画报，多非独立而依附一报纸者。惟一独立之《新光》画报，系以画家谭旦同为主干，然其排版印刷等项，并未见特异精彩，是给画之艺术与设计画报之艺术间有不少区别欤？其中魏守忠之摄影，较其他画报为早，是其特点。文字，无可读者。此报之寿命如何，未敢断，故亦不愿多所论列。

非独立之画报销路最佳者，应推《世界画报》——亦即"图画""内容"最糟之一个。编者萨空了，号称编画报较吴秋尘历史稍晚之一人，且曾向学新闻之学生大讲编画报心得，诚不知羞耻为何物也。似《世界画报》者，论印刷，不及《京报画报》；论图画，不及《新光》画报，其读者层只系建筑在不安分之荒唐鬼中学生——盖为读其学校中之软性新闻也。其实，某男生追求某女生也，某女生受某男生之遗弃也，某男生开某女生之玩笑也，某某女生丢掉一只高跟鞋也，千篇一律，篇篇皆无聊下流之作品，只是迎合一般股肉感之低级趣味。吾知其最短期间，必受大众之唾弃，盖因此种文字，初未必即有事实，只是几个荒唐鬼学生，胡思乱想，设枝添叶，以遂其企图或泄愤耳。其实，纵有其事，亦无刊纪之价值，倘全刊载，吾恐彼再增加若干倍之篇幅亦恐不敷。须知所谓"软性新闻"初未必限于学校，尤不须限于肉感下流。故余敢断言，彼《世界画报》之销路多，实系"水长船高"随《世界日报》而俱进，倘其独立，必无人看。而《世界日报》之销路能居首北平者，应归功于其丰富之电讯消息及张友渔、丁作韶二君之犀利之社论也，非下流无聊之《世画》能叫座也。

北平《晨报》附属之《北晨画刊》排版甚灵活美观，惟图画部分，稍嫌陈腐，新闻画片亦较少。每期有漫画一两幅，是其特点。惟有一"连续漫画"为题《糊涂先生》者，真真一榻〔塌〕糊涂，其技巧似尚不及《毛三爷》。文字不低级下流，是其长处，但甚多呆板无味之文字亦不宜于画报中。就一般地论，尚不似《世画》含毒素如是之浓焉。编者赵縲尺，不甚内行，但有一般勇往直前及富于改革之精神，甚望其能逐渐进步。

《京报画刊》印刷最清晰，但文字多非画报所适用者。似某某人扎〔札〕记也，某某人随笔也，多斗方名士臭味。好登伶人戏像，间或有"北里名花老几"之"玉照"，诚令人不胜诚惶诚恐之至。其实《京报》无销路，也无独立性之画报，当然亦不会如何精彩。编者闻系邵飘萍之女公子，今年才二十岁耳！

（《新闻通讯》第 16 期，1934 年 8 月 16 日）

祝《风月画报》两周纪念

老　谁

月行万里，月到中天。画文并茂，报界先鞭。两载于兹，周始百年。纪极无尽，念在弥坚。老当益壮，谁与比肩。敬志数语，祝永绵绵。

（《风月画报》第 5 卷第 1 期"风月二周专页"，1935 年 1 月 2 日）

《风月》二周纪念封面译意

浪 翁

《风月画报》主人以二周纪念索文于余，余无文，不能应。适见封面画，乃译其意为文。夫画中之枫叶与圆月，指风月也；冬青二株者，二周纪念也；旁立短株，象征未来也。总视若为一花园，分观则意各有指。余不禁有感焉。盖既有一如斯之乐园，则来日之茂盛，未来之荣盛，其责任胥在园丁之身上。而园丁何人？则为诸公，为本报投稿之人及在各方面帮助之人无疑。故此一萌芽之小株，将来之枝大叶盛与否，或根枯株亡与否，即视吾人园丁之灌溉殷勤怠惰若何也。园丁诸君，《风月》为国内仅有之风月刊物，亦吾人仅有之园地，吾人苟欲使之历久不衰，荣茂旺盛，则吾人又焉能放弃吾人之责，坐视其荒芜乎？请从今日起，尽力以培荣之，则将来园中奇葩异草遍开，芳香芬息四闻，不但游者乐于赏玩，即吾人亦可遨游于其中也。是为谨祝。

（《风月画报》第 5 卷第 1 期"风月二周专页"，1935 年 1 月 2 日）

我与《风月》

老 汝

我素来是扳着正经面孔，风花雪月对我一丝儿也不发生关系。虽然偶而在报上发表点不成东西的东西，也不过是"孔子的哲学""世界大战后的中国""陶渊明与泰戈尔"等一类的题目。不想叫刘先礼把我拖进《风月画报》，风月主人对我又是那么当面磕头、背后作揖的，于是我就给《风月》乱写一气，既谈嫖又论赌，口口声声不离女人。哎呀！不好了！家母见面就骂，拙荆日夜吵闹，舍弟不服管教，一生节操，毁于一旦，冤哪！冤哪！老天啊！我冤。

（《风月画报》第 5 卷第 1 期"风月二周专页"，1935 年 1 月 2 日）

《风月画报》二周祝词

大 方

今夕何夕，只谈风月，耳得为声，目遇成色，不用钱买，惟天所锡。在昔聊止，于今病侠，张生魏熟，大家努力，虫二之义，行于通国，光景无边，环球施及。际此二周，声名洋溢，登三宝殿，唱永兴剧。

（《风月画报》第 5 卷第 1 期"风月二周专页"，1935 年 1 月 2 日）

我和《良友》

《良友》编辑 马国亮

由于偶然的际遇，我和《良友》发生了关系，这种关系一直维持到现在，而且好像越来越密切了——我的意思是，对于它的责任越来越重了。在这薄薄的几十页杂志中，我竟消磨去了六七个寒暑，我不知该咒诅还是感谢命运，因为她曾使我担受了许多不应由我担负的苦恼，但她同时却带给我经验过许多不同的世界。

编辑是一件苦差。我常常觉得，做一个投稿者是最幸福的。一个投稿者所需要应付的困难是很简单的，而一个编辑却每天须同时应付各种不同的读者、投稿者、出版人和当局，许多困难便无日不同时齐在他的肩上。为了讨好于一方面，他却得受另方面的责难，挤在这几方面利害关系绝对不同的中间，编辑便每每只好沉默地去背上了十字架。

但，尤其是一个像《良友》这样的一个画报编辑，他要过着比其他任何种杂志的编辑做着更辛苦的工作，和应付更多的困难。先说工作方面：如果是一本文字的刊物，则编者只须集好了若干万字的稿子，编好了次序发排，编辑的工作便可说是功德完满，但是这是一本图画杂志，并且这"图画"，不仅是摄影、科学或电影或图画杂志，而是所谓要"包罗万有"的图画杂志，在搜集和选用稿件方面便不能不煞费心思，此外还加上了要各页不同的美观而又易于阅读的编排格式，和每张照片的详细而又须可靠的说明，工作的麻烦可谓达于一切杂志的极点。另方面，则因为是"包罗万有"，其间便加增了许多忧虑的重负。譬如是一件有图可证的翔实的时事，但这事实的能否发表往往是一个间〔问〕

题。有时有些材料在编者的意思以为是应该介绍于读者的，可是他却时时受着意外的牵掣。此外在许多种种的不愉快的事件当中，我不妨在这里举出一事为例：

　　某次有一位特约记者交来了一张某某夫人的照片，我们刊登出来以后，忽然另外有一位自称也是某某夫人的派了一个代表来交涉，说她才是某某夫人，杂志上所刊登过的所谓某某夫人是错误的。这位代表用尽了威迫利诱的方法来要我们更正，但据我们的调查，则所登的照片并没有错，而那自称为真正牌子的也没有错，原因就是，她们两个都是某某夫人，不过后者不高兴前者的抹煞了她的地位而已。由此看来，可见我们的麻烦的一斑。我们并没有意思去挑拨别人家庭里的私事，但我们又何从预知人家的家庭的私关系呢？早知这样，我们何苦要把照片登出来？可是纠纷便往往的这样来了。又如某地方的农村破产，我们把它发表出来，当地却写信来否认这事实。后来我们说他是农村复兴了，当地却又同样写信来表示反对。像这些诸如此类的事件，我们做编者只好绞尽脑汁来应付，或是把苦恼和愤懑倒向肚里吞下去。

　　并不是过份的话，做编辑实在是活受罪，无论是那一个编辑都是一样。他没有尊严，也没有威权，因为他不过是一个雇员，一个平民。所不幸的就是他曾读过几本书，和因为他跟前有许多对他期望甚殷的读者的原故，却使他硬要自寻苦吃的做一个斗士。同样地拿一份工资，他却要比其他的雇员为劳苦，因为除了规定的工作时间外，他还得不休息地不断的忧虑，思索，和计划。一个编者之于他的杂志，仿佛一个保姆之于她的婴孩，虽然不是自己生的儿子，但是对于这孩子的一切，她仍不能不恳切地负责的。都则孩子养得白胖，人见人爱的时候，大家虽赞美父母的养育有方，赞美食料的滋养充足，赞美那地方环境的气候适宜，却很少人记起了那保姆。可是当孩子生了毛病，或体重减轻了的时候呢，做保姆的便只好无言地忍受一切指摘和怨嗔。同样是一个雇员，他却必须如此；同样是一个平民，因为职务的关系，他却不能闭上眼睛什么都不管，于是他便无法享受一般平民所应有的快乐的权利。

　　这便是一个编辑人的生涯。

　　匆匆的写来，好像是越出本文题目之外，但这确是我几年来在画报所得到的经验。这不是诉苦，却是一页生活的真实的记载。《良友》是有较长的历史和较大销数的画报，她给我经验和学习的所在是多方面的。七六年来我曾为她耗去了可贵的青春，当有机会和自己也不曾厌倦的时候，我仍旧想学习下去。享受的对象不是绝对的，我便是愿意享受这些经验的一个人。虽是一个苦恼的源头，但她却曾使我接触了诸种地位性格的人物，观察了形形色色的事物，和经验了许多个不同的世界。

　　　　　　　　　　（《人言周刊》第 2 卷第 1 期"一周纪念编辑特刊"，1935 年 2 月 2 日）

由《北画》九周年谈起

君　宜

《北画》发刊，于今九载，允为华北唯一无二，资格最老的画报。今日之谈中国新闻史者，于画报一门中，当无不推《点石斋》与《飞影阁》为其嚆矢，而论及画报之改进趋于现代化时，则《北画》亦占有光荣史之一页。岂偶然哉？盖《北画》自创刊以来，即抱定"真""美""善"三字，向前做去，九年以来如一日，宜乎其风行海内，无远弗逮也。按画报图文并重，非仅鼓吹风雅，为调剂精神，作茶余酒后之消遣，其有助于艺术之提倡，尤为更重大之使命。又画报之所以为画报，即须有"画"与"报"，画即 Pictorial，报即 News，《北画》向重新闻片，且其登载从不落人后，有时且较日报捷"手"先登。今后宜更加聘各地摄影记者，广集时事新片。此外文字亦甚重要。盖画报无文字，则感偏枯而趣味单调。文字选择，固贵小巧玲珑，软性新闻，尤以增广为妙。此就"画"与"报"之界说而言也。至于趣味方面，无所谓高级与低级。凡合于真美善之条件者，无论电影、戏剧、金石、书画、闺秀、学校生活，罔不搜罗，以期适合于各种阶级之普遍的口胃。《北画》虽向有电影与戏剧专刊，选片亦皆精审。惟吾人既以《北画》为精神的食粮，则所谓"食不厌精，脍不厌细"，站在读者的地位上，希望其能更加努力。《北画》主人，其以吾人为老饕乎？

（《北洋画报》第 1266 期，1935 年 7 月 7 日）

《北画》九秩荣庆

湘　如

东壁图书府，北洋画报楼。时逢七夕节，岁已九年周。天下不胫走，名家作稿投。茶余供客话，今诞祝牵牛。

（《北洋画报》第 1266 期，1935 年 7 月 7 日）

谈画报之美

维　什

《北画》九周纪念，征文及于下走，义不能无言以为之祝。然而"腹俭"如我，愧不能伸纸千言，为诗赋文章，以比美于诸贤哲之前。因念《北画》不特为华北画报中之佼佼者，即就全国而言，亦自有其相当之地位，诚所谓尽美尽善者矣。因就画报之美略为数言。

统观挽近我国画报，或装订成册，或每期一纸，或文重于图，或各居其半。其内容大抵重于趣味，而流于柔弱，甚且入于肉感，斯是大病。此就图片而言也。若夫文字，则空洞无实，或轻佻无关宏旨，皆不足道也。至若《北画》，则无此病。掘发人生，讽刺社会，寓庄严于趣味，感人心于无形，诚良好之读物也。风行海宇，岂偶然哉？

（《北洋画报》第 1266 期，1935 年 7 月 7 日）

《北画》白头

杀　黄

从前曾要仿"天增岁月人增寿"，联意为"眉增帆鸟报增寿"，以祝《北画》，因为是《北画》报头上风帆海鸟花纹，随寿纪而增加。我们只要数一数《北画》报头上风帆海鸟花纹有几多，就可以知道《北画》年岁是多少。

这次"王先生"作者叶浅予北来，曾为人画过六十岁的预测像，我们按此例以预测《北画》报头的将来，必因延年益寿而帆鸟递增，更因帆鸟花纹之繁多，而报头两旁将有形成空白的一天。那时候在庆祝《北画》百周大典后，我们要再庆一回"《北画》白头"哩！

（《北洋画报》第 1266 期，1935 年 7 月 7 日）

《北画》九周纪念

雯

满幅琳琅不胜收，沧桑阅尽画楼头。洛阳纸贵人争购，海内名驰誉更优。千里江山如指掌，四方风物豁尘眸。却欣纪念逢星夕，织出云罗万美裒。

（《北洋画报》第 1266 期，1935 年 7 月 7 日）

九年来之《北画》

童漪珊

我国画报之兴，自《点石斋》以来，为时已久。民国十四之后，始乃日见昌盛，新型单页铜版之画报，如雨后春笋，波涛起伏。曾几何时，此倒彼蹶，旋起旋灭，而《北画》能以图文并茂，历久不替，屹然树立于画报狂潮之中，风行华北，迄今九年，其内部愈充，根基日固。故于今日纪念之际，余于为《北画》服务者，实首应致其敬佩之忱也。以《北画》之年龄论，仅九载耳，来日方长，若以上述画报之兴衰证之，则《北画》亦可谓饱经世故，阅尽沧桑矣。忆余投身报界，首履之阶，厥为《北画》。虽嗣后数年，漫游越中，与《北画》隔别，而精神之萦系，无时或释。迩年重返津门，喜睹《北画》蓬勃滋长，欣欣向荣之象，回首前尘，弥增愧怍，其爱护之心，因亦愈切。况处今日之时代，画报之为物，已非只取悦心目，资茶余酒后之消遣，其倡导社会之力，恒能超文字报章而上之。《北画》最大之目的，曰传播时事，曰灌输常识，曰提倡艺术，曰陶冶性灵，九载以来，此旨不渝，宜其能博得广大读者永久之信仰者，亦因其有不可泯灭之价值，与以往光荣之历史，岂幸致哉？值兹祝嘏之辰，吾其将借今夕华筵，敬举一觞，祝《北画》前途无疆，与谭、左、江三兄，其加倍努力焉。

（《北洋画报》第 1266 期，1935 年 7 月 7 日）

《良友》的缺点

胡书玉

编辑先生:

我是《良友》的老良友，关于《良友》的好处我不恭维，要说的是《良友》的缺点:

一、没有研究美容的文字。我所说的美容并不是要研究怎样去利用化妆品，因为我国每月化装品进口的数目太可怕了！我想需要的美容是如何讲究卫生，而达到自然美容的目的，不求改头换面的妙术，但愿能保护人生之天然美，与亭〔享〕受今日科学发达之功能。《良友》为美丽之良友，对这点似应服点务。

二、研究服装的文字太少。我国妇女服装向有"姨太太学妓女，女学生学姨太太"之讥，这真是一点遗憾。我国并非没有艺术家，只是无人提倡而已。关于编织、剪裁和式样的研究与设计等等的文字，《良友》应当特别征求一下，为《良友》的良友家庭谋点幸福。先生以为如何?

河北藁城　胡书玉

编者按:当《良友》初创的时候,也曾注意到美容与服装这些问题,因为我们未曾忽视它的重要性。嗣后因《良友》读者的范围扩大,在家庭妇女、学生界之外,营商的、在军政界服务的,都大量成为《良友》的读者了,故《良友》的内容不能不适应大部分读者的要求,而成为一个综合的一般的画报。因为我们觉得,这种综合的内容,就连家庭妇女在内,也该是爱读和需要读的。至于专门讨论和介绍美容、服装等等的文字图片,我们只好刊登在敝公司出版的《妇人画报》里。

（《良友》第 129 期，1937 年 6 月 15 日）

我的观察

黄福昌

编者先生：

我是图书馆的一个管理员，故对于读者所好是那一种图书画报，我都十分留意的观察。结果，其中的画报受读者欢迎的总要算贵志的了。因为贵志创刊早，销行广，故贵志的大名，无论男细女大，脑海里都印着牢不可灭的深刻印象。凡来敝馆读报的读者，必先阅贵志而后阅其他的。可惜贵志寄来敝馆的时间太迟，致令读者天天询问贵志近期已到否，使我没话可答，只推诿说过两天便到而已。可见，读者如何热诚的爱护和渴望。望贵志于可能范围内，应改良邮寄的方法，使贵志能在于最短期间能够到达读者的手里，而慰读者热诚的渴望和爱护。最后，我对于贵志内容应改增一点的，有如下面的数点：

贵志的内容，近两年来随着时代的巨轮不停地进展着，大加进步不少，但对于商业方面的图片似乎略少一点，故此后宜多选些商业实用美术广告图案，及各大公司设计精美的橱窗布置，和国货界的消息等图片，以供商人业余的修学和借镜。

对于贵志图张的编排，最好能如第一二五期廿一页，一二六期的四六、四七页，一二七期的卅五、廿八、廿九页的对称图案式的编排，因为这样的编排，能使读者生有一种美感的印象和减轻目力不少。

再对于贵志所登的广告，都是登于每页半边直排的，照鄙人的浅见，上角的广告为最受人注意的地方，反用来登告白而不登图片，岂不是重告白而轻图片？望贵志于可能范围内，最好将上角的告白登在下角，而补上精美的图片，似较美观。

上面的几句话，是我随意写来的，因时间不许可，错谬之处自当难免，还望先生原谅！原谅！

广东开平赤坎司徒氏图书馆——黄福昌谨上
廿六，六，十四

（《良友》第 129 期，1937 年 6 月 15 日）

谈民国元年之《民权》画报

郑逸梅

革命报纸以《民立》《民权》为巨擘，其时附赠石印画报。我友玉斋君藏有《民立》画报一纸，以《民立》画报之画，均出钱病鹤、汪绮云二君之手也，乃倩二君亲题其上，装潢成一立轴，展览之余，不胜今昔之感。予曩时为《民权》报撰稿，凡《民权》附刊及画报一一积存，以迁徙无常，渐致散失。顷检敝箧，犹有当时装钉成册之《民权》画报二，其内容分滑稽、小说、剧评三类。滑稽画署名"有"，不知为伊谁手笔。什九画一猿，以刺袁氏之野心，并作中央梦多幅，有捧皇帝万岁之神位者，又有在御座前参拜如仪者，描写丑状甚为显豁。小说有《女儿红》，悟痴原著，双热润词，绮云作图。继之者有刘铁冷之《征人恨》，吴双热之《兰娘哀史》，尤以《兰娘哀史》为最脍炙人口。绮云作一词，双热辄题一诗，后刊单行本，销数万册。剧评有郑正秋之《菊部春秋》，正秋力誉张桂轩，谓月赚包银三数百元之张桂轩唱《翠屏山》，唱作较胜吉瑞奚翅倍蓰，乃价贱于吉瑞不止十倍。吁，得人捧场，则中驷材可以一跃而侪于最优等之林，畴谓津人士真能听戏哉！执偏之士无地无之，即此可见一斑。其时各戏院演唱武戏，竞事铁杠工夫，正秋大不谓然。如云"足尖钩住铁杠，全身倒挂，乱摇乱摆，偶一失足，命在呼吸，以此易钱，太不讲人道主义矣"，皆仁者饶有识见之言。《菊部春秋》之前，则为沈伯诚之《剧画》。如张桂轩之《翠屏山》，刘鸿声之《李陵碑》，九阵风之《取金陵》，王又宸之《琼林宴》，俞振廷之《金钱豹》，李吉瑞之《独木关》，林树森之《文昭关》，杨小楼之《黄天霸》，小杨月楼之《空城计》，毛韵珂之《新茶花》等，均神气醋足，活现纸上，殊可宝贵也。

(《金钢钻》，1937年7月12日)

张静江的《世界画报》

张静江者，可为"出版家"，而不幸以"政人"及"豪贵"著。"出版家"非人人所能为也，第一条件为气魄，张氏颇近之。清末，张氏随孙宝琦使德、法，在巴黎斥资办一大规模之画报，名《世界》，名义上之编辑人，为其姚夫人，实际负责编纂者为蔡子民、吴稚晖、李石曾诸先生。

《世界》为一大型画刊，精印铜图凡数百，厚约二百佩支。规廓之雄，气魄之大，在中国自为画报史上之第一位，后之操觚者无以易也。惜关于祖国实事之图画多采自外籍，如刑场杀头、表演缠足等写真，若干顽固传教士执以为中国民族文化落后之铁证者，在《世界》亦皆大幅面刊出，虽曰暴露为改革之根，而目击者不能不心伤矣。

《世界》仅出二期，无疾而终。

（《小春秋》第 19 期，1941 年 11 月 15 日）

《三六九画报》和我

雪　波

我早已想和《三六九画报》结一点文字因缘，可是始终尚未实行。最近见了四月十九日第二五八号的"三六九天地人"版中有《趣味征文》的题目，自念这岂不是实现我的夙愿的绝好机会？于是不计文字的工拙，写了以下一点意见。

我和《三六九画报》的历史并不长久，和它发生关系仅仅是在不到一年以前。在这时期以前，我是从来不知《三六九》里面倒〔到〕底是些什么，只知道是一本三日刊而已。

大约在去年七八〔月〕间，我见朋友们有许多人都拿着一本《三六九画报》，而各报摊、各书摊上《三六九画报》的纵〔踪〕影也是触目皆是，而"当天的《三六九画报》"呼声也是常在耳边盘旋。于是引起我对《三六九画报》的注意，便买了一本随便翻看一下。

没有想到从此以后便和它结了不解之缘，要说整天《三六九》不释的话，未免太过其词，可是在这八九个月之间，每一期《三六九》都被我急着买来，细细翻阅。同时我的家人受了我的传染，也都成了《三六九》的"忠实读者"了。

我于《三六九》中最注意的是世界知识。我认为世界知识各页，要占《三六九》总价值的三分之一。此外几篇连载小说都很精炼。中心区的各页，自世界知识以后至小说以前，各门各类、各式各样的趣味作品，性质虽然不同，而各有令人嗜读之点却是一样的。

《三六九》的版样大体上很好，不俗不板，不凌乱，这是我的评语。

以上拉杂写了一点《三六九画报》和我的关系，以及我对《三六九画报》的意见之一斑，言不尽意。顺祝

编者文祺。

赵雪波

（《三六九画报》第 15 卷第 1 期，1942 年 5 月 3 日）

我怎样看《三六九画报》

我看《三六九画报》的习惯，凡是认识我的人都知道。昨天看见天地版的趣味征文，有一个是"我怎样看三六九画报"，好极了，我说说我罢。可是说出来有点像跟《三六九》开玩笑。怎么说呢，我看《三六九》老是在厕所里。

其实这不是玩笑，我一天从早晨起床、晚上登床，一点功夫没有，天字第一号大忙人。不过得声明：穷忙，忙得不怎么十分露脸。这话且不题〔提〕。我虽然忙，可是大便都不能不便，而且便起来就不是三分五分钟就能毕事的，于是坐在抽水马桶上（不是我家里的，我家不衬抽水马桶）细细的看。所以我在厕所上看《三六九》并不是跟《三六九》开玩笑，而是挺拿看《三六九》当事。

我看《三六九》的时间还有一部分，就是吃睡的时候。大致的分配，厕所中看大段的东西（除去长篇小说），零碎的小段儿留在车上、吃饭时等不大踏实的时候。剩下长篇小说跟活人大戏，一定要等到晚上卧在床上时看，一直看完。"吧"，关灯睡觉。一本三六九看完了。

（《三六九画报》第 15 卷第 4 期，1942 年 5 月 13 日）

《联合画报》与抗战

读者 唐贤仁

《联合画报》已经发刊一周年了，时间过得真快。记得我握着第一期创刊号时那种像发现新大陆似的欢愉情绪，至今尤新鲜地留印在我的脑际。

宣传是战争的根本，这教训在第一次世界大战时反映得最为清楚。当时威廉第二曾说："德国之败，是由于伦敦的《泰晤士报》。"兴登堡说："一吨的纸弹比一吨炸弹更为可怕。"鲁登道夫说："民众是战争胜利的因素。"由此可知宣传战在今天战争中占着怎样重要的地位！要赢得战争的胜利，绝不能离开宣传，而宣传又不能放弃广大的民众。

一个战争的胜利，必须获得广大民众的了解，而一般文字的宣传，仅仅只能及于一小部分智识阶级，而且宣传效力远逊于写真。但画报却不同了，它将各战场以及战时各国及国际间活动的真实情感，以立体方法供献于读者前，使每一个人都能理解，使前后方的战斗精神凝结在一起，使每个民众都成为战争有力支持者。

可是，当这一次伟大的自由战争掀起时，在我们整个国度里，竟找不到一张以立体方法报导全世界在战场上冲锋陷阵、出死入生以为全世界全人类争取生存斗争的画报，让这一个伟大的历史的斗争，和后方广大民众隔离开来，使战争的胜利失却了一个有力的支柱，这是一个无比的损失！一桩十分可悲的事！

《联合画报》就在这十分迫切时需要中，负着艰巨而严肃的任务，在去年今天诞生出来。在后方物质条件如此困难的情形下，竟能平安地度过一周年，而且正蓬勃地发展。今天全中国的每一省份、每一偏僻的角落里，前方，国外，都有着《联合画报》的散布，这不能不说是一个奇迹，同时也证明中国广大的后方民众是怎样迫切地需要知道战争的一切，怎样关心着战争的进展。

最使我们感到欣慰的是，《联合画报》不但将各战场的实地景况摄给我们，同时还有极为迅速的无线电传真方法，在极短时间内供给我们以各战场的时事照片，这实在可算是仅有的画报。这一张画报正向中国后方的广大民众们广播着联合国间同仇敌忾，共击敌人，争取自由的种子。

谨此恭祝《联合画报》诸先生成功！联合画报前途无量！

（《联合画报》第 46 期，1943 年 9 月 24 日）

我理想的画报

庶　康

庶康先生是（据来信说）重庆附近的一位农民，他对本报寄予的鼓励和期望扬溢于字里行间。我们为了保持庶先生原来的挚情，特将原文不加改削地刊出。

报加上了画，为了真实事情。许多报的毛病，传其假，而失其真，往往使人看了，发生种种疑惑，这样一来，更弄巧反拙了，并失去了报的真价值！报有了画，只要简短述明，即一目了然，画报因之产生了。两年来《联合画报》于种种困难环境中，能想法克服困难，提高了我人的文化，增加了抗战的宣传，画报同人的功劳，真不亚于抗战将士！更望作最后努力，使《联合画报》成写〔为〕世界上独一无二的画报。望今后的画报对于世界各国的风俗、习惯、特产及农作物的改进，作有系统的报导。现在的印刷还不够十分明了，除现用的本国纸外，还有好的否？如果都能改良，就是目不识丁的人，看起来也可得不少益处，那么《联合画报》不但走遍了各个城市，就是乡村每一个角落里都有它的踪迹，那就是我理想的画报了！读者是个农人，所以出此鄙意，不知其他读者和画报界人士，以为如何？

（《联合画报》第 112 期，1944 年 12 月 19 日）

读报生活：看了《学习报》画刊，放下了思想包袱

一校九中队张书成说　徐引舟写

我的家庭观念是严重到极点，没有看到《学习画报》以前，思想整天在"家庭"上打圈子。由于严重的家庭观念和享乐思想，所以学习、劳动都干得不起劲，整天垂头丧气，非常苦闷。人家向我提意见，我打掩护不肯接受。这次我看到《学习画报》第一期上，思想包袱放下了，是那样的轻快。我感觉到自己思想上掮着这许多包袱，实在难扛（受）不了，有时连饭都想得吃不下去，真是太不值得了。现在我对自己的错误认清楚了，这是《学习报》提醒和教育了我，帮助了我，否则我的思想包袱还不知怎么能放下。这是亏了

《学习报》，我特地向《学习报》感谢。今后决心改正我的一切坏思想，安心积极学习。

（《学习报》，1948 年 8 月 5 日）

我与《一四七画报》

李薰风

我加入《一四七画报》的那一天，是民国三十五年九月一日。其时，我刚刚的离开《北平日报》不久。我是民国三十五年三月间接到新民报北平社经理张恨水先生的聘函，三月下旬参加新民报北平社的试版出版工作，我的责任是编辑新闻。自然，这是夜生活了。到同年七月间，《新民报》北平版销行数万，营业之佳，居北平第一，我们的志愿已达。前《北平晚报》的社长季遒时先生来平创办《北平日报》，需要我作一臂助，乃向恨水先生借用我几天，于是乎我离开新民报北平社加入《北平日报》工作，仍旧是编辑新闻的夜生活，连新闻以外的"小北平"特栏和"市民公园"都是我来主持。这工作实在太繁重了，使我力不胜任。终于在同年八月下旬，《北平日报》试版出版，情况良好，诸事就绪，我不得不离职下来，暂作修养。至今，《新民报》《北平日报》根基奠定，为北平小型报坛上的一双并蒂之花，我回想起当初创办时候的同人一番苦心，也不禁要表现一些光荣的微笑了。

一四七画报社长吴宗祜先生是抗战前我们《北平晚报》的老同事，胜利后，他创办《一四七画报》和《戏世界》成功了。在我这个休养的时候，他和叶子贤先生顾念旧日老同事的工作问题，而来信邀我加入《一四七画报》合作。我担任的是《一四七》信箱主答，和写一门小说。这是用不着夜工作的，而且根本无须到社工作，只要在家里处理便可以了。因此，我觉得我这工作，或者不会力不胜任，并且是特殊愉快的！

直到去年初夏，《一四七画报》扩大范围，迁至灯市口新址办公，吴社长希望我加入为社员，每日到社工作。我因为常常出来溜荡，活动一下也好，当然遵办。这时候正是阴历五月节前，我在民国三十年认识的坤伶梁小鸾东山再起，重上歌台。夏秋之季，我有一个时期，曾经度着业余的捧角生活。我不但常去看戏，尤为《戏世界》写过不少梁小鸾演艺的纪事文字，因此在报纸杂志上曾受到若干朋友的猛烈攻击，认我为无聊文人，甚且影射谩骂，造做出来若干模棱新闻，使我啼笑皆非。尤其遗憾的，就是梁小鸾本人也有时在误会到我有为他人利用的嫌疑，最近——上月廿三日，还曾找到我家中大兴问罪之师！我真是伤心透了！无论如何，梁小鸾是我生平唯一知己，我除掉《一四七画报》二周年纪念游艺会上——今天的晚上，或要不得已干一干司会的职务外，从此将不涉足歌场。至于我上月廿一日到童芷苓家中贺喜司仪，那不过是为了请南北画报少说我几句闲话。《一四七》的"童芷苓娶嫂子"新闻记事，更是无所谓了。

民国三十六年尾至民国三十七年一月今日，我业已整个的恢复战前写作生活。我不但无暇作捧角生活，更无暇作演艺纪事文字。我现在《一四七画报》也无其他工作，只仅仅是担负写作《鸾凤双飞》小说。但平津有许多报社约我写作小说，却认我为《一四七》的人，都来《一四七画报社》找吴社长接洽，价格并由他来酌定，吴社长成为我的经理人。他自己说起来，也常常好笑。

我与《一四七画报》的关系，这样儿就是了。

（《一四七画报》第 18 卷第 3 期，1948 年）

第四部分

调查报道

报界最近调查表

　　欲觇一国程度之高下，先观其国民程度之高下，而国民程度之高下则以报纸之多寡为正比例。东西各强国报馆林立，其销路之多者，日或十数万纸，故其国民程度较我国为高。以日本后起之雄邦，其国民程度虽不及英美等国，然报纸之发达与年俱进，下至人力车夫亦怀挟报纸而读之。此日本之所以兴也。我国自通海以来，顽风渐化，日报、旬报岁有增加。惜政府不知保护，仍视为仇敌，或徇外人之请而封闭，或逞一己之私而禁止。民间因政府之仇视也，于是亦多怪诧惊疑，指为洋报，以故报纸之名目虽多而销路多不见发达，经办者不堪赔累，每多功废半途，亦可哀矣。今将中国所有报纸之名目细加调查，除本报不计外，得二百六十八种，虽有已停者占其半数，然不可不存之以慰志在开化者之苦衷，而共白之于世界之上。惟同人知虑未周，其间不免挂漏，尚祈阅报诸君随时示及，以待续编。

记者识

报　名	地　名	何年开办	何人创办	存或佚
京报	北京	□□①	商办	存
宫门钞	北京	□□	商办	存
谕折汇存	北京	乙未	商办	存
宫书局汇报	北京	丙申	官办	佚
华北月报	北京	丙申	教会办	佚
尚贤堂月报	北京	丁酉	华北月报改名	佚
北京新闻汇报	北京	庚子	商办	佚
支那泰晤士报	北京	庚子	□□	后移天津，洋文存，华文佚
时事采新	北京	辛丑	商办	存

---

① 原文如此。下同。——编者注

报　名	地　名	何年开办	何人创办	存或佚
官话报	北京	辛丑	商办	佚
燕京时报	北京	辛丑	日商	佚
北京公报	北京	辛丑	日商	佚
启蒙画报	北京	壬寅	商办	存
顺天时报	北京	壬寅	日商	存
阁钞汇编	北京	壬寅	商办	存
经济汇编	北京	壬寅	商办	存
启蒙格致报	北京	癸卯	商办	佚
商务报	北京	癸卯	官办	存
今日请看报	北京	癸卯	商办	佚
燕都报	北京	甲辰	俄商	存
京话日报	北京	甲辰	商办	存
北京报	北京	甲辰	德商	存
中华报	北京	甲辰	商办	存
北京官话报	北京	乙巳	北京报附张	存
盛京报	奉天	甲辰	俄商	佚
直隶白	保定	乙巳	商办	存
时报	天津	□□	英商	佚
津报	天津	□□	英商	佚

（右表未完）

（《大公报》第一千二十七号，1905 年 5 月 11 日）

报界最近调查表（续昨稿）

报　名	地　名	何年开办	何人创办	存或佚
国闻报	天津	丙申	日商	佚
国闻汇报	天津	丙申	日商	佚
直报	天津	□□	德商	佚
天津日日新闻	天津	庚子	国闻报改名	存
北洋官报	天津	癸卯	官办	存
学报	天津	甲辰	北洋官报附	存
北洋商报	天津	甲辰	直报改名	佚
华洋时报	天津	甲辰	商办	佚
中外实报	天津	甲辰	德商	存
格致汇编	上海	□□	教会办	佚
中西闻见录	上海	□□	官办	佚
万国公报	上海	丁亥	教会办	存
中西教会报	上海	□□	教会办	存
点石斋画报	上海	丁亥	商办	佚
益闻录	上海	□□	教会办	佚
申报	上海	己丑	英商	存
新闻报	上海	癸巳	英商	存
字林沪报	上海	癸巳	英商	佚
沪报	上海	甲午	字林沪报改名	佚
同文沪报	上海	丁酉	沪报改名日商	存
游戏报	上海	丁酉	英商	存
时务报	上海	丁酉	商办	佚

报 名	地 名	何年开办	何人创办	存或佚
指南报	上海	丁酉	英商	佚
博闻报	上海	丁酉	英商	佚
华洋报	上海	丁酉	英商	佚
农学报	上海	丁酉	商办	佚
时务日报	上海	戊戌	英商	佚
中外日报	上海	戊戌	时务日报改名	存
采风报	上海	戊戌	英商	存
汇报	上海	戊戌	教会办	存
晚报	上海	戊戌	英商	佚
昌言报	上海	戊戌	时务报改名	佚
集成报	上海	戊戌	商办	佚
蒙学报	上海	戊戌	商办	佚
格致新报	上海	戊戌	法商	佚
算学报	上海	戊戌	商办	佚
萃报	上海	戊戌	商办	佚
新学报	上海	戊戌	英商	佚
卫生报	上海	戊戌	商办	佚
谋新报	上海	戊戌	商办	佚

（右表仍未完）

正误：昨表所列《直隶白话报》于刷印时误将"话报"二字脱落，附此更正

（《大公报》第一千二十八号，1905 年 5 月 12 日）

报界最近调查表（再续前稿）

报　　名	地　　名	何年开办	何人创办	存或佚
益智报	上海	□□	英商	佚
亚东时报	上海	戊戌	日商	佚
译书公会报	上海	戊戌	商办	佚
飞影阁画报	上海	戊戌	商办	佚
书画公会报	上海	戊戌	商办	佚
海上日报	上海	己亥	英商	佚
海上日报画报	上海	己亥	海上日报附送	佚
日新报	上海	己亥	英商	佚
时新报	上海	己亥	英商	佚
消闲报	上海	己亥	同文沪报附	佚
苏报	上海	丙申	英商	佚
女报	上海	己亥	苏报附	佚
五洲时事汇报	上海	己亥	商办	佚
海上文社日报	上海	庚子	商办	佚
独立报	上海	庚子	商办	佚
笑林报	上海	庚子	英商	佚
寓言报	上海	辛丑	英商	存
世界繁华报	上海	辛丑	英商	存
繁华旬报	上海	辛丑	英商	佚
奇新报	上海	辛丑	英商	佚
商务日报	上海	辛丑	英商	佚
觉民报	上海	辛丑	英商	佚

报　　名	地　　名	何年开办	何人创办	存或佚
教育世界报	上海	辛丑	商办	佚
外交报	上海	辛丑	商办	存
觉世报	上海	壬寅	觉民报改名	佚
智群白俗报	上海	壬寅	商办	佚
怡情报	上海	壬寅	英商	佚
经济汇报	上海	壬寅	商办	佚
飞报	上海	壬寅	英商	佚
时术丛谭	上海	壬寅	商办	佚
选报	上海	壬寅	商办	佚
大陆报	上海	壬寅	商办	存
女学报	上海	壬寅	女报改名	佚
政艺通报	上海	壬寅	商办	存
经世报	上海	壬寅	商办	佚
新世界学报	上海	壬寅	商办	佚
翻译世界	上海	癸卯	商办	佚
工艺报	上海	癸卯	商办	佚
支那小报	上海	癸卯	英商	佚
消闲录	上海	癸卯	消闲报改名	存

（右表仍未完）

（《大公报》第一千二十九号，1905 年 5 月 13 日）

报界最近调查表（三续前稿）

报　名	地　名	何年开办	何人创办	存或佚
国民日日报	上海	癸卯	苏报改名	佚
黑暗世界	上海	癸卯	国民日日报附	佚
撷报	上海	癸卯	商办	佚
童子世界	上海	癸卯	商办	佚
绣像小说	上海	癸卯	商办	存
中外章程报	上海	癸卯	商办	□
俄事警闻	上海	癸卯	英商	佚
警钟日报	上海	甲辰	英商	佚
花月报	上海	甲辰	英商	存
时报	上海	甲辰	英商	存
同文报	上海	甲辰	日商	佚
大同报	上海	甲辰	商办	□
中外汇报	上海	甲辰	英商	佚
上海（报名）	上海	甲辰	中外汇报附	佚
新新小说	上海	甲辰	商办	存
初学白话报	上海	甲辰	商办	存
二十世纪新舞台	上海	甲辰	商办	存
扬子江	上海	甲辰	商办	存
女子世界	上海	甲辰	商办	存
日俄战纪	上海	甲辰	商办	存
东方杂志	上海	甲辰	商办	存

报　名	地　名	何年开办	何人创办	存或佚
中国白话报	上海	甲辰	商办	存
日俄战纪实记	上海	甲辰	商办	存
日俄大战史	上海	甲辰	商办	存
风云画报	上海	甲辰	商办	□
安徽俗话报	上海	甲辰	商办	□
新白话报	上海	甲辰	商办	□
湖南白话报	上海	甲辰	商办	□
福建俗话报	上海	甲辰	商办	□
维新笔	上海	甲辰	商办	佚
国粹学报	上海	乙巳	商办	存
实业界	上海	乙巳	商办	存
无锡白话报	江苏	戊戌	商办	佚
励学译编	江苏	辛丑	商办	佚
南浔通俗报	江苏	乙巳	商办	存
南洋官报	南京	甲辰	官办	存
博闻报	江西	□□	英商	佚
江报	江西	甲辰	日商	存
青年爱	江西	甲辰	商办	存

（右表仍未完）

（《大公报》第一千三十号，1905 年 5 月 14 日）

报界最近调查表（四续前稿）

报　名	地　名	何年开办	何人创办	存或佚
杭报	浙江	□□	商办	佚
白话报	浙江	戊戌	商办	存
经世报	浙江	戊戌	商办	佚
群学社编	浙江	□□	商办	佚
瓯学报	浙江	壬寅	商办	佚
医学报	浙江	□□	商办	佚
杭州白话旬报	浙江	辛丑	商办	佚
图画演说报	浙江	辛丑	商办	佚
译林	浙江	辛丑	商办	佚
史学报	浙江	癸卯	商办	□
湘报	湖南	戊戌	商办	佚
湘学报	湖南	戊戌	商办	佚
经济报	湖南	戊戌	商办	佚
长沙报	湖南	乙巳	商办	存
汉报	湖北	丁酉	日商	存
商务报	湖北	辛丑	官办	存
汉口小报	湖北	甲辰	英商	存
武汉小报	湖北	甲辰	商办	存
楚报	湖北	乙巳	商办	存
汉皋日日新闻	湖北	乙巳	日商	存
楚报	汉口	乙巳	□□	存

报　名	地　名	何年开办	何人创办	存或佚
渝报	四川	戊戌	商办	佚
启蒙通俗报	四川	壬寅	商办	存
渝城日报	四川	甲辰	商办	存
官报	四川	甲辰	官办	存
秦中官报	陕西	甲辰	官办	存
晋报	山西	辛丑	官办	存
山西白话报	山西	乙巳	官办	存
胶州报	山东	□□	德商	存
青岛同益报	山东	□□	德商	存
官报	山东	癸卯	官办	佚
济南报	山东	甲辰	官报改名	佚
新济南报	山东	甲辰	官报改名	存
之罘报	烟台	乙巳	商办	存
闽报	福建	丙申	日商	存
台南新报	福建	乙未	日商	□
福建日日新报	厦门	甲辰	日商	存
鮀江日报	汕头	壬寅	商办	佚
岭东日报	汕头	壬寅	日商	存
公理报	汕头	甲辰	鮀江日报改名	存
鮀江旬报	汕头	壬寅	商办	佚

（右表仍未完）

（《大公报》第一千三十一号，1905 年 5 月 15 日）

报界最近调查表（五续前稿）

报 名	地 名	何年开办	何人创办	存或佚
广报	广东	戊子	商办	佚
中西报	广东	癸巳	广报改名	佚
中华日报	广东	癸巳	英商	佚
岭南日报	广东	癸巳	英商	佚
纪南报	广东	乙未	英商	佚
寰球报	广东	丙申	英商	佚
岭海报	广东	丙申	英商	存
博闻报	广东	丁酉	商办	佚
女学报	广东	戊戌	商办	佚
广智报	广东	己亥	商办	佚
中外大事报	广东	己亥	广智报改名	佚
岭学报	广东	己亥	商办	佚
安雅书局世说编	广东	庚子	博闻报改名	存
越峤纪闻	广东	庚子	中西报改名	佚
中西新报	广东	壬寅	越峤纪闻改名	佚
亚洲日报	广东	壬寅	英商	存
时敏报	广东	癸卯	中西新报改名	存
羊城日报	广东	癸卯	英商	存
澳报	澳门	□□	葡商	佚
知新报	澳门	戊戌	商办	佚
文言报	澳门	癸卯	葡商	存

报　名	地　名	何年开办	何人创办	存或佚
华字日报	香港	同治乙巳	英商	存
通报	香港	□□	英商	佚
郇报	香港	□□	英商	佚
循环日报	香港	□□	英商	存
维新日报	香港	□□	英商	存
中外日报	香港	□□	英商	存
中国日报	香港	庚子	华商	存
香港新报	香港	庚子	华商	佚
香江日报	香港	壬寅	商办	存
香港日报	香港	壬寅	商办	存
世界公益报	香港	癸卯	商办	存
世界一噱报	香港	癸卯	公益报附张	存
商报	香港	甲辰	商办	存
商报消闲录	香港	甲辰	商报附张	存
叻报	新加坡	庚辰	华商	存
星报	新加坡	□□	华商	佚
日新报	新加坡	□□	华商	存
天南新报	新加坡	丙申	华商	存
图南日报	新加坡	甲辰	华商	存
黑狱红莲报	新加坡	甲辰	图南报附张	存

（右表仍未完）

（《大公报》第一千三十二号，1905 年 5 月 16 日）

报界最近调查表（六续前稿）

报　名	地　名	何年开办	何人创办	存或佚
槟城新报	槟榔屿	□□	华商	存
东华新报	雪梨	□□	华商	存
广益华报	雪梨	□□	华商	存
岷报	马尼剌	□□	华商	存
台南报	台湾	□□	日商	存
中国日报	仰光	癸卯	华商	存
文兴日报	旧金山	庚寅	华商	存
华洋报	旧金山	□□	华商	存
翰香报	旧金山	□□	华商	存
宝文报	旧金山	□□	华商	存
中西报	旧金山	□□	华商	存
华美报	旧金山	□□	华商	存
万球报	旧金山	□□	华商	存
大同日报	旧金山	癸卯	华商	存
中国维新报	纽约	甲辰	华商	存
新中国报	檀香山	□□	华商	存
隆记报	檀香山	□□	华商	存
华夏报	檀香山	□□	华商	存
丽记报	檀香山	□□	华商	存
东亚报	神户	戊戌	华商	佚
国民报	东京	辛丑	华商	佚

报 名	地 名	何年开办	何人创办	存或佚
译书汇编	东京	辛丑	华商	佚
政法学报	东京	癸卯	华商	佚
浙江潮	东京	癸卯	华商	佚
湖北学生界	东京	癸卯	华商	佚
汉声	东京	癸卯	华商	佚
直说	东京	癸卯	华商	佚
江苏杂志	东京	癸卯	华商	佚
新白话报	东京	甲辰	华商	存
白话	东京	甲辰	华商	存
女儿魂	东京	甲辰	华商	存
日俄战纪	东京	甲辰	华商	存
留学生实记	东京	乙巳	华商	佚
大同学录	横滨	戊戌	华商	佚
开智录	横滨	戊戌	华商	佚
清议报	横滨	戊戌	华商	佚
新民丛报	横滨	壬寅	华商	存
新小说	横滨	壬寅	华商	存
新新小说	上海	甲辰	华商	未详

（右表已完，尚有补遗多种，明日排登。）

（《大公报》第一千三十三号，1905 年 5 月 17 日）

报界最近调查表补遗

报　名	地　名	何年开办	何人创办	存或佚
劝兵白话报	北京	乙巳	练兵处办	存
汇报	北京	乙巳	商办	尚未出版
拼音字母官话报	保定	甲辰	商办	存
华报	上海	□□	商办	佚
算学报（木版）	上海	□□	商办	佚
中西蒜〔算〕报	上海	□□	算学报改名	佚
华英合文报	上海	□□	商办	佚
书画日报（石印）	上海	□□	商办	佚
童蒙易知草	上海	□□	商办	佚
恒亨馆画报	上海	□□	商办	佚
政学报	上海	壬寅	商办	佚
清议报汇编	上海	壬寅	商办	佚
甬报	上海	乙巳	商办	存
扬子江白话报	镇江	□□	商办	存
蜀学报	重庆	□□	商办	佚
成都日报	四川	甲辰	商办	存
农学浅报	山西	乙巳	农工局办	尚未出版
济南日报	山东	乙巳	济南报改名	存
医学报	香港	□□	商办	佚
日华新报	横滨	甲辰	日商	存
东华报	澳洲	癸卯	商办	存
正言报（未详）				

以上共补遗二十二种，此外仍难免有遗漏者，俟再随时调查补录。阅报诸君如有所知者亦请随时指示为感。

正误：初十日表中所列《觉世报》系《觉民录》之误，合亟更正。此外，仍难免有错误者，祈阅报诸君指示之，则幸甚。

（《大公报》第一千三十四号，1905 年 5 月 18 日）

报界最近调查表再补

报　　名	地　名	何年开办	何人创办	存或佚
类类报	天津	戊戌	商办	佚
青年会报	天津	辛丑	教会办	佚
星期报	天津	乙巳	青年会报改名	存
青龙报	天津	乙巳	日商	尚未出版
工商学报	上海	戊戌	□□	佚
知新报	上海	约在戊戌	□□	佚
飞云画报	上海	□□	商办	佚
英文丛报	上海	□□	教会办	存
志学报	上海	□□	与英文丛报轮流出版	存
小说世界	上海	乙巳	商办	存
湖州白话报	湖州	甲辰	商办	存

正误：前表所列有《劝兵白话报》，兹探悉该报系有人禀请练兵处开办，未经批准。现在各营所阅之报为《训兵报》，官办，月出三册，内容略记古事及劝兵教忠等说。

纪实：前表所列天津之《时报》为丙戌年开办，《直报》为乙未年开办，今之《中外实报》即《直报》之改名。又《汉声》即《湖北学生界》之改名。又《新新小说》存。

（《大公报》第一千四十一号，1905 年 5 月 25 日）

画报之调查

剑 青

上海近来〔年〕来画报，阿像歪嘴吹喇叭，一团邪气。调查所得制成一表，以见一斑。

三日刊：《上海画报》《三日画报》《中国画报》《申江画报》、（停版的）《南方画报》

五日刊：《孔雀画报》《紫兰画报》《紫葡萄》《天声画报》、（停版的）《新闻画报》即《乒乓画报》、《美晶画报》

周刊：《星期画报》《环球画报》《画报》《小画报》

将要出版的：《明星画报》《新新画报》《游艺画报》《艺术画报》《泼克画报》

附在大报上的：《图画时报》《中南画报》

（是篇所调查的，如有遗漏，尚乞读者补足，这是在下所欢迎的。）

十四、九、十五作①

（《星期画报》第 3 期，1925 年 9 月 20 日）

谭画报

小报博士

《上海画报》问世后，接踵而□者不下数十种，延至今日，咸寂然无生气，非内容乏

---

① 落款数字即民国十四年（1925）九月十五日——编者注

味，即印刷模糊，停版者已十数家。停而复出者虽有《中□》《明星》《紫葡萄》等，顾类皆如病后新愈，委靡不振。即号第一家之《上海画报》亦着色模糊，间有图画不清晰处者，斯真可称为"黑暗上海"矣。《中国画报》□活后，曾一□改革式样，不三期即复改原状，斯可锡之日"捣乱中国"，因中国□局之现象，虽经改革而不久仍复原状也。《明星》再出，原可大放光明，讵亦因印刷欠佳，模糊不堪，"明星不明"可以移赠矣。《紫葡萄》早已过时，市上不复见其倩影已久，《紫葡萄画报》虽继续出版，封面画照已通融办法，不若前之专□各名家夫人□小像焉。然印刷颜色常黯然无生色，图画字迹咸模糊不能辨，内容亦不如从前之隽永，有人谓该画报已变"烂葡萄"矣。

（《光报》，1925 年 12 月 20 日）

《上海画报》易主记

精　持

上海之有三日刊画报，自毕倚虹氏之《上海画报》始。毕为《时报》编《小时报》，熟知《图画时报》之得人欢迎，又以沪人之心理好奇，乃创《上海画报》，每三日一发行，以标新奇，并登载模特儿照片及各种小品文字。出版后居然风行一时，夺原有各三日刊之地位。其先数期，销数逐有增加，颇有蒸蒸日上之势，惟接踵而起者日有所闻，读者致购不胜购，销数乃渐见减退。又以沪人之爱好不常，该报之内容渐渐退化，销数乃大为逊色，毕始知画报之坚〔艰〕。适钱芥尘氏以接洽某大报让渡事居申，乃告以私衷，钱即向某君说项，往返商条件，始以千金代价，盘顶《上海画报》招牌。议成，毕乃完全脱离。钱复介周瘦鹃氏为该报编辑，周本编有《紫葡萄》报，惟报事不常顾问，均有荆某料理，周则为拥编辑之虚名而已。否则周又何肯舍彼而就此者。

（《晓报》，1926 年 1 月 11 日）

《上海画报》易主续闻

上期本报记《上海画报》易主事，谓其代价系千金，就余所知，实为五百金。盖毕于笔政之外，兼操律业，宵吁〔旰〕勤劳，案牍劳形，自创办《上海画报》后，事务益形纷繁，加之奉倩神伤，心痛靡已，上年复丁内艰，忧患迭乘，憔悴日甚。月前肺胃有疾，延庞京周君为之诊治，断为痨症，嘱其少事休养，毕始颔之，而不以为意，渐至不能支持，症成咯红。毕不得已，乃以《上海画报》盘与钱芥尘，复而〔向〕《时报》乞假摄养，钱乃聘周瘦鹃主《上海画报》事，事前周当无所闻。某日，钱宴客于倚虹楼，周亦在被邀之列。席间钱始云近已接办《上海画报》，延聘周君为编辑，周愕然，避谢弗遑。钱力请，周以情不可却，勉允之，并提出条件云："不主张骂人，否则，致谢不敏。"约始定。斯亦《上海画报》易主中之一则趣事也。

（《晓报》，1926 年 1 月 14 日）

画报结账

还读斋主

自从毕倚虹先生，在仲夏初，办了《上海画报》之后，上海的画报可就跟夏雨，成大批的来了。但是金井梧桐，秋风一起，便有好些零落了。目今朔风凛烈〔冽〕，风雪载途，画报同业，简直同雪树寒鸦一般，寥寥可数哩。咳！真是不堪回首呢！如今年终结账的当儿，不佞闲着没事，且同吾们敝同业，结一结账看。

却说画报的种类，到如今可是有念几种哩，只是内中五花八门，变化多端，简直念几种画报，起码可以分十几类呢。照日期说呢，有三日刊、五日刊、星期刊、半月刊之分；照大小说呢，有大道林、四开同八开的分别；照着宗旨说呢，有些是注重新闻的，有些是注重秘史的，有些是注重照片的，有些是注重画图的，像本报是注重游艺的，各各不同；照吸引力讲呢，有些借重淫秘的隐私的，有些借重模特儿的，有些借重长篇小说的，有些借重讽刺画的，各有巧妙不同。照这样的说下去，恐怕一时也说不清楚，等不佞把几种不幸短命死矣的敝同业的致死情形，略述一过，再把现在生存，同已经亡故的敝同业列成一表，供诸位的参考。查敝同业的失败原因，复杂的狠，不过大约讲起来，总不外乎缺乏有贝之才，同无贝之材哩。再说他们断气的情形，也是各不雷同：有些是暴病的，有些是久病不起的，有些是死而复苏的，有些是苏而复绝的，形形色色，绝不相同，煞是有趣。如今不佞话也说的多了，不必再往下讲。且把这张表列出来，请诸君看了，就可以明白哩。

画报兴亡表
三日刊

上海　首先成立，于七十一期起让渡与人，价先三分，刻四分。

三日　资格次《上海》。

中国　屡停屡复，今日停歇。

明星　同上。

申江　六期即戛然而止。

游艺　于三日刊中，为第六继起者。

金石　数期即停，价五分。

上海花报　价三分六厘，后大减价二分，不久即停。

以上存三种，《上海》《三日》《游艺》。

五日刊

孔雀　停已月余。

紫葡萄　停后复活，现仍继续。

紫兰　以暂停百日下台，今百日已过，恐将待周年了。

美晶　寿只两期。

西湖　同上。

天声　同上。

飞鸢　小报改组，反促其寿。

小画报　道林八开，售价二分，成童而殇。

美报　根泰和合粉机关报，现已崭露头角。

大方　画报而仿小报格例。

以上存三种，《紫葡萄》《美报》《大方》。

星期刊

画报　摄影学会会报，每星期六发行。

星期　星期日发行，已停。

环球　同上。

以上存一种，《画报》。

半月刊

联益之友　联谊公司广告报，每初一、月半发行。

以上一种，现存。

乒乓　不数期即改名《新闻》。

新闻　由《乒乓》改组，复易主而后止。

南方　数期即停。

以上三种俱停，发行期间已忘。

（《游艺画报》第 43 期，1926 年 2 月 6 日）

将来之画报

小　居

　　《晶报》上的上海大变、包天，以为变得很有趣，吾们看小报的人，愈看愈无味，不过上海看小报的人，愈看了愈无味的文章，愈是有无味之趣。小居在□无味无趣的时期，不得不做一篇无味无趣的东西，来迎合上海看小报人的心理。海上大名鼎鼎的大文豪，□力解决陈销骨的潘毅华，替明星影片公司□片□的痛苦，发行专刊，定名《杨耐梅画报》，敝人牺牲了六只铜元，买了一张所谓《杨耐梅画报》，里面连半张图画都没有，这可叫着画报吗？画报里没有图画，是潘毅华大文豪的新发明了。

　　去年的画报潮，闹得真励〔厉〕害，走到南京路上，报摊上只看见红红绿绿的画报。到了今年，小报出风头，画报就交倒霉运。如今《杨耐梅画报》一出世，画报或者就要转一转运。据小居的预测，将来郑家木桥的小毕三，要替劳合路上的小野鸡出一张《小喜子画报》，滑头桂花少爷替花国总统肖红出一张《肖红画报》，内容也是别开生面，大半都说，某某女史是活马，活动起来，上面人有不倒之趣。总之，到那时候，无论是那一界、那一样东西，都有发行画报的必要。惹〔偌〕大的上海，却变了画报世界。销路最好的画报，还是首推《尝过八十七袁头的女明星画报》，因为里面有一篇长篇小说，叫着《八十七袁头》，是该画报主人的自述，第一回回目云，东方饭店初尝八十七个袁头，督办床上连斩一〇八次火腿，这篇小说有一百廿回，连一点点小事体，每夜活动几次，每次活动几下，共出水多少，牛油几两，俱记载无遗。尝借了这张画报的宣传，居然做了电影皇后，一班自称大文豪的文豪，日日夜夜，□在她的裤子里，想等第三种水吃，大文豪的大名也因之无人不知，无人不晓了。

（《上海花》，1926 年 10 月 9 日）

二年来画报兴覆史

记　者

　　图画文并字〔字并〕重之画报，创自毕倚虹、丁悚、王敦庆、张光宇、许窥豹等之所办之《上海画报》。后诸子因事相率脱离，遂由毕独立维持。时本报已露头角，风行海内，内容精彩亦为毕君所赞许。两年前之大除夕，毕君因经济所困，《上海画报》未能继续出版，停刊者三期。毕君所经手之末一期，曾详述办报困苦情形。后由钱芥尘君接手，钱君富有经验，文笔亦佳，《上海画报》仅以文字见长者，钱君之力也。

　　其后画报蜂起，陆续出版而停刊者有：《三日画报》《中国画报》《游艺画报》《紫葡萄》《南方画报》《明星画报》《环球画报》《星期画报》《孔雀画报》《芝兰画报》《申江画报》《乒乓画报》《美晶画报》《美报》《天声画报》《大方画报》《新闻画报》《春华》《香草》《鼎脔画报》《杭州画报》《西湖画报》《金石画报》《大新潮》《紫兰画报》《电影画报》《小画报》《图画美报》《飞鸢画报》等。属附在大报者：《图画时报》《中南画报》《时事画报》《北京晨报》之《星期画报》《天民画报》等。新近出版者有《革命画报》与《影戏画报》。

　　总观上文，画报在极盛时代，虽多至数十百种，而旋起旋仆，能始终不败者，只《上海画报》与本报两家。然《上海画报》在倚虹出盘后，已另易编辑及撰稿之人，完全重行组织，若本报则创办迄今未曾停刊一次。故以资格论，当以本报为最老也。

（《中国摄影学会画报》第 100 期，1927 年 8 月 6 日）

《上海漫画》十三期出版

《上海漫画》十三期定今日出版，色彩鲜艳，内容多描写上海最近最时髦之生活状态，淋漓尽致。封面有怀素之《上梅〔海〕之夜》、文晨之《上海妇女所识之文字》及《上海时髦之自杀》、浅予之《新装》及《上海之不快之感》、光宇之《上海之西医》及《讲爱情之方式》、少飞之《上海公园里之梢里梢》及《花粉美人》、王先生之《碰着外国人》。铅印插图有《世界人体之比较》《莎士比亚之纪念剧场》《范伦铁拿之油画》。该社尚有自第一期至第十期之汇刊，封面用彩色漆印，装潢富丽，现正赶制中，不日出版。每册只售洋一元。

（《时报》，1928 年 7 月 14 日）

平沪画报潮之涨落

妙　观

据沪友函云：国闻社主办之《国闻画报》，以赔累过甚，业已停版。《骆驼》与《上海》两画报，亦有摇动之势。《上海画报》主人钱芥尘君现在东北主持文化事业，自不暇顾及画报，然若因此而停版，则殊可惜。此为沪画报界第二次失败也云。

至于北平，则适与沪相反。除原有之《世界》《北京》《霞光》，及由晨报《星画》蜕化之《日曜》而外，最近更出有《北平》《美美》，以及平民化之《小小》等画报。出世之时，人皆争购，然以北平现状度之，恐无法消纳此多数画报，结果恐终蹈沪画报界之覆辙已。最近北平又有《时代画报》，将随《时代晚报》同时产生，定报采开奖式，允称别开生面者。

（《北洋画报》第 217 期，1928 年 9 月 1 日）

北平画报潮

芭　生（自北平寄）

自国军克复北平，革命空气充满市上，各种新报纸继出世，旧《京报》亦已复活，新闻界之精神为之一振。就中尤以画报界为尤盛，各种画报不一而足，亦正如海上之舞潮也。除《世界日报》之附刊《世界画报》外，最近出版者有《少年画报》《艺林旬刊》《潮社半月刊》《日曜》《北平》《北京》《美美》诸画报，更有《北京晚报》附刊之《霞光画报》，印刷精良，销路最广。华北电影公司出版之《华北画报》，专载电影界新闻照片，亦颇受欢迎。最近，《小小日报》又出一种《小小画报》，完全为平民化，每份仅售铜元四枚，各商店最为欢迎，几每家定一份。市上劳动阶级亦多购画报读之，可见北平画报界正在全盛之时也。

（《小日报》，1928 年 9 月 26 日）

《上海漫画》之人体讼

微　知

《上海漫画》为海上名画家叶浅予、黄文农、张辰伯、鲁少飞、郎静山、丁悚、张振宇、张光宇八人所合辑，而经理馆务者则为一程君，负社中银钱、发行各项完全责任，而其内容则纯属名贵之美术作品及最有价值之各国照相，故出版以来销行颇广。最近，该报九月二十二日所发行之第二十三期漫画中，刊有《世界人体比较图》①五帧，并系以短文，对于世界人体发育之批评，颇冷隽，而其微词正义，则无非欲使吾国之妇女界，知人体发育之当注重，而以世界各国为借鉴。目标所在，则不惟求人体之美观，且进而使吾国之种族，得跻于强健之列也。此图为德国名家出品，系江小鹣君游法时，为至友所持赠者，该社遂挽〔浼〕人向之商借影印。不意为总巡捕房刑事检查科古君所见，认为秽亵，有伤风化，遂向临时法院提起控诉。

---

① 该图从 1928 年 6 月 30 日第 11 期开始，断续连载至 1930 年 3 月 15 日第 98 期，共连载 37 期。——编者注

此案已于昨日（四日）开审，由葛世勋推事升坐第一法庭，被告方面由经理程君到庭，并延詹纪凤律师为代表。先由捕房博良律师声述案情，因以所控者为叶浅予等八人，而今之到案者，则为另一程姓者，遂要求传叶浅予等八人到庭。詹律师起立反对，谓程君系《上海漫画》之经理，当然可负完全责任。譬如有人控告申报馆，而《申报》中编辑及发行、排字共有数百余人，若不由负责之经理出庭，岂亦将传此数百人一一到庭耶？辩论至此，时已过午，遂由葛推事宣告延期，九号再讯。

吾书至此，乃忆及去年本报曾转刊一日本名雕刻《贵妃出浴图》，亦为工部局所告发，指为秽亵淫画。然此种美术性质或有关体育之作品，固不能与秽亵淫画作一例看也，而《出浴》一图卒由梁龙推事宣判无罪。以此推之，则《上海漫画》或不致为《人体比较图》即构成法律上之罪案也。

（《福尔摩斯》，1928 年 10 月 5 日）

因裸体照《上海漫画》被控

山东路一号半门牌《上海漫画》报馆，于上月廿四号在该报上登载裸体照片，被总巡捕房刑事检查科阅见，以该报不应登载此种照片，实妨害风化，犯新《刑律》二百五十一条之罪，故禀请临时法院，签出传票，饬传该报撰述丁悚、张光宇、张振宇、黄文农、叶浅予、鲁少飞、郎静山、张辰伯，届时自投法院候讯。昨晨由院传审，丁等八人均不到案，由该报经理陈〔程〕冠唐偕代理律师詹纪凤到庭，辩称丁等八人系该报撰述，照小报规则，凡一照片或稿件登出后，一切责任均由经理或编辑负担，且其八人内有一二人不在上海，故不能到案云云。而捕房律师则谓丁等八被告既经贵院出有传票，应须到庭。至由谁负责，自由法院确定，故被告等应均到案候质，不应托故不到。经葛推事核供，谕本案改期，候饬传丁悚等八人到案再核。

（《时报》，1928 年 10 月 5 日）

《上海漫画》上《世界人体比较》认为猥亵两度传讯

　　山东路一号半《上海漫画》报馆，因于十月二十四号在该报上登载《世界人体比较》，被刑事检查科中西探所见，认为猥亵，当即禀请临时法院，签出传票，饬传该报撰述丁悚、张光宇、张振宇、叶浅予、郎静山、鲁少飞、张辰伯、黄文农等八人，业由法院一度传审，因丁等八人不到，谕令改期讯理。昨晨由院续讯，即据被告代理詹纪凤律师起称，今日只有叶浅予、程冠唐到案，而捕房律师闻语即起称，依照《收回会审公廨协定》，凡法庭出传票传唤之人，须亲自到庭候质，应再饬传各被告到案讯究。詹律师续称，依照新《刑法》一百七十二条、一百六十八条规定，凡处拘役或罚金之被告，得由其辩护人代理到庭。今捕房系根据《刑律》一百五十一条起诉，按该条处刑至多不过罚金而已，可由律师代理之。而捕房律师坚欲各被告到庭，双方互辩良久，经推事裁决，不到之丁悚等七人，得由詹律师代理之。捕房律师闻谕起称，既然庭上裁决，敝律师只有服从。遂陈述案情一过，并□该□□呈案请察。继而詹律师辩称，该报所登之《世界人体比较图》系从德文书中所翻版者，并无淫秽之处，遂将德文书籍呈案。推事向叶、程两被告质讯一过，谕曰，本案改期，候调查后再行定期宣判。

（《时报》，1928 年 10 月 10 日）

捕房上诉《上海漫画》

庭　丁

　　《上海漫画》确为海上画报中一突起之异军，曾以登载《世界人体之比较》一稿为捕房起诉于临时法院，已经开审数次，画师叶浅予君到堂。以德国之原本书籍为证，实属毫无秽亵意义。捕房律师谓，我不识德文，想此书在德国亦必禁止云云。当由《上海漫画》之代表律师质问，谓捕房律师既不识德文又何由知德国之必禁此书？于是，捕房律师语塞。及昨日，该案已判决，则《上海漫画》宣告无罪。惟捕房律师当庭声明不服判决，请求上诉，故此案了而不了。然逆料《上海漫画》之终归胜利，以此画无秽亵意味，实无疑义。以艺术之立足点论，则且为一极有价值之作品也。

（《小日报》，1928 年 10 月 17 日）

《上海漫画》被控案昨已宣判

《上海漫画》为刊登《世界人体之比较》，被捕房指为诲淫，向临时法院告发。该报延聘詹纪凤律师出庭辩护，迭经审讯，业于昨日宣判。经葛推事宣称：查该报所刊《世界人体之比较》，委系译自德国原本专书，并无淫秽等情，当庭宣判被告无罪。惟闻捕房律师当庭声明不服，请求上诉云。

（《新闻报》，1928 年 10 月 17 日）

《上海漫画》上诉案之一证据

秋 分

《上海漫画》前以登载《世界女子身体之比较》，亘数期而未已，为巡捕房指为秽亵，起诉于临时法院。经审讯后，《上海漫画》提出一证据，即德国出版之《人体学》书一册，《上海漫画》所刊载者即自此书转载。谓此系研究人体生理之学问，并非秽亵画件，遂由法院判决《上海漫画》无罪。巡捕房律师当庭声称不服，将行上诉。颇闻此德国原版之书籍，为艺术家江小鹣在德国时，因在某艺术院研究人体学而向著名之书肆所购，归国后，初拟译述而介绍于中国之生理学界，迄以无暇而置之。后为上海漫画社所假去，简略摘录，转载于《上海漫画》，不意竟被控诉。今上诉案中，当然仍以此书为重要证据。一俟开审，此书或将重游法庭间也。

（《小日报》，1928 年 10 月 20 日）

《上海漫画》无罪

捕房上诉驳回。

《上海漫画》报前因登载裸体女子照片，为总巡捕房中西探查悉，以其攸关风化，控由临时法院饬传该报股东丁悚、黄文农、郎静山、张振宇、张光宇、叶浅予、程冠唐、张辰伯、鲁少飞等九人到案，讯明判决丁悚等均无罪。嗣捕房不服第一审判决，提起上诉，丁悚等仍同延詹纪凤律师辩护，业经上诉院讯供终结。昨日午后，钟、熊、瞿三推事升座宣布，判决本案捕房上诉驳回，仍照原判，丁悚等均无罪，书籍发还。

（《新闻报》，1928 年 11 月 22 日）

市教育局嘉奖《上海画报》

市教育局训令《上海画报》云：案据本局小报审查委员会第二十一次会议，以《上海画报》记载翔实，宗旨纯正，且按期寄局，从未间断，应加以文学〔字〕上之奖励等情。据此，查该报自登记以来，宗旨一贯，未尝稍变，殊属可嘉。据议前情，合行传令嘉奖，以昭激励。此令。

（《新闻报》，1930 年 1 月 15 日）

北平市上之画报

瘦 红

《日曜画报》 该报为《新晨报》副刊，已出至八十期左右。文字注重新体，图照甚丰富，多艺术摄影、人体美、书画及学校之歌舞表演，印刷尚佳。

《春明画报》 该报为《成报》星期画刊，资格尚浅，图照亦收罗殊博。文字方面，长篇有义州李小石之《中国艺术家征略》，颇有价值也。

《时代画报》 随晚报附送，篇幅较小。

《中国画报》 为一种周刊，每逢星期六出版，多学校运动照片，间亦刊登海上电影明星小影。

《美美画报》 内容甚佳，闻近已停止。

《华北画报》 金石画报，博而且精，刊有《柳丝花影》长篇小说，薰风君之所作也。

（《联益之友》第 144 期，1930 年 3 月 21 日）

画报潮之重兴

泽 苍

回忆五年前，正画报潮流怒涌之时，本报亦应运而生，目见此起彼扑，一转瞬间相率停办，其能久持者无几。岂知时至今日，此急性之潮流，独方兴未艾耶。

毕倚虹君创办《上海画报》之前，已有画报化之小报名《春华》者出世，为赵君豪所创办。初用道林纸四开印，铜图稍少，内容颇为优美，尤以笔名"黄浦滩"之作品，受人欢迎。后以赵君无暇兼顾，续办无人，遂于暑期与读者挥泪而别。

《上海画报》于六月六日出版，本报则于八月诞生。后《上海画报》于阴历腊月底停版数期，由钱芥尘接办。前月该报五周纪念文中述及对于文字颇有特长，至今已出至六百余期，殊非易事。

本报出版迄今从未脱期，至于内容、印刷、纸张、精神、格局等如何，读者均久阅本报，判断力极强，毋庸主其事者，自圆其说也。

新出之（一）《万有周刊》为英时广告公司所发行，格式略似本报，照片颇少，而多西文译述；（二）《蜜蜂画报》为蜜蜂画社所发行，专论图画。以上发行仅三四月。本埠四开画报惨淡如斯，尚不足以慰一般读者之欲望也。

北方年来对于画报亦异常发达。天津冯武樾所主干之《北洋画报》，每二日出一张，成绩最佳，每辟半页专刊戏剧新闻与照片，颇合该地读者之口胃。其余文稿图画，颇多宣传西北军事与风俗之作，故外惟推测，颇有疑该报为小张所主办者，是亦神经过界之论也。《日曜画报》为《新晨报》附刊，已出至一百期，四面图文，并无广告，趋重古化美术与文艺，成绩尚佳。《北京画报》三日一出，亦出至一百期。《大亚画报》发行于辽宁，每五日出版一次。此潮正怒涌未已也。

（《中国摄影学会画报》第 5 卷第 250 期，1930 年 8 月 9 日）

盛泽丞控告《上海画报》

柳　郎

　　毗陵盛泽丞（老四）自经与七、八两小姐及侄女王盛蓉女士辈二度争产涉讼后，近时蛰居新闸路传福里，深居简出，意甚消极，风月场中已久不见其踪迹。日前第六百卅二期《上海画报》忽刊有一文，云盛将以二十万元纳妓女鉴冰为妾，中复加以渲染。略谓上海著名财主盛老四，近几年来大赌特赌，把家产输掉一半，加上国府有查抄盛氏逆产之举，而盛四则每日仍优游于巴黎舞场，不稍敛迹，最近忽又将静安寺路住宅标价出售，已议有成约，可知盛嫖劲又将大发。近拟纳妓女鉴冰为妾，预备给以二十万元，为购首饰。其先人尽情搜刮，乃令郎如此送去，其何苦来云云。外界视之，咸以为真有其事，而羡鉴冰得遂从良之愿。然知者言，此项消息并非确实，而在盛四则朋辈传述，亲友窃议，甚有就面质问者。盛四闻讯以该报虚构事实，毁损名誉，遂延聘江一平律师，控告该报编辑钱须弥于特区地方法院。昨届开审之期，因被告未到，致无结果。此一幕文字官司，果未知将若何结局也。

（《金钢钻》，1930 年 11 月 12 日）

画报种种

吴越生

　　这里所讲的是上海的画报。

　　上海的画报有两种：一种是附在报纸上发行的，一种是单独出版的。上海有四种报纸，每星期一次，另外附有画报。报纸之附铜版画报，创始的要数《时报》，但是直至今日，在这类画报中，最无价值、无意义的，要算《图画时报》，因为其中所载，尽是些女子照片，说是某校高材生，某校皇后，其实无异求婚广告，借以迎合一般变态心理者的低级趣味。比较稍可人意的，还是《申报》，次之《晨报》，最次《新闻报》。因为在《申报》图画特刊中，虽然也有那些不惜以其色相供变态性欲者之享乐的女人们的像片，但只作为补白之用，其大部还是具有新闻价值的图画。这是报纸出版画报的本意所在。

单独出版的画报，据我购买所得有：

《时代电影》（月刊），宗维赓、龚天衣编，时代图书公司出版

《时代漫画》（月刊），鲁少飞编，时代图书公司出版

《小世界》（半月刊），伍联德编，良友图书公司出版

《文华》（月刊），梁鼎铭编，文华美术图书公司出版

《美术杂志》（月刊），方雪鸪、陈秋草编，良友图书公司出版

《漫画生活》（月刊），金有成、俞象贤编，美术生活杂志社出版

《时代》（半月刊），叶浅予编，时代图书公司出版

《大上海》（月刊），吕天奏编，大上海图书公司出版

《大众》（月刊），梁得所编，大众出版社出版

《美术生活》（月刊），金有成编，美术生活杂志社出版

《良友》（半月刊），马国亮编，良友图书公司出版

这当中，若就性质加以分类，则可分为：一、学术研究的——如《美术生活》《美术杂志》；二、趣味本位的——如《大众》《时代》《良友》；二类。就学术研究的画报以言，则《美术杂志》优于《美术生活》，因为《美术杂志》的内容，如中西图画、建筑、图案等，不失为研究美术的刊物，《美术生活》性质就没有那样的纯粹。但因美术的研究，究为少数具有特殊兴味者之事，所以读者不多，销路狭隘，如《美术杂志》那样，到底不得不出了三期，就宣布停刊了。

这二种美术画刊，有一共通之点，值得我们注意的，就是其文字的生硬而缺乏系统。所有论述美术的文字，往往全书之中无一篇非截断首尾，几于全部是承上载或待继续刊登的。诚然，长篇的研究专著在定期刊物之中发表，势不能不如此，但亦至多只可占一篇，倘若全数如此，那就未免太不为读者设想了。并且，其中所载也不是怎样专门的研究，而为普通研究的讲义，这种文字尤需要能自为起讫。每期告一段落，而文笔亦似以含有文艺趣味者为宜。这一点，我觉得这两种刊物中担任美术理论的几位作家，都不及丰子恺氏。

其二，关于趣味本位的画刊，我以为所贵乎这类画稿者，第一要能以图画引起读者欣赏美术的兴味，故不当以迎合读者之低级趣味为事，第二要能由图画介绍读者实际有用的知识，而不当以图画为低级享乐的资料，或者只供人的笑谈。现有的各种画报，似乎都能向此努力，这是很可欣喜的。惟就印刷及材料方面来分别轩轾，则我以为最佳的首推《大众》，用影写版印，内容亦比较丰富；《时代》与之不相上下；《良友》与《大上海》次之；《文华》则似乎较逊。其实，画报能够编辑到此地步，即比之欧美日本这些先进国家，已尽可无有愧色了。

不过记者在这里，仍不免有点求全的责言，即所有这些画报，似都于时代的意义

不能有坚固的把握，从图画当中，透露一般民众的要求，鼓动民族复兴的意识。这是因为上海社会根本为国际的，看到了占数最多而又原为主人翁的中国人，却反屈居被统治者的地位，遂不免令人沮丧失望而流于消极。还有，我们生活在这资本主义气味最为浓厚的环境之中，亦不免要以资本主义营利的目的为至高标准，所以结果完全成为趣味的，而失其服务国家的意义。在所有画报中，我之所以推《大众》与《时代》为首者，即因其尚能表现几分的国民意识。《良友》稍逊，若除此以外，只知以流行的明星相片或月份牌式的美女画像为封面，并且印刷也不能相比，实在是相差太远了。

（《文化建设》第 1 卷第 2 期，1934 年 11 月 10 日）

代发行画报杂志二十种①

四马路望平街口西首三二四号
电话九五一四一

刊　名	主　编	定　价
读书生活	李公朴	一角
文艺画报	叶灵凤	二角半
青青电影	严次平、周伯勋	一角半
大陆画报	大陆画报社	四角
现代文学	俞念远、陈蔚芝	二角
现象	薛志英	二角
印象	杨天如	一角半
健美月刊	健美月刊社	三角

---

① 此为上海杂志公司数据。——编者注

刊 名	主 编	定 价
健康生活	中国健康学会	二角
先路旬刊	尤西冷	五分
妇女画报	姚英	二角
电影世界	刘静沅	五分
音苑	张明聪	五分
戏月刊	袁牧之	一角半
大上海画报	大上海画报社	三角
电影·漫画	漫庐图书公司	二角
明星家庭	陈家枢	五角
皇后旬刊	江毓祺	一角
东流文艺月刊	林焕平	一角
飞利浦无线电	程义坤	一角半

（《读书生活》第 1 卷第 3 期，1934 年 12 月 10 日）

通行查禁不良通俗书画刊物

本府准内政部咨，以通行查禁不良通俗书画刊物《荒江女侠》等六十五部，嘱饬查照等由。经已转饬各区专员公署各县政府一体查禁矣。令云："案准内政部警廿四1廿三发〇〇二四〇八号咨开：'案准上海市政府第三一五一号咨略开："据教育局呈送第二批连环图画审查结果清册，请咨部备案，并通令查禁一案，检同原清册，咨请核办见复。"等由。准此，查不良通俗书画刊物《荒江女侠》等六十五部，自应严行查禁以杜流传。除分行并咨复外，相应抄录清册，咨请查照饬属严行查禁，并希见复为荷。'等由。计抄送清册一份。准此，除分令各区行政督察专员公署及各公安局并咨复外，合行抄发原册，令仰该——即便转饬——一体查禁为要！此令。"

计抄发清册一份。〈略〉

（《河南省政府公报》第 1220 期，1935 年 1 月 7 日）

上海杂志无限公司①

实业部注册第三七一号

地址：四马路望平街口西首三二四号

电话：九五一四一——转接各部

代办代定代理发行全国各种画报杂志六百余种，欢迎参阅。

上海杂志无限公司为全中国唯一杂志的总汇，贩卖网布达全国，呼应灵变。凡各地新刊的杂志，无论一般读物或学术专刊，私人出版或团体刊行，莫不提前寄到。证之过去事实，上海杂志公司各刊物到达之迅速，为上海任何书店所不及，复因贩卖网线之普遍，故凡委托代理发行之各刊物，其销行之普遍及多量，亦为任何书店所不及。至于付款之准期与简捷，信用早经卓著，使出版者一经委托，即可高枕无忧，既无发货之麻烦、放账之牵累，更获得成本收回之安全的保障，可以全神贯注从事于刊物本身之精进矣。盖上海杂志公司实为一出版者与贩卖者中间唯一的沟通机关。本外埠读者之获得种种便利，尤经一年来事实之证明，口碑载道，固毋待赘述者也。

（《读书生活》第 1 卷第 7 期，1935 年 2 月 10 日）

---

① 此为广告。——编者注

查禁书画刊物统计

类　别			总计	论著	杂志	文牍	标语	图画	议案	传单	宣言	报章	通电	其他
项别　　件数			9	4	4			1						
著作或发行者	团体	中	2	1				1						
		外												
	私人	中	7	3	4									
		外												
	不详													
查禁原因	煽惑反动		9	4	4			1						
	妨害风化													
	其他													
查禁程序	奉令办理		9	4	4			1						
	呈准办理													

（《汉口市警政统计月报》，1935 年 5 月）

平津新闻事业概况（节选）

（四）平津画报

北平较好之画报为《北晨画刊》与《世界画刊》，前者附属于《北平晨报》，后者附属于《世界日报》，内容文字图画兼备，文字多小品文艺，照片多注重新闻、艺术、风景等，至于故宫出版之《故宫周刊》，内容多注重中国美术，尤以所刊之故宫古物摄影更觉珍贵。

其他画报，多关于电影、妇女、学生等，不胜枚举。天津方面，除《大公报》《商报》等之图画副刊多注重新闻外，其他画报多关于电影、妇女或风月情事者，如《电影画报》《明星画报》《晶报》《风月画报》《北洋画报》等是，尤以后者为最发达。该报初为粤人冯武越所创办，于民国十五年出版，初受东北政委会之津贴，情形颇佳，继以津贴停止，财政拮据，无法维持，遂于民十八卖与粤人谭林北。目下总编辑为左小蘧，每周三次，营业不恶，约销四千份。

（《新闻学期刊》，1935 年）

《游艺画刊》销数激增[1]

《游艺画刊》年来销数激增，每期实售已打破一万二千余份。该画刊之封皮，近更不惜重资，购买一百二十五磅之上好模造精印，印工精良。内容除特约京津名家撰述外，更对有关梨园界之社会新闻尽量刊载。如近月发生之"白玉薇家被抢""假李世斌行骗"之详情，以及关德咸与白云在汉口所闹之趣闻趣事，于七卷十期内均有详细记载。现已出版，每册仅售一元三角云。

（《新天津画报》第 11 卷第 18 期，1943 年 11 月 18 日）

台湾省政府教育厅为酌购《中国生活画报》
事致各级学校、各社教机关电[2]

各级学校、各社教机关：
准中国文化信托服务社本年八月十二日函："该社发行之《中国生活画报》，旨在以

---

① 原文无标题，此标题为编者所拟。——编者注
② 此标题为编者所拟。——编者注

高尚之艺术、正确之知识报导各地生活实况，改进国人生活水准，印刷精美，内容充实。为优待定购起见，全年百份以上九折，二百份以上八折，请为介绍。"等语。查《中国生活画报》内容尚称丰富，特电介绍，希径函上海东大名路七三七弄一五号酌量订阅为要。

（《台湾省政府公报》秋字 6，1947 年 7 月 7 日）

平津画报业联合调整报价启事

迩来报纸价格飞涨不已，每令达一百四十万元，同业等为维持继续出版起见，经共同议定，自十二月十五日起共同调整报价，计无论方型本或长型本，每册均改售国币五千元，尚祈各地读者谅察是幸！

平津画报业各单位同启

（《星期六画报》第 83 期，1947 年 12 月 13 日）

胡西园热忱助学　二千万义买画刊

镇江戴谱群君珍藏潘议长于民国二十一年手创之《晨报》画刊《图画晨报》四册，暨《国庆画刊》一册，敌寇蹂躏至镇，曾埋于地下，得免罹难，迄今已有一十七载，故弥感珍贵。戴君为响应《新江苏报》所主办之助学金，特专诚来沪晋谒潘议长，愿割爱义卖，以嘉惠镇江学子，并奉献潘议长镜架一只，经潘议长嘱咐一并义卖，以一千万元为开价标的。此项消息经发表后，即有中国亚浦耳电器厂胡西园君、三友实业社王家珍君、中华珐琅厂方剑阁君、大中华橡胶厂洪念祖君、五和织造厂罗庆蕃君、五洲固本皂药厂张辅忠君，出价二千万元购得，并将全部原件分赠潘议长及《新夜报》总经理孙道胜君，并将该款二千万元直接汇寄《新江苏报》，用示助学之意。

（《小日报》，1948 年 2 月 19 日）

取缔黄色画刊，节制白报纸

沈苗发

今国家财政陷入困难之时，对于国营造纸业，不能依计划实施，因此现在国内纸的出产，其产量当不敷国内数大都市之用，更何能供给全国之需？所以必须依靠外国的纸。现在政府当局限制纸的进口，但以目前观之，仍不致有纸慌〔荒〕发生。日后如当局不积极施行高明的政策，必有不幸问题产生。

因市上近来有些书刊杂志，以及少数报纸，多刊载不堪入眼的黄色新闻，虽受一般下层阶级所欢迎，但其实无益而有害非浅。当局过去曾取缔这批刊物，但暗里偷售的仍未根绝，这纸量的无谓消耗，当不在少数。其节制之惟一方法，就是希望当局加紧取缔那些不合格之书刊，将有益之杂志书刊由当局设法保存，但须缩短篇幅。这样能保持其他刊物不致停滞或误时出版，而一面虽制止进口，其影响却极少，进而更可巩固中国未来之文化伟业。此祝

编安

沈苗发上
虹口汉阳路公安里四〇号

（《中央周刊》第 10 卷第 46 期，1948 年 11 月 15 日）

第五部分
历史考述

如畫有個橫拉起頭的，除卻畫牌
個男人」這就是畫報易曉的淺理
乎畫的好壞，畫報若像個餛飩兒
出名，就在筆路精與不精了。果
有籠兒也可以解頤。
　　——九辭——

（一）四十七年前創刊之石印畫報

五十年的歷史。這五十年
年前，國人早就知道了。

聞之臙脂人之害者，受人世之利，盡一己之勞者
，享一己之福。金陵湖北會館照壁外有一井，園
所謂報之圖畫，用之不竭者也。今春突然訛傳，
俠客坤泉之疾。入春以來，倍蓰乾涸。
左鄰染線上市，停睞店夥等無
所顧，湔井使涸，以便居民。乃浮泥甫涸，
井有剔足者初鏃以寫五石榴角也，視之卽錫
燭香爐，再加淘汰，卽有翡翠辇玉器數件。
爭先恐後，上有泉刀若干，傾所有賜白鑘
錫白坊主」且驚且喜，龍顧盅若干金以能衢市，

井泉及街道之用。所餘之項，惠四鄰分與棄器。說者
曰，坊鬣固因雾酆而得利，坊主亦染指之，皆無嫌王幕
蜜」，世所罕覩。園是井自商涼族復後，未經淘過，此
寶殆甏遂居城時所遺棄？

這種圖畫和說明，自然有點因果的迷信
，但在大體看來，製作與印刷，都很有精采
的，纔起的有飛影閣畫報書畫譜報等，到了
清末，可說是一個石印畫報的

（二圖插）

時期了。就
畫報最盛的
大本子
是一個石印
海漫畫
附刊畫
後的停

画报溯源

胭　脂

自《上海画报》出世，而相继出版者，有《三日画报》《联益之友》《乒乓画报》《南方画报》《中国画报》等等。画报溯源，群乃推《上海》为鼻祖，其实大谬。以余所知，当推《春华》，请言其故。

今年春，赵君君豪创办《春华》，注重美术思想，用道林纸精印，每期酌换颜色。中国小报之用道林纸而印颜色墨者，自以《春华》为嚆矢，此固彰彰在人耳目，毋容不佞之赘述也。《春华》出版之初，声誉雀起，售报人要求多销，赵君不愿，良以多销一份，即多一份损失，盖批价极廉，每份仅及本钱之半也。《春华》外埠销路之广，至可惊人，中国腹部及边省如东三省、云南、两广等处，莫不驰函来订，而日本及美国米歇根等处，亦有阅户一二人，计共直接订户有千五百份之多。此非不佞为君豪张目，阅者不信，可一询联易贸易公司，即可知之。又此项阅户之定报函件，君豪仍保藏之，可以□示诸君者也。

《春华》内容，吾不敢言其美，惟每期图画极多，格式新颖，与画报无异，此乃世人所公认者。

《春华》最初之目的，只出十期，盖春光老去，此报亦与读者别矣。后君豪以读者责望之殷，友人多方之劝勉，乃继续出版，改为周刊。五卅事起，停顿一月，今又头角峥嵘，与诸君相见矣。

犹有一事：小报报名每作横书，而《春华》独直书。《上海画报》之格式亦仿《春华》，不过字体略大，较为醒目耳。

许君窥豹为君豪好友，方窥豹与倚虹办画报时，曾以不知者询君豪，君豪均一一告之，即画报之售报人，亦君豪所介绍也。日昨不佞访君豪，得遇售报人阿七。阿七笑语不佞曰："明语先生，上海之有画报，均赵先生开其端也。"君豪笑谢之。不佞以画报日多，不可无考，因作画报溯源。君豪道："胭脂此稿，鄙人不敢妄赞一词，姑且代为登出，以求世人之责骂耳。"哈哈！

（《春华》第 19 期，1925 年 8 月 11 日）

历代书画用纸考

看云楼主

书画用纸，多因时代而殊。夫纸，书画之寄主也。故研究书画者，应知历代书画之用纸。而欲鉴别古书画之真赝，尤有识其用纸之必要，则兹篇之作，岂可缓乎哉？

兹篇所述书画用纸，自晋代起，若古代之网纸、谷纸及麻纸等，徒存其名，不详其实。恕不赘。

（A）晋纸：竹纸，用竖帘造，故其纹竖，晋二王真迹，多用会稽竖纹竹纸。侧理纸，一名"水苔纸"，以苔造故云。侧面纸，用横帘造，其纹横，其质松，厚则北纸。

（B）秦纸：凝霜纸，出于歙县及黟县。蜜香纸，一名"香皮"，纸微褐色，纹如鱼子，香而坚韧。竹纸、楮皮纸，皆出江南。

（C）唐纸：硬黄纸，唐人以黄蘗〔檗〕染之，取其辟蠹，其质如浆，光泽莹滑，用以书经，今秘阁所藏二王书，皆唐人临仿，纸皆硬黄。薛涛笺，元和初蜀妓薛洪度以纸为业，制大小笺十色，名"薛涛笺"，亦名"蜀笺"。卵纸，一名"卵品"，晃滑如镜。

（D）南唐纸：澄心堂纸，如肤卵膜，坚洁如玉，细薄光润，甲于一时。

（E）宋纸：澄心堂纸，宋诸名公写字，及李伯时画多用此纸。彩色粉纸，其色光滑，东坡、山谷之作画写字，皆用此纸。

（F）元纸：彩色粉纸、蜡纸、黄纸、花纸、罗纹纸，皆出绍兴。白藤纸、观音纸、清红纸，皆江西产。赵松雪、祝枝山、〔张〕伯雨、鲜于枢之画，多用此种纸。谭笺，用荆州连纸粉造，坚白研光，古雅可爱。

（G）明纸：连七、观音纸，永乐中江西置官局造，最称厚大。江潭笺，用荆州连纸背厚研光，以蜡打各色花鸟，坚滑类宋纸。高丽茧纸，以绵茧造成，色白如绫。

（H）清纸：镜光纸，清初良纸。绵科白纸，今中画笺之大者也。坚致光莹，泼墨极佳。扇料白纸，光滑，极适于书画。大壁纸，一种长丈余，阔七尺许；一种长六尺许，阔四尺许。层双纸，如雪〔薛〕涛笺。

（《中国画报》第 21 期，1925 年 10 月 7 日）

三言两语之画报史

大 雄

前清甲午，吾尝见《点石斋画报》，纸张纤薄，画笔工细，仿佛有《刘永福火烧铁甲船》《蚊子船齐集吴淞口》以及《雷击逆子》《神龙出见》之类，多半为想像画。后不知以何时停刊。庚戌〔戊〕，吾又见《神州画报》，为《神州日报》附张，有光纸印，半张为新闻画，半张为小说附画，画至精美，多出马星驰君手笔。马君今犹为《新闻报》绘图，《快活林》中署名一"星"字者即是。惜《神州画报》未及二年而中止。民元，炯炯先生办《大共和报》，日附画报一张。民六，先生办《神州报》时，续刊《神州画报》，则罗致沈泊尘、丁悚诸子，精心结撰为之，为画报生色不少。民八之交，《时事新报》曾附送《时事泼克》者数月，泊尘、左匋主之。未几，泊尘、能毅昆仲发行《上海泼克月报》，亦能别开生面，顾仅出数册，以泊尘病逝停刊，读者惜之。逮能毅入《时报》，为平等阁主人臂助，出周刊凡七种，其中如《美术周刊》亦即画报之类，旋即改为《图画时报》，至今弗衰。去载，倚虹创办本报，格式崭新，趣味浓厚，纸道林而墨彩色，为画报开一新纪元。近复由素爱画报之瘦鹃、炯炯、士端诸友接办而改良之，是诚画报史中最重要之一页矣。因祝以词曰：一纸风行，应有尽有，传之万世，永矢不朽。

《图画时报》创自戈公振先生，选材之精，为画报巨擘，至于印刷之精，犹其余事者也。（炯）

（《上海画报》第 118 期，1926 年 6 月 6 日）

画报谈（上）

武 越

今之谈画报者，辄举曩日石印版之画报，以与现在风行一时之照相铜版画报相提并论，不当殊甚。盖石印式之画报，系利用人工描绘，然后点石为板，此种印法，其弊在不能传真，仅传其意而已。此类画报，通都大邑，几于无地无之，其尤博盛誉者，厥惟昔在上海刊行之《点石斋画报》。有清末叶，吾粤亦有同类之《时事画报》出现，颇受欢迎。至若小张日刊，则京师一隅，旋起旋灭者，多至十余种，绘术殊不足道，仅以供孺子之玩赏而已，今则存者已寥寥矣。盖世界物质愈文明，学术愈进步，则世人所需求者亦愈奢美。石印画报之不足以餍时人欲望，亦职是之故也。

自照相铜版印刷术流入吾国后，国人利用之以之刊行画报者，首推民国元年香港①之《真相画报》，然而昙花一现，终归泡影，甚可惜也。上海之有铜版画报，自《时报》附刊之《图画时报》始，创之者为吾友沈能毅君，时在民国九年。至今制版印刷，益臻精美，洵足称为国内各画报之首屈一指者。惜其所取为外国《星期图画》附刊体裁，仅列时事照片，不加插文字，照片亦多乏趣味，则殊难免枯寂之讥已。吾尝谓《时报》应将每日所出之《小时报》并为汇刊，于星期日连同《图画时报》合为一册，随报赠送，内容更加改良，则必为世所欢迎，不知《时报》主持者，亦以余言为当否耳？厥后五卅案起，已故毕倚虹君创刊《上海画报》，于去岁六月六日出版第一期，今已出至一百四十余期。该报取混合制，合《图画时报》及他种小报两体裁而一之，照相与小品文字并重，三日一张，洵足称为别开生面者。沪上继踵而兴之画报，一年以来多至十数种，要皆以为必可博利，而不知创业与持久之难，是以出版不久，即复停刊。据闻今之尚存者，只《上海》《三日》及《摄影学会画报》而已云。

北方之有照相铜板画报，当以民十三年余所刊行之《图画世界》为嚆矢。该报为月刊，仅出三期，战事即突起，销路因之阻滞，成本又至重，余亏累至千金之巨，不得已而停刊，是余所常引以为憾者也。《图画世界》以时事、艺术、科学三门六字为其口号，所以内容包罗万千，靡有遗弃，甚为知识阶级之所赞赏，谓可媲〔媲〕美欧美日画报，非夸语也。

（《北洋画报》第 18 期，1926 年 9 月 4 日）

画报谈（中）

武 越

《北洋画报》之刊行，亦取时事、艺术、科学六字以为口号，实欲竟《图画世界》未竟之志也。前岁冬，战事既定，京报创刊附刊七种，余以《图画世界》社名义，附刊《图画周刊》（汇册为友人借寄汉口，不获详查出版之月日），出版十数期，嗣余以有事关外，

---

① 或为上海之误。——编者注

因之辍刊，是为北方日报附刊画报之始。直至去岁北京《晨报》始刊行《星期画报》，第一期于九月六日出版，至今犹存。至北京《世界日报》亦于十月一日刊行《世界画报》，其初兼用凸板、石印二者，各为一面，今则已全改凸板，然其内容颇乏精彩。是两报者，篇幅体裁均仿上海各画报，而精神则不及其十一，盖亦因其为附庸之属，不能与独树一帜者相抗衡之故欤？

今夏吾报正在筹备之中，津门亦曾见有《翡翠美术》星期刊之出现，然篇幅奇小，内容枯寂，名不符实，故尔昙花一现，即归夭折，是亦无所谓可惜也。

上海近又出有《太平洋画报》（月刊，装订本），已见两期，偏重美术，内容颇新颖，惜杂乱无章，讹舛百出，排校上太不讲求，殊有负创刊者之心血耳。

（《北洋画报》第 19 期，1926 年 9 月 8 日）

画报谈（下）

武　越

上海巽社亦出有美术周刊一种，命名《鼎脔》，专为研究国粹美术及古物学而作，全用铜版，篇幅大小与本报同，于去岁十二月七日出版，今已出至三十余期，并有增刊，且自十五期起每半月发行副墨一张。此报津门尚无代售者，即在北京亦鲜为人所知，盖偏重一门，自难普及也。

上海近又出有《太平洋画报》，为月刊及装订本，已见两期，内容颇新颖，然编辑杂乱无章，讹舛百出，排校上均不讲求，在月刊不宜有此，殊负创刊者之心血也。

数星期前，晤朱桂老于其别墅，以吾乡大厂居士在沪刊行之定期刊一种示余，内容亦纯属国粹美术与古物学，与《鼎脔》相似，惜已忘其名，人事倥偬，未遑索问。此刊为中国旧式装订本，用连史印刷，石印、珂罗金属各版并用，洵佳构也。然索值殊昂，约为两金，是非普通一般人所克购置者矣。

（《北洋画报》第 20 期，1926 年 9 月 11 日）

无锡画报略史

三先生

吾锡文化之邦，有报甚早。最初相继发行者，为《白话报》和《无锡新闻》，时在亡清光绪年间。革命伟人吴稚老、新任邑长俞仲还，均属个中健者。十余年来，少则二三种，多则五六种同时发行，新闻事业不可谓不盛。顾于画报一项，却无历史之可言。据吾所知，壬戌之夏，或为癸亥，不甚了了，三曹（涵美、君穆、血侠）与美文印刷公司小主人俞某合创石印《涵美图画周刊》，此为吾邑有画报之始。惜乎出仅二期即行停刊。揆其原因有三：（一）社会上无画报观念；（二）资本不足；（三）内部不能合作，且规模狭小，未臻尽美，亦为重大原因。后遂无继起者。乙丑秋，《小锡报》发行七夕增刊《双星画报》，但为一种临时附属刊物，无永久性质，且厥式又小（桃林纸八开）。此外如去年（阴历）《小上海》之元旦增刊，铜锌版多至十七方，然亦只可认为画报化，均不得以画报目之也。前岁海上画报成潮，吾锡且未被波及。际此画报冷落之秋，遽有本报之突然出现，吾殊不能不佩诸君之勇气。且办理得人，内容精良，又具有永久的可能性，实为吾锡报界之破天荒。吾为本报贺，更当为阅者贺。但愿十百千秋，永永不辍，此则吾尤馨香祷祝者也。

（《工商画报》第 1 期，1927 年 8 月 7 日）

四十余年前之画报

——为中国画报之始祖

芸 斋

中国画报首创于上海《点石斋》，自清光绪十年甲申四月起，每月三册，册凡新闻八页，其编目系用天干地支、八音六艺，共三十六卷。征稿条例，每幅横直各一尺四五寸，入选者酬洋两元、原稿缩印成五六寸见方，故精细异常。惟系用连史纸石印，纸薄而柔，颇不易保存也。是时名画家如吴友如、金蟾香、张志瀛、田子琳、何元俊、符艮心之辈，皆有画稿应征，琳琅满目，蔚为大观。至光绪十六年九月，吴友如个人自办《飞影阁画报》于申报馆，改用蚨〔蝴〕蝶式装订，亦月出三期，每期新闻画七页，附赠画粹三页。至五十期后，由周慕桥接办，共出至一百三十余期。《飞影阁画报》之稿，纯出一人手笔，虽较整齐，未能集有众长。惟蚨〔蝴〕蝶装之画幅，无须中分为二，却较《点石斋画报》为改良也。余家藏此画报两全套，外间颇不易见，爰记其略，并摄影以今令①之关心画□者。两报封面，均系红色花纹纸，不能摄照，惟《飞影阁》之第一期系用湖色花纸做封面，尚可制版付印。右图即其封面也。

（《霞光画报》第 1 卷第 17 期，1928 年 9 月 28 日）

画报进步谈

武 越

在吾国之谈画报历史者，莫不首数上海之《点石斋画报》。是报创始于四十四年前，其时初有石印法，画工甚精，极受时人欢迎。去此以前为木刻时代，在吾国未必再有画报也。惟发行世界最精美画报之英国，则于十七世纪初年，即有一种木刻图画新闻发行（如本页所示）。清代末年，北京石印小画报盛极一时，画工间有佳者，如《菊侪画报》之类是也。笔绘画报，善能描写新闻发生时之真景，有为摄影镜头所绝对不易攫得者。近世摄影术虽精，摄影记者虽众，而时事照片中终难得活泼泼能惊人之写真。如本页所刊之一九零六年西班牙国王与后结婚，途遇刺客，炸弹爆发时之情景一片，实为二十余年来所仅见。此种机会，诚为难遇，然亦在摄影记者之善于攫取之而已。

上方所登《点石斋画报》之一页，题曰"奇形毕露"，其文首云："自泰西脱影之法行，而随地皆可拍照，尺幅千里，纤悉靡遗，人巧夺天工，洵非虚语也……"其下述一人买舟游于上海洋泾桥，手中所持洋三十元掉落河中，好事者赤体下河捞取，围观者甚众。有业照相者，携镜箱杂稠人中拍照，故指为"丑态奇形，活现纸上，正无俟温峤之然〔燃〕犀"云云。当时办画报者，或未及料后来照相术之竟大有用于画报也。最初之中国文铜版画报，名曰《世界》，于光绪卅三年在巴黎印行，杂以三色版，精美异常，迄今中国尚无如此华丽之杂志。《真相画报》为国内最初之铜版画报，民元发行，间以石印画，

内容殊丰富，惜亦未能久持，即归消灭耳。

（《北洋画报》第 251 期，1928 年 12 月 1 日）

报海回澜记（九十九）

渊 渊

画报小史（上）

溯画报之起源，应以《点石斋画报》为最先。时余犹未投身报界，距今殆将四十年矣。十日一册，册十余页，均系新闻画，出自画家吴友如一人之手笔，吴之得名，即由于此。吴盖善绘时装人物者，末则殿以天南遁叟之《淞隐漫录》笔记，用连史纸石印，每册售洋五分，可谓廉矣。同时尚有专绘《红楼梦》故事之画报一种，绘事较《点石斋画报》为尤精，款式略如前清翰苑所用之白折，而外加一封套，亦殊雅致。每份售洋一角，惜未十余期即停刊，何家出版，已不能记忆。《点石斋画报》之历史较久，似曾出至四年余，停刊后，点石斋将其存报汇订出售，固俨然巨帙也。清末民初，《舆论时事报》《大共和报》等虽亦有附送画报之举，然仅一单张，半幅为时人所绘之花鸟人物等类，半幅则为小说，乃系副刊，非画报体裁也。

（《小日报》，1929 年 12 月 18 日）

报海回澜记（一百）

渊 渊

画报小史（下）

自近今流行之铜图式的画报，则亡友毕倚虹于五年前实开其先。当时有《插画晶报》之称，其势直欲夺《晶报》之席。顾倚虹以一人之精力采集材料，搜罗画片，撰著文字，筹画经济，甚至排版之格式、发行之手续莫不亲自料理，而其时犹担任编辑《小时报》，并兼营律师业务。长吉呕心，相如病肺，迨《上海画报》之生命固，而倚虹死矣。于时文艺界中人，见《上画》之营业蒸蒸日上，一时接踵而起者，不下三四十种。上海无论何种事业，稍见起色，往往成为一种潮流，其初云蒸霞蔚，生气蓬勃，久之渐退渐落，同归于尽。《上画》幸倚虹病亟时，自知不起，即以其事让归须弥先生接办，经营擘画，始得维持至今。此外则惟《摄影画报》颇能持久不懈，近用最新式之字粒排印，殊见精彩，而其余皆成过去之泡影矣。

（《小日报》，1929 年 12 月 19 日）

五十年来画报之变迁

《报学月刊》编辑 黄天鹏

画报与字报比较，画报如同看戏，字报比作听书。看画报的，不认字可以瞧画儿，看字报若是不认字，即只好数个儿罢。画报一看便知，不论妇孺易于知晓，比如画有个梳拉翘头的，除却画拧楼之外，看画的，决不能说是个男人，这就是画报易晓的浅理。虽只说看画报容易通晓，也在乎画的好坏，画猫若像个驴样儿，大概也不大受瞧。画法出名不出名，就在笔路精与不精了。果然画法精工，不用说看报，就是看画儿也可以解颐。——《菊斋〔侪〕画报》发刊辞

画报的价值，在二三十年前，国人早就知道了。最早的画报，到现在也快有五十年的历史。这五十年来的变迁，可分为三个时期：

（一）石印时期（一八八四）

（二）铜版时期（一九二〇）

（三）影写版时期（一九三〇）

这三个时期在画报史上，无论在编制方面，在印刷方面，都有重要的变迁，和长足的进步。我们试加以比较的研究，就可看出它的演进的痕迹来，兹分别叙述如下。

一、石印时期

自《察世俗每月统纪传》（一八一五）创刊后，开近代报纸的先河。十几年间报纸相

继兴起，渐有历象、风景、汽机、生物等镌铜版的插图。及石印流行，始有专绘时事的画报出版。最初为《点石斋画报》，清光绪十年（一八八四）创刊，精绘时事的图画，用石印板印刷，纸张系土产川纸，黄皮封面，每期八页，售价五分（见插图一），由点石斋石印局发行。主持的人物，就是《申报》创办人美查，到现在已四十七年了，可算画报的第一种。它的内容，在文字方面虽然有点聊斋式的意味，但却和当时的报纸社会纪事一样，都是时代的关系，而在绘画方面的工细巧妙，是很有值得赞赏的地方。现把《淘井得银》一图说明录下（见插图二）：

（插图一）四十七年前创刊之石印画报

（插图二）点石斋画报内容一瞥

闻之除世人之害者，受人世之利；尽一己之劳者，享一己之福。金陵湖北会馆照壁外有一井，固所谓取之无尽，用之不竭者也。今春突然淤塞，饮此水者每患疴鱼之疾。入春以来，倍形干涸。左近某丝号染坊，迩以新丝上市，停陈店伙等无所事事，愿淘井使清，以便居民。乃浮泥甫尽，井底若有刺足者，初犹以为瓦石楞角也，视之则锡烛台、铜香炉，再加淘汰，则有翡翠簪、玉器数件，旁有一缶，上布泉刀若干。倾所有则白铁藏焉。归白坊主，且惊且喜，并愿出若干金以修街市、井泉及街道之用。所余之项，凭四邻分与众伙。说者曰：坊伙固因劳而得利，坊主亦染指之，曾无贤王嘉宝，世所罕觏。闻是井自南京恢复后，未经淘过，此宝殆发逆居城时所遗与？

这种图画和说明，自然有点因果的迷信，但在大体看来，制作与印刷都很有精采的。继起的有《飞影阁画报》《书画谱报》等。到了清末，可说是一个石印画报最盛的时期了。就天庐逍遥阁的藏本，就有十数种了。最著名的如上海的《图画日报》《图画演说报》等，北京的《浅说日日画报》《新铭画报》等（见插图三）。

在印刷面改用竹纸，有数种按日刊行，图画和说明都很简要化和现代化了。改革的前后，《民立》《时事舆论》《太平洋》等画报出版，图画于描写社会状况之外，复及国家大事，而有讽刺的性质，在涵义上又较为进步了。这三十多年间差不多是石印画报独占的时期。

石印画报数种（插图三）

（插图四）铜版画报之种种

二、铜版时期

石印画报的势力，到了照像铜版产生后逐渐的衰落下去，在图画本身上是一个最大的革新，在石印画报却是个最大的打击。这时报纸的铜版也渐渐地多了，石印的画报，遂先后的停版。可是民国以来却还没有铜版的画报，来代替石印画报的出现，等到九年上海《时报》增出图画周刊一张（见插图四），每周附于《时报》发刊，以图画为主，附以简要的说明，自然风行一时了。继起的有北京《晨报》的《星期画报》，画报之外，文字亦很注意，每期图画占三分之二，文字约占三分之一，颇有美术的色彩。后来且有进而独立发行的，如《上海画报》《北平画报》《上海漫画》《摄影画报》等相继出版（见插图四）。各报亦陆续附刊画报，但都是单张的。五年前《良友》创刊，印成一大本子，在画报界开一新纪元，材料更丰富，印刷更为美术化了。现在同一性质的，还有好几种，限于篇幅，不及一一举例了。

三、影写版时期

铜版画报在这极盛的时期，欧美的影写版已很流行了，本年四月份的《良友》（见插图五）即先行试用，在印刷的美观上，大见进步，颇受读者的欢迎，画报界又是一大革新了。五月《申报》《新闻报》相继增刊画报（见插图六），即用影写版印刷。就取材来说，

《申报》注重大事和美术方面，《新闻报》注重社会新闻照片方面，而《时报》则仍注重原来的妇女与运动方面，各延专家主持，以引起阅者之兴趣和美感为主旨。对于图片之生动、拼版之参善有致，皆各钩心斗角，出奇以争一日的短长。有人说，一九三〇是画报的年头，看这蓬勃的现象，也有些道理哩。

从这五十年中画报的变迁大势而言，最初是石印的时期，印刷的简俗自不消说，就是在取材方面，亦只有粗浅的眼光。近十年来有显著的猛进，到最近，简值〔直〕与世界的画报并驾齐驱了。

五年前《良友》的出版，替画报界增加了一支最大的生力军。这五年来的努力与成绩，大家有目共见，"首屈一指"成为公论了。改用影写版之后，替画报界开了一个新局面，在最近的将来必更有伟大的贡献于画报界，那是可以断言的。俗谚说得好，五岁是人生的起头，《良友》现在正如旭日的初升，等到五十大寿的时候，再来替我们的《良友》大庆罢。

（《良友》第 49 期，1930 年 8 月）

天津最早之画报

铁

天津画报之最早者，当推《醒华画报》，发行于清丙午丁未之交，为普育女学校长温支英所办。温名世霖，宜兴埠人，瘸其腿，思想新颖，性情激烈，固当时之维新家也（此公历史颇有可述，容后详之）。社址在北马路北门脸以东一铺房之楼上。盐商王竹林与温有交，月贴二百余金，以作经费。日出一小张，分为四开，作画四幅，用石印印行。所纪大都以津门琐闻为多，画笔并不见佳，且因每日必需画稿，只得草率交卷，其势不能工细。发行以来，销行平淡，专恃王家津贴接济。嗣因刊登段〔段〕芝贵行贿得官事，王家一怒而免其津贴（行贿事有王在内），遂不能支，于是停刊矣。然段案卒因此败露，掀起大波，实为津门宦海重要事件之一，而于鄙人亦略有关系，其事当另述之。

（《中华画报》第 2 卷第 160 期，1932 年 6 月 20 日）

五十年来中国画报之三个时期及其批评

——一九三一年三月三十日新闻讨论周讲演

萨空了

今日来此，并未预备讲演。现仓促间承新闻系诸君责令略贡所知，实不知应作何语。惟以现正搜罗中国画报，拟编《中国画报史》一种，故即就日来搜罗之所得，稍述一二，而定题为《五十年来中国画报之三个时期及其批评》。兹将此题分为两部叙述：先述中国五十年来之画报，次再述余个人对于五十年来画报之意见。

中国之画报始祖，说者皆谓为上海《点石斋画报》。《点石斋》发行于前清光绪十年（一八八四）甲申四月，系旬刊，月出三册，每册凡新闻八页，编目用天干、地支、八音、六艺，共出三十六卷，连史纸石印，主持者为《申报》。创办人，据云为西人美查，作画者皆当时名画家，为吴友如、金蟾香、张志瀛、田子琳、何元俊、符艮心诸人。所绘全系新闻，要闻、社会新闻皆备。社会新闻偏重于荒诞不经之事，故有人目之同于《聊斋志异》一类书籍前之插图。但其中亦有极有价值之要闻，如报告甲午中日战事之《鸭绿江战胜图》及《大同江记战》诸幅是。但细考事实，《点石斋》之前，中国固尚有画报数种。友人梁君芸斋，为一画报收藏家。曾云有《成童画报》者，光绪初发行于上海，其令岳（现年已近七旬）肄业于中西书院时，曾向该画报投稿。又据戈公振君之《中国报学史》云："有《小孩月报》（Child's paper）于光绪元年（一八七五）出版于上海。J. M. W. Franham 编辑，连史纸印，文字极浅近易读，内容有诗歌、故事、名人传记、博物、科学，插图均雕刻，铜版尤精美。直出至民国四年，始改名《开风报》，出五期而止。"

此足证光绪元年前后，沪上确已有编辑印刷皆已甚佳之画报。外更有上海圣教书会所印行之《图画新报》（Chinese Illustreted News），亦用连史纸铜版精印者。该报系自光绪六年出版，至民国二年始停，亦早于《点石斋画报》。惟此等画报流行似不如《点石斋画报》为广，迄今日已不易觅得，故不为人所知，而使《点石斋画报》得膺中国画报始祖之荣名。然现吾人欲论中国之画报，自应以曾目睹者为限（关于《小孩月报》，余曾询戈君公振，戈君似亦未曾亲睹），故现仍自《点石斋画报》论起，而定今日所谈之主题为《五十年来中国之画报》（如自《小孩月报》论起则已有六十年）焉。

继《点石斋画报》崛起之画报，如《飞影阁画报》（吴友如所办，亦为旬刊，连史纸石印。所不同者，为装订册子改为蚨〔蝴〕蝶装。内容于新闻外增加画粹一部。画粹每期三页，分三类，系蝉联之题目：（一）为百兽图，（二）为闺艳汇编，（三）为沪妆士女，各占一页，均吴友如一人所绘）、《书画谱报》等，皆为石印。故现吾人暂定中国之初期画报为"石印时代"。石印画报，最盛于清末及民初，如北平之《浅说日日新闻画报》（时期约在宣统二年）、《京师新铭画报》，上海之《图画日报》（上海环球社编辑印行）、《图画演说报》等，种类繁多，不胜枚举。但为减轻定价计（时各画报每份多数仅售铜元一二枚），故印刷纸张反退为竹纸，石印绘图亦不复如《点石斋》《飞影阁》之精工，但于实质上，则有进步。如讽刺时事之讽画，殆为各画报必具之一格。其指斥当道，似反较今日为自由。而关于社会新闻方面，亦不只注意怪诞不经之事，而多注意于地方风俗情况之改善，如督促举办公益路灯、禁娼、禁赌等，皆可较有裨益于社会。

然此时期之画报，终以纸劣画恶，不为人所爱惜，而散失殆尽。今日欲求得此类画报任何一类之全份，实更难于得《点石斋》一全份，而予吾人欲治中国画报史者一大打击焉。

此石印时代直推延至民国九年，上海《时报》之《图画周刊》出版，始渐为铜版画报所代兴，而造成中国画报之"铜版时代"。上海《时报》之《图画周刊》，即今日《时报》附刊《图画时报》之前身，系于民国九年六月九日代《时报》之《医学周刊》而出，最初编者即为戈君公振。戈君之发刊《导言》曰："世界愈进步，事愈繁颐，有非言语所能形容者，必借图画以明之。夫象物有鼎，豳风有图，彰善阐恶，由来已久。今民国蔽锢，政教未及清明，本刊将继文学之未逮，一一揭也出之，尽画穷形，俾举世有所观感，此其本指也。若夫提倡美术，增近〔进〕阅者之兴趣，又其余事耳。"此颇可代表当时编画报者之理想。至《图画周刊》第一号之内容，共为铜版十六，计为：中外时人肖像三幅，（一）李烈钧，（二）周树模，（三）胡佛；中外时事新闻五幅，（一）官府号运舰之下水礼（系六月三日下水者，时在《图画周刊》出版之前六日），船为中国江南造舰所代美国所造之运船，（二）上海圣美丽学校之跳舞（系前一月之新闻），（三）日本普通选举之情形，（四）德国共党之骚动（德瑞耳地方劳工组织红军），（五）捷克军之归国（系欧战时联邦之防军，自西伯利亚撤回）；艺术作品一幅，为李超士所作《跳舞之女》；漫画二幅，为杨左陶锡冶作，一名《和其可续》，一名《谁的血？》。以上为该画报之前面。后面则有戏装像一帧，为梅兰芳《天女散花》；时装一幅，为初夏最流行之布衣；新闻二幅，（一）为在美国之中国饭馆之禁酒启事（饭馆系旧金山之杏花楼），（二）为世界最长之人。其印刷系用绿色油墨与报纸，报纸亦不易保存，故此周刊现恐亦如凤毛麟角矣。该周刊第二号起已有连续漫画，三十一号有养鸡专号，三十二号有天马会展览，取材于当时可称为极进步者。

《时报图画周刊》出版以后，铜版画报继起者日渐增加，纸张亦渐改用洋宣。至民国十四年，铜版画报风云涌起，而臻于铜版时代之全盛时期。上海方面为尤盛，最著者有《上海画报》《摄影画报》等，迄今仍在刊行。其余忽起倏灭之铜版画报，合计之则可多至百数十种焉。至北平方面，最著者有《北平晨报》之《星期画报》，特重视美术与小品文字，趣味似较沪上画报较高一等。其后继起者有《北京画报》《霞光画报》等，亦多至十数种（北平似民十九年时期画报最多）。余如天津之《北洋画报》，沈阳之《大亚画报》等，皆为此时期中之成功者，甚至迄于今日，尤各拥有相当之势力。此种铜版画报独占中国画报将近十年，至民国十九年，始有影写凹版兴起，而渐有代铜版画报以兴之趋向。故今日中国之画报，渐可称为"影写凹版时代"。

用影写凹版印刷，中国首创者，为商务印书馆之《东方》诸杂志前之插图。正式用以印画报者，则始于《良友》画报。《良友》原亦为铜版印刷，首创于十五年七月，为一大册廿四页之月刊，内容虽与一般画报无何差异，注重者亦只为新闻、艺术、名闺等照片及小品文字，但能力求精美，故销行极畅，而得于十九年三月之四十五期起，改用影写凹版印刷。至十九年八月之五十期，更增加篇幅至四十二页，其中三页且精印五色彩画，而成为中国印刷最精美之画报。《良友》成功后，上海模仿《良友》形式之大册画报亦盛行一时（亦在十余种左右），如《文华》《现代》等是。《现代画报》（半月刊）文字性质时或较《良友》为佳，但印刷终不能及也。继《良友》后更进一步以影写凹版印周刊画报者，则有上海《申报》《新闻报》于十九年五月起增刊之画报。《申报画报》由戈君公振编辑，注重国内外大事及艺术，篇幅如一张大报，最有进步。《新闻报画报》则注重社会新闻照片及妇女儿童，篇幅且较《申报画报》小一倍焉。

以上所述，即为五十年来（一八八四——一九三一）中国画报之略史。以下愿试略述余个人对此五十年来画报之意见。

中国之有画报，半系受外国画报之影响，半系受传奇小说前插图之影响，此应为一般人之所公认。杂揉〔糅〕外国画报之内容，与中国传奇小说之插图画法与内容，而成《点石斋》数〔类〕之画报。其内容有新闻（实事与神怪性夸大性之新闻并重，可为中外合撰之一证），有百美图、百卉图、百兽图（此系效仿《中国画谱》）、名人书画（此或系

效仿外报之艺术作品介绍）、海上时装（此系效外报之时装介绍）等类。故中国石印时代
（一八八四——一九二〇）之画报，其主旨实至紊乱，可视为画谱，可视为消闲插画，亦
可视为新闻画报。届夫铜版时代（一九二〇——一九三〇），时间虽经过数十年，然画报
内容仍无何等进步。以此期内之画报代表《时报图画周刊》论，其中外新闻脱胎自石印
画报之新闻，所不同者为自手绘变为照像〔相〕。因工具之变换，神怪性之新闻片无法摄
取，而归于天然淘汰。其余百兽图等则归并于名人书画而成艺术介绍，百美图则化为高
材生肖像与裸体照片，海上时装则依然如旧。此外，虽新增有讽画、连续漫画、美术摄影
等，但亦皆抄自外报，且以作画者、摄影者高手较少，故多恶劣，难以入目。更以此等画
报多系周刊，篇幅又小，中国交通又不便利，故对于新闻照片，直无法注意。于是遂不能
认定报道新闻为画报之任务，而须另辟蹊径，以求读者欢迎。于是，照片则倾于高材生
及裸体，文字则出于揭人阴私与性之描写，竟至迫画报成为纯重肉感之刊物。其销行愈
广者，趣味愈卑下，云之殊堪痛心。固然其间亦不无报格较高之画报，然以组织规模甚
小，新闻片无来源，而不得不倾向于艺术介绍及消闲之无聊文字。艺术介绍以编者并不
一定内行，故刊一名画，注释亦只为"某题""某某作"，即认为竣事，毫无系统，致其结
果直与不介绍等，而此类画报遂亦以无人爱读而多夭折矣。

　　是以过去四十余年来，中国之画报确可谓毫无贡献于中国社会。社会人士除富有资
产者外，亦罕有人对画报感觉需要。故今日所存之画报多系日报之副刊，而不能独立生
存者也。

　　但及于去岁，《良友》《现代》《中国学生》诸画报兴，中国画报显然渐有新倾向，其
内容多注意新文化与常识之介绍，新闻照片亦渐占主要之部分。惟以此类画报多为月
刊、半月刊，故对新闻之时间性时不能顾及，而率有明日黄花之诮。然于数十年无进步
之中国画报界中能渐有曙光，固亦可喜之事矣。是以，今日余极希望中国画数〔报〕界中
能更有有特殊卓识、而不拘于编辑画报之传统习惯之人物出现，使今日专为资产者消闲
之中国画报，一变成为社会普通人士皆需要之刊物。如是于中国文盲极多之国家，当亦
有裨益不少。而更希望人材产生自燕大新闻系诸同学中，因燕大新闻系为今日中国仅有
之良好研究新闻学机关，其所产之人才，当更较吾侪有高深之理想也。

　　今日以时间所限与未曾准备之故，致所述多未详益，希诸同学见谅。设诸同学对此
问题有兴趣时，通函赐教，固极所欢迎也。

（《新闻学研究》，1932 年 6 月燕京大学新闻学系编辑发行）

画报在中国有二百年以上的历史

王小隐

我们晓得《申报》有六十年的历史，便想到比《申报》还早些出世的《潮报》，又可以想到《察世俗统计传》一类的东西的久远，更可以想到《开元杂报》《邸抄》，以至于渺乎二千年前的《春秋》。此报纸之渊源也，夐乎尚矣。一言画报，则除民国元年高剑父所办之《真相画报》（锌铜版以及套色石印一律采用，在报的创造上颇有进展），清宣统年间《申报》附送的画报（有光纸石印的），清光绪末年刘用炀在北京办的画报（石印钉本的，同时还有几种），以及木刻图画的《启蒙画报》，清光绪中叶则有上海点石斋之画报，印刷较为精美，资格便算狠老。要再往前推，就没有什么可述的历史了。其实画报之大辂椎轮，乃远在二百年前。严格言之，民营之新闻事业，确不能不推画报为开山始祖。盖纯以传播新闻为主体，而以新闻为商品的贩卖者也。

清乾隆三十三年浙江巡抚永德奏折："……拿获李浩供称……广东石城县东山寺，现出一块石碑，上有红字，下写孔明碑记，抄有新闻纸单，该犯即取一纸，带至桐山地方，将孔明笔记纸单，雇刻字傅姓，将抄单字据排写，并添画碑式人像，刷了一束，携至浙江……实系因贫刷卖，并无为匪别情。"就以上纪载言，则发现石碑，为一件新闻材料，添画石碑人像，刷了一束发卖，为经营画报之正当行为。可惜这位画报记者，不免为官厅所嫉视，加以拿获，名曰"该犯"，以视今日拥有无冕帝王之荣崇，直有天壤之判也矣！

又闽浙总督崔应阶奏折："瑞安县役于本泛见有敲铜锣卖孔明碑记……据诘称名叫李浩，听说广东高州府石城县天竹山现出孔明碑记，抄有小单，带到桐山地方傅姓刻字店内，给他八十钱，刻了一块板，带到浙江一路当新闻刷卖。"是不仅对新闻之传播利用图画以为工具，且可窥见印刷费之开支，以及推销方法（敲锣发卖）。是则谓画报在中国有二百年以上的历史，非謷言矣。

二一年六月写于北平臭虫颇多的一个旅馆中

（《北洋画报》第 801、802 两期合刊，1932 年 7 月 7 日）

中国画报之回顾

刘凌沧

中国之画报，自《点石斋》创刊迄今，已有五十年之历史。此五十年之演进，颇多可纪。作者自民元收集画报，迄今已盈箱累帙，今岁加以整顿，并按其种类略为纪述，以资爱好者之研究。

《点石斋画报》创于光绪十年（一八八四），主持者为《申报》创办人美查氏。月出三册，每册八页，纸用国产连史石印，黄皮封面，每册价洋五分。所绘多系新闻，中多关于历史事迹者，不失为有价值之作。如光绪二十年中日之役，该报即有《大同江战记》披露（该图曾登本报七一八期），即其一例也。作画者皆当代名手，如吴友如，即其尤著者。惟社会新闻取材率多荒诞，而画工精细，又非时人所能为矣。继《点石斋》而起者，有《飞影阁画报》及《书画谱》等。《飞影阁》创于光绪十六年（一八九〇），发行者申报馆，主持者为吴友如。月出三册，新闻七页外附赠画粹三页，分三种，为百兽图、百美图、时装仕女，均吴一人手笔。五十期后由周慕桥接办，共出百余期。清末民初石印画报大兴，上海有《图画日报》《图画演说报》等，北京有《浅说日日新闻画报》《新铭画报》《京师教育画报》等，周刊、周三刊、日刊不等。有光纸一面印，每份图画自二幅至六幅不等。取材偏重社会写真、官场现形，文字则小说及译稿并重，售价铜元一二枚。此后上海《民立》《舆论时事》《世界画报》等出，于描写社会现状之外，复及国家大事，讽刺时局，颇能中肯。尤以《世界画报》体例最新。该报创于民国七年八月，主任孙雪泥，绘图及撰稿者亦皆当时名家。道林纸石印，十六开本，彩色石印封面，售价一角五分。

民九《上海时报》增出《图画周刊》，系完全用铜版印刷，为画报界辟一纪元。主编者为戈公振、沈能毅，体例仿照外报之《星期画刊》，取材与今日大致相同。《时报画报》创始前，国内已见流行之中文铜版画报，最佳者首推《世界》，光绪三十三年创刊于巴黎，主编者姚蕙。该报为八开大本，凡三八叶，铜锌版约四百方，间以三色板，彩色石印封面，富丽异常，今日国内之任何画报未有能与比肩者。虽系外人印刷，但为国人自办画报之一种。其次为《真相画报》，民元创刊于香港，主持者为高奇峰。铜版石印兼用，亦殊富丽，是为国内最初之铜版画报。上海包天笑之《小说画报》，于民六一月发行。周剑云、但杜宇等之《解放画报》，创刊于九年五月。均曾采用铜版，而早于《图画时报》，惟其性质并非纯粹新闻性，且非完全之铜版印刷耳。《时报图画周刊》出版后，至民十四石印画报已呈衰落，铜版画报继起者日有增加，纸张多改用洋宣。华南著名者有《上海画报》，为对开图文混合之画报，毕倚虹创办。林泽苍之《摄影画报》，用活体楷字，颇清晰悦目。此外赵君豪主干之《春华》，巽社出版之《鼎脔》，及《三日画报》等率皆昙花一现，未能尽忆其名矣。北方之铜版画报，首创于冯武越之《图画世界》（民十三）与《晨报》附刊之《星期画报》（十四年九月）。《图画世界》为杂志式，插图丰富，印刷亦精，惜未能持久。《星期画报》则为对开之单张，注重美术及小品文字，排版印刷颇具美术思想。继起者有《世界日报》附刊之《世界画报》，林风眠主编，取材精美而有统系，注重画学知识之灌输，同为一时优秀之刊物。

十五年七月《北洋画报》创刊于天津，材料丰富，印刷精美，为北方巨擘。发行迄今，从未间断，为此时期之成功者。迨《良友》创刊，凡二十四页印成一大册，又为画报创一新格式。内容括世界时事、时代科学、社会现状、美术、考古、名人介绍、小品文字等，彩色封面，装璜美丽，故销行极广。十月一日《北京画报》出版，辽宁《大亚画报》亦于是岁发刊。十七年北平出版画报：一月有《艺林旬刊》（今已改为月刊），六月有《霞光画报》《北平画报》，八月有《新晨报》附刊之《日曜画报》《美美画报》《丁丁画报》，十二月有《中国画报》。十二月天津有《常识画报》《京津画报》。上海则《上海漫画》于春季创刊，中国美术刊行社出版，即今《时代》半月刊之前身也。

十八年一月，北平《华北日报》增出《华北画刊》，《京报图画周刊》亦继续出版。十月有《故宫周刊》，及蒋汉澄主干之《安琪儿画报》，《民言日报》之《星期三画报》，天津之《玲珑画报》，辽宁之《新民画报》《沈水画报》《辽宁画报》，上海之《时代画报》（月刊今改为半月刊），《文华》（月刊）等。十九年四月《良友》四十五期改用影写版（此种印刷始于《东方杂志》之插图，用于画报者始于《良友》），在印刷术上又一大革新。八月之四十九期，更将篇幅增至四十二页，为今日最完美之画报。继《良友》而起同样之刊物约近十种，今日继续出版者有《时代》《文华》《中华》等。是年五月《申报》增出《图画周刊》，与《新闻报图画附刊》《时事新报画刊》亦均使用影写版。铜版画报之出版者，则有《艺友》《万有周刊》《蜜蜂画报》及《天津商报画刊》。二十年春天津《中华画报》《青春画报》出版。上海胡伯洲等主干之《中华》亦于是岁发刊。二十一年国难发生，画报风云似较往年沉寂。据余所知者，只北平《国剧画报》一种而已。

今年岁首，北平《国风画报》出版。天津又有《风月画报》刊行，则专门刊登娼妓、舞女、优伶之图片与消息者。

上举各种画报均余个人所藏，其未曾寓目与未及知者，必什倍于所举，管中窥豹之讥，在所难免。但就此一部份推而论之，我国画报盛衰演进之程序当不难见其梗概矣。

（《北洋画报》第 888 期"中国画报专页"，1933 年 1 月 31 日）

中国画报之五个时期

凌

石印独占时期　　　光绪十年——民元

石印全盛时期　　　宣统二年——民七

石印铜版混合时期　民元——民九

铜版全盛时期　　　民九——民十九

铜版影版混合时期　民十九——现在

（《北洋画报》第 888 期"中国画报专页"，1933 年 1 月 31 日）

五十年来之画报

黄天鹏

一

《时代》双十特号要我写点关于画报历史上的文字，恰巧画报先导的《点石斋画报》创刊到现在刚刚五十周年。这是一个很好的纪念，题目就叫做《五十年来的画报》。

几年前，我在复旦曾演讲过《五十年来画报的变迁》，这二三年中又有发见了许多的新材料。关于画报的价值，二十多年前就有人说过了："画报与字报比较，画报如同看戏，字报比作听书。看画报的，不认字可以瞧画儿，看字报若是不认字，即只好数个儿罢。画报一看便知，不论妇孺，易于知晓。"（见《菊侪画报》）这种见解和欧美报界名言的"一画值万言""画报为无音之新闻"都有同等的价值。

自《点石斋画报》发刊以来，这五十年中，画报界的沿革，就印刷技术来讲，可划分做三个时期：

第一　绘画石印时期

第二　摄影铜版时期

第三　影写版时期

这三个截然不同的时期中，绘画石印画报占领的时间最久，差不多有三十几年。

摄影铜版虽说丁未年《世界》第一期就在巴黎发行了，但在国内还是民国九年《图画时报》正式开始。影写版到现在还不过四五年的光景。这三个时期从编制印刷各方面来讲，都有重要的变迁，跟着印刷的改良，而有长足的进步。现在，就这三个时代分别来说。

二

在《点石斋画报》以前的，要算初期报纸上的插图，如历象、风景、生物、汽机之类。那时的印刷是用铜片来镌刻的，因为浮雕的耗费和困难，没有多大的发展。直到西法石印流行，才有专载时事的画报。

最早的画报当然要算《点石斋画报》了，清光绪十年创刊（西历一千八百八十四年），到现在恰恰五十个年头。创办人为《申报》故主美查，计图八页，售洋五分。由点石斋石印局印刷，申报馆申昌书画室发行。绘事精细巧妙，多出名家手笔，写当时社会情状，栩栩如生。印刷之精，一时无两。而吴友如的生花妙笔尤为《点石斋》生色不少。吴精绘事，以纤巧胜，所绘画集，颇为时人所重。

继《点石斋画报》而起的有《飞影阁画报》《书画谱》等，形式和内容大同小异。到了光、宣之交，石印之法流行南北，画报风起，可说是石印画报最盛的时代。就我个人所藏的就有二十多种。著名的有上海发行的《图画日报》《图画演说报》等，在京都（北平）发行的有《浅说日日画报》《新铭画报》等。印刷方面虽不及《点石斋》之精，内容也较简单，但有几种已按日发行，且附有广告了。

到了光复的前后，革命的狂澜澎湃全国，画报界也受波动，当时崭新的报纸如《民立》《时事》《太平洋》等都附有画报，除描写当时市井琐事之外，很注意到国家大事，漫画也由滑稽进到讽刺，在意义上又较前进步多了。这个时期延到五四运动前后。五年之前《上海漫画》还用石印，加套颜色，颇见精采，可惜不久就停了。近来，石印画报除了市井投机小商人，印些简陋的社会新闻叫卖外，很少看见了。

三

石印画报的势力一直维持到摄影盛行、铜版产生后，才渐渐衰落，而且报纸上的照相铜版插图也多起来，比那绘写的石印，自然更形传神，石印势既失败，寥寥的几种石印画报也不能不陆续停版。可以说铜版在画报上是个很大的改进，而对石印实是个致命伤。

最初应用照相铜版来印画报的，要推世界社在巴黎印行的《世界》了。创刊于丁未秋季，即清光绪二十一年（西历一千八百九十五年）到现在已将四十年，该刊由姚蕙编辑，巴黎大学教授南遄鉴定，今之党国要人吴稚晖、李石曾、褚民谊三氏均参与其事。内容分世界各殊之景物、世界真理之科学、世界最近之现象、世界纪念之历史、世界进化之略迹等，印刷极精，并有套色，每册定价两元。大概在国内不大流传，即当时报界也没有此种机器及财力，并没受多大影响。所以，石印入民国后，还盛行了很多年。等到民国九年，上海时报馆才用照相铜版来印刷《图画时报》，随报赠送，以照片为主，附以简要说明。最初侧重时事、人物、风景，后来却偏重妇女和运动了。《时报》自添了画报，一切用铜版印刷的照片，比石印清晰迫真千万倍了，使报纸添了不少精采，全国报界闻风兴起。自此，铜版画报有如雨后春笋的茂盛。

当时负盛名的如北京（北平）《晨报》的《星期画报》，及《北洋画报》。图书之外，小品及小新闻也很注意。《北洋》且独立发行，因编制精良，印刷出色，在北方销行颇广。南方如《上海画报》《摄影画报》等也风行远近。这时凡稍具规模的报纸，可附刊画报，或在纪念日附印画报特刊，即杂志如《东方》《小说》等亦附数幅插图，不过还没有订成本子。到了八年前《时代》《良友》《文华》等画报相继创刊，每月或半月一大册，增加材料和文字，因内容的丰富，为画报界开一新纪录。在这北伐前后，十多年间，可说是铜版画报最盛的时期。

到了民国十九年，又有影写版的流行，铜版很受影响，不过铜版有她〔它〕独立和清晰的优点，仍能存在的。

四

中国画报最盛的时候，欧美影写版已很通行，上海最初用影写版的是商务印书馆《东方杂志》等的插图画报。单独发行的《环球画报》于民国十八年创刊，因用纸粗劣，内容平弱，销路不大，不曾引起国人的注意，后来因经济不能维持，出版数期后就停刊了。此后，《申报增刊画报》也采用影写版，较《图画时报》又另有一种精采，才受到普遍读者的欣赏，《时事新报》《新闻》也起而争胜，各出画报，较一日的短长。不久，《时代》也改用影写版印刷。这时期有人说是画报的年头，可见当时蓬勃的情形了。

五

短短的五十年中，画报已有如许的变迁，每一个时期都有很显著的进展，这是可喜的现象。我们拿本五十年前的《点石斋画报》和五十年后的《万象》来比较，真感叹系之了。近来，德国的天然版已告成功，一切人物、风景印刷到报上，都是本来的颜色，想不久也会到中国的，那么，画报界当然又有一番新气象了。

二十三年九月廿七日 写于沪西逍遥阁

（《时代》第 6 卷第 12 期，1934 年 10 月 10 日）

五十年来画报之取材

在新闻事业比较幼稚的中国，想不到画报产生已经有五十年的历史了。画报内容，历来都是以时事为取材之中心，与字报比较，于新闻价值上实有同样地位。而画报则给识字者看读外，尚有令不识字者能领会之优点，故画报更应较字报普遍且为大众所欣赏的。五十年前最初创行的是上海的《点石斋画报》，该报创办于清光绪十年，为西历一八八四年，完全是绘画，由画家将当时社会现状及政治消息等绘成图画，用石印印刷发行。当时摄影术未精，画中所表现之事实都是靠画家之想象或写生。及到近年摄影盛行，画报内容便完全换了一个面目，印刷上大加变革，由石印、铜版进而为影写版。新闻时事更不是意象的绘画，而是以真实情形贡献于阅者眼前的照片了。在这里，我们把五十年前《点石斋画报》和今日画报之材料作一个比较，除技术上有了极大进步外，我们可以见到五十年中政治、社会、科学等等之演进。《点石斋画报》之说明，实足以代表当年一般国人的思想。五十年来画报经过如许的变迁，便是时代潮流，也有大大的改变了。

（《大众画报》第 14 期，1934 年 12 月）

四十年前之画报（二）①

上海《点石斋画报》发行于四十年前，为中国画报之创刊最早者。其作品之精良，久

---

① 《四十年前之画报》连载于 1935 年《家庭周刊》。今选录其第二、六、七、八、九、十篇。

为艺林所珍贵，惜发行不久，即行停刊，是以流传甚少。本刊收藏此种画报计有百余幅，前曾制版刊布数期，颇得读者欢迎。兹自本期起，仍陆续按期发表，以供同好。

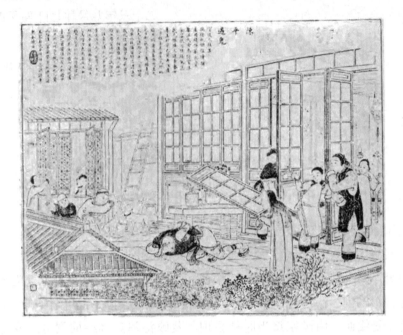

（本图说明）图系某姓家遭窃趣事。先有一贼入某姓家行窃，继又有偷儿扮做鬼的模样，入内行窃，适与先至者相遇，则先至者睹状惊倒于地。家人闻声群起，将二贼捉将官里去。

（《家庭周刊》乙种第 84 期，1935 年 1 月 27 日）

四十年前之画报（六）

杜少陵诗云："昨日玉鱼蒙藏地，早时金碗出人间。"这两句诗的意思，就是说富贵之家往往以金银珍宝殉葬，这是最愚不过。山东乐陵县南四十里有惠王冢，故老传云冢中有金人男女十二，又以黄金铸成骡马、鸡犬、器皿等物。有王姓者曾掘得金鸡一只，携置案头，每年立冬后能报晓。且闻行路者云，每于黄昏时，见冢上有光灿然，疑为明月，及近前视之，则黑暗如故。因此一般人纷纷揣测，皆谓冢中必有夜明珠。是则惠王冢被人发掘，将不远矣。

（《家庭周刊》乙种第 89 期，1935 年 7 月 7 日）

四十年前之画报（七）

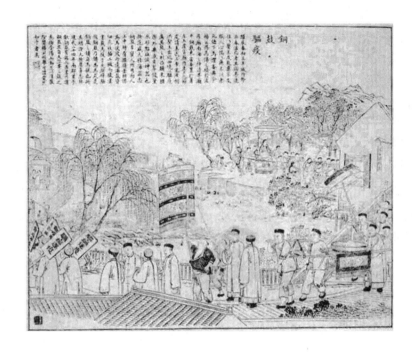

中国从前直到现在，一遇到瘟疫盛行时候，不知从事防疫，多委之于天命，所以抬神驱疫之事时有所闻，在前清尤甚。此种举动，且多由县官倡导，可谓无识之甚。

（《家庭周刊》乙种第 90 期，1935 年 7 月 14 日）

四十年前之画报（八）

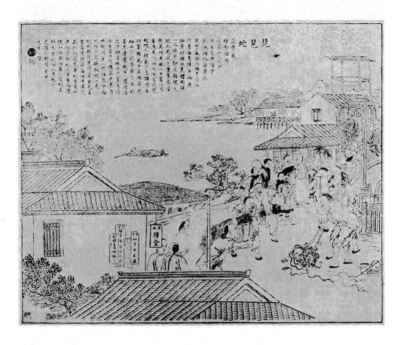

象山竹山寺有鼎丰粮食店，生意兴隆，稻梁〔粱〕粟菽，每年均有赢余。但是铺中人工作者每患绵力病，无论身材雄壮气体刚强之男子，一入粮栈，即形消瘦，而觉无力。屡次换人，皆是如此，莫明其故。一日有两讨饭者过其门，称此间有琵琶蛇，能吸人精气，如不早为除之，待生翼后，即不易捕之。主人闻言，恐慌异常，许给两丐六十元为酬，请除之，丐允。次日丐携器具来，将地板洞穿一穴，倾器中物于穴内。片刻掘地板视之，见一蛇形类琵琶，作黄金色，头有角，蛇身有物缠绕如绳，盖即丐所倾入之小蛇也。遂用柴火焚之。

（《家庭周刊》乙种第 91 期，1935 年 7 月 21 日）

四十年前之画报（九）

　　杀人偿命，律有专条。然而近世人心叵测，恒有移尸灭迹，嫁祸于人之事。淮安板闸前街有一湖南人某甲开设杂货铺，不数年居然稍有积蓄。然平日待人接物，与人无忤。一日清晨开门，忽见一无头尸身，例置门前石阶之上，吓得某甲目瞪口呆，手足无措。迨邻右惊至，验得死者系一女子，头则高悬于廊檐之下，而地上并无血迹。遂入城报官，县令立刻莅验，并传邻右细加研讯，知系移尸，当即饬差严缉凶手云。

（《家庭周刊》乙种第 93 期，1935 年 8 月 11 日）

四十年前之画报（十）

　　有福建人林某，生长于新嘉坡，最爱饮酒，每酒必醉，醉则酣眠数日方醒。有同乡胡某，闻林某善睡名，往访。胡曰："闻君善眠，但我亦喜此，何不一赌胜负？"林曰："将如何分胜负耶？"胡曰："你我各设一床于此，同时入睡，以三昼夜为度，谁起的晚谁为

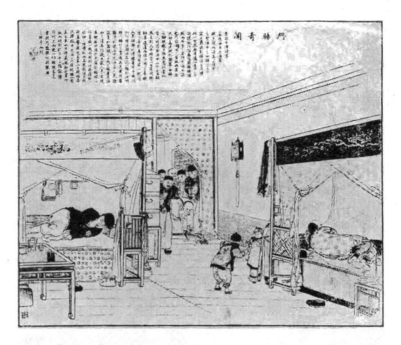

胜，可得洋五十元。"林同意。遂各约亲友数人在屋中监视。于是林即痛饮而卧，胡则仅嘴嚼槟榔一粒就榻。不移时，鼻声齐起。睡至次日晚，始各从睡眼朦胧中起来小便一次，后复睡如前。直至第四日清晨，林始起身，觉腹饥饿，而胡则于下午二点钟后始呵欠起身，一似睡犹未足者。至是林乃拜服，以洋五十元与之，握手而别。

编者按：上述之故事，睡而能经过四日夜之久，可谓善睡，名之"睡鬼"，谁曰不宜？然而中国今日醉生梦死如林、胡其人者，社会正多。廿年"九一八"以迄今日，国家蒙受空前奇耻大辱，然而全国上下始终未忘营私舞弊，未忘及时行乐，良知良能，丧失殆尽，其与醉生梦死之睡鬼又有何异！然而睡鬼尽其能睡，不过四昼夜耳，一般醉生梦死之国人，将何日猛省？

（《家庭周刊》乙种第 96 期，1935 年 9 月 22 日）

中国画报之始祖

上海《点石斋画报》发行于前清光绪十年（一八八四）甲申四月，系旬刊，月出三册，每册凡新闻八页，编目用天干、地支、八音、六艺，共出三十六卷，连史纸石印。主持者为《申报》，作画者皆当时名画家，如吴友如、金蟾香、张志瀛、田子琳、何元俊、符艮心诸人。所绘均系新闻。

（《报学季刊》第 1 卷第 4 期，1935 年 8 月 15 日）

中国漫画发展史

黄士英

导　言

漫画——西洋文化的产物，流传于中国的历史比其他姊妹艺术为短。中国汉代的《流民图》等，虽然也包含着讽刺意味，与漫画的性质相似，然而不能普及而适应于大众的需要。辗转流传，经过了几个艰苦的历程，到近代便渐渐成熟起来了。

漫画在人类社会的活动里面发掘资料的题材，而抓住一个时代的社会病态加以夸大的描写，表现着时间上存在的历史背景。某一个时代的作家，他所发表的漫画就含有当时的政治情形与社会状态，若以过去的漫画加以检讨，无异看到一部经济变迁史，一本社会进化史，或一本政治的流水账的记录。

近代漫画界的活跃，漫画作家的勃兴，漫画发展的路线的广泛性，已深得广大读者的同情；漫画在急切的进展的途中，在时代的过程里，在文化的领域内透出永久不灭的光芒。

本　论

中国漫画第一步开步走的时候，首推清光绪十三年出版的《点石斋画报》了①。《点石斋画报》为中国画报的始祖，主编人吴友如、钱病鹤，乃以绘画代替照相的时代，内容取图文对照方法，一面文字叙述故事、小说、新闻，一面加插绘画。那时绘画虽然还没有独立成为漫画的价值，可是引用绘画的力量来表现文字的不足而单独出版定期刊物的《点石斋画报》，却是绘画描写实际社会生活的起点，亦可说是中国漫画界的胚胎时代。《点石斋画报》的绘画技巧是纯粹的中国古典型的，诸如《水浒》《红楼梦》《三国志》一类小说的插图，线条纤细工正，构图规则严密，十足表现君主封建时代士大夫阶级控制

---

① 作者下文均随文括注"（图×）"字样，但文中无"（图一）"，据文意应在此处。——编者注

下之人民生活。

漫画史的发展的历程可以时代区分为四个阶段：

第一阶段——维新运动之辛亥革命时期——清代至民元

第二阶段——文化革命开始的五四运动时期——民八

第三阶段——五卅惨案的革命文学时期——民十四

第四阶段——九一八事变的民族复兴时期——民廿

漫画与印刷的进步又起着连带作用，我们可以在印刷的范畴内把漫画的进展划为四个时代：

A. 木板手工印刷时代

B. 石印时代

C. 铜锌板铅印时代

D. 橡皮板印刷时代

维新运动以前及辛亥革命以后

在辛亥革命以前的《点石斋画报》出版之前，还有未成名的画报是用木板手工印刷的，取材与绘画技巧与《点石斋画报》大同小异，不过并没有正式发行，用以张点墙壁等用。这一个时期的漫画我们名之曰木板手工印刷时代，亦是古典型技巧绘画时代。

《点石斋画报》的出版时代是西洋石印印刷术流传中国之后，印刷颇见精美。继《点石斋》之后，于光绪二十三年便有《求我报》半月刊等出现。《求我报》除用图文对照之外，更用绘画介绍西洋的科学（图二）技巧，虽仍是中国古典型，而取材已经走上了实际生活的道途。

自从新闻纸日报林立，漫画亦遂走上了报纸的地位。光绪十九年的《新闻报》，民国元年的《大共和日报》《神州日报》《亚洲日报》《民立报》等的附刊中，时常有作家发表讽刺画的踪迹。

辛亥革命之潮澎湃全国，人民受了新思潮的剧荡，努力于维新运动，西洋新文化源源流入，新兴艺术更易为国内智识界所接受。漫画亦就在这维新运动之中，挺起幼小的苗芽来。

那时漫画界人才辈出了，新兴画家沈泊尘、丁悚、陈抱一、张聿光、江小鹣等都是活跃于当时日报的讽刺画的中心人物。

《大共和日报》——沈泊尘、丁悚

《神州日报》——张聿光、沈泊尘、丁悚

《民立报》——钱野鹤

《新申报》——丁悚、沈泊尘

《亚洲日报》——江小鹣

《新闻报》——马星驰

文化革命的五四运动时期

北京五四运动发生，智识界突破封建思想，新文化思潮怒放，全国受此影响，面目一新。漫画界虽在极幼稚时期，而反封建与民主思想的表现之讽刺作品，亦多产生。当时日报上漫画风行一时之外，更有《世界画报》半月刊出版（图三），绘图者张聿光、刘海粟、丁悚、但杜宇、张光宇、谢之光、杨清磬、王济远、左匋、国宾、贺锐、寄鸥，一个十六开的本子，备具了漫画刊物的形式。技巧方面除了固有的国粹作风之外，更接受了西洋漫画的初步技术。

在古朴素雅的中国的民族性中，显然对于这新兴艺术没有相当了解，或竟不合口味，读者只作为一种新奇的玩意罢了。

漫画自从爬上了报纸地位，急速的进展开来，当时已从实际的生活里找寻漫画题材，而讽刺与批评当时的政治社会。漫画随着日报风行在中国的文化界中欣荣滋长，在艺术的领域内抬头起来了。

可是不久便渐渐衰落下来，衰落的原因不外当时作家凭着满腔的热忱与兴趣从事制作漫画，而没有巩固的地位与适当的酬报来继续他的兴趣，于是一度的腾沸之后，便不久冷落下去。

当时留日回国的丰子恺先生，带着日本作风的技巧到中国，漫画的名称亦由丰子恺先生来自日本。丰子恺初期的作品发表于《东方杂志》，亦是东洋漫画的一个重要媒介人，著有《子恺漫画》集出版。

当江小鹣先生为《亚洲日报》作讽刺画时，签名式绘一象形之骷髅，亦为中国漫画界化形签字之创造者。

新闻纸漫画一度繁华，一度凋零，在当时新闻界亦还没有正确的了解漫画在新闻事业上之重要，以致作家星散了。然而，漫画在中国经了先进漫画家的奠基工作之后，渐渐篷〔蓬〕勃起来。短期销沉时期过后，热烈的火焰重复燃烧，而且又跃出了一批新的健将，与新的漫画的途径。

沉寂后的漫画界的复兴的开始，是在彩色石印与铜锌板铅印的过渡期，继续从事于漫画运动的中坚份子沈泊尘先生，在民国七年《上海泼克》突然出版了。《上海泼克》由沈泊尘一手包办绘画，所以又名《泊尘滑稽画报》（图四），亦是一个十六开的本子。因他作品技巧的成功与寓意的深刻，打入了许多读者的心田。沈泊尘先生是中国漫画界中第一个接受西洋黑白钢笔画技巧而成功的一个人，在他的画里面可以强烈地意识到那时政治社会情况。帝国主义加紧的侵占殖民地，中国政治黑暗，军阀操政，出卖民众利益，人民堕落等等，在沈泊尘先生的牟利①的笔尖下，籍〔借〕他纯熟的技巧的表现，极尽讥嘲痛骂讽刺的能事。我们今天检阅沈泊尘先生的遗作，觉得沈泊尘先生对于当时社会的一番苦心，他对着社会不满无限的诅咒，无限的积极的反抗，笔尖上冷酷的讽刺，内心热情的燃烧，这一个天才的讽刺作家，早期的成功者，已经尽了一个漫画家所应尽的责任。总于因他辛劳过度，含着满腔的怨愤得肺病而与世长逝了。沈泊尘先生确是忠实于漫画的一位勇将，他的死是漫画界的一个莫大损失，而同时亦为中国的漫画界立下一个坚固而永久的基石。

沈泊尘死后，《上海泼克》亦停止了，而这位漫画界的令人起敬的漫画却依然长存！

继《上海泼克》后出版的《三日画报》，漫画文字之外，更采用铜板照相，主编人张光宇、张振宇、黄文农，漫画与时事照相打成一片，而当时一般的画报上亦加插用漫画以为点缀。那时新闻纸上已经减少了漫画的地位，而西洋漫画之技巧，已为一般作家普遍的采用了。

五卅惨案的革命文学时期

民十三上海五卅惨案的发生，革命文学的兴盛时代，漫画界所受到的影响虽极微渺，而在每次新势力的动转之中，漫画亦遂以新的姿态出现于读者之前。

民十六新闻纸的《申报》开始刊戴〔载〕长篇滑稽画《改造博士》(图五)、《陶哥儿》等，执笔者鲁少飞、季小波等，是中国报纸揭戴〔载〕长篇漫画的始创，一年后便停止了。《改造博士》以滑稽吸引读者，而受到群众热狂〔狂热〕的拥护。那时读者初次感受了漫画的亲爱味，浓厚的兴趣于是诞生了。

民十四革命军北伐，漫画曾一度加入军事工作，以反帝国主义与打倒北洋军阀的口号为宣传工具。从事此类工作者梁鼎铭、中铭、又铭昆仲，与短期的局部的沪地漫画家(图六)。

《三日画报》之后继有《上海漫画》出版。《上海漫画》(图七)在中国的漫画史上树起了一个崭新的旗帜(是五彩石印与铅印的一四开大张)，全部接受多方面的西洋漫画技巧，执笔者张光宇、张振宇、黄文农、叶浅予、鲁少飞等，具有完美的形色，彩色漫画的具体化，内容尽情的描写都市生活的病态，所以很能够抓住都市的大部份的读者。漫画无疑地已经正式成立了一个具体意义与旨趣的艺术，开展出一条新的路径，同时博得一般读者普遍的了解与欢迎。黄文农的政治漫画风行一时，以冷隽而尖刺闻名，技巧的奇特为一般读者所赏识，遗留《文农讽刺画集》《初一之画》，亦为漫画史上值得纪念之遗迹。长篇漫画《王先生》亦在《上海漫画》上开始，更以趣味吸引了不少读者对于漫画的

---

① 原文如此，当为"犀利"之误。——编者注

爱好。

《上海漫画》每周出版一期，民十七发刊，至一百十期停止。《上海漫画》停刊后，漫画界又遭遇了一次冷落的厄运，除了几个刊物上另〔零〕碎的刊布寥寥发表几幅时事漫画之外，漫画就在整个的昼寝中。

方雪鸪、陈秋草、马国亮等更以抒情的唯美作风见于时，而在画报中蔓延着。那《时事新报》《青光》揭戴〔载〕郭建英漫画（图八），郭建英漫画以独特之秀丽作风与耐人寻味之寓意为读者所赞赏，题材多描写都市青年男女之追求欲，尤为年青人所爱好。

小型报纸加插时事漫画最早而最永久者为《晶报》。《晶报》由黄文农执笔八戴〔载〕，首当军阀混战之冲，文农政治讽刺画亦闻名于时。至民国十九起由黄士英继任。上海小型报纸，在此时期亦以讽刺画为主要材料，孙延哲、张白鹭、何煮石等各绘其擅长之作风，对当时政治社会问题颇多评〔抨〕击，为大报所不能发表之佳作。

中途有季小波氏之《学校生活》，以特殊之技巧取材学校生活之素描（夭亡）。

九一八事变的民族复兴时期

九一八事变之秋，中国的漫画又在一个冷落之期中。报纸上漫画虽以此为取材之唯一对象，而缺乏单本杂志加厚其力量。沪战时《中国漫画》出版（图九）（本文作者主编），当时适当沪地临烽火之交，描写战时紧涨〔张〕状况与民众的激昂情绪，与被压迫国的公理的呼吁。沪战结束，《中国漫画》亦停止了。

更有小型的《玲珑漫画》出版，三和公司发行六期便夭亡了。

又经过了一度的冷落之后，第二复兴期（最近期）的开始，便是中国漫画界的最兴旺时代了。虽然每次演进的结果总得到丰满的成绩，而漫画作家普遍的多量的产生，上海而外，北国的北平，南国的广东，各以活跃的姿态跳向漫画阵地，更造成了近代漫画界狂热的现象。处于这样复杂的社会之间，同时供给了漫画家多样的题材，漫画为时代所需要，已为一般读者一致的要求。前者有《时代漫画》出版（图十），后者有《漫画生活》出版（图十一）。近世人类社会生活复杂，帝国主义的矛盾，经济恐慌，失业人数激增，压迫者与被压迫者、榨取者与被榨取者之极度尖锐化，殖民地普遍的贫乏，同时在这资产社会的一端，在火山口上极度享受的布尔乔的伸〔绅〕士，玩女人的肉体，说俏皮话。近世的漫画亦代表这二个体系而反映了这两个严重时代的特征。

今岁春由本文作者及黄鼎举行全国第一次漫画展览会，观众颇拥挤。漫画在公共场所公开展览，而在一般的读者惊奇的心目中加厚了他对于漫画的信念。作品二百余，内容多暴露不调和的畸形的世态。

近代漫画作者的技巧除英美型之外，更接受了德俄的漫画影响，并且在个人经验的酝酿中不息地变动着。所以在这四方杂处的中国殖民地市场牢割下，亦造成了中国五光十色的漫画的技巧，一部份的印刷在的橡皮板印刷时期中。

往后又有《现象漫画》《漫画漫话》《群众漫画》《中国漫画》等出版，可是不久因种种关系停刊了，而一般的出版物及小说、杂志、画报都以漫画为主要材料，今后的发展前程自可较乐观了。中国漫画发展史到此告一段落，其余当在将来再继续。

（《漫画生活》第 13 期，1935 年 9 月）

画报漫谭

吴复曾

范君烟桥，曾有《词林谭助》一文，揭载本林，对五十年前图画杂志考论綦详。诚以《点石斋画报》发行最早，绘画者如吴友如、金桂辈均能领异标新，出之工致笔法，见重艺林，固非［但］近时所罕有，亦昔时之杰作也。尝读石印《淞隐漫录》，则知此书成于光绪十年，著者为天南遁叟王韬。其序云："……追忆三十年来所见所闻，可惊可愕之事，延善于丹青者，即书中意，绘成图幅，十有二卷……"其版本大小，悉如《点石斋画报》，而所绘人物，或作古代装，精雅可爱，亦以友如手笔为多。此书之后，王氏尚有《漫游随录》一书，图凡八十幅，记王氏游历所经，染翰成书。执笔者除吴氏外，尚有张子瀛氏。状异国风光，叹为观止。后此吴氏个人，又有《飞影阁画报》之作（光绪十七年印行，申报馆经售），月出三期，每册十页，折叠装成。附册页三，曰百兽图说、闺艳汇编、时装士女，系鸿宝斋精工石印。期数以千字文排列，又为别致。当时与《点石斋画报》并行之刊物，犹有《十种曲》，大小亦同画报。余藏有《风筝误》一本，凡廿九出，由金蟾香所绘，以昆剧为监〔蓝〕本，传之图画，亦有可赏处。余如吴友如所作《功臣战绩》等图，当时进呈御览，备极荣邀，是亦画报之滥觞欤。光绪廿五年，又有新闻报馆经售之《生香馆画报》风行，描绘时事外，并载《查潘斗胜》《集千字文开篇》，惟书法未及吴氏之精工。适案有藏书，爰附及之。

（《新闻报》，1936 年 11 月 26 日）

我国的第一种画报

张若谷

在民国二十七年十二月十二日的《〈申报〉春秋》栏中，载有沆瀣斋主的《上海掌故谭》，开首即谈光绪十年（一八八四年）上海申报馆申昌书画室发行的《点石斋画报》。原文中有如下的叙述："《申报》之刊行《点石斋画报》，为中国有画报之始，其时为光绪十年，中法战争正开始，报于四月发行。"又在同月十三日的《春秋》中，谈《点石斋画报》下篇中，有这样一节评语："因《点石斋画报》之起，海上画报遂日趋繁多，然清末数十年，绝无能与抗衡者。"

据我个人所知，上海的初有画报，并不始自《申报》发行的《点石斋画报》，而上海画报的勃兴，也并不在《点石斋画报》发刊之后。事关历史、掌故，有文献可稽，不可歪曲事实，特举出为沆瀣斋主告，并供留心中国近代文化史者作为参考。

两年前我写过一篇《纪元前五年上海北京画报之一瞥》，载于民国廿五年十月十日出版的《神州日报复刊纪念册》上，列举光绪宣统年间在上海、北京两地发行的各种画报，单是根据我个人所收藏的有下列八种：上海发行的《神州画报》《民吁图画日报》《沪报新闻画报》《图画日报》，北京发行的《北京当日画报》《浅说日日新闻画报》《燕都时事画报》《北京醒世画报》。在那一篇文字中，我曾讲到我国最早的画报，原文如下："自从中国有现代日报产生以来，最早的画报，恐怕要算纪元前三十二年（清光绪六年即公元一八八〇年）上海出版的《画图新报》，从那时起到如今，也有五十六年的历史。到了纪元前三十年间，石印术流行，才开始有关于时事新闻的画报出世，最著名的有纪元前二十八年（即光绪十年）出版的《点石斋画报》等……"

在《神州日报复刊纪念册》里，同时还刊有"上海通社"写的一篇《最早的画报》，也是讲到这个问题的，原文略称："若谷先生的《纪元前五年间上海北京画报一瞥》，是一篇极有趣味的文字，同时也是一篇极有价值的史料。因为文中讲到了最早的画报，我们想就讨论这一个问题。《画图新报》并不是顶早的画报，而顶早的画报原来就是《画图新报》的胞姊，名字叫《小孩月报》。她们都是上海清心书馆出的，《小孩月报》创刊于一八七五年（光绪元年）三月，《画图新报》创刊于一八八〇年（光绪六年）五月。萨空了先生于一九三一年（民国二十年）在北平燕京大学演讲《五十年来中国画报之三个时期及批评》，亦提及《小孩月报》为上海编辑印刷甚佳之画报，但是他自己未曾见过，并且他还问过戈公振先生，戈似未曾亲睹。上海市通志馆里已经收集了《小孩月报》若干份，《画图新报》的第一号，通志馆已藏有之。在《小孩月报》和《画图新报》创刊时代之间，申报馆也曾出过一个画报，名叫《瀛寰画报》，创刊于一八七七年（光绪三年）九月，出五卷而止，见《中华各报流源年数表》（载于《画图新报》第十年第十二卷）。《瀛寰画报》罕闻人提及。一八八四年五月八日，《点石斋画报》创刊，而《点石斋画报》出版之时，《申报》刊登广告云'本馆新创画报'，说《瀛寰画报》是《点石斋画报》的前身，也未尝不可以吧。"

根据上面所举的史料，我们可以说：中国第一种画报的出现，如果以上海为最早，那末第一种画报或当推上海清心书馆出版的《小孩月报》，其次是《画图新报》。前者是月刊，内容图文并重，有诗歌、故事、名人传记、博物、科学等；后者也为月刊，有地图、风景、天文、地理、科学、风俗、时事、名人像等。若以出版年代的先后而言，《点石斋画报》实在《瀛寰画报》之后。再若以印刷而言，《小孩月报》和《画图新闻〔报〕》，有用插图都是铜版雕刻物，都很精致，不但在"清末数十年"可与《点石斋画报》相"抗衡"，而且简直可以堪称为画报的先进也无愧的吧？

总之：我国之有画报，并不自《点石斋画报》为始，而且，《点石斋画报》也不是申报馆发行的第一种画报。

（《战时记者》第 7 期，1939 年 3 月 1 日）

最早之画刊

明　绍

昨（三日）为中国画圣高奇峰先生逝世忌辰，先生之天才绝艺，无庸赘述，惟其昔年创刊《真相画报》事，鲜有人道及，用就高氏弟子所述者，择志于次。

《真相画报》创刊于民国元年四月间，在广州出版，沪埠民智书局经理发行，每月一册，出至第三卷第七期止，共计三十一册。当时国内画报刊行极少，该报出版后，颇为国人注意，惟在广东、香港及南洋各地销行较广，沪埠与其他省市县销数不多。

该报系十六开版式，纸张印刷尚优美，其内容图画注重艺术方面，文字悉属国内政治要闻，及各国政况、翻译一类稿件。社会人士阅之，虽兴味较少，然为近二十年来最早之画刊，于中国美术史上固居有重要之地位也。

（《晶报》，1939 年 11 月 5 日）

谈我国的定期画刊

凌 洛

我国的定期画刊，《点石斋画报》发行最早，时为光绪十年，距今已历五十余年。内容以时事题材为主，侧重于有趣味的新闻，像《淘井得银》《猪生小象》之类"聊斋志异"的资料最多，由画师绘成细致的图画。用石版印刷，纸张系土产川纸，黄皮画面，每期八页，售价五分，发行者是点石斋石印局。继《点石斋画报》之后，有《图画日报》《日新画报》《新铭画报》多种，大同小异，都着重叙事，补文字之不足。后来摄影术发展，替代了绘画，石印也被铜版所夺，于是渐被淘汰了。

《时报》附送的《图画时报》，也曾风行一时，喜出风头的新婚夫妇，都把结婚照送去发表。不久，篇幅缩小至"十六开"，每周发刊两次，于是不复为读者所意。《图画时报》完全用铜版印刷，文字极少，是照相汇刊性质的画报。

"五卅"案件发生时，小说家毕倚虹创刊《上海画报》三日刊，用铜版纸印单色，"四开"大小。内容图文并重，图画除摄影、美术、雕刻外，还有新兴的漫画，文字有长篇小说与时间性的记事，如政海轶闻、明星生活、闻人动态等，都是取材的中心。那时三日刊的"小型报"风起云涌，他办这画报的目的，不过使读者换换口味，不料创刊之后，极受欢迎，《三日画报》《东方画报》《紫葡萄画报》等纷纷仿效，成了很热闹的"画报时代"，直到书版式的画刊勃兴，方始盛极而衰，现在都已停刊。《金钢画报》还有几分《上海画报》的姿态。

书版式的画刊，质量更是丰富，"八开"的《良友》与《文华》，都充分利用进步的印刷术，在出版界中放一异彩。尤其是《良友》画报，内容编制最好，但也有一个缺点，仍以照相为主，漫画绝少刊载，因此有一辈漫画家，出版《时代漫画》一类的定期画刊，开拓个新的园地，胡考、叶浅予诸人的成名，就在这个时期。同时，影写版传入我国，又取铜版而代之，考究的画刊，都改用影写版印刷。

第二次沪战发生后，漫画家留在孤岛的很少，所以现在公共租界新闻纸杂志登记证发到六七百号，□载漫画的定期刊绝无仅有，画报比了战前也减色不少，没有一种用影写版印刷的了。最精美的是《电影世界》，单张的画刊，越加寂寞，《中国艺坛画报》，惜已停刊，纸张、制版、印刷三项飞涨，是最大的原因。

（《总汇报》，1939 年 12 月 29 日）

谭中国的版画

郑振铎

一

版画（Woodcuts）在今日的中国，发生了空前的作用，青年版画家在今日的中国也尽了他们对于国家民族很大的贡献。在内地，印刷厂相当的缺乏，新型的制版术均有无所施其技之感。版画乘时崛起，代替了锌版，代表了铜板，代表了彩色石印，成为最适用的宣传工具。我们内地，有的是刻板用的木材，有的是刻板用的各式刀，有的是美好的手工纸。这一切，被我们的青年版画家们充分的利用着，产生出空前未有的效果。

我们应该感谢鲁迅先生，他是最早提倡版画复兴运动的。他主持了两次的"木刻展览会"，印行了梅斐尔德的《士敏土之图》（民国二十年）、麦绥莱勒的《一个人的受难》（民国二十二年）、《引玉集》、《木刻纪程》（二十三年）、《苏联版画集》、《凯绥·珂勒惠支版画选集》，A.阿庚的《死魂灵百图》（二十五年），还为青年木刻画家们口译版画的技术，并讲演关于木刻画的问题。对于欧洲近代版画的介绍，他尽了最大的力量。同时，也不菲薄我国古代版画，曾与我合印了《北平笺谱》六册（二十三年），《十竹斋笺谱》第一册（二十四年）。这一切，都开导了我们研究的与技术的先路。

关于现代我国的版画，友人马耶先生搜集得不少，不久可以印行，这里不谈。这里所谈的乃是我国一千余年的版画发展的经过，在我国艺术史上可以说是补充了一篇重要的新页。许多欧美和日本人写的《中国艺术史》，版画从不曾占据过一行半页的地位。商务印书馆最近发行的福开森（John C.Ferguson）所著的《中国艺术综览》（Survey of Chinese Art），自金石书画至玉器、瓷器、建筑、家具、织物各为专章，乃至玻璃、珐琅、石屏、印章、墨、砚、古琴之属，无不述及，"几包括中国艺术之全部"，独无一语及版画。在日本艺术史上，"浮世绘版画"占的地位很高，为什么为世界版画之鼻祖，且雄据〔踞〕版画史最高座的中国版画却无人注意及之呢？Laurence Binyon 的《Catalogue of Japanese and Chinese Woodcuts in the British Museum London 1916》一书所记录者仍以日本版画为主，我国版画仅居附庸之地位而已，且所收均非上乘之作，得书不易，当是最大的原因之一罢。我二十几年来，专意搜集我国版画，所得附插版画之图籍，在三千种以上，所见所得单幅之"年画"等亦不下二千幅。有见必收，有闻必录，在各公私图书馆及各收藏家所摄得之版画影片亦盈数箧。近发愤聚集所得之材料，编为《中国版画史》四册、《中国版画史图录》二十册，交上海良友复兴图书公司经售，或足一雪世人忽视我国版画之耻罢！

欧洲最早之版画为纸牌上的图饰，时在公元一千四百十年左右，其时为我国永乐八年左右，正是我国版画第二个黄金时代，其富丽精工之程度，已达欧洲近代版画之境界，而欧洲的版画，方在胚胎萌芽之期耳。

二

我国刻铜、刻玉、刻砖、刻石之技术，发达得极早。殷商时代（公元前一三二〇——一八三〇年）已有绘画刻于骨上。安阳发掘之甲骨，除文字外，所具图绘已甚工致。青铜器（鼎彝等）上的图饰，古玉上的花纹，类以几何图案为主。至于汉代（公元前二〇六——公元后二二〇年）而刻石、刻砖、刻镜之技术大为进步，所具图饰，自人物至鸟兽花果，无所不备，当为木刻之祖，亦若秦汉碑刻之为刻书术之祖。

惟今所知之最早的版画，当为敦煌发现之经卷上的插图。最早供奉之佛像，往往佛像为手绘，而文字为刻板押印于像之下方者（约在隋代，即公元五八九——六一六年）。盖当时犹未知刷印之术，尚仿玺印之手押于纸上也。至唐代，则有以木板刻小佛像押印于钞本经卷之前者，号为《千体佛图》，亦犹今日佛卷之前所具之扉画。此殆是我国版画之最早的型式，由玺印和石刻蜕变而来者。

第一次刷印之版画，当为唐懿宗咸通九年（公元八六八年）王价施刻之《金刚般若经》卷首所具扉画。画为《释尊说法图》，图中人物之面貌、服饰的线条，粗豪而雄健。又有大晋开运四年（公元九四七年），曹元思所刻之大圣毗舍门天王像，作风亦同（见插图一）。[①]但此为单页刷印者，当类今日流行单页之诸佛与诸神像（若土地等），系作为供养之用者。又有大圣文殊师利菩萨像，亦为单页，亦同敦煌，当为同时代之物。

五代时，书籍之刻版大盛，于五经诸板外，和凝且以木板自刻其文集。版画亦因之而为用渐广。杭州雷峰塔圮，所发见之经卷，卷首皆有扉画，即为此时代所产出者（扉画不止一种，以开宝八年即公元九七五年，吴越玉〔王〕钱俶所舍施之《宝箧印陀罗尼经》卷首所具者为最著）。

三

北宋版之蜀本藏经有无扉画，今已不可知，然版画在北宋，其作用已超出于宣扬宗教之范围而入于应用之域。宋徽宗时代（公元一一〇二——一一二五年）为我国艺术之一黄金时代，想其时版画亦必极盛。今所传元版《至大重修宣和博古图》、宋版之《经史类证大观本草》、金版之《重修政和经史证类备本草》，其原本皆出此时，当必附有插图。今日所见"重修"（即翻刻）本，犹依稀可见当时刻工之精良。《宣和博古图》大都依据原来器物大小刊刻，其有缩小者亦一一注明，最为精审，图版之工致与原器不差累粟。

---

① 《良友》原刊插图多不清晰，现仅照原文注明插图编号——编者注

《营造法式》这巨著（三十六卷），为李诚所撰，计三百五十七篇，内图样六卷，界画尺寸，极为准。今虽未见崇宁二年（公元一一〇三年）所刊之原本，而于传钞本、翻印本中，就可睹诚之"汉官威仪"。我们倘得重见原本，诚可谓为艺苑之巨观，不仅供营造工匠之法式也。东方建筑术，今有复兴之象，此书实为其取资之总汇，法式之渊薮。

南宋（公元一一二七—一二七九年）之版画书，今存者犹甚多，自经、子至山经、地志、医、占、星、相、传记杂书，每多附有丰富之插图。"纂图互注"之《毛诗》《周礼》《礼记》《论语》《荀子》《老子道德经》《庄子南华经》以至《扬子法言》等不下十数种（见插图二）。陈祥道之《礼书》及《乐书》附图亦极多而精美。《东家杂记》之首亦附有关于孔子之插图。阮元翻刻之宋本《列女传》（见插图三），每幅版画皆甚隽秀，人物服饰皆足资考镜古代之社会生活。相传原本系出刘宋顾恺之手笔。我藏有《天竺灵签》及《观世音菩萨普门品》，亦同此型式，皆为此时代之物。题为"临安府众安桥南街东开经书铺贾官人宅印造"之《佛国禅师文殊指南图赞》，描写善财童子之经历各境，与我所藏之《金刚般若经》的版画约略相同，亦皆为此时代之物，其人物之神情意态，与乎各图之背景结构，均富有生动活泼之趣，其间室宇亭台、船舶几案之形式，皆是我们研究古代生活者重要之资料。又有宋伯仁作《梅花熹〔喜〕神谱》（刊于景定二年，即公元二六一年①），是为木刻画谱之鼻祖。

《碛沙〔砂〕藏》这部巨著，刊刻的年月，经过得很久，然大都为南宋所刻，其中每卷大抵皆有扉画，每幅扉画下方，皆署有刻画家及刻工姓氏。余所得之《大涅槃经卷》第十六，署陈昇画、陈宁刊（见插图四）；所得之《纯真陀罗所问宝如来三昧经》卷中，署孙祐刊；所得之《根本说一切有部毗奈耶破僧事》卷第八，署陈昇画、袁玉刊。版刻家之自署姓氏者，当以此为最早。所画、所刊皆臻精工纯熟之上乘。线条之刚柔，以及神情之表现，均为空前之作。如斯之扉画，几于每卷皆有之，最可代表这时代之作风。

自宋南渡后（公元一一二六年），中原为金人所占领，然文化则仍未甚衰落。金板图籍，今传于世者亦不少。以平阳为中心之金代版刻，殆与以临安为中心之南宋版刻成为南北对峙之二大文化的渊源。金板之《图解校正地理新书》与《本草》，其图型之精良，无异宋版。最可注意者，为俄人柯智洛夫探险队在甘肃省黑城附近发见之"随朝窈窕呈倾国之芳容"及"义勇武安王位"之二幅版画。前者署平阳姬家雕印，后者署平阳府徐家印，皆刷印于竖二尺五寸、横一尺之黄纸上。此殆为宗教版画以外之单幅版画始祖，当为后来"风俗画""年画"之先驱。"随朝窈窕呈倾国之芳容"的（见插图五），中有王昭君、绿珠、赵飞燕等四人，雕镂极为精工，额上皆有花黄，大类唐画，四边图饰亦极富丽，当为民间流行的观赏之资的东西。斯为我国版画之第一黄金时代。

---

① 应为一二六一年。——编者注

四

蒙古统一了中国，中国的西南部第一次沦于异族的铁蹄之下，然我民族之文化，在此八十九年（公元一二七九——一三六七年）却仍在不断的生长着，发展着。版画所应用的领域，且日益扩大，至侵入通俗书籍，若小说及读本之范围。闽南之建安，在南宋时代已为文化中心之一者，此时仍继续的成为出版家集中之地。建安虞氏所刊之《全相评话五种》，其规模无殊宋板之《列女传》。新刊至大元年（公元一三〇八年）刊之《新刊全相成斋孝经直解》（见插图六）。其板式亦如此，人物及背景结构，似较宋板之版画更为繁琐而复杂，通体皆是"汉官威仪"，无作胡服者。可见当时之画人刻工，其心事与宋遗民之以作"宋江山"之山水图画寓意者正同。所谓蒙古板之《祖庭广记》卷首所附孔子"小影"凡三幅，颜子从行，凭几及乘辂，皆表现得庄严而恳挚。尼山、防山及颜母山三图亦笔锋纵横，为山水画之佳构。又有《三教搜神大全》七卷，今虽仅见明代翻刻本，而元代刻家之遗型自在，对于一仙一佛、一神一像，皆各具不同之神态，乃是大幅人物画中之杰作。凡《列女传》《全相评话》诸狭长细图所不能传达之脸部表情，此皆有之，刻工技术已进步了不少。李衎于大德三年（公元一二九九年）刊其《竹谱详说》七卷，足与宋伯仁之《梅花喜神图》媲美，而于"竹"之种别，叙述最详，固不仅为一种画谱而已。此外翻刻宋代之《博古图》《考古图》《本草》和"纂图互注"之诸经诸子，亦不失原本之精神。

这时代是继续宋代之成就而不〔逐〕渐发展的，并不曾因异族的压迫而现衰落之态，反因士大夫阶级之没落，商人阶级之大为抬头，而通俗图籍为之流行更广，文化之传播为之更普及于下层社会中，此实大可注意之事实。一切小说戏曲、歌曲和版画之在元代盛行不衰的原因，当可于此得到其中消息。

明初（公元一三六八年以后）经大乱之后，艺术文化粗率不堪。洪武刊之佛藏，多不附图，而附图之书，其版画刻工之粗狂、幼稚，渐有倒流到唐五代去的样子。像洪武翻刊之《天竺灵签》，持以与宋刊原本相较，其程度之低劣，诚不止相差五十步而已，仅具人形，全无气韵。朱元璋为政残酷无比，唱曲者更割去其两唇，为觙戏者至斩去足部（见顾起元《客座赘语》），且残杀王冕、倪瓒、高启诸艺人学士。当时艺术之不会发达，此亦当是其原因之一。

但隔了三十多年的休生养息，版画又恢复了蓬勃的气象。永乐时代（公元一四〇三——一四二四年）的版画，其富丽精工，较之宋、金、元，似尤进一步。我得永乐板的《佛说阿弥陀经》一卷（见插图七），其插图之气象活跃，秀丽可爱，远在一切宋刊《列女传》型的版画之上。又得有永乐板《礼三世佛忏悔法门》一卷，竟卷均为细图，无一空隙，大类欧洲中世纪流行金碧钞本，或当受有此种金碧钞本之影响。盖当元代，欧洲此种钞本似曾流传到我国来（元代及明初所写之金碧钞本《千家诗》及道经、宝卷，今犹有存者）。皇家所刊之《诸佛菩萨名经》，其扉画精细，往古无匹。永乐元年郑和刊之《摩利支菩萨经》，扉图亦甚细致。尝有一僧，随郑和赴西洋，中途病殁，遗命以所遗资财，舍刊《天妃经》一卷，此经刊印于永乐十八年（公元一四二〇年），其扉画作天妃在水上行进的仪仗，布局甚为雄阔豪放。惜除诸佛教经卷外，其他图籍，未见有附图者。然即此数十卷之例子，已足证此短短之二十二年（公元一四〇三—一四二四年）间实可称为我国版画之第二黄金时代而无愧矣。

洪熙以后（公元一四二五年）嘉靖之前（公元一五二二年）将有百年，版画复趋退化。皇家贵室所刊书籍，都斥去插图，而具有插图之书，乃往往为民间所流行者。这些民间版画，刻工往往粗率简略。像刘东生《娇红记》所附图，规模似宋、元，而精致则远逊之。我所得《阎罗王经》《地狱远魂经》等，其插图均犷壮有余，精丽不足。殆所见皆民间刻本故耶？宣德所刊佛藏，其扉画固亦精工不下永乐本，只是当时士大夫不尚版画耳。

嘉靖、隆庆（公元一五二二—一五七二）五十年间，版画始复盛行。今日所见建安板之续本和小说、戏曲，像《儒林列传》《日记故事》和《西厢记》（见插图八）等无不附有甚多之插图，且多为《列女传》型式者，不失宋、元之型旧。顾玄纬刊之《西厢记杂录》，首亦附图数幅，乃至刘龙田刊之古文读本（刊于万历元年）、玉兰草堂刊之《辍耕录》，无不附图。至张居正之《帝鉴图说》出，则竟以图为主，以说为辅了。

这时期之版画，尚未脱宋、元作风之范围，图皆古朴素雅，不甚精致，不像永乐时代之富丽炮〔绚〕烂，光芒万丈。

万历初期（公元一五七三—一五九二年）的二十年间版画作家，犹未脱建安板的畴范，似仍以建安为中心，所刻图亦仍多为《列女传》型式者。南京之富春堂唐姓者，在此时渐露头角。所刊《全相评林》《列女传》《搜神记》《三宝太监下西洋记》以及《灌园》《千金》《西厢》诸剧曲数十百种，皆附图，且皆已能由《列女传》型蜕变而为巨幅之图画。期间蜕化之迹，今犹了然可睹。作为插图的说明之标题及联语，往往仍可见到：纪振纶刊之《扬〔杨〕家府世代忠勇通俗演义》（见插图九）要与某氏刊之《皇明开运辑略武功名世英烈传》亦然。

六

惟新安高石山房刊之《目连救母劝善戏文》之插图，别具一格（万历二十年刊），实为徽派版画之始祖。作者为黄铤，其古朴处，尚未脱明初之作风。但从黄奇刊之《养正图解》（见插图十）而徽派版画，始独擅胜场，睥睨〔睥睨〕一世。黄氏世居歙之虬村，自此以后，黄氏以版画作家鸣于世者几近百年。万历、天启、崇祯之间，凡附插图之书，殆十之六七出于黄氏诸刻家之手。当时流行之酒牌及纸牌，其镂刻亦多出于他们之手。

他们每多矜惜已作，刻一图成，必自署其名，甚具艺人之风度。今所能考知者，最早有黄奇、黄铤、黄鳞、黄镐诸人所刊，以《养正图解》《程氏墨苑》及黄嘉育本《古列女传》为最著。黄应瑞、应组、应吕、应泰、应光、应淳诸人，则为第二辈，这一辈艺术家，几乎垄断了万历三十年至四十七年（公元一六〇二—一六一九年）间的版画坫坛，而以应光、应瑞二人为尤著。应瑞字伯符，刻《状元图考》《关范》《方氏墨谱》《大雅堂杂剧》等；应光刻徐文长改本《昆仑奴》、徐文长评本《西厢记》、王伯良校清本《西厢记》、容兴堂本《琵琶记》、《玉合记》（见插图十一）、陈眉公《乐府先春》等。黄一彬、一凤、一木、一林、一彬①、一楷、一明诸家，则为第三代，雄峙于万历末至天启、崇祯之间（公元一六一九—一六四四年），而以一彬、一凤为尤著。一凤字鸣岐，刊《王李合评西厢记》（见插图十二）、《牡丹亭记》、顾曲斋诸元剧；一彬则刊凌刻《西厢记》《青楼韵语》《闲情女肆》《闺范》等。至明清之际，则有黄子立（名肇初？）为陈老莲刻《博古酒牌》《水浒叶子》等。又有黄德时、德修及汝耀等亦当是一家。其所刻版画无不精工绝伦，毛发欲动。豪迈则高山流水，海涛澎湃，隽逸则月下洞箫，疏影横斜。一点一画，一勾勒，一绣纹，乃至高毛上之半羽，衣襞上之绣饰，无不运以全力，决不苟简疏忽过去。又有刘应祖刻《金瓶梅》，汪士珩刻《唐诗画谱》，汪忠信刻《海内奇观》，汪成甫刻《吴骚合时》，无不卓然足以自见。这些人也是歙县的人物。当论，几于无书不图，有图则必求徽派之刻工。我七年前曾在《大公报》撰有《明代的徽派版画》一文，叙述这一派的作风甚详：

徽派的版画，谈不到什么"力"，什么深刻的人性的表现。他们只是以雕刻版画为生的匠人的作品。他们摹刻着名家的画稾〔稿〕，或自有那末一套谱子。父以是传之子，兄以是传之弟，子以是传之孙。他们有那末一副精致绝伦的刀和尺，那末一双熟练精工的眼和手，更加之以地土所产的坚致耐用[的]梨和枣，便形成了明代中叶以后徽派版画的黄金时代。你只要翻开一本明代徽板的剧曲，你一看到其中的插图，准得被其细腻匀称的线条、雅致工整的布局所迷醉了。你不会看一眼便抛在一边的。不错，看多，惯了，也许要腻烦，觉得老是那末一套谱子。不错，人物脸部的表情是太愉快了，雷同反〔了〕，个个美人都像是从一个模子里铸出来的，而笑和愁，哭和作态，也都是陈陈相因，没有什么强烈的个性可见。不错，那山和水，那石和树，那房室和园亭，那室内的布置，那廊庙和军营的生活形相，也都是那末一套谱子，不相殊，无甚变化；甚至那水波的洄漩，岫云的舒卷，茶烟的袅袅，奇石的嶙峋，也还是那末一套谱子；甚至衣衫的襞痕，发髻的式样，文武百官，宫人佣仆的冠裳打扮，也都有那末一套谱子，看不出时代的特点，看不出地域的色彩。不错，他们是按了一定的画谱来雕刻的，他们的制作，往往

_____

① 与前重复，原文如此。——编者注

是东拼西凑以成之的。假如有什么特殊的作风，不同的画格，那是要归功于画家们的。版画作家们的个性和作风却难分别得出。

正像近代英国派的童话插图之把我们带到小神仙的世界，绝秀美绝静谧的童话的世界里去一样，我们的徽派版画家也将我们带到一个理想化的美丽的"画里乾坤"去，远远的，远远的，抛却了现实的人世间在后面。

在这版画的世界里，一切生活是那末清丽，那末恬静，那末和平而满足。就是写死亡，描春态，写"殉杀"的悲剧，写震天撼地的斗争，也还是那末"温柔敦厚"的，一点剑拔弩张之态也没有。

他们气魄不大。他们要的是雅致细巧的布置，他们爱的是小园林，是假山，是喷池，是小盆景，他们喜欢娇小的女性，温柔的生涯，暖馥馥的内室，出奇的窗饰和帐帏。他们一切是小，但必求其精致，求其完美。

像黑夜把大地上的一切丑恶都遮蔽了一样，他们也将健美的技巧，把人世间一切的丑恶都遮掩了。他们写市尘，是那末熙熙攘攘的；写游乐，是那末舒徐纡缓的；写一切紧张的丑陋的活态，是那末适可而止。

要在那里面找"力"，找深刻的人性的表现，是无望的。但他们却以温柔敦厚，代替了"力"的表现，以"健美"的脸谱，代替了穷形尽态的人性的描写。

这是一个真正的古典的生活的描写，是古希腊人的生活的重现。古希腊人在墓门上刻的死亡，是那末飘遥隽美，绝对令人感不到一点恐怖；古希腊人雕的神和巨人之战，雅典人和"半马人"之战，那末震天撼地的生死相拼，但却表现得那末温柔敦厚，只令人感到"美"，不令人感到一点儿的战栗与厌恶。那便是"古典"的美，那便是"健全"的美。

徽派的版画便是与这同类的一种东西，他们具有百分之百的"健全"的美，具有百分之百的"古典"的美。

这些话大概足够说明徽派版画的特质了罢。环翠堂汪氏所刊《坐隐棋谱》（见插图十三）、《人镜阳秋》等，极燠暖富丽之致，已臻工细之最高峰。而至胡曰从（正言）之《十竹斋画谱》《笺谱》出，叹欢〔观〕止矣。二书皆刊于崇祯间（公元一六二八—一六四四年），实为彩色版画之最高的成就。其雅丽精工之境，前固无古人，后亦无人能及之。

在顺治、康熙（公元一六四四—一七二二年）之际，最著名者有鲍承勋，他刻了《杂剧新编》的插图等。到了乾隆间，玉池生《扬州梦》的插图，也还署着"鲍承勋子"镌，并不自署其名，可见承斋之名在清初之为尽人皆知了。

徽派版画的作品，变改了金陵派的作风。文林阁和继志斋、唐振吾等所刊的插图便是抛弃了旧的作风而改从了徽派的。他们的作风，也漫延到了杭州，武林人的刘素明和项仲华，其作风都是十足的徽派的肖子，也侵略了建安，晚明时代闽派版刻也都是与徽派相近，而与旧的传说的作风相远的。

清代（公元一六四四—一九一一年）的皇家版画，往往精工有余，气韵不足，《皇清职贡图》《避暑山庄图》《南巡盛典图》等都是如此。而像《皇朝礼器图说》那样纤巧细致之极的东西，却只剩了技术，没有了灵魂。惟像焦秉贞等大作家画的、朱圭刻的《耕织图》（见插图十四）、《万寿盛典图》等，却还有些生动的意趣，与徽派作品相近。

李渔主持刊刻的《芥子图〔园〕画谱》初集至三集，自山水至花卉、虫鸟，无所不具，而于十竹斋外，别辟一境，不似十竹斋之纤巧工细，却以大块文章的色彩施于纸上，水皆拖蓝，山尽耸翠，而于表现夕阳，则一抹残霞，半横画幅，甚具壮雄之概。日本近代木刻画，受其影响最深（见插图十五）。

乾、嘉以来，自传式的游记式的版画大盛。其始作俑者当为尤侗的年谱的插图（见西堂插图）。这部东西乃是版画史上的一个绝大污点，她〔它〕乃是第一次把胡服辫发的丑装介绍到版画上来的。自传的与游记的版画以《炼雪姻缘图》《泛图图》等为最著。而第一次把胡服介绍到戏曲的插图上的，则当推梁廷枏的《小四梦》。但在表现现实的生活上，他们和《万寿盛典图》等是同样的重要，不过大多数的版画都还是以山水为主，而以人物为辅。所绘人物大都皆是古代衣冠，与元代作品不殊。

清初最重要的版画作品为萧尺木的《离骚图》和《太平山水图画》二作。《离骚图》为汤复所刊，《太平山水图画》（见插图二十一）则为刘荣、汤尚等所刊；他们也都是徽人。《太平山水图画》尤为杰出之作，有几幅，其笔触之圆融周密，直不类木刻者。其后则有上官周、金古良的《晚笑堂画传》和《无双谱》等，人物神态，衣冠杖□，均皆不俗，曾被后人窃之，作为《芥子图〔园〕》四集。

嘉庆、道光年间（公元一七九六—一八五〇年），广东式之版画突然兴起，亦甚精工。盖其时正是广东对外贸易最盛之时代，民间富力有余，故艺术亦甚发达。广东板之《镜花缘》像插图，秀美不下于清初之作。非广东板之改琦的《红楼梦图》，初印者，每幅作者曾钤以印章，殊为矜贵，实亦雅秀可喜。

咸丰以后（公元一八五一年），内忧外患，交迫而来，文化中心竟集中于上海的租界。其时，石印渐次流行，版画大呈衰落之象。然任熊（渭长）之《列仙酒牌》等四种尤具有老莲的意态，而王寅《石谱》等也还不失为中驷。

当光、宣之际（公元一九〇〇—一九一一年左右），彩色之诗笺忽行于世，而于民国初元尤盛。诸画家皆为笺作画，穷尽工丽，于十竹斋、芥子图〔园〕外，别辟一蹊径。陈师曾、齐白石、陈半丁诸作品，皆可于笺纸上见一斑，而刻印之工亦足以副之。鲁迅和我所辑的《北平笺谱》，即集合诸诗笺而为一函者，殆为中国版画史之一丰碑焉（刊行于民国二十三年，公元一九三四年）。此后，中国版画则别辟一境，另创一格，与欧西近代木刻相近而甚远于传统的作风了。

八

大抵中国版画，初仅资宗教宣传，后乃渐趋于实际的应用，终乃成为纯艺术的作品。其成为艺术作品，乃在很早的时候。万历间黄氏诸艺人自视甚高，且能自作稿；刘李明所刊者，亦多为自绘之藁〔稿〕，益已与近代之木刻家相近了。经清代，乃复沦为"匠"人，徒知摹刻，无复创意。然在民间之"年画""风俗画"里，尚可见纵横豪迈的刀锋，大胆滑稽的刻法，自称显豁的色彩，这大约是我们木刻家的仅仅的保存其创作精神的所在了。

到了今日，而青年版画家们乃转入别一条与前代截然全殊的路了。John Ruskin 说，木刻永远不会像绘画那末美好，但它却使艺术家养成了选择要点的习惯，那便是说，去决定你所见之物的要点何在，且捉住了这些要点而写之。不是绘画，而是素描（Sketch）。素描要把物表现在集中和刺激的形态上。

这话足够说明版画的精神。我们的版画以线条和细点组成之，其成就因不能如绘画之融和弘伟，然实足表现了我国艺术家最好的素描的工夫。

在复制古代或当代的名画上，我们的版画家，也和欧洲的版画一样，曾尽了很大的力量，把不易得的名画，不能人人见之、有之者，化身为千百，令人人能见之、有之。其于绘画教育上，当近代印刷术未发明之前，实曾尽了极大的任务。《芥子图〔园〕画谱》之为我们及日本人、欧洲人所普知，即不仅以其为艺术品，而且以其为绘画之初学课本也。在新的版画输入的时候，传统的版画技术，以极细的线条为主而不以阴影粗块为主者，或尚可供我们版画作家们的参考之资罢。

（《良友》第 150 期，1940 年 1 月 15 日）

中国画报发展之经过

阿 英

在现存的画报之中，刊行时期最长，而又最富有历史价值的，无过于《良友》。《良友》于民国十五年（一九二六）二月十五日创刊，到现在，已经发行了一百五十期，包括自国民革命军北伐，到这一回中日战争的全部画史。无论中国的那一种画刊，是从来没有支持过这么久，而又这样富有意义的。因此，在这一回的纪念号里，想把中国画报发展的经过，约略叙述一番，借资纪念。

第一时期的画报

究竟那一种画报，是中国最早的画报呢？关于这问题，现在很难做决定性的结论。有人说，要推光绪元年（一八七五）出版的《小孩月报》，也有的说，中国最早的画报，是光绪三年（一八七七）印行的《瀛寰画报》。其实，这两种画报，是否能称为中国最早的画报，是存着问题的。

因为《小孩月报》，实系一种文字刊物，附加插图，目之为"画报"，是不大适当的。《瀛寰画报》内容也只是些世界各国风土人情的纪载，缺乏新闻性。如第一册所收的九幅画：《英古宫温色加士图》《英太子游历火船名哦士辨图》《日本新更冠服图》《日本女士乘车游览图》《印度秘加普王古陵图》《英巾帼时新装束图》《印度不用铁条火车图》《火车行山洞图》《中国天坛大祭图》，就是很明白的证据。不过在前此没有画报，以及民众政治观念淡漠的当时，却也不妨认此为"画报的前驱"，因其究竟不同于《小孩月报》，而是以图画为主，且取材的范围复杂，已遍及于全世界。

这一画报的刊行者，是当时申报馆主人 Ernest Major。创刊号发行于光绪三年（一八七七）八月，共印过五本。图较大的，不印入册内，另成单幅，如《中国天坛大祭图》。

接着《瀛寰画报》而起的，有《画图新报》，刊于光绪六年（一八八○），与《小孩月报》同为教会所办。不过，无论其为《小孩月报》，为《画图新报》，为《瀛寰画报》，其图皆出自西人手，制图亦皆用镂版。

这可以说是中国画报的第一期，也就是"中国画报的萌芽时代"。

第二时期的画报

紧接着这初期画报的兴起，所谓"西法石印"就继续的输进了中国，予中国的画家在书画上极大的便利。所以，在点石斋成立以后，作为中国自己的画报，便开始繁荣。最早，也是最有历史价值的，就是到现在还被称许着的《点石斋画报》。

《点石斋画报》创刊于光绪十年（一八八四），中法战争开始的一年。画报前有尊闻阁主人叙例云："近以法越构衅，中朝决意用兵，敌忾之忱，薄海同具。好事者绘为战捷之图，市井购观，恣为谭助。"可见《点石斋画报》之产生，与中法战役，实具有密切之关系。

报于四月发行，月出三册，十二册为一辑。封面用彩色本纸，图画则连史石印，期八页。版心长八吋，宽四吋六分半。第一号有问淳馆主人题里封，尊文阁主人叙。辑有一总目，附最后一号印。每辑用一代字，如"甲乙丙丁"，"元亨利贞"，共凡六个系统，印行至甲午战争（一八九四）后始停刊，凡十余年。

该报内容以时事画为主，笔姿细致，显受当时西洋画影响。关于中法战役、甲午中日战争，颇多佳构。此外如朝鲜问题、缅甸问题，亦皆各印专号，以警惕民众。国内政治，绘述得也很多，但内容不外歌颂，足称者却很少。

绘图之最足称且见工力者，为"风俗画"。此类大规模作品，大都出自吴友如手。如《迎神入庙》，即占全四面地位，人物在迂回道上行走，凡四经曲折，人数达四百以上。有关迎神之一切队伍、旗幛、锣鼓、平台、仪式，应有尽有，尺幅之内，非常现实的画出了赛会的全景。

因《点石斋画报》之起，上海画报日趋繁多，然清末数十年，绝无能与之抗衡的。即以《申报》本身说，自《点石斋画报》停，也无能为继。宣统己酉（一九〇九）前后，虽继续刊印单张，随报赠阅，顾画笔实无可观。

影响略次于《点石斋》的，是《飞影阁画报》，也是吴友如所主持，光绪十六年（一八九〇）九月印行，月三期，期十页，一如《点石斋》。但《飞影阁》究不如《点石斋》，其主要歧异点，在前者强调国事纪载，而后者则着意刻画仕女人物，新闻则止于一般社会观众。间印"风俗画"，如《数罗汉》《走百病》之类，然不多。历史画，要以友如之《梁夫人》为最佳。长篇刊有《金盒记传奇》，期印一对页。

吴友如所作画，其精萃大都存于此两画报中。其优点在工细，其缺点则在人物生命力的缺乏，及未脱"匠气"。所谓《吴友如画宝》诸书，皆自此复印成。

这两种画刊，在当时最著盛名，因其销行之广，及印刷的便利，许多的画刊，便都接踵而起。《飞影阁画报》停刊后，就有《新世界画册》，开本、装帧一如《飞影阁》，惟纸张已改为油光纸，画单页。版心长七吋四分半，宽四吋七分。绘工不如《飞影阁》，内容分世界名胜、名家墨宝、章回小说、短篇小说、新戏剧、博物画、风俗画、大事画、讽刺画诸类。

有《时事报图画旬刊》，宣统元年（一九〇九）出版，系随《时事报》附送者，亦油光纸印。封面两套色，底色印图，中绘地球，球上为屋宇工厂，下为山水轮船。内容以对页为主，每页版心长七吋二分，宽相等，期十五对页。绘事尚可称，内容为世界名胜、中国名胜、沪滨百景、新百美图、小说等。仍折叠式装，狭长本子。

也有日印一册的，可作为代表者，有《图画日报》一种，系宣统元年（一九〇九）刊，环球社出版。每册十二对页，每一对页版心长六吋九分，宽七吋二分。油光纸印，彩色本纸封面，仿折叠式装。先后两年间，共刊三百数十册。图绘很劣，然内容却很丰富，除新闻外，有世界名人历史画，有营业写真，如上海各种特殊行业之类，有上海社会之现象、上海之建筑，有新智识杂货店，有俗语画。其较有意义者，为《庚子国耻纪念画》，凡六十幅，惜观点甚旧。此图不如《拳祸记》插页远甚，不过聊资纪念而已。戏剧方面，绘记亦多，有"三十年来伶界之拿手戏"一栏，目甚繁，实为梨园之好史料。也按期介绍新剧本，每种连载，凡得十余种，其主要者为《明末遗恨》《黑籍冤魂》《新茶花》《节义奇冤》及《刑律改良》等。

又有《生香馆画报》，版式、内容亦如《点石斋画报》，但绘图却远不如《点石斋》之工细。因未得全秩，不详其刊行年代。石印本中，亦有《瀛寰画报》一种，内容所绘，完全为社会新闻，绘事尚工整。本装，用连史纸印，中缝分册及页，每半页一图，版心长七吋二分半，宽七时半。亦不详其出版年月。每册约收图六十幅。

凡此皆是当时上海所印行。其在内地出版者，则大多仍用中国木刻，文字用报馆铅字。有《图画演说报》，刊于光绪二十七年（一九〇一），绘图极拙劣，月刊一册，内容分宗教、内外史、时事、益闻、物理诸栏。兼录歌谣，然并无可观者。其较佳之一种，要推北京印行的《启蒙画报》。系光绪二十九年（一九〇三）创刊，月报，十六开本，报纸印，插文全用老二号排，内容凡常识、时事、历史、学术，应有尽有，惜画不甚高明。惟全用木刻，非石印。如关于庚子八国联军事变，即有详图二十九幅，自义和团发源起，直写至义和团失败为止。观点自不正确，然能此已非易事。绘者有时简直无常识，如《避枪妙术》一目，写拳民放炮，竟把一尊大炮画在木架子上放。诸如此类甚多者。

因画报繁荣的关系，当时亦有仿此作善书者，就所见，有《觉民录》，仿《图画日报》式，先托《游戏报》售，后独立发行。封面彩纸，单色木版，内容用本连史印，期九封页。华洋赈义会，于宣统三年（一九一二）亦曾仿《图画日报》式，印《图画灾民录》，按期发行。

更有营业场所，亦用画报号召。如歌舞台，即有《图画剧报》印行，册售五十钱。封面画底绘舞台场面，报名印黑字。每日一册，绘当日公演戏，详介本事、演员。广告与戏画量相等。兼用对页，版心每单页长七吋，宽四时半。每册约五对页，本子较《点石斋》稍短。其间最可珍之文字材料，有《上海梨园纪事本末》一种。

至于新闻纸逐日附送画报单页，据所知，似始于《新闻报》。始刊期为光绪十九年（一八九三）十一月，书版式，单页，随报附送，月成一册，另附印总目，不知共行若干时日。我所得到的一本，似为第二册，总目题《新闻报馆画报目录》。首为仓山旧主叙："画报创自泰西，非徒资悦目赏心，矜奇炫异也。有一事焉，图而绘之，可以增人之见识；有一物焉，摹而仿之，可以裨人之研求。缘人世间之事与物，有语言文字所不能详达者，端赖此绘事极形尽态，以昭示夫人。矧近今合五大洲万国为一家，事之离奇，物之诧异，倏忽变易，层出不穷，非有画报补日报之缺略，不足以称美备。故本馆亦称此意，于癸己〔巳〕仲冬朔日为始，每日延请名手，精心图绘，日于报纸之外，附以画报两则，以博阅者鉴赏。计月一周，成书一册，可以增当前之知识，可以资有志之仿摹，幸勿作丧志之玩物观可耳。"

《新闻报》当时刊行画报动机在此，惜画报内容，在实质上并不能如叙引所称。选绘各事，仍不外社会琐闻之类，即所谓国家大事，除恭维朝廷，道说吉利外，实无所有。绘事技巧，亦不如《点石斋》。计每半页一图，版心长六吋二分半，宽四吋。中缝题"新闻报馆画报"，下附日期、页数。下图线外则注"单购画报，每张取钱四文；单购册页，每张取钱五文"。据此，似成册者已另印过。此外尚有随报附送之初印者，其形式不知何若。

因《新闻报》之提创，嗣后各大报，遂竞送画刊，其详尽情形，已不可考。就所得者，《申报》在《点石斋画报》停刊后，即曾即送过。在北京有《北京当日画报》，在上海，则有《奇新画报》《启民爱国画报》。《民立》《民吁》《启民》三画报，最为出色，其强有力之政治讽刺画，尤著称于时。一般言之，日报附送画报单张时期，在中国画报史上，最特出的一点，也就是伴着当时腐败政治而兴起的一种新绘画，即所谓《政治讽刺画》，此为前期画报所绝无者。

以上可说是中国画报发展的第二个时代，即突破了外人代作的阶段，走入中国人自己创作的途径，从镂版印刷时代走入石印时代。在内容上，则更是伴着清末二十余年的受难，经过中法战争、中日战争、戊戌〔戌〕政变、庚子事变、日俄战争许多苦痛的经历，走向了政治的觉醒。

第三时期的画报

石印画报一直繁荣了三十年，到清末民初，才跟着印刷事业的发展，更达到第三阶段。在这一时期里的画报，由于辛亥（一九一一）政治的变革，内容上有了极大的变更，就是在印刷术上，也从石印时期发展到采用铜锌版。最初以这种新姿态出现的画报，那就是李石曾在巴黎办的《世界》。

《世界》用重磅道林纸彩印，其印刷之精美，后来在国内所印之画报，舍三色版外，无有能与之比拟的。取材很精萃〔粹〕，编辑方式亦好。如中国新闻方面之上海民众因公廨问题焚毁英领事摩托车图照、淮北饥荒图照、沪宁路火车开车典礼，皆极有历史价值者。其特殊问题，如鸦片问题三图，则于两幅吸烟绘画之中，夹印一幅上海堆积烟土之外国迈〔遆〕船，其意义极为明显。如教育部分，有读书三图，其一为一六二八年之伦敦蒙塾，二为中国书塾，三为安南河内之中国学校，其发展之迹，极为可寻。

此系季，创刊号刊发行期为光绪三十三年（一九〇七）秋季。编辑人为"仁和姚菊人学使之女公子姚蕙"，其时，她正在法国留学。共行二期，以后未见续刊。

这是中国画报走入第三期变革的先声。在国内正式实现，则始于民国元年（一九一二）高奇峰之办《真相画报》。此系旬刊，实具后来之大型月刊画报的规模。创刊号于六月十一日发行，共行十期。十六开本，附插大页画幅甚多，封面彩色印。

第四时期画报的开始

继此而起的画报，可称的极少。直至十五年后，《良友》创刊，才开始了中国画报的第四期。在内容上也有了新的改进，既不如《世界》的侧重国际，亦不似《真相》的偏于政治、军事与绘画，而是强调着中国军事、政治、经济、建设，以及国际的重要动态，旁及于一般的社会生活、艺术文化，这是中国画报内容的一种高度的进展。自此以后，许多的画报，如《时代》等等，便应运而生，再加不久之后，《良友》最先用影写版印刷，于是形式上又起了一大变化。而综合性的画报之外，更产生了不少的类别的画报，日刊期刊不一而足，真是蓬蓬勃勃，气象万千。其目既繁，亦难竟述。然即此所叙，中国画报的发展过程，亦可以略见一斑矣。

（《良友》第 150 期，1940 年 1 月 15 日）

我国初期的画报

逸　凡

我国画报从发端到现阶段，已有六十年以上的历史了。可是现在的画报，除了漫画刊物外，其他画报的主要的材料什九都是摄影的作品：军事、政治、地理、人物等动态，而手画的作品已是很少的了。但是在三十年前，即照相制版还未流入我国之前，无论社会动态或是时事、趣闻，都完全用笔细细地描绘，而那时用的是"石版"印刷。所以历来的画报可以分成两个时期：一个是石印时期，一个是铜版、橡皮版、影写版等印刷的时期。

在上海发行最早的画报，名叫《小孩月报》，是上海清心书馆出版的，后来改由中国圣教会出版。这一份月报创刊于一八七五年三月（清光绪元年）。那时《申报》也不过出版了一年多，而上海已经有画报的发现，在那时可算是一个奇迹。

那时《小说月报》[①]的姊妹刊名叫《画图新报》，创刊于一八八〇年（清光绪六年）五月。这二种刊物的取材是相同的，内容有诗歌、故事、名人传记、博物、科学等，可是这二种画报的图画不是石版所印，而是以铜版（不是照相制版的铜版）镂花雕刻，画面相当精致美观，但能制成一块铜版却费时甚巨。而且这二种并不是纯粹的画报，都是以文

---

① 　应为《小孩月报》。——编者注

字为主，其中图画只是聊以点缀的插图而已，与时事也没有什么关连，所以不能认为是画报的。

至于印刷二种画报的清心书馆，就是清心书院，也就是现在的清心中学的前身。清心书馆本来是纽约长老会创立的，所以校中一切开支，都是由长老会供给的。当一八六一年（清咸丰十一年）美国发生南北战争，该会因捐款支绌，凡一切隶属机关，都减少供给。这时馆长范约翰教士，遂改学校为半工半读制，工作分为二部：一是种植园艺，一是印刷。后来就出版月刊两种，一为《小孩月报》，一为《画图新报》，报中附印的精美铜图，极受读者的称誉赞扬。至于这铜图的来源，大半都是英美教会用过之后送来的，因此实际上还是废物利用。

在光绪六年之后，《小孩月报》和《画图新报》都移交给中国圣教会。《小孩月报》到一九一五年（民国四年）才停刊，《画图新报》到一九一三年（民国二年）停刊。

申报馆在一八七七年（清光绪三年）九月间也曾创刊过差不多性质的画报，《瀛寰画报》，但仅出五卷，即行停刊。到了一八八四年（光绪十年）五月八日，著名的《点石斋画报》便创刊了。

《点石斋画报》在名义上是由点石斋石印书局印行的，但实际上和申报馆有密切关系，因为《点石斋画报》的主人，就是从前申报馆主的英人美查。当《点石斋画报》出版的时候，《申报》同时刊登广告，说是"本馆新创画报"云。这样说来，《点石斋画报》说是从《瀛寰画报》演化而来，也未尝不可。而且，《点石斋画报》是纯图画的，文字不过是补助读者了解的说明而已，所以，《点石斋画报》有"中国最早的画报"之称，倒是确实的。

当《点石斋画报》出版的当儿，中法因为越南问题而起的战争正在开始进行，上海新闻界也许感到文字宣传力量的不足，便有发行画报的成因吧。当时这画报的主笔是吴友好〔如〕，也便是尊闻阁主人在封里第一页的《叙例》上说："近以法越构衅，中朝决以用兵，敌忾之忱，薄海同具。好事者绘成战捷之图，市井购观，咨为谭助。"因此《点石斋画报》的产生，与中法战役不无关系。

这报在五月（阴历四月）间发行，每月出三册，十二册为一辑。封面用红和绿的彩色本纸，图画则用连史纸石印，每期八页，版心长八吋，阔四吋六分半。第一号有问淳馆主人题里封，尊闻阁主人叙。每辑有一总目，附印在最后一号上。售价每册五分，底封印发印处：上海申报馆申昌书画室。

《点石斋报》的内容，主要的是有关时事的画图，笔致极纤细，但和我国历来的绣像画有着不同好〔的〕作风，显然已受了西洋画的影响。关于中法战役，有不少是根据战报的动态而作生动的描绘，此外如《法犯马江》《力攻北宁》《基隆惩寇》《甬江战事》等幅，在画面上严格地讲来虽有许多是画得并不合理的、畸形的，例如画战舰时，画的却不像战舰，而是一只商船的式样，只在舱面上架着几尊野战炮而已，画决斗则是两个穿礼服的军人在客厅里技长刀相击，至于将花瓶也打落在地上而跌碎了，然而它给读者的影响却非常巨大，极受各地人们的欢迎，内地各省的城市也都有它的销路。

在每一重要事件发生时，《点石斋画报》就刊行专辑，如第三十一号正当朝鲜乱事发生，便以朝鲜问题为题材，刊行专辑，题为《朝鲜乱略》。在每一页上，像章回小说一样作一回目：邮政局肆筵速客，顽固党放火戕官；中奸谋韩延飞碧血，避乱党关庙泣青燐；夺天戈奸臣授首，投华寨弱主潜身；电报飞传求保卫，星轺移指壮声威；霜铤雪铤海上观兵，玉敦珠盘城中订约。末附尊闻阁主人跋，说明专册的意义，为"绘图演说，惩其首也"。在英国进攻缅甸时，画报也有《缅乱述略》专刊的辑印，不过取材上大多为风景人物，与战时并没有大关连。此外，国内政治绘述的也不少，但在内容上不外只有歌颂罢了。

《点石斋画报》的"时事画"，画得并不如何出色，它的能够风行各地，也许不是这些"时事画"的成功的最大主因。虽然那时的读者见了，觉得新奇有趣是可以确定的，然而这画报画得最好最真实的，却是成份上占得最多的"风俗画"。大凡街头巷尾的趣闻韵事，迷信之类的迎神赛会，可说都应有尽有，例如《采茶入贡》《京师求雨》《九华进香》《妙峰香市》《祝花神诞》《孟〔盂〕兰志盛》《帝城胜景》《京师放灯》《迎神入庙》等等。尤以最后三图最为宏伟，如《迎神入庙》共占四面地位，人物在迂回的道上行走，凡四径曲折，人数达百人以上，有关迎神之一切队伍旗幛、锣鼓、平台、仪仗等，把赛会的全景都画在里面；《帝城胜景》除容纳人物数百外，亭台楼阁、花草池塘、农村梵寺等，也包罗万象统统描入图画。同时这画报也表现了当时新闻界、文艺界风气的一斑，它和文字表现了走着相同的途径：对于妓女狎客之类尽情的描画，什么《老鸨虐妓》，名妓在马路中《元宝翻身》，《流氓拆梢》等等画得很多，而且也画得很好。所以，这报的能够深入各地，这些画起着很大的作用的吧。

至于这些"风俗画"的作者，差不多全部出于主笔吴友如的手笔，因此他在这方面的贡献是很不小的，但创始了中国画报的推行。后来他在《飞影阁画报》首页的小启中说："画报仿自泰西，领异标新，足以广见闻，资惩劝。余见而善之，每拟仿印行世，志焉未达。适《点石》首先创印，倩予图绘"。这便是他同画报的姻缘了。

此外，其中还有一些"古事画"，有《镕金卜》《青鸟衔书》《天庆节》《御明堂》《钱贺监》《搜神小记》等，大多依照前人小品而作。光绪十二年（一八八六年）之首册，并附刊大幅彩图《天地一家春》一帧。但连载的作品，仅有王韬的《淞隐漫录》一种，逐篇插图，要算漫录刊本的最精品了。《点石斋画报》的执笔者为吴友如、张志瀛、周权、顾月洲、金蟾香、周慕桥、田子琳多人，其中最多者，却是吴友如，笔调也画得最精细。但《点石斋画报》出版了数年，因为财力种种困难，不幸便告停刊了。宣统元年（一九〇九年）前后，虽继续刊行单张，随申报赠阅，但画笔已大不如前，材料的内容也贫弱得提不起读者的注意了。同时在光绪末年，申报馆把这画报曾复印一次，改订为百册，定价二十元出售。现在收藏家们不少有这种版本，不过辗转钩摹，与原作精神已稍有不同了。

《点石斋画报》停刊以后，国内画报的此起彼落，逐渐增多。在清光绪、宣统年间，上海画报之多，几如雨后春笋，影响所及，各地也相继仿行。笔者所能知道的，上海有《神州画报》《民呼图画日报》《沪报新闻报》《图画日报》《生香馆画报》《奇新画报》《启明爱国画报》；北京有《北京当日画报》《浅说日日新闻报画〔画报〕》《燕都时事新报》及《北京醒世画报》；杭州有《图画演说报》等数十种。这些画报大致与《点石斋画报》，无论题材、作风、笔调都脱胎于《点石斋画报》，可是，在在都不及前者的精细、美观、引人兴趣。

关于《神州画报》，是由光绪三十三年的阴历三月里创刊的《神州日报》出版附送的，每五日出版一次。至于他的创刊日期，却无从查考，照内容方面观察起来，大约总在光、宣之间。每期出八开纸二页，即〔既〕有时事讽刺、上海风俗、上海新闻、各地新闻、国外新闻、女界伟人等各种图画，并有长篇连载小说《姊妹花》，附有插图甚多。这份画报是由马星驰编辑的。

《民呼图画日报》是《民呼报》的附刊，简称《民呼画报》，创刊于宣统元年三月十八日，从出版到停刊，只有三十九天，也可〔称〕画报中的昙花一现。因为这画报是革命的宣传报，所以刊载攻击官场的讽刺画特别多。主持其事的是粗线条作风的当代漫画作家张聿光先生。

《图画日报》是上海环球社编辑而发行的，是一种单独出版的画册。在宣统元年七月间创刊，每天出贩一册，折叠像经卷一样，每一页都是连环的。在本埠起初每册售铜元三枚，后来改为铜元二分四厘。每期共有十二页，内容分为大陆之景物、上海之建筑、世界名人历史画、中外新列女传、社会小说《续海上繁华梦》、长篇侦探小说《罗斯福》，以及世界新闻、上海社会之现象、营业写真、新知识之杂货店、外埠新闻画、杂俎等十二门类。编辑方面，由中日两国人士合作，当时摄影部的工作，是由日人担任，有一个著名的摄影师叫福井三岛。其间影响略次于《点石斋画报》者，便是同为元和吴友如所主持的《飞影阁画报》，创刊在《点石斋画报》停刊后，光绪十六年（一八九〇年）九月印行，式样也和《点石斋》大同小异，不过前者注重时事画，而后者注重风俗画。

此外，除了上述的几种画报外，还有《书画谱报》《民立画报》《舆论时事画报》《太平洋画报》《新闻报画报》等等。据海上漱石生孙漱石先生在《报海前尘录》中也曾讲到画报的起源和他自己所办的几种画报，兹特节录如下："画报如于《飞影阁》吴友如君，擅画笔者，有周慕桥、金蟾香诸君，笔法之细，殊足邀阅者之欣赏，风行于时。余任职《新闻报》时，亦尝出一种《生香馆画报》，月出二册，由余选稿，作画者为孙兰荪一人。时丹桂茶园排演新戏，每期于画报上特绘一幅，观者大为激赏。出至八期以后，以石印每致愆期，不得已而中辍。逮主任《舆论时事报》，又出《图画旬刊》一种，延画师刘伯亮主持其事，至《舆论时报》易主，始行停刊。自是石印画报，渐不复见。"

据各种书籍上所见到的石印时期的画报，大概不过上面的几种。遗漏或许是难免，但笔者见闻有限，搜集也颇不易。我们现在偶而看到一二种古色古香的画报，觉得涵有历史的价值和意义，与当时读者的仅博异趣，那是截然不同的。

（《上海记者》创刊号，1942 年 6 月 20 日）

小型报漫谈

鹤　群

小型报之在上海，已经有六十年以上的悠久历史了。在光绪初，是小型报的萌芽时期，先后陆续出版的，有《繁华日报》《指南日报》《消闲日报》《笑林报》《游戏报》等若干种，都是光绪间的产物。那时一班洋场才子，像天南遁叟王紫诠（韬）、畹香留梦室主黄式权（协埙，亦号申左梦畹生）、南亭亭长李伯元（宝嘉）、我佛山人吴趼人、高昌寒食生（何桂笙）、海上漱石生孙玉声，都和小型报有过关系。《繁华日报》和《指南日报》是李伯元创办的，他的成名杰作《官场现形记》便是逐期在《繁华日报》上发表。《二十〔年〕目睹之怪现状》作者吴趼人在《笑林报》和《游戏报》上写的文字也很多，王紫诠、黄式权曾做过《申报》主笔，孙玉声是《新闻报》主笔，兴之所至，都喜欢出其余绪为小型报撰述。因为那时的大报还没有副刊，不注重诗词、笔记小说及其他小品文，小型报的取径却是趋向于风月雪花、闲情逸致的一途，正合着所谓骚人雅士的胃口。于是这一群洋场才子，便不期然而然的寄兴到小型报了。

在从前，本来叫"小报"，不叫"小型报"，因为当时还没有"小型报"的名词。以上这些报纸，与其称它"小型报"，不如直捷称作"小报"。小型报该是具体而微的一种报纸，但当时的小报，是无关宏旨，既不足以代表舆论，又不致力于新闻报道，只是谈谈优伶，捧捧妓娼一〔，〕诗词唱酬，文章游戏，算是提倡风雅，聊资谈助，所以不如仍"小报"之旧称为当。又，那时的小报，和民初的大报副刊很像，所以后来大报的副刊发达了，小报便渐渐没落下来，有的自动停刊，有的因主办人寿终正寝，人琴俱亡了。也有被封的。《游戏报》寿命较长，后来蜕变为《新游戏报》，到民国十余年还在出版，不过已经由四开缩到八开，内容也糟得不成样了。

这里，不想有系统的叙述小型报的发达史，只是约略谈过去小报演进的梗概。小报在过去大约可以分做四个阶段：

从光绪年间到民初，是初期萌芽时代，其形式和内容当然不能同后来的小报比。但同时却有值得注意的另一种出版物，也可以说是小报的旁枝，便是介乎报纸、杂志间的画报了。吴友如等主绘的《点石斋画报》，在我国报史上、美术史上、印刷术发达史上，均占有相当的地位，是光绪十年二月间创刊的。光绪十六年九月，吴友如个人又独创《飞影阁画报》。以上两种，都附于申报馆发行，其石印之精、绘画之工，不特当时独步，后来的反不能及，堪称空前绝后。例如宣统元年环球社发行的《图画日报》，绘图、文字、印刷均不如《点石斋》远甚。所以，小报后来进步，画报却退步了，而初期的小报，比较的是不如画报。

小报的第二个阶段是三日刊时期，是从"小报"演变到"小型报"的过渡时代，也就是小报全盛的黄金时代。而划时代的一张小报，便是余大雄创办的《晶报》了。民初，因为小报界人才零落，又受到性质相似的各大报副刊勃兴的重大影响，小报已成强弩之末。民八，《晶报》异军突起，实开三日刊小报之风气。最初《晶报》本来是《神州日报》的附张，也就等于副刊，所不同的是《晶报》三日一出，虽附于《神州日报》发行，但同时单张亦零售。那时租界方面言论相当自由，《晶报》能言人所不敢言，记他报所不屑记、不能记，如政海秘闻、名人逸事、社会珍讯以及风月闲谭，取材既精，文笔亦美，饶有趣味。编排方面亦别开生面，如标题一律用作者手迹木刻，文字长短行参差错杂，插入铜锌版图影，均起自《晶报》。惟《晶报》问世后，虽风行一时，其母体《神州日报》则反每况愈下，甚至须仰给于《晶报》，结果《神州》出盘，《晶报》单独发行。当《晶报》盛时，名家为之执笔者有袁寒云、毕倚虹、包天笑、李涵秋、林屋山人、何海鸣、钱芥尘、孙癯蝯及张丹斧、刘襄亭等，阵容甚盛，销数亦破小报纪录。

继《晶报》而起者为施济群之《金钢钻》，与《晶报》立于敌对地位，时相攻讦。其命名曰"金钢钻"，即因钻更坚于晶，钻可以攻破晶。作风仿《晶报》，而精彩不如，销数亦较少。后又有《风报》《海报》《罗宾汉》等多种陆续出版。《福尔摩斯》出，以善骂称，锋芒最露，虎虎有生气，曾一再引起文字之讼。

民十五六间，为三日刊小报全盛时期，当时《晶报》《金钢钻》《罗宾汉》《福尔摩斯》称小报四大金刚，销数均可逾万。这一时期全上海的小报，总数恒可三四十种。因为那时办小报轻而易举，排印纸张一切均便宜，也没有稿费的支出，有数十元即可办一张小报玩玩。并且销数颇有把握，只要是一张白纸印黑字的四开小报，送到望平街去，每期至少可销四千份。所以，此起彼仆，常有数十种小报社出版着。

在这一期，也有个值得一谈的旁枝，便是民十五六间的画报潮了。画报潮的涌起，作俑于毕倚虹创办的《上海画报》，也可以说是这一潮流中的代表作。光绪中叶的《点石斋画报》等，是用极精细工致的石印，连史纸装订成册，类似杂志，宣统间和民初的画报，却大退化，改用有光纸石印，画工尤劣，简直像现在街头陈列的连环画本。迨《上海画报》出，用重磅的桃林纸四开彩色墨油印，图文并重，兼有小报之长。图以铜版照相为多，间用锌版插画，精美非常，宜出版后之风行，大有纸贵洛阳之概。《上海画报》既一举成功，于是喜欢玩玩笔墨的竞起效颦，曾几何时，市上画报竟多似雨后春笋，如《三日画报》《星期画报》《金刚画报》《紫罗兰画报》等，总计先后达四十种以上，多数为三日刊，间有周刊、旬刊。但是，那时的纸张、印工、制版等等虽廉，比了普通小报的成本可大得多，兼之画的材料不易搜集，所以只一窝蜂似的半年多，高潮即过，陆续停刊，只有《上海画报》的寿命最长。倚虹作古后，由钱芥尘接办，维持了好几年，是最先出版而最后停刊的一张。当高潮涌起时，小报在相形之下，直有黯然失色之概，但高潮一过，依然是小报的世界。

同时，更有一支恶浊的横流，也可在这里附带提一笔，那便是横报潮了。先是，陆无涯办了一张《荒唐世界》，为要形式别致，把原有的四开竖式改作了横式，等于改普通书页为旧式账簿型，而内容则专讲嫖赌吃著、浪游逸乐的种种门槛，如嫖经、膀子学之类，文字则杂用上海方言、市井俚语。一出版后，大受血气未定的青年及一知半解的下流社会欢迎，销数以万计，正经小报竟不能及。因为荒唐生活的经验门槛，向来没有说得这样透澈，文字又浅而易懂，正合着低级读者的胃口啊。《荒唐世界》风行的结果，又引起了许多人的效颦，照式照样的横四开报，风起云涌的也来了数十种，内容不用说是愈出愈奇，尤其是报名的古怪，得未曾有什么"叽里咕噜""牵丝攀藤""阿要开心""瞎三话四"等等，类取四字俚谚一句作报眉，内容则每况愈下，荒唐滑稽，不忍卒读，文字尤多不通，甚至别字满纸。可是每种的销数，却也有三四千份。实在因为当时办小报太容易了，阿猫阿狗，化几十块钱，便可以过一次办报瘾，也没有什么登记检查等等麻烦，致有这种怪现象，可以说是小报史上的一个污点。

小报的第三个阶段是从三日刊而演进为日刊的时期。民八以后的小报，全是《晶报》化，三日一出，直到民十五才有小日报的出现，但为八开小张。至民十八九间，小报出日刊的始渐多。《社会日报》初创时为对开一大张，偏重于软性的社会新闻，论性质可说是介乎大小之间的中型报，但初期的尝试是失败了，不久改为四开，内容全部小报化，始有起色，后来有一时期很出过锋〔风〕头。匡仲谋办的《上海报》，也在此时出版，继之又有《上海日报》，两报内容比较的偏重于硬性文字，能适应当时读者的心理，销数比普通三日刊为多。三日刊出一天停两天，就报纸的原则言，实在不大合理。譬如月之一日发生一重要新闻，一日出版不及刊入，要等到四日再刊登，新闻已成明日黄花的奋斗了。又如广告也只登每个月的三分之一天，发行亦少销三分之一。办三日刊只可当业余的一种消遣，一本正经的办报，当然该出日报。所以后来的小报，新出的全是日报，而原有的三日刊，也渐渐地悉数改了日报。便是三日刊的首创者——《晶报》，也改为每日出版了。

小报的第四个阶段是"小型报"的形成，也就是进于合理化，纳入报纸正轨的一时期，而划时代的代表报纸，当然是《立报》了。报纸的原则，以新闻报道为主体，同时并须能代表舆论，说多数人所要说的话，换言之，便是所谓民众的喉舌。在《立报》以前的小报，可没有具体的做到以上所说的两件事，这是无庸讳言的事实。在当时，如《小晨报》《辛报》《时代日报》等，都办得很不差，公认为值得一读的好小报，但其内容，依然不能脱大报副刊化的窠臼。《辛报》等虽然也采登新闻，报道方面仍有缺点，不能算是健全的小型报。

讲到小型报，北京方面出版的几种，成绩却向来比上海好。战前，像管翼贤主办的《实报》，凌昌炎主办的《新北平》（即现在《新北京》的前身），以及《时事白话报》《立言报》等，号称小型报四大金刚，其成功实在比故都各大报之上。《实报》的销数，在战前的两年，已由七万余份跃进到近十万份，不仅在故都有人手一纸之概，且遍及华北十余省，深入民间，为北方任何一大报所勿能及。《新北平》当时亦销到五万左右。该两报的内容，实在比较战前上海的《立报》更为充实而完备，所以能畅销。

人类愈进步，人事亦愈繁，时间与空间，均以力求经济为原则。小型报如果办得好的话，使读者看过了一份小型报以后，不必更读其他大报，则物力既可撙节，阅一张小型报的时间亦比较经济。所以在北京是大报销不过小型报。也许在未来的新时代中，小型报的地位会高于大报哩。

战后五六年来的上海小报界，也和商业市场的情形一样，有些畸形。大战初起时的《社会日报》，以及五年前《力报》创刊伊始，都曾一度采取小型报的作风，当时销数也都超出过万份，但后来因种种关系，终觉此时此地，此路不通。为避免烦恼计，依然回到了旧时小报的老路子上去了。

战后小报有一显著的进步，是关于编排方面的。在七八年前，一般小报所用的字粒，已经由老五号铅字改进到新五号，不过，行间的疏密，所嵌铅条虽由对间〔开〕改三开，三开改四开，再改用铅皮。《力报》问世，首先仿北平报纸实行不嵌铅皮，字粒紧靠，他报亦竞起效之，今则所有小报一律如此，量的方面，增加字数不少。

近年上海小报畸形的几点，如回力球、跑狗的特辟专栏，研究宣扬含有赌博性质的玩意儿，假使在从前，一定有问题，不会由你公然登载的。又如内容取材的偏在长篇小说，一张小小的六开报纸，有登载到十种以上的长篇小的说〔说的〕。有一时期，有几种小报，除了十余种有连续性的小说以外，短文仅余一二篇，不经一读。从前北方小报有此作风，或另辟一小说专版，同时刊登六篇以上的长篇，但小报登到十篇以上的却只有现在的上海。此种编法，有利亦有弊。利是可以吸引住小说迷的长期读者，弊是中途取阅的新读者，长篇自中间插入看起，试问有什么趣味？且多数人正为生活而忙碌，未必有看小说的闲情逸致，偏偏短文又少可读者，结果是弃而不读。最近风气已稍稍变动，各报长篇渐见减少了。至过去所以多登小说，事实上说来也是实逼处此，因为取材的路线日狭，落笔为文大难，只有小说可以海阔天空，口没遮拦啊。

目前的小报，却临到了性质相当严重的威胁，便是本身的生产将不足维持生存。最大的威胁当然是纸价的狂涨不已，战前售每令三元余的白报纸，现在要涨起一百倍以上，每令价达三百五十元以上。印刷费最近又有改收中储券的酝酿，约较上月增加三分之一。稿费当然也打大了，六开报的稿费每月约近二千元。但营业收入方面广告费所增无几，售报虽已由三分涨到五角一份，不为不昂，但代发行的报贩要取去三分之一的手续费，实收每份仅三角三分强。而最大的苦痛是退报问题的不能解决。大约每种小报每天经常要退报五百份左右，多至近千份无定。例如实销二千份的小报，每晨送望平街的报纸至少要都印二千五百份才够分配，但在第二天至少要退下四五百份。如果因为实销只有二千，即印二千份，那次日仍退四五百份，实销便缩成一千五六百份了。这是因为有一部份读者不买报而出较低的代价向报贩租看，尤其是写字间中人，看过还报贩，报贩赚进租费而仍把报退到报馆不算钱。甚至一报租数人，每种报每天恒有五百人左右的租户，就得退五百份。这问题报馆和报贩商量了好久，不知费了几许唇舌，终无法制止。这一笔损失，数颇可观，尤其在纸贵印工贵的今日，直成了小报的致命伤。如果实销只五六百分〔份〕，退报也要五六百份，不啻糟蹋一半纸张油墨啊。

小报从两角涨到三角的时候，销数颇受影响，已经不易维持。现在虽涨至五角，销数必再跌，是可预料的。一般人的观测，小报前途未许乐观，不久将有几家停版或合并（如《吉报》《品报》已自本月一日起合并出版）。纸价如果再向上涨，便非停版不可。

上海的小型报，本年五月一日创刊的《海报》比较实力最雄厚，作者阵容最盛，名作如林，内容亦充实精彩，比了昔年的《辛报》《小晨报》等有过之无不及。在此小报恹恹无生气的今日，得此差强人意，足为报坛放一异彩。此外，六月一日出版的《万众日报》，亦是较为可观的一份小型报。

（《上海记者》第 1 期，1942 年 6 月 20 日）

一段画报的盛衰史话

马　它

中国的画报，从一八七五年（光绪元年）出版的《小孩月报》算起，到现在才只有六十七年的历史，可是在那短促的过程中，因为世界的急剧演变，中国的画报也随着时代的潮流而在形与质两方面迭经递迁。《小孩月报》以后为《瀛寰画报》，为《图画新闻》。这是中国画报的第一期，也就是中国画报的萌芽时代。自石印术流入中国，于是有《点石斋》（一八四〔八〕四年）、《飞影阁》（一八九〇年）、《时事报图画旬刊》（一九〇九年）、《图画日报》（一九〇九年）等，从铜镂时代走入石印时代，可说是中国画报的第二时期。石印画报一直繁荣了三十年，直到铜锌版采用到中国，中国的画报，也就起了一个转变。最初以这种新姿态出现的画报，要推李石曾举办的《世界》。此后高奇峰所创办的《真相画报》，尤具后来大型月刊画报的规模，这可说是中国画报的第三期。直至十五年后，《良友》《时代》等画报相继崛起，才开始踏进了中国画报的第四期，也就是本文所谈的近代的画报了。

谈到中国近代的画报，我们就会想到《良友》，想到《良友》，我们就不会忘记了《良友》的创办人伍联德，因为他在中国的画报界沉寂的气氛里敲起了第一声的响锣。说起良友图书公司，初时原是一家小型的印刷所，至民国十三年，《良友》第一期出版问世，伍氏身兼营业、编辑各职，内容当然说不上怎样可观，不过，他毕竟是中国近代画报事业上的开山老祖，却是不能否认的事。后来曾一度延聘周瘦鹃主编，选材方面比较充实，不过还是属于有闲阶级消遣的一类读物。直到梁得所由山东齐鲁大学到上海走马上任，负责《良友》总编辑，才使中国近代画报在典型上奠定一个稳固的基础。

由于梁得所的天才与努力，在他主持下的《良友》画报，形式与内容都澈底的革新。选材是多方面的，从国际到政治，从社会到人生，从宗教到艺术，可说是包罗万象，因此《良友》曾风行一时，在国际上也占有一点地位。梁得所可说是中国近代画报的第一位功臣。

当《良友》声誉鹊起的时候，因为营业鼎盛，有人觉得此路可通，于是曾经有过好几种模仿性的刊物，但都因为先天不足而夭折了。其中比较值得一提的只有《文华》画报，由梁鼎铭兄弟辈合办，以梁雪清主编，起初还有点生气，但后来因为偏于自吹自播，成了梁氏一家门制造法螺的地盘，因此就渐失读者的信仰，终而至于关门大吉。

继《文华》之后，起而与《良友》对抗者，即为《时代》画报。主编者为张光宇，在形式上固另标新帜，在内容上也偏重社会题材，取深入浅出态度，因而获得了多数读者的赞赏。可惜地方性太重，故国外地位似稍逊于《良友》。在其时，各小型画报更风起云涌，而各大画报的本身，亦多增副刊，如《良友》属下的《妇人画报》《中国学生》《体育与电影》，《时代》属下的《时代漫画》等。惟论到画报的正宗主脉，仍推《良友》与《时代》。该两大刊物，不仅在中国画报界树起了两面不同色彩的旗帜，在人材的分野上，也明显地划开两个不同的系。先说《良友》一面：从梁得所数起，马国亮、李青、李旭丹等，都是合作多年、气味相投的好伙伴。虽然《良友》叠经变故，事务人员已数度更易，惟负责编辑者，总不离上述四人，最少四人中亦有一人继续主持。再说《时代》一面：张光宇、正宇兄弟之外，还有叶浅予，三位一体，都是以漫画见长。这两系人才，在画报工作方面，都有多年的经验，但两系的见解，则显有不同。前者主张稳健与大方，后者主张轻松与趣味，或则始终在同系上一起工作，或则后来分任各画刊编者，但无论是分是合，每个人都脱不掉本来的衣钵，因此无形中中国的画报也随着划分了《良友》与《时代》的两种形式，一直到现在，我们还可以从画报上看到这两种"型"的存在。

曾经有过一个时期，《良友》系是尝试过与《时代》系融和在一起的，那就是"八一三"事变前，《良友》在马国亮主编之下，添聘《时代》系的丁聪助理编务。由于丁氏的拉拢，叶浅予的《王先生》连续漫画长期在《良友》刊载，就是一个很明显的证据。但可惜主编人还是《良友》嫡系，未免仍有偏重之嫌，所谓融和，亦只限于局部的，未能看到平均发展之特处。"八一三"后，上海文化人多数跑到香港，画报同人亦在香港不谋而集。于是有人主张《良友》系与《时代》系通同合作，打算来一种集思广益的新型刊物，不久他们就以庞大的阵容创办了《大地》画报。"大地"这个名字，在上海的人们也许陌生的，因为当时它寄到上海的并不多。不过试翻开它的版权页，我们就可以看到一群熟悉的名字。当时他们的编辑名单，以笔划多少为序，是——丁聪、李青、李旭丹、张光宇、张正宇、马国亮、黄苗子、叶浅予。如此阵容不可谓不庞大，但是我们一看《大地》的内容，虽然觉得革新与改进的地方不少，但仍未见两系溶合的优点。后来才知道，实际负起《大地》的编责者，仍只是一马两李，三位《良友》老将，再加一丁聪而已。至于两张一叶一黄，或则远居别地，或则另有工作，均未能直接参加，至多是偶然来些稿子罢了。在这么一个好机会里，我们还看不到中国画报两大巨流的汇合，确实是中国画报界的一件憾事，也是中国画报读者们的损失。

当《良友》与《时代》的全盛时期，固然还有不少异军突起的图画刊物，不过有些是历史不长，有些是历史虽长却寂寂无闻，如胡伯洲主办的《中华》，也会有八九年的历史，而且从未中断过，但因内容的迂滞和空洞，而引不起读者兴趣。该刊所以能够维持下去，原不靠销路，全赖主脑人手腕灵活，借广告收入来支撑着的，所以这不能算是画报本身的价值。《良友》创办人伍联德于中途脱离《良友》之后，亦曾经几次另起炉灶，出版过一种电影刊物名《影坛》，是由商势〔务〕印书馆影写版部承印，印刷的精美与开本的庞大，实开中国画报界的新纪录，可惜内容还是时装美容的老套，因此没有多期也就停刊了。后来那位伍先生又办了一本《图文》，是取图画与文字并重的意思，编辑部设在四川路桥南堍水明昌木器店楼上，与沪上首创第一家"上海向导社"同楼隔壁。不知是因为资本不足，还是资金用得不当，那本《图文》不到三期就停版了。伍先生是中国新型画报的开山老祖，也是一位百折不挠的硬汉，继在《影坛》《图文》之后，他又找到了一位后台老板，据说是大业印刷公司的小开李某，就开办了一家大业图书公司，同时发行《大华》和《家庭》两种画报，声势颇为煊赫。伍氏正拟好好地干一下，而那位小开却对资金的大量流出感到肉痛，因此才开了锣鼓又马上收场。伍先生叠经挫折，仍矢志不渝，现在他还担任着一本画报叫《青年良友》的发行人，不过用上陈亦云的化名而已。

画报元老梁得所，自与《良友》脱离之后，与其嫡系两李合办大众出版社，刊物以《大众画报》为主，另有《时事旬报》《小说月刊》《文化杂志》《科学图解》等。五大刊物同时出版，蔚为大观，而《大众画报》尤能以崭新姿态，博得读者喝采，即当时的老牌《良友》，亦为之黯然失色。虽属兄弟阋墙，但在画报的历史上，确实印上最光明灿烂的一页。但只是一年半的短促时间，就因为经理黄某的无能，遂至尾大不掉，经济周转不灵，终而至于凄惨地结了局，而梁得所也因受刺激太深而得了严重的肺病。其时《时代》也是弄得七零八落，人马星散，得所虽在病中，也答允了《时代》邵老板的请求，暂代操觚，终以体力不继〔济〕，回到他的老家连县双喜山疗养，没有几月功夫，也就永辞人世了。凡是爱好画报的读者，大概没有几个不会听到他名字吧。

自从《良友》分了家，《时代》人马星散之后，中国画报界顿呈沉闷之气。其时新闻报馆与三一印刷公司合办了一个刊物，名叫《美术生活》，因为资本充裕，且由三一负责全部制版，故纸张与印刷之精美，一时无两。仍由国画家钱瘦铁主编，故内容侧重国画与西洋古典美术，取材略嫌呆板。后改由钟山隐、吴朗西等主持，选材较精，最后复加入《良友》系之李旭丹，气象更见蓬勃，寝寝乎有执牛耳之势。惜乎于改革后约年余，即遇战事停顿。现在家里藏有《美术生活》的人，试翻开来看看承平时期出版界的豪华，当有不胜今昔之感。

大型画报之外，小型画报亦自有其拥护的读者，不过种类凡千数百，不便一一缕述。其中较著者如《时代漫画》《漫画与生活》《万象》（非现在出版之《万象》）等，因为小型画报比较的欢喜趋小路子，着重小趣味，所以对时局、社会人物尤多尖刻的讽刺，因而常常引起"上流"人士的注意，这又为小型画报"多言必败"的夭折原因。记得老蒋提倡新生活的时候，《万象》登出一张五彩漫画，里面绘着老蒋浴缸沐浴，蒋夫人在旁对镜梳妆，用意原是出于诙谐，却不料竟因此触怒了蒋氏夫妇，来一个停刊处分。像这样的例子真是举不胜举，所以小型画报除低级趣味之外，一向是不容易站得稳的。

直接或间接与画报发生过关系而没有被人注意到的人，着实不少，这里也值得提一提。先说一件比较少人知道的秘密吧：当梁得所在《良友》举办全国旅行团的时候，适值张学良失势，受全国的非难，梁氏乘旅行之便，特地到北平会见了他一面，回来之后，即在《良友》大胆地发表了一篇替张氏伸冤一类性质的大文章，这使张氏感激得五体投地。后来梁得所创办大众出版社，经济上原属不大充裕，张氏即拨现款万元，并声明纯属捐助，不作股本。最后大众卒因亏空倒闭，梁氏以积忧成瘵，入医院疗养，张氏复汇款五千为得所报效医药费。一篇仅二三千字的文章，竟获一万五千元的酬报，可以说是最大的稿费了。甘乃光在广州失败后，逃亡上海，一时潦倒不堪，也曾在《良友》渡过了短时期的笔耕生活。至于现在南京做事的，倒也有不少与画报有渊源的，如明淦，在《良友》初办时期，他原是《参谋》之一，擘划经营，颇多建树。在编辑室里，他更有"活动字典"的雅号，因为肚皮里囤货甚多的原故。后来他自己又创办了一份《军情画报》，专销各省部队，去胃①还算不错。此外又有韦乃纶、刘石克，与□仁、潘比德，均曾担任过画报工作，而且都是在《良友》，不过时间不长，恐怕他们连自己都忘记了。还有陈国琦一向亦为画报投稿人之一，在《良友》《大众》时期，常常可以看到他的摄影大作，现在大概此调不弹久矣。

至于印刷界与画报界关系最深的，首推商务印书馆。自商务采购影写版机器之后，即承印《良友》，也是中国画报采用新式印刷术的开始。次为时代印刷厂，亦以影写版专为画报服务，主办人即邵洵美，而实际负事务责任者则为盛毓贤。初时专印《时代》，后以《时代》营业不振，兼接外路生意。最经风行一时的《大众》，亦为该厂所承印。且试用双色、三色等技术，曾为印刷界放一异彩。近年该厂改名"新美"，惟负责人则仍旧，《良友》后期即在此印刷。最近因原料来源不易，纸价飞涨，许多画报已无形停顿，而海上硕果仅存的新美印厂，写影版机器已束之高阁。闻邵氏早已息影家园，盛氏亦到苏州另有高就了。

中国画报界，时到今日可说是黯然无光，回首当年，真令人不胜有沧桑之感。我们希望画报界重整旗鼓，庶几此文化事业的一环不至陷于"中道崩溃"的一日！

（《先导》第 1 卷第 2 期，1942 年 8 月 1 日）

---

① 去胃，疑为"趣味"之误。——编者注

中国书报发展小史

吴未逝

中国出版界的黎明

中国于三千年前，文化即相当发达，而造纸、印刷又滥觞自中国，故中国的出版，自汉以后，即行发轫。以降魏、晋、唐、宋、元、明等朝代，历有刻版印刷，发布书籍。今日印刷界的用语，犹沿用"宋体字"或"明体字"等名辞，可知印刷出版，自宋便很兴盛。

但真正迈入本格的出版，则不得不说是起自清末，尤其是受了西洋出版界昌明的影响以后。中国的出版，随同基督教的传来，渐趋活泼。道光十八年，伦敦教会在澳门创设花华圣教书房，初用汉字活字，印刷传道用书籍。二十五年移于宁波，改名为美华书馆，后更迁往上海，直至商务印书馆成立之前，美华书馆几为新式印刷的中心。日本的岸田吟香，彼时特意跑到上海来，求其印刷《和英语林集成》。未久，石版印刷术输入，点石斋石印书局盛行利用，所印《康熙字典》，字小而鲜明，颇为科举考试者欢迎，初版四万部，再版六万部，可见其盛。光绪七年，同文书局、拜石山房继起，印书界成为鼎立之势。同文书局竟雇用工人五百名，翻刻二十四史。点石斋除印单行本之外，并发行《点石斋画报》旬刊。以来，武昌、苏州、宁波、杭州、广东各地，出版业者，相继崛起。

石版印刷，不但得以廉价翻刻古本，且成为光绪中叶以后的新文化输入武器。例如《西学大成》《西学富强丛书》《时务通考》《中外时务策府统宗》《西政丛书》《格致丛书》《万国政治艺学全书》等大部新学全书，相继出版。而最初的杂志《时务报》亦于此时创办。

中日战争以后，日本印刷界已呈长足的进步，如纸型、轮转机、彩色石版等皆自日本移植。于是上海，中日合办的书店林立，颇呈盛观。民国成立后，则多由西洋传入技术，创制"古体活字""仿宋活字"等。注音附〔符〕号制定以后，添书于汉字旁者亦有之。

中国的出版，考察起来，多有负于传教师。明末清初，即有许多传道师，宣教之余，教以天文、数学、炮术、地图等的学问。《南京条约》缔结以后，各国宣教师在华，除设立教会、病院、学校，并从事启蒙运动的出版。光绪三年各种教会关系，集结一起，创办益智会，主干为韦廉信，出版《西学初步》的教科书，凡四十二部八十卷。韦廉信死后，其编辑傅兰雅，另创广学会，出版《自西徂东》《格物探源》《中东战纪本末》《全地五大洲女俗通考》《泰西新史揽要》《时事新论》《万国通史》等。

中日战争之后，国民骤然向学心热，《中东战纪本末》甚为时人所好。至如《泰西新史揽要》，竟售出一百万部以上。此间政府方面也时常出书，如徐继畲的《瀛寰志略》、丁韪良的《西学考略》等便是。江南制造局，盛出技术关系的译书，截至光绪三十一年止，共出版一百七十八种。

中日战争后，为发奋图强，乃向日本派十三名留学生，不数年，这些留学生开始译书并组织译书，汇编社、教科书译辑社、游学译辑社、闻学会等，掌理其事。此间所译出的有《普通师范讲义录》《法政讲义》《法政丛编》等。

商务印会〔书〕馆，最初仅为印刷专门。彼时出版界最盛者，为以康有为、梁启超为中心的"广智书局"。稍迟者有文明书局、开明书店、群益书社、新民译印书局、中国图书公司、新智社、会文学社、通社、小说林、群学会、彪蒙书室等。

光绪二十三年，以四千圆资本开始，租屋三间的商务印书馆，二十六年接收了日本人经营的修文印刷局，社运渐趋隆盛。二十八年和日本的金港堂合作，各出资十万圆，设编译所，迎长尾两山为编辑长。编辑印刷并精，为时人所重。最初注力于各种教科书的编译，光绪三十二年政府认定的初等小学教科书，一百零二册之中，商务印书馆占五十四册。其说部丛书（《世界文学全集》）竟出版三百部以上。最初一年仅出二十七册书籍的商务印书馆，在宣统三年，一年竟出五八三册。但其他各书局，都相继凋零，所剩不过二三。

民国成立以后，盛唱"权利回收"，出版界王座的商务印书馆也成了问题的对象。和它相对抗的，有中华书局，完全用中国人的股本，于民国元年创设。于是商务印书馆，也和日本的股东，会议数十次，结果于民国三年，将日本人的股本买收，是年出版的书籍，都特别印上"完全华商股份——商务印书馆"的字样。

商务和中华的社址，都在上海的河南路，事事都互相竞争，称为中国出版界的双镇。商务出《四部丛刊》的时候，中华出《四部备要》；商务出《辞源》的时候，中华出《辞海》。但商务出《万有文库》，第一集二千册，第二集二千册的时候，中华却无以对以对抗。

民国八年，勃起"五四文化运动"，思想文学，都大起变化，自由主义、共产主义盛行流入。

但对此思想的变革，商务和中华都表示慎重的态度，而专注力于学术书和教科书。然而迎合此"时代之声"的新书店，却如雨后春笋一般的兴盛起来，大都成为各种思想团体和文学团体的中心。民国五年创立的大东书局、民国十年创立的世界书局，因其态度慎重，且出教科书，姑不列为新兴书局。实际此"新兴书局"不下百数，其主要者有代表语丝派的北京北新书局，有代表创造派的上海创造社。北新于民国十六年，受张作霖的弹压，与文士一同南迁上海。以后，新兴书店都集中上海，其中最灿烂的为现代书局和光华书局。满洲事变后，二者皆行倒闭。

此外出文学书籍的有开明书店、大江书铺、新月书店、真美善书店、乐群书店。出政治经济方面的有神州国光社、太平洋书店、新生命书局、民智书局、修智书局等。满洲事变后骤然活跃的有生活书店、上海杂志公司、文化生活出版社、华通书局等。

但自中国的全出版量来说，商务印书馆实占第一把交椅。民国十九年新刊书一千种之中，商务占四百三十九种。满洲事变后，学术进步，出版愈盛。民国二十三年，商务的新刊书为二八〇一册，翌二十四年即增至四三二一册。以我想，全中国的出版书，其一半为商务出版，其四分之一为中华出版，其余四分之一为群小书店出版。

中国报纸杂志的发展

以上只就单行本论述，以下关于定期刊行物，略为叙述。

无论那一个国家，在其最初，报纸和杂志，都难以区别，中国也是一样。中国自古即有所谓"官报"，近代的定期刊行物，实始自莫里逊在澳门所发行的《察世俗每月统纪传》。其后如《中外新报》《六合丛谈》《香港新报》《中外杂志》等，都系西人所经营者。

中国事变前，中国最大的报纸《申报》，也是于同治十一年，由美人梅肖所手创者，民国元年始移由中国人经营。次于《申报》的大报为《新闻报》，这也是在光绪十九年，首由西人创设，后由中国人经营。西洋人经营的报纸，而用中国人为主笔的，是《中外新报》，于咸丰八年，用伍廷芳为主笔。由中国人最先创办的报纸，为同治十二年创办的《昭文新报》。由中国人自手办的杂志，最初虽有《点石斋画报》《开通画报》等，但真正带有近代味的，则首推梁启超主笔的《时务报》，继之有《知新报》《湘学新报》《农学报》。

戊戌政变，梁启超亡命日本，在横滨发行《清议报》，出百号之后，改名为《新民丛报》，外形亦模仿日本开始洋装。同时发行中国最初的文学杂志《新小说》，主要发表政治小说。他不仅在杂志形式上仿效日本杂志，就是文体也多采取日本语，创始平易而富有热情的新闻文体，当时称之为"新民体"，所有青年，无不爱读。梁氏亡命日本的时候，留学生日愈增加。当时的留学者，虽亦为研究学问而去，然大多为胸怀改革中国的志士。留学者一方面为了研究学术，一方面为了发表政治改革论，而发行了许多杂志。前者有《译书汇编》《游学译编》《新译界》《法政杂志》，后者有孙文、黄兴所组织的同盟会机关志《民报》以及《汉帜》《汉风》《政论》等。再如《湖北学生界》《浙江潮》《江西》《江苏》《四川》等，皆兼学术、政论二者之用。

光绪二十九年，十种中国杂志里，有五种是远在日本发行的。很奇怪的，这些在日本发行的杂志，却内容丰富，盛为内地青年所爱读。

其后，学术启蒙、主义宣传的杂志，渐由书店经营发行。直至今日仍旧继续的商务印书馆的《东方杂志》，是创刊于光绪二十七年。商务除《东方》杂志之外，并发行《小说月报》《教育杂志》《学生杂志》《妇女杂志》《少年》等二十五种杂志，其中大多数，今日仍然继续。

中日战争，影响了书籍、杂志发展的同时，报纸也大见起色。其主要的有最后在天津发行的《国闻报》，吴稚晖、章炳麟的《苏报》《国民日日报》，于右任的《民呼报》《民吁报》《民立报》。梁启超等的维新派，和孙文等的同盟会，意见龃龉，互相攻击。此两派在国内或海外，各拥有十种报纸。

民国以后，政党簇生，机关纸亦形形色色，杂志数亦骤然增加，然皆不如清末革命前的精采。袁世凯称帝时，新闻杂志之赞成派者，书以"洪宪"年号，反对派者书以"中华民国"年号，颇为奇观。当时反对派者皆被闭锁，然于租界内，以外国人势力为背景者则未受影响。

袁世凯称帝的野望，使青年知识层，趋于文化运动。其领袖则为民国四年陈独秀所创始的《新青年》。此杂志对于青年的影响极为强烈。民国九年全卷再版，闻近年又行三版。《新青年》为白话文学运动、旧俗打破的大本营，几乎是人人知道的。《新青年》的友军，则为北京大学学生所创始的《新潮》；而新闻方面，如《晨报》《民国日报》《时事新报》等皆行附录，以支持《新青年》派的新文化运动。

文化运动的蕴酿结果，遂勃发了民国八年的"五四运动"。据说因了这个运动，全国各学校所发刊的白话杂志，达四百余种。民国九年，周作人、沈雁冰（茅盾）等所组织的文学研究会，以商务印书馆的《小说小〔月〕报》为根据地，大事文学活动，另外并发行《文学周报》，不久诞生了以鲁迅、周作人等为主的随笔杂志《语丝》。和此语丝派，及文学研究会对抗的，有民国十一年以郭沫若等为主的《创造月刊》。

满洲事变后的著名文艺杂志，有《新月》《北新》《狂飙》《乐群》《金屋》《南国》《奔流》《洪水》《太阳》《现代小说》《拓荒者》《新流》等。

评论杂志则有国民党的《建设》、胡适的《努力》《独立评论》，以及《解放与改造》《新生命》等有力杂志。

五四运动以后的杂志以及单行本，不但都用白话国语体文字，加添新式标点附〔符〕号，而且大多部分皆行横排。满洲事变后，横排似乎单止于学术杂志。

满洲事变后，杂志丛生，民国二十三年竟有"杂志年"之称。此时，现代书局开始"总经售全国定期刊物"，继之有生活书店、上海杂志公司亦皆仿效此营业，可想见杂志之盛。

民国二十三年以后，杂志起仆相继，学术、评论、文学等杂志，固不用论，而林语堂所主编的《论语》《人间世》《宇宙风》等，登载小品文字，有幽默杂志之称，一时颇为人爱读。后来为其他杂志，目为柔腔滑调，加以围剿，而致消灭。

近代中国出版物的特质

就近代中国出版物的外观来看，单行本方面，直至中日战争（甲午战争）为止，即使崭新的内容，亦必盛于旧装。中日战争后，受了日本的影响，变为新式洋装。杂志的形式，则多为四六倍版五号字排。大报纸的页数很多，如《申报》竟达二十数页，然夸大广告较多，记事甚少。与此竞争者为《新闻报》，商业记事颇为高明。编辑优良者为《时报》，比此更好者为天津的《大公报》，此报后移于上海、香港，更移于重庆。

报纸的副刊，种类繁多，有文学、政治、经济、文化等专版。大报之外，各埠多有小报，然因争奇斗胜，不少记事歪谬者，因小报的误传，而致自杀者，时有所闻。

单行本的出版，满洲事变前，每年约出一千种，事变后年约二千种。其中二分之一为商务出，四分之一为中华出，其余为群小书店出。杂志由于经济及政治上的原因，除商务所出者外，大抵生灭甚速。事变前经内政部长的认可者为四百五十种，加上未认可的，据商务印书馆经理王云五所〔言〕，不下九百余种。而自杂志发刊以来，合上历年已经消灭的约在三千种以上。

报纸的种类，据民国二十五年调查，全国共有九○一种，而其中每日除〔出〕大型一张者，只有三一二种，而海外的汉文报则有七十种。

单行本的初版部数不一，然大抵一千部为普通。再版者甚鲜。教科书因不是国定的，故各社竞争，数目很大。如商务的《共和国文教科书》，竟达三百余版，售七八千万册。

杂志的部数也大体不过一千。达五万以上者，不足五指。只有《生活周刊》最盛时，达过十五万五千部，为空前未有的部数。而《新青年》之能再版、三版，实为中国所独有的特殊现象。

报纸的发行部数，最大的《申报》和《新闻报》，皆号称十五万部。其次者有《大公报》《时报》《益世报》《午报》，皆号称三万五千部。此外达万部以上者，约有十余。

中国约有四亿人口，然而书籍、杂志报纸的发行部数，仅止于此的原因，第一为了教育的不普及，第二为购买力的不是〔足〕。四亿人之中，识字者仅占十分之二，而此识字者中，能读书报杂志者，又更寥寥。全国有四十个大学，而学生总数不达三万人。

虽然如此，中国杂志所给中国人民的影响，实为深重。杂志的编辑，很多热烈奔放者，因此而致中国的思想界，百花缭乱，至今犹有党异伐同之见。

目前中国的新闻杂志界

自汪主席投身和平运动以来，报纸杂志顿呈活跃状态。据前年秋天调查，报纸有二十五种，杂志有一百十五种。据杨光政的《新中国杂志展望》说，大东亚战争勃发后，杂志多有统合消灭，以及新生的如《更生》《平议》《大亚洲》和《东亚联盟》，已经合并在一起了。而创刊的则有《东方文化》《真知学报》《中国学生》《新学生》《中国儿童》《风雨志》等。此外上海方面的有《政治月刊》《杂志》《经纶月刊》《中华周报》《新中国周报》《太平洋周报》《先导》等。南京方面有《中央导报》，周刊《新东方》。北京方面有《中国公论》《中国文艺》《艺术与生活》《华北作家月报》《艺文杂志》《每月科学》《妇女杂志》《国民杂志》等。广东方面有《协力》《新亚》《南星》。以上都是月刊综合杂志。学术方面则有南京中央大学的《真知学报》，南京交通大学的《建设》，中日文化协会的《中日文化》《两仪》。国际评论方面的有《国际两周报》《日本评论》。文艺杂志方面则有《古今》《中和》《黄河》等。教育方面有《教育建设》。由于中国东亚联盟运动的炽盛，北京、汉口、广州、南京各地皆有《东亚联盟》的发行。总观以上，可知所有各部门的杂志，都已应有尽有。

报纸方面上海有《新申报》《新中国报》《新中国晚报》《中华日报》，天津有《庸报》，北京有《新民报》。

至于上海同文书院所调查的，由于大东亚战争勃发而停刊的上海杂志有《大众生活》《上海周报》《独立周报》《中美周刊》《财政评论》《良友图书杂志》《国闻周报》等。

重庆的报界和杂志界，现在不甚详细。惟《大公报》《扫荡报》似乎力量最大，乃重庆国民党的机关纸。共产党方面则在重庆有《新华日报》，在延安有《解放日报》。

今日文人多聚于重庆和广西的桂林，故此两地杂志特别多。其他如新疆的迪化、共区的延安，文化亦多，杂志比较兴盛。重庆方面的报纸杂志虽不甚多，然各地皆有誊写印刷的小报或杂志。合计起来，其数当甚庞大。

中国出版文化的未来

自中国参战以后，新中国的和平运动已由和平蕴酿的阶段，移于新中国建设的阶段，故今后的书报杂志出版，自亦必于此种意欲下出发。随同新中国建设的进展，出版文化必将开其灿烂之花。

（《青年文化》第2卷第1期，1944年1月1日）

第六部分

理论概观

石印新法

现今石印之法，皆以照像为首工。照像之书虽有数种，然所论者不过照人物山水之事，与石印照像之工大不相同，因必用特设之照器与照法也。

凡石板所能印之画图，不能用平常所照之像落于石面印之，须有浓墨画成之样，或木板、铜版印出之稿，画之工全用大小点法或粗细线法为之。画成之稿连于平板，以常法照成玻璃片为原稿之反形，即玻璃面之明处为原稿之黑处，玻璃面之暗而不通光处为原稿之白处。此片置晒框内，胶面向上，覆以药料纸，照常法晒之，晒毕置暗处，辊以脱墨，入水洗之，未见光处洗之墨去，见光处墨黏不脱，洗净则花样清晰，与原稿无异。将此纸样覆于石板或锌板面压之，则墨迹脱下，此谓之落石。照常法置石于印架，辊墨印之。

晒稿所用之纸，谓之胶纸。作法以钾养二铬养三和于胶或蛋白等质，敷于纸面，见光则变化放养气，为胶所收而变韧，见水不能消化，遇墨则黏之甚牢。不见光处水易洗去，墨亦易脱。其纸因易变化，故宜随作随用，不可久存。敷胶药于纸，日间为之不妨，惟必在暗房待干，纸不干则见光不变。

所用照像镜须特设之式，常照人物山水之镜不甚合宜。盖照人物山水之镜，用照纵横各线必成弯形而不能直，如极大之地图欲分段照之，则图内经纬各线逗合不能直连。前造之照像镜尺寸必大，光距亦远，照出之画止可用当中一方，其周遭之线形不正则不合用。现造之正形镜则无此弊。购此种镜者须预言明欲作何用，向足恃之行家办取，则不致误。有误则为本人不善用也。

所用镜箱须格外长，欲像放大数倍则伸甚长，欲像缩小数倍则可收甚短。箱之形式自必与镜相配，此事亦须与造照像镜家言明，方不致误。

照出之像与常照人物山水之片不同。所照稿之白处，片上必黑而不通光；稿之黑点、黑线与字纹，片上必通明。欲成此事，大觉不易，必习练多次方能得心应手。

作胶纸之药方亦为要事，须用上等净细之胶，每两配水没之。另将钾养二铬养三即红矾一两，以水五两化之，滤净。待胶泡肿，冲以沸水配足十一两后，添红矾水五两，共得十六两，置凉处可久不坏。用时倾其胶水入方瓷盆，加热至一百度，以细洋纸覆胶水面，使敷平匀，勿令起泡。待二分时取起其纸，即一角而挂诸暗房以待干，干后再覆胶水一次。恐一次不匀，则二次必匀也。二次取起，须对角挂之待干，以一张置像片下，对光晒之，见纸之黄色变古铜色之纹，则知晒成。晒时以一分至一点钟为限，俱视乎光之大小与片之厚薄。

纸既晒成，再将石板一块置于印架，辊以脱墨，将晒成之纸药面向下，覆于石面墨上，摇架压之一次或数次，则纸面全受其墨成为黑色后，浮于热一百度之水内，墨面向上，待数分时取出，置平面石上，以海绒蘸树胶水轻揩之，至空处墨全揩净，止存花纹之墨样，则倾温水于面，冲洗数次，使余墨净尽，则晾干以备落石。

锌板磨之极光，能印之工比用磨光之石板更细。用锌板或石板，惟视乎图之粗细。稿纸先置略湿纸中润之，俟略软则取覆石板面压一次，如稿纸存已数日，须压数次，则墨样全脱于石。如用锌板，须用五倍子酸，使图清显。

间有作胶纸者，于胶水内添蛋白少许，惟必慎，其纸所受之热不大于一百四十度至一百六十度，上墨之后则必浮于将沸之水面，纸之四边折成直边，防水冲至墨面，意欲从纸背面令蛋白受热而凝，后亦用海绒蘸树胶水揩去余墨，与前法同。用蛋白者欲令墨更易脱，而与石面黏连甚牢，则石板能印之张数比不用蛋白者能以更多。

平常照之山水人物用此胶纸晒之亦能显明，惟必落于毛面，石板以针或刀修之，不能径用强水法洗之，须湿以温水，待二三日用黑石粉修之，补其缺处，令其墨面有糙形。精明者作之，印成之像比原照者更觉悦目。以后各工俱与用黑石粉笔画图法同。

另有多法能以照像直脱于石面，惟各法内能合用者少。兹择最合用之数法略译如左：

一法：用水二磅半、钾养二铬养三一百六十厘、阿拉伯树胶四两、白糖一百六十厘，各物和匀消化，铺于石板面待干，用正形像片覆于石上，照法晒若干时，先以淡水洗之，后洗以肥皂水，肥皂水留其面，待干则见光处不能消化，见肥皂水亦不变，未见光处见肥皂水则变。辊墨时能得正形，则照常法印之。

二法：将石板加热使暖，以钾养二铬养三化于胶水，倾石面上待干，覆以反形象片晒之，用冷水洗去其未见光之处，然后辊墨印之，亦甚美观。惟其胶质软，不耐多印，止能印数张或数十张即模糊矣。

三法：欲免上法之弊，可用厚玻璃像片，以药与胶水倾其正面，由其背面晒之，令胶皮变甚硬。如先上以红矾与蛋白一层，再上红矾与胶水一层晒之，则能更坚。照石印法辊墨印之，则最美观。如印以棕色墨，则与银水纸晒成之像难别。墨分浓稀二种，先辊浓墨则多光处收之，后辊稀墨则半光半暗处收之，如此则印成深淡二色。其玻璃片甚厚，以石膏嵌连于石板，同法印之。

四法：用厚玻璃片面加蜜蜡薄层，以酒准配使极平，再以红矾胶水另配铬养三矾少许于内，倾于玻璃蜡面，厚如常纸，待干揭起，则成胶皮一层。覆以反形像片晒之，与晒像等。晒成，则洗去其未见光之处待干，连于铜板上，照前法辊浓稀二墨印之。

以上各法言之甚易，为之甚难，惟明者试之，不久易成，且可变通而得更巧之法。

（《格致汇编》第 7 卷秋，1892 年秋）

论画报可以启蒙

古人之为学也，必左图而右史，诚以学也者不博览古今之书籍不足以扩一己之才识，不详考古今之图画不足以证书籍之精详。书与画固相须而成，不能偏废者也。太极一图为古今图画之祖，然既无迹象之可求，形容之可□，惟推求至理，以成此浑穆之形，即此形以闻至精之理，遂觉先天所蕴宏括万物。后人虽不及古人之聪明，然既有此图，亦未始不借此而粗识阴阳，略参消息，图□不重乎哉？而况河洛发苞符之秘蕴，形求为图像之权舆。

是图画之事自古已有之，降及后世，文明日启，人事日繁，书籍既日出而日多，图画亦日增而日盛：谈天文者有经纬之图，日月之何以行，星辰之何以系，咸非图莫考也；究地理者则有山川之图，若何而测高深，若何而征远近，亦非图莫考也。以及明堂寝庙之规，车马衣服之制，虫鱼草木之形，一一于图记之者，所以补当时文献之不足，亦以证后日史册之传讹。非然而何以识商周之彝鼎，何以辨汉代之衣冠耶？晋唐以后绘事日工，名人辈出，有绘山水者，有绘花卉树木者，有绘虫鱼禽兽者，有绘亭台人物者，代有传人，皆为后世所珍贵。中国书画并重，故画家均讲笔法神韵，不必远近高低之不差分寸，形形色色之必求像真也。有为册页手卷以藏之箧笥，有为条幅横轴以悬之墙壁，此种笔墨非不夺天地造化之妙，然究为文士玩好之物，而非有裨于实用也。泰西以图画为重，不特天文地舆之学精益求精，不差累黍，即人物器具无不巧绘成图，使物物皆存于图，俾人人皆知是物。世但知其格致之妙，制造之精，而不知皆绘图之妙也。又设蜡人馆、博物院、电照法以补画工所不及，所以欧西之人见闻日广，才识日增，而华人莫与比也。

上海自通商以后，取效西法，日刊日报出售，欲使天下之人咸知世务，法至善也。然中国识字者少，不识字者多，安能人人尽阅报章，亦何能人人尽知报中之事。于是创设画报，月出数册。或取古人之事绘之，以为考据；或取报中近事绘之，以广见闻。况通商以后，天下一家，五洲之大，无奇不有，人之囿于乡曲而得以稍知世事者，亦未始非画报之益。自来淫画之有干例禁者，因无论识字不识字之人，皆得败坏风俗，沉溺心志也；而今画报之可以畅销者，因无论识字不识字之人，皆得增其识见，扩其心胸也。不特士夫宜阅，商贾亦何不可阅？不特乡愚宜阅，妇女亦何不可阅？而余则谓最宜于小儿。盖小儿在怀抱之时，已喜看山塘之画张，所以一入新年，则家家粘壁以为小儿玩具之一端，其意亦不过欲开其智识也。

然山塘之画张板既恶劣，事尤鄙野，红红绿绿者以诱怀抱之儿则可，若初识之无渐明指点，所谓先入者为主，鄙陋不经之事殊非启蒙之道。现今画报盛行，宜家置一编，塾置一册，童子往往惮于读书而喜于读画，识字不多，不知文理，无怪读书之无味也。若画则有为其目之所尝见者，有为其目之所未尝见者，若者为人，若者为物，亦心焉识之。再经父兄指点之，塾师讲解之，初则但知其形，继则渐通其意，久之并可以知其事。童子记性最好，往往有幼时之事至老不忘者，则此时所识之画即将来所读之书也。其事先了然于胸，则读书时更为有味，而况忠孝节义之事，激其志气，正其心术，不尤为启蒙之要哉。且童子之质地聪颖者，初则喜看，后则喜摹，每见人家童子所摹之画颇不恶劣，若不废弃，将来必成名手。始信有以诱之无不可以成之也。

方今西法最重画图，每制一器须先画图，图有未工，器必不精，此皆实事求是之功，非挥洒烟云之仅供玩好也。将来图画之工，人材奋起，不难驾西人而上，虽未必系乎此，亦未始不系乎此也。然则启蒙之道不当以画报为急务哉！

（《申报》，1895 年 8 月 29 日）

覆规正画报

杨兢夫

十日前《公言报》有志仲悌先生《规正画报》一篇演说，鄙人捧读以来，心中常七上八下的不安，这个缘故，皆因有"感""愧""惧"三个字存在心里。感的是先生对于画报辞严义正，这番热心；愧的是品评敝报虽没列入下等，可也够不上最优等；惧的是万一本报江河日下，沦入下等，岂不把先生这番规正的美意辜负了吗？可有一层，组织画报还有三难。鄙人辩论辩论，要在先生面前请教。

第一难是画图著说不出一手，意见稍有参差，便生隔膜毛病。第二难是著白话说本费笔墨，画幅地窄，限于尺寸，倘措词微不合式，不是敷衍，就是简略，阅者或不称心。第三难是逐日出版，不能间断，而选稿、画图、著说、缮写、校对、印刷诸般工艺，周而复始，必得一日告成，精神稍不贯注，难免贻笑大方。

有此三难，欲求完备，似亦不易。这类毛病，本报都不敢辞。至于维持社会，开通妇孺，原是本报发起的主义。自开版直到于今，鄙人不敢把这个宗旨放松一步。今日在报界上只落得个中等名誉，或者还是这点死心眼儿的功劳呢。说到这里，鄙人又想起一层理解来，从来天下事都分个上中下的优劣，连人格儿也有上中下的分别。孔子论人才，说上智下愚不移，可见中等人是能上能下喽。古人造字，"中"字的形像是画个圆圈儿，把"一"直贯在当中，上下各露一端，便成个"中"字。那圆圈儿里就是中的地位，那上下两端明明是可上可下的会意，但看居中的，自己向上就下就是喽。

敝报忝得合中，便求向上，这是鄙人奋勉的私怀。还望大君子匡襄的群力，鄙人幸甚，敝报幸甚。

（《北京白话画图日报》，1909 年 6 月 12—13 日）

说画报

弦　外

画何必施诸报？报何必出以画？吾以问之画报主人，主人卒不能答。沉吟久之，谓我曰："吾终不知其何故也。吾惟见妇孺说之，士夫爱之。今夫报，适于学子必见弃于农工，悦于齐氓必贻讥于大雅，曾不若画报之宜人。骚客赏其逸致，童稚爱其斑斓〔斓〕，有文癖者得而诵哦，不识丁者得而抚玩，而况现世之史，实之者尽时事乎哉！

今夫物又必有其作用，所重乎报者，以其能普及于社会，而为教育之补助也。鸿篇巨制，经世大文，出之以丛报矣；电邮传讯，罗陈政务，有赖乎日报矣。然而陋识俭学之侪，固未可以与语也，则所谓普及者，又曷从而普及之？夫惟报而出以画，有如是种种机能，庭闱之间，悉老稚作喁喁语，绕桌拨茕，相与指点图画，神往悠悠，转不觉时事之潜印脑间，如资之窃门入室矣。日浸月滋，其所以转社会者力至伟也。报而以画，其道在是。"

抑又言之："吾闻诸治生理学者，人之优尚，固取乎教育，教育之施与，固又取乎及龄。及龄谓何？自胎教始。胎教之术，凡百不一，美其一要着也。美而可以人力修致乎？更可以修自胎孕间乎？奇也。然非奇也。当乎展转母腹之间，以母之五官机能为己机能，使之日接触者美术，而美之为美有自矣。夫如是，从知美术之化人，能化其形于卵育之际，力固若斯其宏者。然此犹形耳。

推而及于心情，则美术者，可以养高尚之人格，可以陶纯雅之性情。及于一人则如是，及于人人则可以造成高尚纯雅之社会。群德修而政教善，雍和见而暴戾消，文明之真，自此得之。报而以画，其道又在是。"

主人为我言如此，夫乃知报与画合之用。抑更有词焉。十八纪以还，为科学狂盛时代，以迄于今，无虑千百，美学盖为最新科学之一。果具何种能力，而竟足占科学界一席耶？是必有其故。倪亦以其于人群中有若斯之僭势力也欤？彼科学昌明之族，犹岌岌回顾及此, 矧吾固有之者, 可不修明而昌大之哉! 然则斯报也, 不仅以传达时事为目的, 从可审矣。以此进于主画报者, 其人曰唯。

（《时事画报》第 1 期, 1912 年 10 月）

照相石印术

骛 译

欧美各国印刷业中, 近来盛行一种很简单、很迅速、很完美、很经济的印刷术, 叫做照相石印术（Titotex Process）。这种印刷术, 无论石印铅印, 都可应用。其特点约有数端:

就石印方面言: (一) 规矩十分准确, 没有丝毫的歪斜; (二) 版子坚固耐久, 远胜石版及铅皮版; (三) 手续很简单, 既省时间, 又省人工。

就铅印方面言: (一) 墨色匀净; (二) 规矩准确; (三) 装版于印架时可省许多手续。

我现在且把这个印刷术的大概说明一下, 请大家研究研究。

照相石印术的用具共有七种:

(一) 金属制摄影箱及架子各一具, 名曰"单位镜箱"（The Unit Camera）;

(二) 金属制摄影箱及架子各一具, 名曰"照相铜版镜箱"（The Halftone Camera）;

(三) 照射器（The Step and Repeat Machine）;

(四) 特制弧光灯二架（照原稿板用）;

(五) 水银蒸汽灯数架;

(六) 烘干机;

(七) 极大印相架一（附马达及唧筒）。

这七种器具的施用法, 大略说明如下: 现在我们假定有红黑二色的招贴一张, 要制成铅皮版, 那末第一步, 就是要拟定一个尺寸, 把这张招贴画成两张底稿, 一张是红色的部份, 一张是黑色的部份; 第二步, 要把这两张底稿先后放在原稿板上, 每色各摄底片一张; 第三步, 用影灯干片从底片上各制正片一张。在摄影的时候, 因为摄影箱上有极准确的规矩, 所以这两张正片可合成一张, 没有丝毫的歪斜（倘使原稿是照相片, 要制成照相铜版，那末另有摄影箱一，镜头上可加网线镜）。在摄影的时候，可用弧光灯照在原稿板上面，光线就充足了。底片制成后，倘使发现斑点或破损处，应当预先修好。

正片制成后第四步的手续，就是要用照射器，现在我且把这个器具略略说明一下。照射器的式样，与影戏机的照射器相仿，其施用的处所，应在暗室之内。照射器的效用，可以比诸寻常石印术中落石的手续。现在假定要制版子一张，尺寸是三十时乘二十时，上面须有图样六十方，那末我们应当怎样进行？

（1）应当从已经制成的正片上摄一大号底片，假定尺寸为三十时乘二十时，底片不论湿片干片都好。我们先把暗室安排妥当了，就把正片插在照射器的正片盒内，又将毛玻片一方插在照射器的玻片盒内，再用水银蒸汽灯发光，就可在毛玻片上看见图样的影像。影像的大小，可随意伸缩，照射器上面有齿轮等件，专备此项用度。照射器所用的镜头是特制的，所以映出影像，无论怎样，都是清楚的，和寻常镜头之必须对光而后能映出清楚的影像者大不相同。我们既经决定了影像的大小，就要预算各个图样在版子上的地位，和中间的空白处。现今假定将版子分为十行，每行列图样六方，于是我们可将毛玻片抽去，更将干片（或湿片）插入，再用水银蒸汽灯照射。各个图样在版子上面的地位，另有机件管理，并不费事。这样照射六十次后，就制成一色的底片一张。第二底片，亦可照样制成。这两张底片，因为照射器上面有准确的规矩，所以可以合成一张，中间歪斜之处，断不会超过千分之一时。这样准确的规矩，断不是人工所能及到的。

（2）把已经感光的底片显影和定影。

（3）底片干后如有斑点或破损处，应当细细的修好。

（4）在铅皮上面涂刷感光性的药水。涂药的手续很简单，只须将药水倒在铅皮上面，涂刷平匀，放入烘干器内转动便成。涂药的手续并不繁琐，总共不过数分钟便可蒇事。

（5）印相架的使用。印相架附有马达及唧筒各一，式样如附图。现在我们所制铅皮版的尺寸设为三十时乘二十时（即与底片同），则印相手续只须一次；如为四十时乘三十时，则须印二次。多则类推。印相架附有最准确的规矩，故虽印多次，图样不致歪斜，且铅皮版上所涂的药液，含有极强的感光力，故底片上面虽极细极微的影像，亦都能印出。

（6）印相手续完竣之后，可将铅皮从架内取出，照寻常石印方法，用落石油墨涂刷。初时铅皮是全黑色的，但倘用流水冲洗，更用棉布轻轻揩拭，则图样便渐渐显现，与原稿的图样不错毫厘。

这几层手续完竣之后，版子就制成了。这样的制版手续，不是很简单，很经济，很迅速么？

我上面所述的，是照相石印术在石印方面的效用。此外尚有在铅印方面的效用，现在因为篇幅有限，暂不赘述，当在下期的《进德》杂志上再与诸君讨论。

（《进德季刊》第 2 卷第 4 期，1924 年 1 月）

谈画报

看　客

画报非自《上海画报》始，特以前之画报名焉不彰，不能如《上海画报》之风行耳。《上海画报》之得以风行，则全恃模特儿、模特儿①、单人春宫也。《上海画报》借春宫之力而风行，毕倚虹借《上海画报》之力而坐汽车，一时风闻之者莫不群思效之。于是《三日》《中国》应运而生，且竞以春宫相号召。吾知三月之后将有模特儿明星出现，而南京路上画报老板之乘汽车出风头也必矣。

（《光报》，1925 年 8 月 11 日）

论画报将来之失败

老上海

自《上海画报》兴，继而起者有《南方》《中国》《三日》，近者又有《寰球》及《申江》等，不日亦将发行矣。在今日文化沉寂之中国，而有若是之小报及书报等出而提倡，未始非吾艺术界之幸运。惟推诸创办及阅者之心，则又与原旨大背驰。凡今之一般阅报客，咸喜睹□体美与曲线美，因是创办者投其所好而罗致之，若女明星、名妓等，莫不应有尽有，其生涯之盛，殆无以□，于是他报亦更相模仿之，而销数皆在数□以上，足征今日社会心理趋向之狂热矣。然则予独忧其将来之失败，得毋梦呓乎？要知凡事过极必反，盛极必衰，况天下之女名〔明〕星及名妓能有几？势必求其次之又次之，甚至媛女夜

---

① 原文重复。——编者注

又亦将珍若拱璧。试问是时观者之心热，尚能在沸点之上乎？至若或有发生内部以及其他关系因而失败者，又不可逆料焉。

（《青报》，1925 年 8 月 15 日）

吾之画报观

飞

沪地画报，风起云涌，层出无已，统计算之，有十余种之多，未始非发展艺术思想之佳象。惟当初起时，均满刊模特儿照片，以为吸引买客之要素。今因淞沪警厅明令取缔，不若从前之盛行矣。按画报为表示艺术之出版物，宗旨何等正大光明，立意何等清高纯洁，非可与人利用者。刊载模特儿，虽云无伤大雅，究属有关色相，只可语上，不可以语下也。一笑。

（《星期画报》第 1 期，1925 年 9 月 6 日）

画报的文字

钏 影

我常见各国之所谓画报也，以星期刊居多数，往往重图画而轻文字。就中所有文字，亦不过为说明图画之用，所载亦甚简略，盖画报中之文字，仅为附带之品而已。自倚虹创《上海画报》，则并二美为一。所谓"二美"者何？盖《时报》之《图画周刊》与《神州》之《晶报》也，两者均为社会所欢迎，而倚虹则与二美相接近，左挹浮邱袖，右拍洪崖肩，乃取其精华而倡《上海画报》。方创办之初，就询于余，并欲余为之援，余曰："以君之才，绰绰乎有余裕矣，无需我之助君也。特报之为物，随时会为转移，其勿固持一方，则无方而非进步也。"及《上海画报》出，不肿〔胫〕而走，成为一时风雨，于是随倚虹为步趋者日众，不及三月，而形式、篇幅、色泽之相等者都十余种，其图画与文字相间杂者亦如之。抑若《上海画报》者，今一切画报之范本也，非第学其优点，亦且学其劣点，于是能趋者趋，不能趋者且倾蹶矣。倚虹长于文词，且能斟酌于字句之间，故其下笔即楚楚可观，而学之者其文之鄙僿可笑者微论矣，且有借之为寻仇修怨、蔑友猎财之需者，可叹也。世道衰微，人心险诈，此人间地狱者，又为娑婆生造之矣。

（《上海画报》第 36 期，1925 年 9 月 21 日）

图画与铜版部

戈公振

文义有深浅，而图画则尽人可阅；纪事有真伪，而图画则赤裸裸表出。盖图画先于文字，为人类天然爱好之物，虽村夫稚子，亦能引其兴趣而加以粗浅之品评。英国名记者北岩氏谓图画为无音之新闻，最能吸引读者而推广一报之销路，诚至论也。

我国报纸之有图画，其初纯为历象、生物、汽机、风景之类，镂以铜版，其费至巨。石印既行，始有绘画时事者，如《点石斋画报》《飞影阁画报》《书画谱报》等是。惜取材有类《聊斋》，无关大局。迨《民立》《舆论》《时事》《太平洋》等画报出，乃渐有进步，有时讽刺时局，可与大报相辅而行。惟描写未必与真相相符，犹是一病耳。自照相铜版出，与图画以一大革新。光复之际，民军与官军激战，照片时见于报端，图画在报纸上地位之重要，至此始露其端。近则规模较大之报馆，均已设有铜版部，图画常能与有关之新闻同时披露，已于时间上争先后，乃可喜之现象也。

铜版部之设备，最要者为照相房与暗室。其用具则有照相架、锯床、钻床、刨床等。照相架每具约四百元，自制者仅百五十元左右，但对光常不甚准确。镜头每枚自百五十元至三百五十元。铜版则有六十线、八十五线、百线、百三十三线之分，价各不同。报纸质粗，宜用六十五线与八十五线；道林纸质细，宜用百线与百三十三线。如夜间制版，须用镁灯，每盏约二百元。至在外间照相之六寸快镜，合于报馆用者，每具约二百元。由照相起至制成铜版止，其时间常需二小时半。

民国九年，《时报》创《图画周刊》，注意中外大事，印以道林纸，是为我国有现代画报之始。近北京《晨报》亦发行《星期画报》，注意时事与艺术，皆取材严谨，足以引起国民之美感。吾意画报之精彩，第一在印刷清晰，图画则必取生动者，一片之优点何在，须能表而出之。至材料之时时变易，排列之参差有致，又其次焉者也。

图画之色泽浓淡不分者，如地图表解之类，可制锌版，凡善制铜版者必优为之。近来各报馆铜版部，有以代制铜版、锌版为业者，其收入亦颇丰，借以减轻铜版部之支出。惟本报上之图画反不多见，舍本逐末，则未免有失设部之意耳。

新闻照相，在取得一事之要点，与普通照相之专供纪念者不同。欧美报馆均有照相队，其搜罗材料之能力，常与记者并驾齐驱。我国报馆今尚未知养成此种专材，故多与照相馆合作。

欧美以供给照相于报馆为业者，其规模极大，盖各报莫不重视图画，其需要至广也。数年前，北京曾有人组织"中央写真通信社"，每月平均送稿八次，每月取费十元，其材料颇合报纸之用。惜各报多无铜版部之组织，订购者不过数家，故未能持久。近上海亦有人拟组"摄影通信社"，但以费绌，至今尚未送稿。〈略〉

（戈公振《中国报学史》第六章第十节《图画与铜版部》，商务印书馆 1927 年 11 月版）

画报的油色问题

编辑者言

画报所用的图文，好似衣服的花饰，所印的油色，亦似衣服的颜色，所以一张画报的新旧雅俗，从它的图文的排编，颜色的采用，是一望而知的。报的切身关系，除材料印刷以外，图文排编与油色采用，亦属重要，现在先从油色问题来研究一下。

采用何种油色，对内与成本、印刷纸张有关，对外与民众的智识、天气的寒暖有关，现在从对外而论，大凡各人喜欢颜色的不同，与其智识程度而各别。从服装颜色上，吾们可以得到一些证据：乡村妇女，智识浅陋，大都喜显明夺目的颜色，红袄绿裤以为美观，反之智识高尚者，喜和平调和之色，配色亦极简单。画报的用油色，亦要按合民众心理。北方最近画报有近二十种之多，采用油色亦各具心理，大都两面异色，以取其有变化，常因色调配合不当，以致未能免俗。现本报拟将油色改用一种，并求读者指示意见。

（《世界画报》第 169 期，1929 年 1 月 10 日）

对于画报界之刍言并祝《京画》

一 苇

画报风行，近年始盛，五光十色，绚烂大观，要以故都为最，而津沪次之。今则关外亦风起云涌，后进发展或未可量也。故都自客岁以来，画报之数量骤增，各大报亦多附刊，合原有者都不下十数家，而印刷日益精进，选材亦多精美，盖各家互相争长，因竞争而进步，亦可喜之现象也。

吾国之有画报，盖自石印既行之后，而以《点石斋画报》为嚆矢。次则有《飞影阁画报》《书画谱报》等，然皆以笔绘成，付诸石印，自较旧日以木版镂刻者为精。然取材多类画谱，否则即如小说之插图，色泽欠佳，引人之兴味亦少。自照像铜版之术兴，遂划画报为一新时代。盖因像片而制铜版，则大小长短罔不咸宜，维肖维妙，再加以鲜明之色泽，印以较精之纸张，于是乃蔚成今日画报之大观。

今日吾国之画报，就外表观之，可大别之为二类：一为纯以图画胜，如上海之《图画时报》，北平之《世界画报》，即新都《中央日报》附刊者，虽多宣传作品，然均属此类也；再则文字与图画并刊，如《北京画报》《图画周刊》《北洋画报》及已停刊之《星期画报》等均属之。然若就内容而分析之，亦可大别之为二类：一则为普通所常见者，各种材料均皆收罗，艺术、新闻并重；一则专刊一定范围内之作品及文字，如《艺林旬刊》等是也。然以予个人度之，虽各有专长，而文字图画并刊者为最合宜。盖限于一范围之内者，材料既难搜集，而阅者亦非有特别嗜好者不购也。若专刊图画，虽近原来画报之义，然一览无余，且时势所趋，画报尚难一般化，殊不若文图并刊，而搜集材料上，以得甚大之便利。然文字须隽永有味，若仅充塞篇幅，味同嚼腊〔蜡〕，不若专刊图画之为愈矣。

然则画报之使命如何乎？曰在慰藉枯燥之人生，调济物质生活之不逮，使阅者养成爱好艺术之美感。使命至为伟大，与新闻纸之为国民喉舌日常课本正相牟也。然则画报之趋向又应如何乎？仅就个人所见，试一言之：

（一）选材。材料之取舍，当以趣味有依归，盖一画报之生命全系于此，视一画报之材料能否引起人之兴味，则美恶立判。然选材亦非易事，如人物之照片，当为一般人所熟知者，不则应有使人欲知之事、可注意之点，否则不论妍蚩〔媸〕，冒然登载，不过代人登广告而已，何取之有？至文字方面，则宜短小隽永，前已言之，图画之篇幅至为有限而宝贵，若文字过长，势必继续登载，甚有至数月者，而画报多为周刊或三日刊，人事至繁，时间暌隔，前后已不相属，重违读者之意，至不宜也。故长篇小说之于画报亦不必需。然文字短而乏味，令人阅之欲呕，其重违读者之意，正与冗长相等，均不宜取也。

（二）印刷。印刷首重清晰，若模糊潦草，一阅害目，试问能引起阅者之美感否耶？故选材虽有稍差，而印刷清晰，亦可引人之相当注意。

（三）排列。一纸画报，亦一纸之整个艺术品也，然此艺术之表现则视编者之造诣。一画报之精彩，自令多方面而成，而排列实为要着。何者宜长宜短，宜方宜圆，或为角形，或为椭弧，或先或后，或大或小，事先宜统筹全算，部署有方，方不致临事张遑，而有堆凑之弊矣。至文字之排列，行字之疏密，字型之大小，均宜视地位而施。总而言之适可而已。故材料亦宜事先准备妥帖，自可整暇愉快。且方式宜时时变换，不可固定，而致呆滞也。

（四）色泽。色泽鲜艳，夺目动人，然第一要着，则宜深浅调剂。不可过深，过深则色转暗；不可过浅，过浅则易模糊。尤宜常变，若用三色套版，则更佳矣。

（五）用纸。纸不厌好，愈好愈佳，宁可多售几文钱，纸次不宜用也。盖纸精则纹理细密，着色既易，印刷自易清晰，原版之优点亦易表现也。

盖吾国之画报，既未能一般化，正无防往精美处去作，虽售值较高，然能购阅画报之人，其经济能力自非竭掘者，当不较锱铢也。然一般化与平民化者，不能不为将来之目的矣。慨自国都南迁，北平已成弃地，一切一切均濒于破产，他事勿论矣，即北平之固有文化亦均江河日下，盖事之不进则退，自然之势也。然设非有识之士，大声急〔疾〕呼，多方保护，则北平之一切文物史迹，正不知伊于胡底，良可叹也。然保存之方至多，而首当在使全国之人，知文物史迹之重要，引起研究与保存之兴趣，是非文字图画之宣传不为功，而图画之力尤为伟大，画报之用远矣。

故《北京画报》自出版以来，即首标"提倡保存北平固有的文明，反对破坏北平一切的文化"之远的，只眼独具，故成功亦至大也。今者《北京画报》为全国画报之重镇矣，不但在新闻史上有其不朽之地位，即在吾国之文化史上，亦将有其不朽之勋誉也。今者适当《京画》周刊周年之期，行见前途将益光大，拉杂书此，聊当祝意。

编者按：一苇张君，为北平之新闻学家，曾发起新闻学会，创刊《新闻学刊》，提倡新闻学，不遗余力。现执笔于《京报》，其作品常见之于《报学月刊》。

（《北京画报》第 2 卷第 51 期，1929 年 9 月 21 日）

画报与剧评之关系

亦 佳

吾国之有画报，其初当为石印之《点石斋画报》。光、宣之际，上海《舆论时事报》每日附印画报一小张，亦系石印，用有光白色纸印行，日报之附出画报，当自此始。其后《民呼》《民吁》《民立》诸报均曾仿出，至民国元年时，予与戴天仇所办之《民权报》，犹附出此种刊物也。在《民立报画报》中，常刊有郑正秋君之剧评。历来虽亦有谈剧之小品文字散见各报，然皆泛泛之谈，不为时人所重，从无如正秋君专从腔调、板眼上精密立言者，所以剧评之成为专科，实当自正秋君始，而刊载此正式之剧评者，其始固为画报也。故吾尝谓剧评与画报实有密切之关系，且似为孪生之兄弟也。予尤忆正秋君初作之剧评，颇于谭派之贵俊卿加奖许，就其《洪洋洞》《乌盆记》诸剧，详评其字眼唱腔，颇为一般有戏迷者所欢迎。至民国元年，正秋又独办一《图画剧报》，合画报、剧评为一物，予亦尝为正秋撰稿，初不虞正秋后又以新剧大家得名也。

（《大亚画报》第 201 期，1929 年 12 月 30 日）

画报的责任与前途

戈公振

戈公振先生是报界的前辈，并且也是我们画报界的先锋，在他那过去的奋斗史中，对于画报的进攻，确得着很多的胜利。这一篇赐给我们的大作，可说是领导我们进攻的一条捷径。

报纸记载新闻，以真实为主，图画乃最能表显〔现〕真实者也。故欧美日本各国之报纸，对画图极为重视，不恃持照相而已，且通用电传，使时间性更能充分发展。

图画为最妙之有形新闻，任何人能直接了解，不必经过思考，且不限智识高深，即妇人孺子亦能一目了然。

欧美各国发行之报纸，有以图画为主要材料者，大报馆有兼营电影事业者，故一面以新闻刊诸报端，一面新闻电影院亦在开映。良以一种问题发生，有累千万语而不能道其详者，一阅图画即能完全领会，豁然贯通。报纸往往受文字之影响，国际间常因翻译解释不同而生误会，惟图画则不受文字之束缚，实为国际宣传之好方法。苟吾人对于文化科学种种设建事业能以图画表显之，最易使外人了解吾国家、吾民族之精神，是亦画报界同人于选材时所应注意及应负之责任也。

画报有确定之宗旨，方有精采，或注重政治，或注重国际问题，或注重社会生活，注或〔或注〕重文艺与科学，最初能引起阅者之兴趣，既而能增进其智识，最后演进为有益社会国家之刊物。

画报种类至夥，有以新闻为主体者，有以美术为主体者，有以讽刺画为主体者，亦有以照相技为主体者。苟能认识画报之功用，则各有其可以发展之途径，不必模仿，更无庸嫉妒。吾国今日之画报，尚在幼稚时代，正宜追踪东西各国之出版物而比较之，以期日新而又日新也。

（《中国摄影学会画报》第 5 卷第 250 期，1930 年 8 月 9 日）

画报之美人计

少妇画片乃生财之一道也，故画报封面皆以年轻而又艳丽之面孔作标榜，其推广销路，增进盈利，厥功甚伟。上海某画报最早应用此现代生财之宝诀，不数年间，销数几达十万份。社会惑于发财之迅速，一时继起之画报有数十种之多，专登少妇画及模特儿画，其生意无有不兴隆者。

夫此种画报之读者，大多数为青年男子及男学生，美人之计得售，以此故也。盖艳丽之面孔，对于此辈实有一种不可抵御之魔力，其为利用性欲，殆甚明显。然一般美术家每喋喋于女性曲线美一语，欲借此美术之美名，掩饰此种利用女性之卑污手段，其人之思想谓非幼稚即属虚伪。且也，吾人从严格的美学立足点观之，男性亦何尝无曲线美哉？而徒以现代社会之经济仍为男子所掌握，而女子有购买男性曲线美能力者殊不多觏。彼画报老板早计较及此，否则必兼用美男计矣。

我国出版界施行美人计，实欧西首作其俑，尤以美法两国为甚。有麦佛登者为《体育杂志》《真故事杂志》及多种销路甚广之美国刊物之出版人，其倡导登载少妇画片最力，故同时成为美国一最阔之出版人。美人计洵生财捷径，无怪被只知图利之中国出版家争相模仿也。

（《英华独立周报》第 1 卷第 15 期，1931 年 5 月 9 日）

画报与新闻影片

一 雁

画报有时间性，新闻写真自与一切美术摄影同其重要，而此类新闻写真，实以三种不同之方法出版：（一）日报新闻栏之附有写真片者，（二）各种定期刊物之杂志画报，（三）电影公司所摄制之新闻影片。前二项为静的，后一项为活动的。以近来电传摄影及电播活动影片进步之神速，此三项均将有以极快速度普及于全世界，而合乎新闻极度时间性之需求。惟返〔反〕观我国，则以技术不精之故，无不落后。关于静的影片制版，各日报、各画报尚有黾勉以求精进者，而活动的新闻电影片，即在国产电影兴行之时，各电影公司亦鲜注重于新闻影片之摄制。偶有一二家摄制数片，于量固少，于质亦欠佳，所摄之人影恒多模糊不清，且剪裁上亦嫌烦冗过甚。以较美国出版之世界新闻片，可谓相差太过，更未闻有人提倡改善。故特提出此意见，以唤醒各影片公司之注意焉。

（《中华画报》第 1 卷第 20 期，1931 年 6 月 20 日）

画报谈

记 者

上海之有画报，以毕倚虹之《上海画报》为始，尔时销数之畅旺，达一万份以上。嗣后各种画报继续发明，而种类之多不亚于目前之小报，约在二三十种之间。顾未满一年即风流云散，今硕果仅存者只《上海画报》而已。其得以相延迄今者，端积钱芥尘先生苦心维持之功也。

目下之画报已失其独立价值，大都视为一种附属品而已。设能编排新颖，照片丰富者，犹未始不能得读者的欢迎。惜乎照片之搜集较采访新闻尤难，而主持画报者每以吃力不讨好为憾。至欲图利尤属难事，故亦鲜有敢尝试者。试看魄力之厚如《新》《申》两报，亦皆以亏蚀过巨，致附印图画增刊先后停版，则其难以维持可知。

（《福尔摩斯》，1932 年 5 月 31 日）

略谈画报文字

微 哂

画报,顾名思义,当然以图画为主体。画报而有文字,所以记一事之变迁、一人之事迹,阐人群玄妙之理,示谐谑讽刺之旨。总之,所以补图画之不足而已。是以此种文字,与一泻千里之论评既不相同,与典雅朴实之传述更异其趣。不尚铺张扬励,尤忌琐细雕饰;下笔清峭,自饶雅趣。诤恶胜于谩骂,奖善不用阿谀,庶乎近之矣。此就行文言之也。

至若取材,则事不伤雅,人不过亵,斯为至上。伧俗之言,虽大人先生所言不取;韵味之论,即贩夫走卒所论亦采。娼妓非不可谈,应不及于淫秽;剧优亦可以评,要免流于谬滥。善固当传,恶岂应讳?褒贬之旨,在留意于字句之间而已。

晚近画报刊行多矣,其文字能近于此者,殆不多觏。非笔下拉杂生涩,即取材猥亵俗冗。传人则不发其隐私,即诒其起居;记事又不指为下流不足齿数,即奖作空前未曾或见。于是执笔者一喜怒之间,奸邪可以升天,德者亦能入地。画报之价值乃为之败坏无余矣。

《北画》刊行日久,其行文立论,绝无上述诸病。兹际发行纪念赠刊,用写此文以与国内主持画报者一商榷之。并祝《北画》诸君,继续努力!

(《北洋画报》第 803 期,1932 年 7 月 12 日)

书报的命名

梁得所

听说有些著作家因偶然想着一个好书名,就立意写一部书,这恐怕是少有的事,至于阅者因见一个好书名而购买,情形却很普遍。因此书名与销路很有关系。几年来,我定过好些书报名字,有些还好,有些却忽略了营业要素。例如我自己的一本小说在题名《女贼》,据书店一位店员告诉我,这书名定的不好,因为许多女顾客似不大喜欢,同时有些男子惯买书送好友,也不买这个题名的书,因此失掉一部分顾客。那店员的批评,比一般的书报评论似乎更为切实,其中也就很有世故存在。我不觉联想到另一段话。话说某小姐进甲鞋店买鞋，店员对她说："小姐，你的右脚比左脚大。"小姐不悦而去。她进乙鞋店选买，店员说："小姐，你的左脚比右脚纤小。"小姐喜欢，交易遂成。

并非专讲女子，其实任何人，无论年几〔纪〕多大的大人物，爱顺不爱逆的心理，根本与小孩子相同。因为大人者，不过是多吃几年饭的小孩子——一个 Grown-up child 而已。

《女贼》内容虽然同情多过诽责，而名目听来早已得罪。或曰：下次做小说可题《小姐万岁》，以示恭颂。可是，又将受讽老处女之嫌矣。欲加之罪，何患无词？近日执笔，根本就不好乱写。

话虽是这么说，定个名字到底是简单的事。大概第一要与内容符切，其次字眼不要太怪也不太俗，也就成了。所以本报筹备时对于定名并不费工夫。既思目标是集多方面之力做普及的工作，就叫做"大众"罢。这两个字很浅白，浅白到无从下注解。

关于本报的命名，还有一段〔段〕闲话可供谈助。那便是第一期将出版时，广东分销处的主持人想作特别的广告，结果商定登报叫人猜名，所登启事大意是："大众出版社将出一种画报，请梁得所主编，读报定名为何，请猜答，在期限内答中的赠该报第一期一册，以三千册为限"。这样的启事在广州、香港的日报登出，填答来信每日数百。只因出版期近，限答日子只有三天，猜答来信总共不过一千八百四十二封。

这千余答案中，当然大部分猜中的，社名与刊名很易联想得出。但有一部分太用心思的却猜远了去，有一百三十余人猜错的。本报未出世前，就被人送了一大堆绰号。现在篇幅有限，错名不能尽列，兹举数例：如"良朋，伴侣，摩登，贡献，欢迎，社会，平民，异彩，再励，精华，极观，最灵，金刚，神化……"另有填答"贵社新出画报"，答了等于未答；还有填写"惠我画报"，大概意系索请赠阅。此外，有一个错得十分离奇，竟填答"瓜同拿画报"，使人百思不得其解。后来我看见当日的省报，在我们启事的旁边，另有一个广告，大概是推销一种新药的，写着"瓜同拿"三字，底下加个"？"号，叫人猜是什么东西。神经过敏的阅者，竟把那名字和我们的画报联成一起，这未免太聪明了罢。试想，一本画报如果叫做瓜同拿，有人买才怪。

此外，猜名中错得最多，而我认为错得最大的，就是"得所画报"，因为大众和个人是相反的。得所受本社的委托，自然尽力负一份子的责，负责共维大众的原则。这原则，一旦失去，梁某也就不撤自退，又怎能以人名名报？

名，究其竟，不过一个记号而已。书报该注意的是内容，名目的取定自是小事。所以这篇〔篇〕谈话也就是一篇闲话罢了。

（《大众画报》第 2 期，1933 年 12 月）

谈画报之取材

呆　呆

不佞于辛未九一八前，囊笔沈水，主编《大亚画报》，历时三载，对此道略有经验。选片选文，力求慎重，摄影之来源甚易，所苦者文字材料每感匮乏，甚致手民催稿甚急，而编者犹墨无一点焉！

合于画报逻辑之文稿，极其难选，其主要点：一、要有时间性；二、要趣味化；三、合于审美艺术；四、逸闻独得，不可再见于他报。以此数种条件为衡，则投稿虽多，而能如其选者，戛戛乎难也。

旧居停主人沈君谷声，最擅长作此种画报文字，所写小品，生动异常，运墨之工，犹其余事。因君知交遍海内，每日所接触之友朋甚夥，谈者无心，听者有意，偶得秘闻，则摭为画报材料矣。

相传蒲松龄作《聊斋志异》，设茶亭于岐路，客旅过此，殷勤招待，临别坚请说鬼狐故事一段，然后始纵之别。笔记积久，始成聊斋一书。故王渔洋诗曰："姑妄言之姑听之，豆棚瓜架雨丝丝……"画报文稿虽异此，但选材之难，实须此法求之，倘闭居斗室，则造车虽美，奈脑汁易罄何！于是编画报者，及画报小品作家，咸异口同声曰："稿子好作，材料难寻……"旨哉言乎！

（《天津商报画刊》第 11 卷第 9 期，1934 年 4 月 24 日）

照相铜版制法图说

制版部

（一）用二份水和一份盐酸的溶液把玻璃洗净。

（二）将一个鸡蛋的白，化在一千克水里，倒匀在玻璃上，并令它干。

（三）将棉胶（Collodion）液倒匀在已经涂有蛋白的玻璃上，令它凝定到不十分湿。棉胶的成分是：乙醚（Ether）六八〇克，酒精（Alcohol）六八〇克，火棉（Gun Cotton）一五克，氯化锶（Strontium Chloride）一·二克，碘化铵（Ammonium Iodide）六克，碘化镉（Cadmium Iodide）七·五克，盐（Calcium Chloride）二克。

（四）　将这涂有胶棉的玻璃片放在容有硝酸银的暗箱里五分钟，硝酸银附着在棉胶面上，这片子就成功有感光性。硝酸银的配合是：将硝酸银结晶体放在蒸馏水里，使它的浓度成四十度。

（五）　把感光片（或湿片）装入片匣里，这步手续必须在暗室内做。

（六）　网板是用二块玻璃片做成，每块玻璃上刻着不透明的对角平行线。把这二块玻璃片胶合后，彼此的平行线须互相垂直而成一网。每英寸里所画的线数，规定网板的粗细。通常所用的网线是四十五—五十五—六十五—八十五—一百—一百十一—一百二十—一百三十三—一百五十—一百七十五。

（七）　网板装在照相器的背后，贴近湿片之前，须调整到和湿片绝对平行。镜头开时，光线在照相机中先经过网眼，而后达到湿片，因此所摄之像裂成点子。

（八）　把照过的湿片在暗室中显像和定像，此时已成功一张负片。显像药水的配合如下：硫酸铁（Iron Sulphate）三十克，硫酸铜（Copper Sulphate）四克，醋（Acetic Acid）二百四十滴（约十五克），加水至浓度二十二度。定像药水的配合如下：氰化钾（Potassium Cyanide）二十八克，水五百六十克。

（九）　在负片上先涂橡胶，待干后再涂棉胶。

（十）　先把负片照所要的大小裁切，而后浸透醋酸，从玻片上揭起。

（十一）　把负片膜放在一张六厘半厚的玻璃片上，同时其他负片也可以尽有余地位放上。原负片膜必须翻转贴，使图文不反读。

（十二）　用浮石和水磨擦铜片，使其表面有匀净之席纹，涂料容易附着。

（十三）　把下开的溶液浇匀在铜片上：鱼胶（Le Page's Clarified Glue）二百克，重铬酸铵（Ammonium Bichromate）二十三克，水四百五十五克，鸡蛋白八枚，氨（Ammooia）八滴。

（十四）　在暗室内，把已经涂上感光溶液的铜片放入一柜中，面对着煤气炉上，回旋而烘干之。

（十五）　把负片放在晒框里，放铜片的感光面切贴着负片，而后在强烈的电灯光下曝光约四分钟。

（十六）　把铜版移入暗室里，在流水下冲洗。网眼间的涂料，就是药面上不被光照着的部分，被水溶解掉。而后把铜版浸渍于一分紫色染料（Violet Aniline Dye）与二十分水的溶液中，于是铜板上的点子格外明显。

（十七）　把铜版在煤气炉上烧热而后令其慢慢冷却。烧热是可以使涂料变成一种坚硬而防酸的珐琅质。

（十八）　把烧过的铜版，用醋酸和盐的混合液，清除其点子间涂料的一切痕迹。

（十九）　把清除的铜版放在电蚀机（Electric Etching Machine）上，使点子间没有胶质掩遮部份铜质溶化。这是一种最新式的蚀刻方法，使铜版深刻而清晰。现在我国制版厂还没有采用，我们所用的是把铜版放在过氯化铁（Ironperchloride）和水成婆美表四十二度溶液的摇盘里扫蚀，在上文里已经说过。

（二十）铜版上黑暗的部分，细心地用防酸涂料涂没。其余稍淡的点子，再用人工修小，使点子间白的地位稍大。这样能使照片黑白分明，增加美趣。

（二十一）把铜版的四边切成斜角，以便钉钉。

（二十二）把铜版用人工修整，以资完满。

（二十三）用钉机把铜版沿四边钉在木底板上。普通制版家都在木底板上钻几个洞，从洞里滴入焊锡，把铜版焊住，这是不很可靠的办法。

（二十四）从铜版试印样张，以便和原图画比较一下。

（二十五）把装好木底板的铜版放在刨床上，刨平木板，使和铅字的身高恰好一样。到了这一步，已算制版完毕，可直接供印刷厂之用了。

（《科学画报》第 1 卷第 24 期，1934 年 7 月 16 日）

关于儿童美育和图画刊物

陈抱一

Ⅰ．儿童的"美的教养"

我们都知道儿童幼时的生活习惯，是直接与他们的精神发达上很有关系的。我以为儿童们自幼时倘有接近"美术"的机会，非但可以提高他们的趣味，而且于他们的"创造意力"之成长上，亦必受到良好影响。故在儿童生活上，我以为"美的趣味"是不宜缺乏的。

所谓"艺术教育"者，目的就是在陶冶儿童的品性，训练"美的观感力"，同时也是启发儿童的"创造性能"的。这艺术教育，或"美的教育"，也决不只仅滋润幼年期的生活，而实则与儿童未来的社会生活有密切关系的。故"艺术的教养"在儿童生活上，确是重要的基础。尤其是对于现代社会的（精神的及物质的）生活，人们非有洗练的精神不可，因此"艺术意力之涵养"，在精神的根本上是十分重要的。

试看，现代的凡是最前进的国度，却没有一个不重视着儿童艺术教育的，从这美育的观察，也很可以看出民族精神之一面。对于现在乃至将来的社会生活，人们似乎非有更灵敏而优秀的精神来处理不可。没有创造的精神，美感退化的民族，在现代的文化竞争上，必至被挤到落伍的地步。

儿童是未来社会的活动者。儿童教育首当推进，自不待言。但我觉得在儿童教育里面，直接关于儿童的品性以及创造性能的"美的教养"是更不可忽视。因为在弥漫着低级趣的我国社会生活上，儿童们大多都缺乏"美的教养"。为挽救儿童跟着环境而腐化，似乎更非以"美的趣味"来善导儿童的精神不可。

我以为培育儿童"美的教养"，不宜仅赖学校方面的责任，便在家庭方面，也应加以相当注意。我想在家庭方面，也很有机会可以涵育儿童的美的趣味者，例如常把高级趣味的优良的图画刊物等类给儿童阅读，或奖励儿童创作图画，都是养成儿童美的趣味的便利的方法。

至于教儿童习画，当然并非预备养成专门的美术家。儿童作画，自然也并不像大人画家那样的意识去描写的。在儿童的画上，我们很可以看出儿童自己的天真烂漫的观察，以及儿童的"心的活动"之痕迹。实际，儿童在作画的时候，他们的观感力以及思考力，都是在训练着的。

我以为为鼓励儿童的美术兴味以及促进他们的工作起见，很希望今后常有"儿童美术展览会"之举行，这事情我也曾经屡次企及的。关于"儿童的绘画"待今后的机会再继续讨论。

在标语上我们看见所谓"有新儿童才有新中国"，这是很有意义的。我以为要使中国民族成为精神优秀的民族，非从儿童的美的教养做起不可。

Ⅱ. 儿童读物的艺术化

现在顺便说及一点关于儿童刊物的意见。却说儿童用的图画刊物乃至儿童读物的插图，在艺术教育的立场上，也很有研究的必要。因为插图上的形象、色彩，尤其是适于儿童心理的艺术的插图，非但于儿童们是一种明朗而愉快的刺激，而且直接于儿童的美感乃至趣味上是很有关系的。

在欧美各国教育界上，对于这种问题原是非常注意。试看近年欧美乃至日本所出版的儿童读物，大多都有着美丽的装帧和插图。明了地说，就是在儿童刊物上"艺术的要素"是十分注重的。故有许多刊物，在插图、装帧、文字的排配法，以及印刷和纸张上都是异常考究。这种情形，一面也没有不可以看出对于儿童生活的趣味问题，是十分重视的。

人们以为儿童并不会意识地去观审艺术，可是儿童们也往往能直觉地多少感悦艺术的趣味。我曾经试验过，把几本外国的儿童图画刊物和几本我国出版的图画刊物，给儿童选择看他们喜欢那几种。数次试验的结果，都证明儿童们喜悦外国的美丽画本。原来天真烂漫的儿童，实际除了由自己的"直觉"感悦美的趣味而外，并不怀着有什么成见。他们所以喜欢，也实在因为那些外国画本的图画和书的形式，很能唤起儿童优美的感情的缘故。由这情形看，也可知道一般健全的儿童，他们爱美的意欲是相当强烈的。

是故，为助长儿童的审美性能起见，我觉得儿童读物上的图画乃至装帧，非十分考虑而用艺术的手段来制作不可。也就是为提高儿童的趣味，儿童刊物的插图乃至装帧，非加以艺术化不可。

不过所谓艺术化，自然并非指随随便便加一些插图便是，因为书中纵有插图，而没有童心艺术的精神或效果，也实际不适于儿童的。故有许多刊物，纵有许多插图，也往往给儿童一种很坏的印象。

插图的制作，虽因作者的思想、方法而效果各有不同，但我以为关于儿童刊物上的美术制作，似乎至少有下述的问题是应该考虑的：

（一）画的表现上，有无童心的意味以适于儿童的心理。

（二）画的表现上，有无艺术的效果（在构图、形象及色彩等）以助长儿童的审美性。

这两点我以为在儿童刊物的"美术制作"上是不可忽于考虑的问题吧。

要刊物之艺术化，当然除了上述的插图制作而外，如印刷的效果、书的纸料以及大小式样等，都应得加以考虑才能达成良好的效果。因为每一本或一种刊物，它全体的形式是应得与文字的内容合成一种特色的。

（关于上述的问题，因时间所限，只能疏略地记下一时的感想而已，还未完尽的意思，今后或有机会再行补述。廿三年八月五日·作者）

（《美术生活》第 6 期，1934 年 9 月 1 日）

画报在文化界的地位

邵洵美

奥总理陶尔斐斯被刺以后，各国报章杂志便都警告着第二次大战的可能的到临。他们回溯到二十年前大战爆发的原因，以及其所造之结果，特别是图画刊物，尽量地表现着它的功用。有许多名画刊如英国的《伦敦图画新闻》，法国的《插图报》，美国的《中土周刊》竟将当时奥皇子被刺、德国宣战，以及战后军士的残废状态、失业情形等照片系统地重行登载，使我们曾参加及未参加大战的都得到一个整个的回忆或追想的印象。文字只能使我们知道二十年前有过这样一段惨痛的事迹，但是图画却能使我们领略当时那种恐怖的空气。

从新闻学及教育的观点上，我的确对画报发生过极大的兴趣，这在我一部份的朋友是不了解的。有次在宴席上，一个朋友问我为什么曾经化了全副的精神去办画报，为什么不再办一个正正经经的纯文艺刊物？我明白他的意思，我的回答是："为什么你们以为画报是不正经的呢？况且你办一个刊物，不是先应当有一般读者么？试问我们中国有这许多人口，但是报章杂志的销路为什么这样微小呢？普及教育唤了这许多年，为什么没有多大的成效呢？原因是你们办的高深的刊物，只能给极少数人去享受，而这极少数人的知识又都是和你们的知识相差不远，他们能读得懂你的文章，但是读了你们的文章以后，很少会有什么进步，也很少会有什么退步。你们的刊物，有和没有，几乎一样。办画报的目的，是使人感觉到这是一种快乐，而不是一种工作。我们要增加识字的人对于读物的兴味。我们要使不识字的人，可以从图画里得到相当的知识，同时假使他们是有灵魂的，他们一定还会觉得光看图画不能满足，而开始想要认字，这时候画报的功绩是多么伟大！所以我们先要养成一般人对于读书的习惯。"我的朋友听了，却仍旧带着讥讽的笑意说："但是我就不愿意去养成一般有读画报习惯的人。"

我总觉得图画能走到文字所走不到的地方，或是文字所没有走到的地方。对于前者，我有一个极好的例子：譬如说，新文学运动到现在已多少年了，但是除了一部份的学生以外，它曾打进了何种地域？以群众为对象的普罗文学，它所得到的主顾，恐怕比贵族文学更少数。但是画报是走到了他们所走不到的地方了，所以普罗文学刊物的销数一千，非普罗文学刊物的销数有一万，而画报如《时代》《大众》及《良友》之类便到过六七万。人家也许要误会我把销数来定价值，其实我是把群众欢迎的程度来证明它存在的理由。对于后者，我也有一个极好的例子：譬如说所谓大众语问题，现在喊得应天响，但是谁都知道这不过是一般有闲阶级的玩意，他们既不懂什么是文学，更不懂什么是大众。他们以为大众是奴隶，可以受他们自由的驱逐；他们以为大众是猴子，可以受他们强迫的训练。试问"大众语"和"王先生"，同样是三个字，谁真是大众所需要的？图画，的确也曾经前进的作家如鲁迅先生等注意，但是他所提倡的是高深的木刻。可怜我们浅近的大众，比不上苏维埃高深的同志！所以我说画报能走到他们所没有走到的地方。

本来，办画报和玩木刻或是拍美术照是完全两样的，它的对象绝不是极少数的欣赏者，而是一般无成见有人性的群众。所以它的取材，不是完全在表现自己的艺术，而是在供给大众的需要。办画报和办文字的刊物也两样，它不看重自己的主张或是意见，而注意人类所应享受的幸福。它不相信凭你的三言两语可以移风易俗，它只想把一切的真相有组织地显示出来，使你们自己去欣赏你们的长处，惭愧你们的弱点。总之，它绝不有一些自私的念头。再说得透澈些，那么，画报的自身始终只处于一种介绍者的地位，不像旁的刊物总把自己捐出来。

我觉得，在人生中，读书应当是一种需要。它不是装饰，把它当作装饰，你便免不了会有一种轻薄的态度；它不是责任，把它当作责任，你便会感觉到厌倦与勉强。所以你要从书本里去劝导人、改良人，你最先便应当去养成一般人读书的习惯。正像你在研究菜肴的烹制以前，你应当先知道人有饮食的需要，吃素的动物不吃荤，你得了解人的口味。我当然不是劝你去奉承或是迎合一般人的趣味，我只是劝你弗做过分无聊的事情。

要养成人读书的习惯，从画报着手应当算是最好的方法。用图画去满足人的眼睛，再用趣味去松弛人的神经，最后才能用思想去灌溉人的心灵。第一步工作是《时代》画报的，第二步工作是《论语》半月刊的，最后一步工作才用得到我那位朋友所希望的所谓正经的刊物。这条路径最正当的，也是最奏效验的。今年出版界热闹得变成杂志年，谁说上面几种刊物没有相当的功绩？

当然，《时代》和《论语》所做到的不过是手段的奏效，这那里是办刊物人最后的目的！有一天人们读书的习惯养成，在供给眼睛及神经的享受以外，自会有心灵的食粮。

办画报是一种冲锋的运动，是一种牺牲的工作。《时代》画报数经炮火，焦头烂额，我只得知难而退。幸光宇、浅予诸兄接办以后，用全力来对付，始有今日在本刊上庆祝国庆之可能。所以我特地借这个机会来说一说画报在文化界的地位和其所建之功绩，并纪我和它的一段姻缘。

（《时代》第 6 卷第 12 期，1934 年 10 月 10 日）

怎样编辑画报

苏锦元

画报是艺术的结晶品。其对于人类性情的陶冶，身心的涵养，是具有很大的机能的。英国画家透纳（Turner）氏在他所著的《艺术论》中对于画报的见解说："画报的价值，在能兴奋读者的精神，陶冶读者的品性。但精神的兴奋，品性的陶冶，是心理必然的结果，是一时的，没有永久持续的性质。故无论长篇短篇的文字，毕竟不及一目了然的画报。"由此可知画报感动人生的力，是何等的伟大。

现在生存竞争的激烈，使现代人的生活都成为苦战恶斗的生活，没有余裕的力来鉴赏文学的创作了。然而人类是感情的动物，决不能缺乏精神上的调剂，要真取得精神上的调剂，在文学作品去下功夫，时间实在太奢侈了。惟有在一览即完的画报上，才能易于得到精神上的满足。

近世欧美各国，画报极为盛行，多不胜数。其对社会迫切的需要，于此可见。

我国近年间，对于画报的刊行，风起云涌，都凡数十种，以理测度，似应臻于极盛，然而结果适与事实相反，现在所仅存的只是十数种罢了。其原因不外编辑画报的人不得其法。

然而画报应该怎样编辑才算得法呢？这当是迎合社会的需要，与读者的心理。但是认定目标，决定内容，也是不可忽视的事。怎样认定目标，怎样决定内容，可依照下列的方式：

（一）目标的决定

A. 道德化　画报影响社会是很大的。所以编辑画报人，应该造成一种善良的社会意识，对于一切伤风败俗的照片，须竭力删除，免使人生陷入罪恶与混乱的迷途。反过来说，对于人类善良行为的照片，应该竭力的提倡。

B. 伦理化　编辑画报的人，往往放弃了他应有指导社会的责任，倒过来迎合社会的弱点，目的在吸引读者，提高销路，增加收入。每每搜罗下流社会妓女的照片，充塞了全报的大部分。这样画报不是改善人类的行为，却在引导社会日趋堕落。所以画报非提倡伦理化不可。

（二）内容的决定

A. 取材原则

a. 新闻照片　搜集一切有新闻价值的照片。

b. 社会生活　人间一切的众生相。

c. 风景照片　世界著名的胜迹，及优秀区域的地势。

d. 科学照片　一切的科学发明的具体摄影。

e. 名人照片　世界伟人及发明家的小影及其生活状况。

f. 稀世珍品　一切稀奇古怪的物体形态。

g. 健康照片　关于妇女体格的健康美。

h. 美术作品　介绍名人绘画、雕刻、摄影，及建筑等物。

B. 分配原则：

a. 新闻照片　占百分之二十四。

b. 社会生活　占百分之二十二。

c. 风景照片　占百分之八。

d. 科学照片　占百分之十三。

e. 名人照片　占百分之七。

f. 稀世珍品　占百分之八。

g. 健康照片　占百分之六。

h. 美术作品　占百分之十二。

既认定了目标，决定了内容，而对于编辑的方法，应采取下列几个步骤：（一）搜集材料，（二）选择材料，（三）整理，（四）编排。兹分论如次：

（一）搜集材料。其来源可分为下列数种：

a. 新闻摄影社　大都是精于摄影而对于新闻事业有兴趣的人所组织，专门摄取新闻照片的。所以对于新闻照片，可征求其供给，但每月须发给若干津贴费。

b. 照相馆　是照片的最大出产处，尤以人像为多，故人像照片，可征其供给，且所需的酬金极微，惟在照片刊出时，须注明是某馆所摄，以作广告罢了。

c. 玩好摄影家　不以摄影为专门职业，在兴致浓时，则出外照相，而对于风景人物、社会生活、美术照片尤多，故是类照片须仰给他们。但他们多不愿刊载，全视编者的手段与交际手腕而决定。

d. 特约摄影记者　这是由画报主办者聘请的，每月须颁发薪金，其供给材料，多依画报的性质而定。

e. 外来投稿　材料多不一定，其目的在得酬金，如酬金优厚，来稿必多，否则必少。

f. 现成稿件　这是画报最肯取用的材料，因为无须稿费，同时得到良好的成绩。

（二）选择材料。材料既经搜集完竣，则必先加以选择，其选择方法应依照下列几原则：

a. 迎合社会的需要　画报能够迎合社会的需要，必受读者的欢迎，对于画报的销路，也是很大的。譬如画报在农村发行，而其内容刊满了都市摩登的小姐，和赤裸裸的人体美，这是不行的。

b. 适合读者的兴趣　编画报的人，应默察读者的心理，每幅照片成图画，都应迎合一般人的兴趣，才能人手一编，爱不忍释。

c. 避免伤风败俗的照片与淫画　画报的良莠，影响于社会很大。在美国前几年有一幕电影，尽量描写盗窃与强奸的稀奇古怪的方法和状态，后来即发生很多离奇的盗窃案与强奸案，犯人均被捉到官里去，官问他此种离奇的方法，是从那里学得来的，他们都说是看电影得来的。由此可知电影对于社会的影响很大，而画报也是如此。

d. 多采用良善行为的图画与照片　画报与报纸一样负有指导社会、改善人类道德的使命，所以对于善良的行为的图画与照片，应该多为刊用，领导人类踏入幸福的阶段，否则刊满了婀婀娜娜、扭扭捏捏、丑态百出的裸体照片，除掉引导社会陷入肉欲的观念外，就丝毫没有价值了。这是编辑画报的人应该注意的。

（三）整理　选择完竣，则不可不加以整理，整理的方法可分为：

a. 注意迎合社会心理，与读者的兴趣。

b. 采取优美的照片与图画。

c. 剪裁，就是将照片不美观的部分截去。往往有许多照片，在结构上，杂乱无章，但一经剪裁后，编幅完美，实例极多。许多世界名作，均从剪裁后得来。所以剪裁是很重要的。

（四）编排。编排应注意的有三点：

A. 篇幅形式

a. 画片大小　有价值者大，否则小。

b. 制版　须要鲜明清晰。

B. 式样目的

a. 引人注目。

b. 题字切当。

c. 主体作题

C. 排列形式

a. 美观妥善。

b. 有价值的排当中，次排上部，再次排下部。

（《青年界》第 6 卷第 5 期，1934 年 12 月）

从画报所见五十年前之妇女观

本报前期所发表《五十年来画报的取材》曾将五十年前出版的《点石斋画报》和现在画报所采用的材料作一个比较，其中我们除见到画报技术上的进步外，还可观察到当时社会一般情形。在政治、教育和社会制度日求变革中的中国，这五十年前的往事，是值得我们追溯的。我们再翻开《点石斋画报》，偶然发见了大部份是关于家庭和妇女问题的事件，显示着当时妇女所处的地位和婚姻制度等，都是绝对在男权支配之下。时至今日，妇女解放运动已经普遍地推行，许多情形已经两样了，不过我们还得将五十年前的景况参照一下，看现在的所谓解放究竟达到了什么程度？

（《大众画报》第 15 期，1935 年 1 月）

吾之言论观

《正论》编辑 翁率平

　　在我，以为消遣的方法很多，而动着笔墨，总要费点脑力，就多少有些正径〔经〕。因为写一二句白话，也要凑搭凑搭，不然，就不会叫人家懂得的。所以要消遣岁月，总该当除外了写作这一门。以写作来当消遣，真要算是最不值得的做法。

　　尤其是一个刊物，要称得起是一个有价值的刊物，总不能只是凑些消遣的东西。在我，还以为一个刊物，要有价值，就不能有消遣的东西。有了消遣的东西，就不能说有价值。这个话一定不是大家乐意听的，可是吾却是这样想。

　　吾以为一个编辑刊物的人，要他的刊物有些价值，就不该只弄些竹头木屑的材料，来堆砌在读者的眼前。至于存心来迎合一班优闲无聊人的心理，那就更是无谓了。至少，吾是这样看。本来耗着宝贵的光阴、金钱和心血，去杂凑些供人茶余酒后消遣的作品，像粉墨登场似的，博人嬉笑，尽让人们去称什么大师？吾只以为过于无聊，大为不值。当然，吾所谓有价值，值不值，是吾一种估量。不然，那么现在这个中国社会，是一个坐等着亡国灭种的社会，正是最足以消遣人生的无聊作品的刊物，最是风行，销路最畅，用经济学上价值的真义来讲，恰恰十足是最有价值。这种价值，吾自然不敢争的，随他去有他的价值。

　　在我，以为是一个现代的中国国民，在这样风狂雨暴的气候下过生活，绝对不该有佚乐嬉戏的观念。尽让一斑〔班〕自甘暴弃的份子，只求消遣他们的大好岁月，悠悠忽忽地他们苟且的生命，像古人所谓"老身长子而过不知恶也"。吾们对于这班人也是无可奈。他们也多着各式各样的消遣方法和去处，如电影，戏剧，游艺，跳舞，跑马，跑狗，歌场，妓院，种种供人消遣的东西，大足以够逸居无教的国人，醉生梦死地去迷恋，去颠倒，去沉溺。所以大可不必再有一班摇着头、执着笔的所谓文人，也来安排出一个和各式各样消遣品来竞争的出版物。吾只是这样想，吾真要佩服一位有心的朋友，他为的是要把这个社会——等着没落的中国社会——中的沉迷份子，慢慢地唤醒过来起见，就先办几种画报来引起他们读刊物的兴趣，再慢慢地叫他们看几种消遣的书报，后来渐渐地引他们听听人言。到现在居然有意外的成功，吾们不能不敬佩这位志深愿宏的朋友。真是一定要这班不分禽言兽语的人们，能习于人言，才可以和他们讲是非邪正的人道。吾们办一个讲是非的刊物的人，真要感谢人言的作者，所以不能不在这里感觉惭愧。

吾们只觉得言论界，对于社会所负的责任是非常重大的，尤其是在中国现在这样的社会。许许多多的言论，真是带着危险性的。说得好听些，有血气的青年，受激烈思潮的诱惑，果然是很自然的现状，可是要说"不如此，就算不得有血气的青年"，那就也是邪说了。几多激烈的言论——不负言论责任的言论家——煽动了多少青年沉迷不返，叫他们被人一批一批牵出去枪毙！这样东冲西撞，四面摸索，跌交撞撞，落坑以后，这样的就完了。所以言论自由和言论责任是该当相提并论的。不能负责任，就不论自由，在言论上也是这样。

吾们不得已，要起来发挥言论。先要考量一下吾们是否备具言论家的人格，是否明了言论家的责任。吾以为言论家的人格，该当是这个"无所为而为"的精神。有了这种精神，才能生起不编私的公心，以及不虚伪的诚意。这个诚意和这个公心，便是言论家顶天立地的伟大人格。具备了这种人格，才能明了言论家所负荷的责任，这才能负起这种责任。所谓"启发民智，匡补时艰，振作人心，裨益世道"的正论，决不是任何人所可忘自忖量的。吾的能明了今日言论家责任的几位朋友说过："吾们以为现在发表言论的人，都好像犯一种毛病，就是把政府当作一个人，把民众当作另一个人，而发表言论的人，又像是一个第三者。吾们为这种界限，固然存在，可是绝对不该蓄意存心这样看。而言论家的责任，正该当泯除这种界限，把政府和民众融合为一个，打结成一片。言论家不该当以为自己是知识阶级，在那里发慈悲替老百姓说话。该当知道政府只是民众的。绝对不该故意把政府看做处于民众对立的地位。自己尤其不该以为是一个第三者，而该当知道也是这个国家本身的一份子，是负着领导民众和政府合作的责任的。"不消说得言论家还要时时刻刻竭忠尽虑，向政府贡献，谏诤责善，把政府督促。不但融洽上下，还要调和派别。要能这样，言论家的伟大，才算不枉。吾们没有力量做到这样，可是不能不企望着能做到这样。韩愈说得好："天非私富一人，将托以众贫者之身，天非私智一人，将托以众愚者之命。"言论家该当时刻惕励着的。

（《人言周刊》第 2 卷第 1 期"一周纪念编辑特刊"，1935 年 2 月 2 日）

画报时代化

《时代》编辑 叶浅予

《时代》画报是经过了很多的挫折婉曲而达到现在的境地的，出了停了，停了又出了的事，不知有过多少回，现在总算上了轨道，不再会有脱期等情了。幸而我们的读者很能谅解，每次我们的口实，虽则他们也明知不过一种推诿，却不是怒形于色而来质问的。因为办杂志的人除非有不得已的苦衷，否则谁也不愿他的杂志脱期的。一半也是那时代好，那时杂志有非脱期不可的情形，一若不脱期不能称为正式的好杂志，不像现在那么竞争剧烈，而逼的每个杂志都如期要出版。

画报也是杂志，编也同样地编，不过我以为画报的形式，比之内容是更加重要。只有画报，才能发挥真正的形式美。所以编者是要在这些地方挖空心思的。同是几张照片，可以因编排和剪裁的不同，表现出来是大异其趣的。不过这形式还得顾到和内容的和谐，否则也易流入怪诞。我曾经因为编一页材料而废了整个的二十四小时，到了次日的早晨，方才弄舒齐。不要当做编画报有了材料便成，我们是比之文字的编辑有更要费苦心的地方。这却又是不大为读者知道的，他们不过看了或者舒服，或者兴奋，或者感动，这样，画报编者的手段已经显了出来了。

最难的是一个个女人的头面的大写，看惯了她们的画片上的面目，天下再也不能有真的美人了。画报的编者所以在实生活上是很吃苦的，他们不能承认世上有美人了，因为人的顶美的姿态已被看惯，而世间的真人，将变为绝不美丽了。世人每每说画报编者薄情，怕是因此之故。

有些高尚的君子人，他们会看轻画报，以为趣味是低下的，内容是贫弱的，但是我们的意思，画报原不是请他们看的，他们可以读高深的哲学，讨论幽远的玄学。画报是给通俗一般人看的，一般人口味如何，我们也没有法子不如何的，虽则多少不免有些编者主观的色彩存在。

画报是实物诉诸于眼，给一个顶可信凭的印象，所以费了几万言描写一个人的面貌，不如印一张照片上去。在这地方画报占了不少便宜，给人的真实感是很大的。因为照相技术的进步，又因为印刷技术的进步，画报是比以前进步得多了。时代是叫我们这样，我们不想违背时代。

画报是要时代化的，它得注意时代、应适时代，没入时代之中，为时代的表现，作时代的一分子。所以画报非《时代》画报不可了。

（《人言周刊》第 2 卷第 1 期"一周纪念编辑特刊"，1935 年 2 月 2 日）

翻印古书与画刊流行

晓　岑

这是最近盛行的事，但并不是突然发生的，似乎也有其必然的原因在，我们现在来看看。

古书据说是我们先民遗留下来的文化宝藏（？）①，其中尽是精金美玉（？），我们原应当重视的。现在古书之翻印，正是使古书普遍的提倡，使每个人都有一窥我皇皇（？）先民文化的可能，这也是有心人的事。不过我总以为提倡并翻印古书不是不可以的，可是古书中是否都是含有养料的、合乎现代需要的精炼食粮，最低限度我们能从其中得到有益的历史的参考，这到〔倒〕成一问题。如果那里面含有毒质，是以伤损我们精神思想方面的毒质，那不是画虎反类犬了吗？事实上这种情形是可能的，原因古书中的文化事迹以及种种都是过去社会的反映，与现代人的生活及思想当然多少是难以符合，或者不矛盾的，这，我对于翻书就有点疑问了。除此，还有两点我们必须要注意的。第一，书店老板左一部右一部不约而同的翻印古书，我觉得大多数不是为了什么提倡文化，到〔倒〕是他们因为年头儿不好，营业恐慌，新书作者无人，并且在某种意义上新书也难出版，于是就捡起这买卖作了。但是无意中就给一般提倡读经恢复国故的"曲辫子"们利用了，给他们作了不花钱的义务宣传，同时新文化的进步也受了相当的阻碍。第二，古书应当提倡，但不应这样倾其全力的提倡，因为今天比提倡古书还重要的事多着哩！我们与其费这样的时间金钱在翻印古书上，还不如多翻译几部近代名著或者多创作一点有时代意识的作品来得有意义呢！总之，我们要看清时代的需要，积极地来建设我们的新文化，不要随声附和的把这早已陈腐、违反时代的牢什子的古书搬弄了出来。

画刊就是以图片来代替文字表示意义的，这本是一种最好的教育大众的东西，尤其在文盲占多数的环境里，一时使得此众多的文盲都有识字的能力既然不可能，同时又急迫要给予灌输一般大众以必要的时代知识，图刊是最能负这种不用文字传播知识的使命的。但是我们反观现在市面上书肆中所流行的画刊呢，数量方面到〔倒〕不少，是否能尽了这种责任，我们到〔倒〕要来检讨一番。《良友》的《妇人画报》，内容不是什么名闺明星们的倩影，就是女人的时装用品的摄照，这除了供给一般小资产少爷小姐们的消遣还有什么；《良友》《文华》画报虽然比较上刊登些时事用新闻图片，可是有的不必要的什么开会、什么要人起居注的照片，有的则是名闺倩影、古物字画等的拓片充斥着，新的东西仍然一点见不到；《美术生活》画报刊登的尽是些呆板没用的装饰图案画及一些怎样建

筑、怎样装饰的图片，这与现代一般大众有什么关系？至于最近出版的《健美画刊》及《女神》，表面上他们倡言什么健康美，其实是低级趣味的传播性的刺激性的变相满足的东西。只有《漫画生活》一种是我们大众唯一的画刊，在它里面开拓了一个新的境地给大众。这种画刊的源源出现，正足表示出小市民阶级末日的低级趣味。但是它们充斥一天，我们新的画刊就不能开拓，同时一般大众间或也许受到它们的麻醉作用，所以我们要起来夺回这种教育工具，应用给大众！

最后，我们要知道翻印古书是"死鬼炸〔诈〕尸"，不良画刊的流行则是魑魅作祟，都是新文化进步的障碍石，我们都要打倒的！

（《北调》第 2 卷第 1 期，1935 年 7 月 1 日）

谈画报

林语堂

《良友》主编为出夏季专号叫我撰文，但夏季这题与我最无缘，因夏季是四季中我所最恨的一季，想写来也未必有什么好话。春秋二季各有所长，冬天愈寒冷愈叫人精神焕发，惟夏季炎热则令人昏昏欲睡，出门既不堪，终日蛰卧屋中亦非办法，故不取也。

我想还是出我自己的题目，说画报。据一般文人及高谈"文字"者看来，总以为画报是"茶余酒后"之消遣小道，难登大雅之堂，正如有高谈文学的人对鄙夷默幽一样。此辈眼光如许之高，事非救国则不为，言非高论则不发，本来大学二年级生态度如此，也不足怪，但事实上这班人却常把目前切身关系弄糊涂了，文学弄成廊庙祭品也是这班人所作之孽。你想不是这班急急欲登大雅之堂的道学，何以在旧时中国文学的园地，小说永远被蔑视遗弃，而《三国》《水浒》《红楼》未能收入《四库全书》呢？

其实画报之未列入"文学"，倒是画报之幸。一登彼辈所谓"大雅之堂"，便要失了生趣，要脱离与吾人最切身关系的种种细小人生问题。在我看来，今日画报比文字刊物接近人生的切身问题，而比文字刊物前进。何以言之？西洋杂志文早已做到（一）通俗，（二）有趣，（三）切近人生问题（如"云之彩色从何而来"，"幸而我未生男儿"等），即有高深题目，亦能写得雅俗共赏，博而能达，浅不伤雅，人人念得下去。中国一般杂志还是文人抄书的玩意，受了道统之遗毒，什么"动向""检讨""鸟瞰""趋势"，一本二百页杂志，无一篇看得下去——我莫能名之，只称他为"不近人情的文字"。这只是

"天下合久必分、分久必合"古文之变相。Addison 在十八世纪初办《伦敦日报》，凡其撰者，篇篇入情，句句入理，时人称为"将哲学由天上搬到人间"，因为他能小中见大，用浅近的话谈出高深的哲理，这是一班大学教授所不能为，而实在是杂志文的正宗本旨。今日为杂志写文者，谁肯写得浅不伤雅、博而能达呢？其实都是方巾作祟，文人不能放去空架子而已。推其故，也是中国杂志文尚未演出此种笔调，大家为杂志撰文，还是用贾谊《治安策》的笔调，是写给在上看的，非写给在下看的。吾看画报，反能"通俗""有趣""切近人生"，能反映我们衣食居住的生活，反而近情，所以说画报比文字报进步。将来中国教育果普及，工人、农人都能看报，文字刊物也非走上这条路不可。

其次，画报已经能相当的弥补中国影片的缺憾。西洋影片有所谓"教育影片"，其内容包括：（1）各地的风光，令人引起爱自然之美；（2）动植物之生活；（3）科学之秘密；（4）实业工业物料制造之手续等，令人得不少知识。试就中国范围举数例：（1）四川盐井是如何样式，（2）古法造纸、造墨之程序如何，（3）桂林山水如何甲天下，（4）北京胡同生活如何，（5）蒙古之服装风俗如何。这些都是"教育电影"应做而中国影片公司所不敢做或未曾做的事，而这种知识常常被我由看画报得来。影片银幕所不收，曲尸文学所不谈，反而被画报注意到了。这也是我所以说中国画报前进之一理由。

我在等着看中国杂志有这样近情文字的一天，也等着看中国有少抄书本多谈人生的撰稿人。在目前，中国还没有受这种训练的文人，能把文字看轻一点、材料看重一点，也还没有能写近情的文字的投稿者，所以我还是在荒野瞭望，看画报过瘾。

二十四年，六月卅日晚草

（《良友》第 107 期，1935 年 7 月 15 日）

中国画报的检讨

蒋荫恩

一、写在前面

中国的画报从前清光绪十年（西历一八八四年）创刊的《点石斋画报》起，一直到现在为止，已经有五十年的历史，由石印而铜版而影写版，这当中的变化进步，很有值得我们研究的价值。可是关于中国报学的书籍，已经贫乏得可怜，至于研究中国画报的专书，更是找不到一本，就有也不过是零简残篇，散见于各种刊物而已。

"一画值万言"，"画报为无音之新闻"（英国报业大王北岩爵士），这是欧美报界对于画报的评价，同时我国对于画报也有同样的见解：

"画报与字报比较，画报如同看戏，字报比作听书。看画报的不认字可以瞧画儿，看字报的若是不认字，即只好数个儿罢。画报一看便知，不论妇孺，易于知晓。"（见《菊侪画报》）

"文义有深浅，而图画则尽人可阅，纪事有真伪，而图画则赤裸裸表出，盖图画先于文字，为人类天然爱好之物，虽村夫稚子，亦能引其兴趣而加以粗浅之品评。"（见戈公振《中国报学史》）

关于画报的价值，上面所引证的各家意见，已经说得很明白，不用再事赘述。中国的画报即在这种原因下，虽然只有短短五十年的历史，而于印刷技术方面，出版数量方面，内容材料方面，编辑形式方面，都有极显著极迅速的进步，这点是值得我们来检讨和研究的。

画报的诸方面，既是这样的复杂，决不是一篇短文所能包括尽净。此文内容并非绝对的准确，绝对的完备，不过在比较上对画报作一整个的分析与研究而已。海内报业先进，如蒙加以指正，则尤所欢迎与接受焉。

最后，本文之作，根据于已搜集到之二百三十五种画报，其范围如下：

（一）定期画报——如《摄影画报》《北洋画报》等。

（二）定期画刊——如《文华》《时代》等。

（三）特种画报——如《哈尔飞戏院游艺特刊》《平西画报》等。

（四）特种画刊——如《铁展》《上海战事画刊》《全国运动会专刊》等。

（五）日报附刊——如《申报图画周刊》《世界画报》等。

至于最近流行之以文字为主体，而另附插图的杂志，如《东方杂志》《国闻周报》《社会新闻》《新生周刊》《新生活周刊》等，因其不重画报，故不包括研究。

二、中国画报发达的原因

中国的画报究竟出到多少种，还没有精确的统计，有时一个画报只出了两三期，便寿终正寝，这种情形更令人难以捉摸。作者穷年余的功夫，费了很大的力量，才搜集了二百三十五种的画报，但这不过是全数当中的一小部份，遗漏的还不知有多少哩。

说到中国画报的历史，不过五十年，而绘画、石印画报已占去了三十几年的悠长时间，用摄影铜版印画报，只有十四五年的历史。在这短短的时期中，中国的画报却能突飞猛进，在技术及数量方面，皆有惊人的发展，这种情形实有令吾人研究的价值。

我们要研究中国的画报所以发达的原因，必须对于画报的本身情形、社会环境详加推敲，思前顾后，作一整个的探讨，然后才可得到各种不同的结论。对于这个问题，作者常常和师长同学引作闲谈的资料，大家随意发表，各抒己见，倒也颇有所得。兹将各种意见作一总括的研究，以观中国画报，究竟为什么会发达这样的快。

（甲）图画较文字易懂

在前章已经说过"画报与字报比较，画报如同看戏，字报比作听书。看画报的不认字可以瞧画儿，看字报的若是不认字，即只好数个儿罢。画报一看便知，不论妇孺，易于知晓。"（见《菊侪画报》）画报的长处也就在这里。中国的文盲在世界各国还是居首席，所以，各地大报，销数不能增多，而新闻事业在中国所以不能发达者，也就因为能看报的人太少。中国现在报纸的基本读者都是智识阶级，即可谓官僚、学生、高等商人、自由职业者等等，而占全国人口百分之八十以上的农民，还是目不识丁，与报无缘。至于拉洋车的闲着能看报，那更谈不到了。中国报纸读者的情形如此，其无出路自然是在意料之中了。

然而，字报的情形虽然如此，画报的情形却不同了。看画报的虽然不识字，看不懂说明，但是一张一张图画上印些什么，却是一目了然。所以不论智识阶级、无知妇女、农民、商人、小孩子等，对于画报没有不喜欢看的。尽管画报的内容不合他们的胃口，然而看的人的津津有味却都是一样。所以，在这种情形之下，画报既是如此的受人欢迎，它的出路自然要有迅速的发展。在以前，画报的内容是混合不分的，到现在情形却不同，各种画报分门别类，各有各的读者，最明显的有艺术、电影、妇女、儿童、戏剧、新闻等种类，投各人之所好，努力发展，结果造成今日中国画报的兴盛情形。

（乙）技术方面的发明和进步

画报初创的时候，是用图画石印，图画既需有相当绘画训练和涵养的人，石印也需要长时期的印刷，才可出报。这样麻烦费时的工作，当然尝试的人要少。等到照相术、制版术相继发明以后，石印时期的种种困难，扫除净尽，办画报的人只需有相当的经济人才，便可从事这种事业。而且铜版印出来的画报比绘画石印的要逼真、清晰、美观的多。不论是自然风景、时事新闻、艺术作品、社会风俗习惯、人类生活情形，不论是远是近，国内国外，皆可收在小小的镜头内，然后制成铜版，印在报上，使看报的人，如同身历其境，一目了然。这样的画报自然受人欢迎，困难既少，成绩又佳，办报的人多，画报那得不迅速的发展哩？

（丙）迎合有闲阶级的口味

画报虽然有它特殊的使命，但是在一般人看起来，总把它当作消遣品看待。譬如一位守财奴在家里除掉吃饭睡觉而外，又不爱看报，闲着干什么呢？最好自然是买份画报趄〔躺〕在沙发上，一面抽雪茄，一面看图画，比什么都来得舒适有趣，还有公子小姐在家闲着没事的时候，拿张画报看看上面印着漂亮的名媛、电影明星、高材生、皇后、坤伶的照片，比看什么剿匪胜利、伦敦海军谈判一类的新闻要入味有趣的多。还有买办经理坐在汽车里时，看看登着舞女名伶照片的画报，也免得寂寞。所以现在画报当中，电影、戏剧、名媛、女学生一类的占着多数，就是这个原因。画报有了这许多的出路，那能不一天比一天的发达呢？

（丁）艺术家的副业

艺术家生来就是穷命，这在中外都是一样。为了生活的关系，除了"为艺术而艺术"以外，大多操个副业，而艺术家的副业最确当不过的，莫如办画报。譬如画家、漫画家、摄影家，他们有的是能力和材料，只须筹有相当的经济，即可办个画报。何况办画报并不需要多大的资本。如果赚了钱，可以说是名利双收，即或不幸而赔了本，风头总算出过了，吃不了什么大亏。所以，这样一来，大家看了眼红，于是会拍一张照，会涂一张画的，都想办张画报试试。贸然从事，一切经济计划皆没有相当的准备。手段好的人，画报的寿命还可以活得长些，能力差一点的人，不到三四期就寿终正寝了。这样此起彼仆，把画报界点缀得有声有色。其中也有有经验有学识，眼光远大的人，他们别寻路径，研究努力，使他们的画报有进无退，有益无损，画报的价值因而稍高，画报的发达也就较前更甚了。

（戊）商人营业谋利

画报的创办既如是的便利，画报的读者又如是的广大，如果办理得当的话，获利乃是意中的事。譬如上海的《时代》《大众》及《良友》等销路到过六七万，这样大的销路，当然获利无疑。因此一般投机的商人，觉得画报是块肥肉，大家争相投资，你拉一个编辑，请一顿饭，办一个画报，他也拉一个编辑，请一顿饭，办一个画报，这样你一个他一个，姑不论其内容如何，在表面上，总算是轰轰烈烈，十分的发达了。最近上海的书店、印刷公司、美术公司附带出版画报的很多，其目的和原因，就和上面所说的差不多。

（己）受电影及社交公开的影响

画报的主要问题是在它的材料及兴趣上，如果它的材料丰富，兴趣浓厚，销路自然会日有进步。自从外国电影传入中国以后，抓住了整个中国的观众，男男女女老老少少，没有不爱上电影院的。因此外国电影明星的名字也变为他们的口头禅。办画报的人，抓住这个机会，把整个的"好莱坞"搬上画报，以投大众的所好。近年中国电影较有进步，中国电影明星也渐为大众所注意，于是替办画报的又多加上一份材料。加之欧风东渐，社交公开，男女间的交际，比较自由，于是什么学校皇后、交际花、宫主、名媛、高材生、运动健将、摩登青年，皆变成画报无上的材料。画报既有这许多现成的材料，现成的读者，利之所在，那得不如雨后春笋，特别发达呢？

三、中国画报的史底分期

中国的画报虽然有人看却没人研究，所以已经有了五十年历史的画报，在它的史的方面却没有一篇有系统的记载。戈公振的《中国报学史》，只有三页写到中国报纸用画刊及铜版的故事。上海《时事新报》副刊《青光》编者黄天鹏氏曾在廿三年十月出版的《时代》双十特号上，写过一篇《五十年来之画报》，对于中国画报历史颇有贡献，惟材料方面似感单薄，可见研究中国画报之不易。作者对于中国画报历史颇思加以详细的探讨，但以材料搜集极为困难，同时又无相当文献可供参考，亦只能就既得之材料作一简单的研究，至于详细情形，须留待他日材料搜集齐全时再作进一步的研究。

关于中国画报的史底分期，根据时人意见及作者主张，可由两种不同的观点来划分，这两种观点也无所谓对或不对，现在将在这两种观点详加阐明，俾读者得比较观察再下定论。

（甲）从印刷技术的观点来划分

从画报印刷技术的观点来划分画报的史底分期，可得三个阶段（本节材料多采自黄天鹏之《五十年来之画报》）：

（一）绘画石印时期。绘画石印时期在三个阶段当中，占领的时间最长，差不多有三十几年。在这个阶段以前，初期报纸上的插图，如历象、风景、生物、汽机等类，皆是用铜片来镌刻的，因为浮雕的耗费和困难，没有多大的发展，后来西洋的石印法发明，比较镌刻要经济便利得多，所以在前清光绪十年（即西历一千八百八十四年）中国画报的鼻祖《点石斋画报》即首先采用绘画石印法，发行问世。此为中国正式画报出现的开始。

《点石斋画报》创办人为《申报》故主美查氏，计图八页，售价大洋五分，由点石斋石印局印刷，申报馆申昌书画室发行。绘事极其精细巧妙，多出名家手笔，内容专绘当时社会上所发生的新闻，颇能传神。当时名画家如吴友如等均为该报执笔，画龙点睛，颇为生色。

继《点石斋画报》而起的有《飞影阁画报》《书画谱》等，形式内容，大同小异，至光宣之交，石印法流行中国南北，因之画报如风起云涌，可算是石印画报的最盛时代。当时著名的有上海发行的《图画日报》《图画演说》等，在京都（今北平）发行的有《浅说日日新闻画报》《新铭画报》等，印刷方面虽不及《点石斋》之精，内容也较简单，但有几种已按日发行，并且也附有广告。

到了光复前后，革命的狂澜澎湃全国，画报界也受其波动，当时革命的报纸如《民立》《时事》《太平洋》等都附有画报，内容除描写当时市井琐事之外，很注意到国家大事，漫画也由滑稽进到讽刺，在意义上比较进步多了。这个时期一直延长到五四运动前后。五年前的《上海漫画》还是用石印加套彩色，颇见精采，但是不久就停刊，很是可惜。到了最近，石印的画报除掉一般市井投机的小商人印些神怪小说及社会琐闻而外，却很少见了。

（二）摄影铜版时期。石印画报的势力一直维持到摄影盛行、铜版产生后，才渐渐的被淘汰。同时报纸上的照相铜版插图也多起来，比较绘画石印自然更见精采、清晰、传真，于是石印画报不能立足，只得陆续停版，铜版画报乃代之而兴。

最初应用照相铜版印刷画报的要推世界社在法国巴黎印行的《世界》了，《世界》创刊于丁未秋季，即前清光绪三十三年（西历一千九百零七年），到现在已将近三十年。该刊由姚蕙编辑，巴黎大学教授南达鉴定，今之党国要人吴稚晖、李石曾、褚民谊三氏，皆参与其事。内容分世界各殊之景物、世界真理之科学、世界最近之现象、世界纪念之历史、世界进化之略迹等，印刷极精，并有套色，每册定价两元，大概在国内不大流传，即当时报界也没有此种机器及财力，所以，它的影响并不甚大。因此入民国后，石印画报还盛行了好多年，直至民国九年，上海时报馆才用照相铜版来印刷《图画时报》，随报赠送，以照片为主，附以简要说明。最初侧重于人物、风景，后来却偏重于妇女和运动，所登铜版照片比石印清晰逼真千万倍，使报纸添了不少精采，于是全国报界闻风兴起，自此铜版画报有如雨后春笋的茂盛了。

当时最负盛名的铜版画报如北京（今称北平）《晨报》的《星期画报》及天津的《北洋画报》，图画之外，小品及小新闻也很注意。《北洋画报》且独立发行，因编制精良，印刷出色，在北方销行颇广。南方如《上海画报》《摄影画报》等，也很风行远近。这时报纸附刊、图画月刊如《时代》《良友》等皆用铜版印刷，为画报界开一新纪元。在北伐前后十多年间，可说是铜版画报的全盛时代。

（三）影写版时期。中国铜版画报最盛行的时候，欧美影写版已很流行，到民国十九年，上海商务印书馆出版的《东方杂志》等的插图，首先采用影写版。民国十八年创刊的《环球画报》也改用影写版，但以用纸粗劣，内容平弱，销路不广，不曾引起国人的注意。后来，因经济不能维持，出版数期就停刊了。此后《申报增刊画报》也采用影写版，较之《图画时报》又另有一种精采，很受到一般读者的欢迎。《时事新报画报》也起而争胜，不久，《时代》和《万象》也改用影写版印刷，大家互相竞争，情形颇为乐观。

（乙）从内容变迁的观点来划分

从中国画报内容变迁的观点来划分画报的史底分期，也可得三个阶段：

（一）注重新闻时期。中国之初期画报完全以新闻为主体，因为当时照相制版术还未传入中国，一切画报都先用笔绘再以石印，所以像花卉山水、人物风景已经有绘画流行，初不必再费一番手续，印成画报。因此当时的画报除掉新闻而外，没有别的可以能号召人。譬如画报鼻祖《点石斋画报》即完全以新闻为主体。书前的序里曾经这样说过："近以法越构衅，中朝决意用兵，敌忾之忱，薄海同具，好事者绘为战捷之图，市井购观，恣为谈助，于是以知风气使然，不仅新闻，即画报亦从此可类推矣。爰倩精于绘事者，择新奇可喜之事，摹而为画，月出三次，次凡八帧，俾乐观新闻者有以考证其事，而茗余酒后，展卷玩赏，亦足以增色舞眉飞之乐。"

诚如该画报序言所说，《点石斋画报》内容，全以新闻为主。该报最首有中法战争画，如《力攻北宁》《轻入重地》等绘术颇精，其他如《西人赛船》《西兵会操》《江干试炮》《可怜一炬》《赛马志盛》《庸医杀人》《英国地震》《厘卡积弊》《美使抵汉》等等，取材皆与现代报纸完全相同，举凡国际消息、国内消息、社会新闻、科学等，皆应有尽有，颇足为注重新闻时期画报之代表。

前清光绪三十三年在巴黎出版的《世界》也多以国外新闻为主，如对于世界之科学发明、俄国之内乱、五一革命纪念、英国女子参政之要求、中国之女子天足会、南非洲之华工等，皆有照片有说明，颇为详尽，也足为这个时期的代表。

光复前后，各大报所附的图画副刊，如《民立》《时事》《太平洋》等，都以国家大事及市井琐闻为题材。民国二年，上海出版的《真相画报》也以新闻为主体，如所登之宋教仁被刺及出殡照片、前清隆裕太后哀悼大会之照片、法国总统化李雅任满解职之照片，及日本东京大火灾之照片，皆为当时轰动一时之新闻。

再如民国六年一月，上海文明书局出版包天笑主任的《小说画报》是用小说体裁而另加插图的，小说中所写的也都是当时社会上所常见到常听到的故事或新闻，不过经作者煊〔渲〕染附会，失掉本来的面目而已。

（二）注重趣味时期。自从民国九年，上海时报馆用照相铜版印刷《图画时报》后，画报的内容为之一变，举凡一切天文、地理、风俗、美术、科学、自然风景、人物等等，非绘画所能表现者，皆能一一用照相机摄取，然后再制成铜版，印于纸上，且所照影像逼真，阴阳皆显，较之笔绘，美观多多，因之此时画报内容，亦由新闻而扩大至无所不包，无所不载，造成中国画报之另一新时期。

在此时期内之画报，不重新闻的披露，而重趣味的构成。编画报者都在钩心斗角，用尽脑力，设法如何始能引起读者的趣味，如何始能迎合读者的趣味，如何始能维持读者的趣味。因为读者趣味不同的缘故，因之画报的内容也分门别类，各投所好。归纳说来，约有美术、电影、戏剧、体育、考古、新闻、妇女、儿童、党务、医药等类。这时期内最著名的画报，如民国十五年六月出版的《太平洋画报》，专载美术及电影照片；民国十六年出版的《中国电影杂志》，专载中外电影照片；民国十六年出版的《体育世界》，专载中外体育照片；民国十七年出版的《非非画报》，专载美术及社会生活照片；民国十六年出版的《北京画报》，专载京戏及电影照片；民国十七年出版的《中央画报》，专载军政党照片。其他从民国十年至十七八年间所出的单张画报，如《京津画报》专载艺术照片，《孔雀画报》专载京剧照片，《国闻画报》专载时事照片，《中国摄影学会画报》专载美术摄影照片,《申江画报》专载京剧照片,《儿童画报》专载儿童生活照片,《上海画报》专载时事照片,《丁丁画报》专载美术照片,《明星画报》专载电影照片等等,皆足以为这个时期的代表。

这个时期画报的特征,就是每报所登的材料各有一定的范围,注重读者个人趣味,各不相犯。譬如某报登载戏剧的照片,多半很少再登其他种类的照片,因为这样每报才可以吸引它对此特有趣味的读者,替自己开辟一条出路,而不致被他报把自己的读者抢去。

(三) 混合编制时期。注重趣味时期的画报,其唯一缺点即在所登材料每限于某一类而不能普遍。如果有人既喜欢京剧又好电影或者美术的话,势必要订阅两种或三种不同的画报,这对于读者是件极不经济的事,同时在编辑方面,因为材料的限制,不容易发展,而且有时还有稿荒的危险。因此在民国十五年间,《时代》《良友》及《文华》等图画杂志相继在上海发刊,因为内容丰富,颇受读者的欢迎,替中国画报史上又另辟一新时代。

这种混合编制的图画杂志,其特点即在不拘何种材料,兼收并蓄,一律采用,集前期画报之大成。而且这种杂志多半是旬刊、半月刊或是月刊,时间上既有裕暇,所以对于某一事件常作有系统的登载,使读者对于事实真相及经过情形一目了然,更予读者以莫大的利益及兴味。加之这种混合编制是图画文字兼重,所以读者订了一份画报,不独能找到他所喜欢看的材料,而且有时还可引起他对于别种材料的新兴趣。

像《良友》《时代》及《文华》一类的画刊,内容不拘于何种材料,在每一期里大概至少要包括美术、新闻(国内国外)、电影、妇女、儿童、戏剧、漫画、军事、科学等类照片,所以,无论有什么嗜好的人,读起来没有不合他的胃口的。而且还附有小说、散文、诗、谜语、魔术等文字,使读者在饱览照片以后,还可读读怡神悦性的文字。像这种的画报,当然要受人欢迎,所以近年来采取混合编制的画报真如雨后春笋,令人看不胜看了。

四、中国画报的分类

中国画报在五十年的期间,既没有精确的统计,而且也没法去统计。所以,我们现在来替中国画报分类,当然不能算是一件完善的工作。只能就所搜集的二百三十五种画报作一暂定的研究,将来如果得到更多的材料时,当然是有修正的必要。

关于中国画报的分类法,各家意见不同,但彼此无所谓对与不对,只不过所取的观点不同而已。现在我们研究画报当然无所偏重,将各种不同的分类法一并加以解释,以便读者自己来比较和判断。

中国画报的分类法,归纳说来约有四种:

(甲) 以出版内容来分

各种画报其内容自有比较固定的范围,如无特殊的原因,是不容易改变的。这一类的分法，是按照各报的内容，分别它的不同。现在据作者所得的材料中，细别其内容，共有十八类，兹分别说明如下：

（一）美术类。这类的画报，大多登载关于书画作品、艺术家、美术摄影等照片，完全以美术材料为主体，是迎合一般嗜好美术者的胃口的。著名的如《艺林月刊》《太平洋画报》《柯达杂志》《时代画报》《大晶画报》《幽兰旬刊》《晋化》《湖社半月刊》《艺林旬刊》《紫葡萄》《春明画报》《艺薮画报》《骆驼画报》《北晨》《美美画报》《东南日报画报》《文艺画报》《大亚画报》《艺友》《沈水画报》《汉口画报》《常报》《东方画报》《日曜画报》《国风画报》《中国日报画报周刊》《丁丁画报》《明星画报》《进化》《国画月刊》等。

（二）电影类。不用说，这类的画报当然以电影材料为主体，它们的内容不限中西，兼收并蓄，而尤以美国好莱坞之明星照片及新闻占大部份。其最著者如《新银星》《好莱坞》《中国影声》《新银星与体育》《银幕舞台画报》《明星画报》《电影三日刊》《寒露画报》《电影世界》《影戏杂志》《明星》《银光》《现代电影》《中国电影杂志》《时代电影》《电影画报》《银弹》《银幕上的艺术》《电影与文艺》《电影世界》《幕味》《电影画报》《开麦拉》《青青电影》《联华》《电通》等。

（三）新闻类。新闻类当然以新闻为主，此类画报可补字报之不足，故颇受人欢迎。其著者如《时事画报》《时事旬报》《常识画报》《图画日报》《环球画报》《大公报每日画刊》《申报图画周刊》《新闻报图画附刊》《华北画报》《时事新画》《北洋画报》《上海画报》《公安画报》《摄影画报》《国闻画报》等。

（四）体育类。自中国体育发达后，体育画报也随之而出，但大多附在各图画杂志之体育栏中。其单独出版者殊不多见，只有《体育世界》《第九届远东运动会特刊》《二十二年全国运动会专刊》《全运画刊》及《新银星与体育》等数种。

（五）航空类。航空在中国还是新兴的事业，所以这一类的画报也不很发达，只有《航空露布》《航空画报》《航空周报》等数种而已。

（六）党军类。这类画报多为党部或军队之一种宣传品，数量并不多，只《中央画报》《江苏画报》《上海战事画刊》《军民画报》《前锋画报》《抗日画报》《中央画刊》《河北画报》等数种。

（七）学校类。这类画报专载学生照片及学校生活照片，专门迎合学生口胃，如《中国学生》《学校生活》《平西画报》《新民画报》《少年画报》《学生画报》（沈阳）《学生画报》（北平）《青春旬报》《青春画报》《世界画报》等，皆为此类之佼佼者。

（八）医药类。医药画报所见极少，即有也不过偏重于病理及健康卫生方面。譬如《健康生活》《康宁报》乃单独发行者，其他大多附于别类画报中，不另单出。

（九）考古类。考古类画报因为嗜好者少，故也不很多见，所得者仅《河北第一博物院半月刊》及《故宫周刊》二种而已。

（十）戏剧类。此类画报多载关于旧剧照片，因为嗜好旧剧者多，故出版数量亦因而增加，如《菊影》《风月画报》《国剧画报》《艺术新闻》《玲珑画报》《北京画报》《金刚画报》《申江画报》《孔雀画报》《菊痕画报》等皆是。

（十一）跳舞类。关于跳舞一类照片，各画报登的很多，但是单独出版画报的还很少见，作者只搜集到一种，名曰《跳舞晶报》，内中专载舞女照片及舞场新闻。

（十二）儿童类。现在关于儿童读物的画报，出版的很多，譬如《小画报》《儿童画报》《我的画报》《晨钟星期刊》《儿童报》等，皆为完全之儿童画报。

（十三）妇女类。近一二年来关于妇女画报出版甚多，其最著者有《妇女生活》《中国画报女生特刊》《妇人画报》《图画时报》《玲珑》《大华妇女专号》等。

（十四）科学类。科学照片散见于各画报者极多，而单独印行者亦不多见。其资格最老、编辑最佳者，当然以《科学画报》为第一，《科学图解》亦还好。

（十五）社交类。方今社交公开，男女接触较易，关于社交画报也应时而生，如《娓娜嫩》《安琪儿》《女朋友》《男朋友》《甜心》等皆是此类画报。

（十六）漫画类。漫画在中国起源已久，但至最近才特别发达，各画报不仅竞载多量漫画，且亦有单独发行者，如《新民漫画》《庸报每周漫画》《茶话漫画》《上海漫画》及最近新出之《漫画生活》《旁观者》等皆是。

（十七）人体类。自国人注意健康以来，对于人体美崇拜颇为热烈，因此除各画报竞载人体美照片外，且有专出人体美画刊者，如《健美月刊》《世界人种装饰》《裸体名画写真集》等，皆为迎合此种心理之画刊。

（十八）杂俎类。此类画报多为混合编制者，故颇难归纳为某一类，只得另成一类，名为"杂俎"，以其内容杂而不可分也。其最著者如《时代》《良友》《大众》《万象》《美术生活》《文华》《文艺画报》《大上海新潮杂志》《大陆》《印象》《小世界》《新加坡画报》《青青》《珠江》《非非画报》《国际现象画报》等皆是。

（乙）以出版地点来分

以出版地点来分画报的种类，也是件麻烦的事，因为中国幅员这么广大，画报又时出时停，要想搜集齐全，一种不遗，恐怕是件不可能的事。这样当然不能把全国出版过画报的地方都列出来，实是一件美中不足的事。现在只依所得材料，分别其出版地点，共得十九类如下：

（一）上海类。上海一地是我国经济文化的集中点，所以凡百事业皆以上海为最兴盛，出版事业当然也不能例外。上海的画报曾经出版过多少，也无从查考，但就作者所搜集的画报中，自以上海出版者为最多数，约有八十种之多（与实际出版数目上当然相差还很多）。报名不能一一举出，兹择其较著者，列出一二，以见上海画报界之一斑：《摄影画报》《孔雀画报》《申江画报》《上海画报》《柯达画报》《时事新画》《儿童报》《航空画报》《图画时报》《新闻报图画附刊》《电影画报》《明星画报》《骆驼画报》《环球画报》《大晶画报》《男朋友》《女朋友》《玲珑》《甜心》《影画》《小世界》《开麦拉》《小说画报》《健美月刊》《影戏杂志》《良友》《学校生活》《明星真象画报》《太平洋画报》《银光》《妇人画报》《现代电影》《新银星与体育》《中华》《美术生活》《文华》《科学画报》《大众》《时代》《时代漫画》《妇女生活》《新银星》《艺友》《中国影声》《新潮杂志》《大上海》《时代电影》《时事旬报》《印象》《电影世界》《文艺画报》《大陆》《青青》《中国学生》《体育世界》《图画晨报》《社会画报》《茶话漫画》等等。

（二）北平类。北平因曾为国都及文化区域关系，画报出版的数量除上海而外，莫可与京。十几年前的画报，搜集甚难，连年出版的也不易齐全，据作者所搜集到的只有五十余种，比较完美的有《学生画报》《菊痕画报》《故宫周刊》《安琪儿》《少年画报》《寒露画报》《大华画报》《抗日画报》《北京画报》《北极》《国风画报》《美美画报》《北晨》《东方画报》《北平华北画报》《艺林旬刊》《湖社半月刊》《北京晚报副刊霞光画报》《诚报画报》《艺术新闻》《晋化》《北平画报》《世界画报》《铁展》《国剧画报》《平西画报》《幽兰画报》《时代画报》《北京画报》《艺林月刊》等等。

（三）天津类。天津是一个商埠，文化事业不比上海发达，所以画报的出版数量并不见增多，据作者所搜集到的只有三十余种，像《中华画报》《天津商报画报》《庸报》①《京津画报》《公安画报》《北洋画报》《青春画报》《电影与文艺》《银弹电影画报》《玲珑画报》《明星画报》《大公报每日画刊》《银幕舞台画报》《摩登画报》《风月画报》《好莱坞》《河北画报》等皆是。

（四）沈阳类。沈阳僻处东北，文化自较落后，在九一八事变以前，画报出版并不多，作者搜求结果，只有五种，事变后情形则不得而知了。五种是《新民画报》《常报》《沈水画报》《大亚画报》及《学生画报》。

（五）南京类。南京在未作国都以前，情形甚为冷落，改国都后，市面顿时兴盛，但于画报的出版，并无若何之影响。目今南京所有画报恐除《中央画报》《航空露布》《中央画刊》《中国日报图画周刊》及《新民漫画》而外，不容易再找到其他的了。

（六）广州类。广州的画报恐怕不见得会怎样的少，因为广州比较开发的早，而且文化也比较发达，但是作者只得到《青春》②及《珠江》两种，遗漏的一定很多罢。

（七）汉口类。汉口并不算怎样兴盛的商埠，所以画报出的并不多，据作者所知仅《汉口画报》、《武汉日报》附刊之《武汉画报》、《扫荡日报》附刊之《扫荡画报》等数种而已。

---

① 应为《庸报画刊》。——编者注
② 该刊不是画报。——编者注

（八）青岛类。青岛的画报作者只搜集到《灿烂画报》及《青岛》二种。

（九）重庆类。重庆文化比较落后，风气也较闭塞，所以像画报这一类的出版物是不容易站得住的，《艺薮画报》是作者得到该地所出版的画报之一。

（十）济南类。济南的画报当然不只《新鲁日报副刊》这一种，但是作者所有的仅此而已。

（十一）哈尔滨类。哈尔滨的画报因为距离太远，不容易搜集，作者所有的只《哈尔滨画报》一种。

（十二）苏州类。《苏州早报》每周发行《图画早报》。

（十三）杭州类。杭州的画报恐怕很少，最近《东南日报》添印画报一种，印刷还好，内容多为美术照片。

（十四）西安类。西安文化日报社出版有《西北画报》。

（十五）香港类。香港画报当比较发达，惟作者所有仅《联华》《非非画报》及《大光报》附刊之《大光图画周刊》三种。

（十六）新嘉坡类。新嘉坡虽非中国领土，但以画报创办者为中国人，说明用中国文字，当然也算是中国画报之一（以下各地均用此）。最著名者为《新嘉坡画报》、《星洲日报》之《星光》。

（十七）芝加哥类。国人在美国芝加哥所创办之画报，据作者所得有《时事画报》一种，专载中国及世界之时事照片。

（十八）巴黎类。中国用照相铜版印刷之画报鼻祖《世界》，系在法国巴黎出版者，一切主干编辑皆为中国人，不过印刷地点在巴黎而已。

（十九）巴达维亚类。荷属东印度之巴达维亚华侨甚多，故亦有中国画报之发行。如《新报图画增刊》及《新报画刊》等皆是。

（丙）以出版性质来分

所谓出版性质系指画报的本身而言。画报的出版性质有定期、不定期、日报附刊及特种等分别。兹将各种不同性质之画报分别加以讨论如次：

（一）定期类。所谓定期类的画报，即是它的出版有一定的日期，到时出报，决无延误。如日刊、三日刊、半月刊、月刊等，皆属定期类。这类的画报数量太多，差不多的画报都是归在这一类，写起来真是写不胜写。现在姑略举其能代表者，以窥一斑：《学生画报》《电影画报》《摄影画报》《孔雀画报》《跳舞晶报》《男朋友》《女朋友》《玲珑》《好莱坞》《甜心》《影画》《大华》《小世界》《柯达杂志》《开麦拉》《娜娜嫙》《小说画报》《电影世界》《安琪儿》《北京画报》《影戏杂志》《新银星》《良友》《学校生活》《艺友》《中国影声》《真象画报》《太平洋画报》《艺林月刊》《青青》《银光》《妇人画报》《电影》《现代电影》《时事画报》《青春》《中国学生》《新嘉坡画报》《新银星与体育》《中华》《珠江》

《中央画报》《美术生活》《中国电影杂志》《文华》《非非画报》《世界》《体育世界》《大众》《时代》《妇女生活》《儿童画报》《新银星》《小画报》《新潮杂志》《大上海》《江苏画报》《时代电影》《时事旬报》《大陆》《印象》《文艺画报》《北洋画报》《学生画报》《少年画报》《电影三日刊》《寒露画报》《银弹电影画报》《进化》《丁丁画报》《大亚画报》《明星画报》《星期三画报》《小小画报》《北京画报》《上海三日画报》《国风画报》《美美画报》《骆驼画报》《环球画报》《艺林旬刊》《湖社半月刊》《银幕舞台画报》《图画日报》《中国画报》《艺术新闻》《摩登画报》《北平画报》《国剧画报》《常报》《汉口画报》《大晶画报》《晋化》等一百四十余种。

(二) 不定期类。不定期画报即是它的出版期没有一定的时日，这一类的画报大半是报纸增刊、特刊或者机关的宣传品，其最著名如《公安画报》《康宁报》《电影与文艺》《河北画报》《金刚画报》《前锋画报》《银幕上的艺术》《蛱蝶中天名片专刊》《抗日画报》《航空露布》《北极》《军民画报》《东方画报》《明星画报》《时代画报》《电影世界》《新银星》《平西画报》《燕京新闻图画增刊》等。

(三) 日报附刊类。此类画报皆系报纸附刊，并不单独发行，其著名者如《天津商报画报》《庸报》①《时事新报》《黄报元旦增刊》《申报图画周刊》《中央画刊》《北平新报国庆特刊》《华北画报》《晨钟日报星期刊》《北平晨报新年增刊》《新报画报》《新天津画报》《北晨新年特刊》《晨报星期画报》《天津晶报国庆纪念图画增刊》《北晨》《日曜画报》（新晨报副刊）《春明画报》（成报星期画刊）《复活图画周刊》（京报图画周刊）《新鲁日报副刊》《大公报双十增刊》《北京日报消闲录》《北京晚报副刊霞光画报》《诚报画刊》《中华画报》《电影周刊》《天津商报图画半周刊》《世界画报》《平西画报》《实事白话报星期画刊》《新民画报》（新民晚报副刊）《沈水画报》（东三省民报副刊）《新报图画增刊》《中国日报图画周刊》《东南日报画报》《燕京新闻图画增刊》《新闻报茶话漫画》《图画晨报》《庸报星期画报》等等。

(四) 特种类。此类画报多系因某一特种事件发生而专辑发行的，或搜集某一类材料编成专集，而迎合读者胃口的。它的出版无一定日期，而且是只出一期，不再继续，和不定期画报，亦有不同。像《全运画刊》（《文华》增刊）《哈尔飞戏院游艺特刊》《歌女红牡丹特刊》《远东运动会特刊》《上海战事画刊》《铁展》《全国运动会专刊》《万有画库》《百科写真画集》等皆是。

(丁) 以出版期限来分

出版期限是指出版的距离日期而言，各画报的出版期限，有长有短，各不相同，所以我们根据这点，也可以将现在的画报分成九类如下：

---

① 应为《庸报画刊》。——编者注

（一）日刊类。这类画报是每日出版，和普通的报纸一样，但是日刊画报必须有充分的材料来源和人才，方能维持长久，而且还须有文字来辅助，以免照片有不敷之虞。因为如此，所以这类的画报很是少见，较著者如《天津晶报》《全运画刊》（短期）《北京日报消闲录》《北京消闲日报》《时报画报号外》等数种而已。

（二）二日刊类。每二日出版一次之画报，殊为少见，在二百几十种画报中，只《天津商报画刊》一种而已，他处还没有发现。

（三）三日刊类。每三日出版一次之画报，较二日刊普遍多多，最著者如《跳舞晶报》《国闻画报》《申江画报》《上海画报》《北洋画报》《时事新画》《电影三日刊》《明星画报》《北京画报》《三日画报》《骆驼画报》《电影画报》《风月画报》《中国画报》《女朋友》《妇女生活》《中华画报》《京津画报》等。

（四）五日刊类。五日刊之画报也不很多见，归纳结果只《孔雀画报》《大亚画报》《灿烂画报》《紫葡萄》及《哈尔滨画报》等五种而已。

（五）周刊类。画报出版期之为周刊者，为数最多，因为在收集材料、编辑、印刷、读者诸方面皆较为合宜。材料不致太旧，编辑不致匆忙，印刷可以从容，读者也不致有等得太久之苦。所以，周刊类的画报，特别发达，如《学生画报》（北平）《电影画报》《菊痕画报》《摄影画报》《故宫周刊》《青春画报》《儿童报》《航空周报》《安琪儿》《学生画报》（沈阳）《少年画报》《申报图画周刊》《华北画报》（天津）《寒露画报》《银弹电影画报》《进化》《大华画报》《丁丁画报》《华北画报》（北平）《晨钟星期刊》《新闻报图画附刊》《星期三画报》《新报画刊》《小小画报》《新天津画报》《国风画报》《美美画报》《联华画报》《北晨》《日曜画报》《电影画报》《玲珑画报》《春明画报》《环球画报》《中国画报》《艺术新闻》《摩登画报》《世界画报》《常识画报》《汉口画报》《实事白话报星期画刊》《新报画报》《国剧画报》《男朋友》《玲珑》《甜心》《大华》《开麦拉》《学校生活》《东南日报画报》《中国日报图画周刊》《新民漫画》等。

（六）旬刊类。旬刊画报亦不常见，只有《时事旬刊》《珠江》《娜娜嫩》《江苏画报》《幽兰旬刊》《晋化》《艺林旬刊》《银弹》《艺薮画报》《影戏画报》《青春旬报》《真象画报》等十余种而已。

（七）半月刊类。半月刊类，想数量必多，但作者不能搜集齐全，殊为可惜。现所得者只有十九种，即《导光》《河北第一博物院半月刊》《湖社半月刊》《商报图画半月刊》《菊影》《好莱坞》《小世界》《电影画报》《安琪儿》《北京画报》《艺友》《妇人画报》《中央画报》《科学画报》《时代》《儿童画报》《小画报》《健康生活》《电影世界》。

（八）月刊类。月刊类画报大多为混合编制者，最著者如《影画》《柯达杂志》《小说画报》《健美月刊》《影戏杂志》《新银星》《良友》《中国影声》《明星》《太平洋画报》《艺林月刊》《青青》《银光》《电影》《现代电影》《时事画报》《青春》《中国学生》《新银星与体育》《中华》《美术生活》《中国电影杂志》《文华》《非非画报》《国际现象画报》《大众》《我的画报》《新潮杂志》《大上海》《时代电影》《文艺画报》《印象》《大陆》等。

（九）季刊类。画报而为季刊，更属少见，盖因材料太陈旧故也。作者仅得一种，即《体育世界》，想现已停刊矣。

五、中国画报内容的分析

画报的组成不外照片、文字及广告三种。普通的画报，是以照片为主，文字为辅，广告的收入用作补助报馆的经费。所以，一个独立营业的画报，这三种组成的要素是缺一不可的。因为既称画报，当然以照片为主，可是，如果全部都用照片，不独于经济上要感到太糜费，而且材料的来源也许要发生恐慌，因此，编画报的不得不以文字来做照片的辅助。文字是有伸缩性的，照片多时可以减少文字，照片少时不妨增多文字，二者相辅为用，各有各的长处。不过，有的画报有时只有照片和广告，而不载文字，有时连广告也没有，完全是照片，这种画报自然有它的背景，下面就要论到，这里姑且略去。

关于画报内容的分析，作者很想用极精细的方法，去算出每一张报照片、文字和广告的百分比，可是等到实行之后，困难重重，因为画报上的照片是各种形式都有，极不容易求出它的准确面积，还有画报的文字，在拼版上是填补照片的空白地位，东一行西一行，更不容易求出它的总面积。面积既求不准，百分比率当然也跟着不可靠。所以，本章所求的百分比，是比较的，而不是绝对的，是概括的，而不是精细的。它的唯一的用意，就是使读者对于画报上的照片、文字和广告三者所占地位的多寡，有个统括的概念而已。

（甲）照片

照片在画报中占着首要的地位，画报内容的好坏，完全以照片为标准，文字还在其次。所以，我们研究画报或是分类画报的内容，也完全以照片为主要标准。如果照片是新闻的，我们就将这报算做新闻类；如果照片是美术的，我们就将这画报算作美术类。至于文字，丝毫不受其影响。

画报的照片，大多有文字为其辅助，有时亦只有照片及广告而无文字者，若只有照片而无文字、广告的画报，则不多见。在二百三十五种画报中，亦仅寻出下列十一种为完全照片而无文字与广告者：《时报画报号外》《申报图画周刊》《新报画刊》《大公报每日画刊》《大公报双十增刊》《北京晚报副刊霞光画报》《航空画报》《航空露布》《河北画报》《图画时报》《新报图画增刊》等。

观察上列十一种画报，除《航空画报》《航空露布》《河北画报》外，全为日报之附刊，由此可见画报之维持，文字与广告亦占重要的地位。完全照片之画报，其所以多为日报副刊者，正以其有所依赖而不必专靠销路及广告而生存。即《航空画报》《航空露布》及《河北画报》亦非营业的画报，而为团体的宣传品。若完全营业的画报，只登照片，不载文字及广告，恐怕就难以维持了。

照片的内容，各报有各报的特点，这个我们在前面已经分析得很详细，不过，所分的各类，除极少数而外，多半的画报，内容并非绝对的一律。譬如美术类的画报，它的照片并非完全是关于美术的，有时也间或有电影及妇女的照片；电影类的画报，它的照片也并非完全是关于电影的，有时也间或有戏剧及儿童的照片。所以，我们分类所采用的标准原则，即是"最多数"。在一张画报里，如果所登的照片是美术方面的多，我们就算它是美术类；如果所登的照片是电影方面的多，我们就算它是电影类。因为不容易找出内容绝对一律的画报，所以，不得不拿这种办法来迁就。

据分析的结果，二百三十五种画报照片的内容，共包括卅三种不同的材料，其名称如下：

（一）美术，（二）电影，（三）新闻，（四）体育，（五）航空，（六）党政，（七）军事，（八）学校，（九）医药，（十）考古，（十一）戏剧，（十二）跳舞，（十三）儿童，（十四）妇女，（十五）科学，（十六）社交，（十七）漫画，（十八）人体，（十九）魔术，（二十）生活，（廿一）历史，（廿二）教育，（廿三）婚姻，（廿四）风俗，（廿五）山水风景，（廿六）边省情形，（廿七）国外情形，（廿八）犯罪，（廿九）社会名人，（三十）名伶名妓，（卅一）字画，（卅二）卫生，（卅三）高材生。

以上不过是一个统括的分析，不能每一张照片极精细的分，然而，读者在这里至少对于中国画报的照片内容有一个概括的印象，知道中国的画报究竟有些什么照片，在吸引着读者的购买。

（乙）文字

画报的文字虽然不占十分重要的地位，可是能补助照片之不足，其价值也不在小。

中国画报除掉前节所提出的几种完全照片的画报而外，没有一种不附带文字的。这里所谓"文字"，并非指每张照片下面的说明，而是指长篇或短篇、独立或和照片有连带关系的各种文字，画报的主体当然是照片，可是如果有相当的文字来从旁辅助，正和牡丹之须绿叶来扶持，更可相得益彰，是同一个道理。

画报所载文字，范围极广，凡是有兴趣的都可登载。我们现在将二百三十五种画报上的文字归纳起来，可得下列四十七种不同性质的稿子：

（一）美术研究，（二）电影新闻，（三）国内新闻，（四）体育消息，（五）军事研究，（六）党政琐事，（七）学校新闻，（八）医药卫生，（九）旧戏话剧，（十）舞场消息，（十一）儿童卫生，（十二）妇女问题，（十三）科学发明及研究，（十四）男女社交，（十五）航空研究，（十六）各地风俗，（十七）历史追述，（十八）社会生活素描，（十九）各地山水风景素描，（廿）旅行游记，（廿一）时事评论，（廿二）漫谈，（廿三）谜语，（廿四）小说，（廿五）散文，（廿六）新旧诗词，（廿七）游戏文字，（廿八）妓女消息，（廿九）捧角文字，（卅）对联，（卅一）批评文字，（卅二）名人时人素描，（卅三）笑话，（卅四）考古文字，（卅五）旧学研究，（卅六）商业文字，（卅七）婚姻讨论，（卅八）农事工艺，（卅九）社会黑幕，（四十）家庭问题，（四一）日记，（四二）酒令，（四三）摄影研究，（四四）金石研究，（四五）经济消息及研究，（四六）文艺研究，（四七）庆祝文字。

有许多画报虽名为画报，其实是以文字为主照片为副的，这种画报，我们当然不能把它们撇开不算。这一类如《小说画报》《电影与文艺》《东方画报》《新天津画报》《艺薮画报》《北极》《文艺画报》《影戏杂志》等九种。此外，又有专载照片与文字而不登广告者，此类画报也以日报副刊及团体出版品居多数，如《黄报元旦增刊》《民言星期三画报》《北极》《北平晨报新年增刊》《北晨新年特刊》《北晨》《东方画报》《实事白话报》《星期画刊》《沈水画报》（《东三省民报》副刊）《电影与文艺》《蛱蝶中天名片专刊》《中华画报电影周刊》《导光》《小小画报》《诚报画报》《航空周报》《中央画刊》《江苏画报》《抗日画报》《前锋画报》《军民画报》《少年画报》《平西报增刊》《燕京新闻图画增刊》《中国日报图画周刊》《全国运动会专刊》《小世界》《影画》《小画报》《我的画报》《儿童画报》《学校生活》等三十一种。

画报文字比较浅显易读，而且稿件很短，没有使人读至中途生厌的缺点，同时在读文字之余，还有照片可看，更令人目悦神怡了。

（丙）广告

除掉极少数的日报副刊及团体宣传品而外，凡是独立营业的画报，没有不登广告的。画报的广告和普通报纸的广告一样，是收入当中一笔重要款项，广告最多的画报有时要占到全体面积百分之五十左右，这可见办画报的人，对于广告是如何的重视了。

画报上所登广告的种类，和普通报纸没有多大不同，现在归纳说来，约有下列三十五种：

（一）照相材料，（二）影戏院，（三）影片公司，（四）饭菜馆，（五）咖啡店，（六）书画润格，（七）书籍，（八）银行储蓄，（九）绸缎呢绒，（十）西服成衣，（十一）体育用品，（十二）百货公司，（十三）杂货食物，（十四）药品，（十五）医士，（十六）眼镜公司，（十七）烟卷，（十八）照相馆，（十九）学校招生，（廿）古玩书画，（廿一）跳舞场，（廿二）旅社，（廿三）律师，（廿四）京戏，（廿五）日报画报，（廿六）广告公司，（廿七）印刷公司，（廿八）电气公司，（廿九）男女理发，（卅）音乐器具，（卅一）赌博——跑马跑狗，（卅二）介绍，（卅三）拍卖，（卅四）妇女装饰，（卅五）旅行——舟车指南。

以上不过是画报广告概括的情形，如果详细分来，尚不止此。普通日报画报附刊，宁可牺牲文字，广告则非登不可，如《新闻报图画副刊》《时事新画》《东南日报画报》

《全运画刊》等，皆为只有照片、广告而无文字者。以资本雄厚如《新闻报》《时事新报》尚不能放弃广告，其他独立营业的画报，可以想见了。

（丁）照片、文字及广告所占面积之百分比

画报的照片、文字和广告，它们所占的面积的百分比，究竟是谁多谁少，这是值得我们研究的事。每一种画报因为它的背景和编辑政策的不同，这三种材料是互有消长的。然而，就全体而言，还是逃不了照片为主、文字为辅、广告最少的原则。现在把这三种原素所占面积的百分比分别详列如左。不过所得的结果，不是绝对的准确，而是比较的准确，这点需要读者的注意。

（一）照片的面积分配。在二百三十五种画报当中，照片的面积分配是这样的：占全面积百分之百的有十一种，占百分之九十五的有四种，占百分之九十的有五种，占百分之八十五的有三种，占百分之八十的有两种，占百分之七十五的有两种，占百分之七十的有四种，占百分之六十五的有八种，占百分之六十的有十七种，占百分之五十五的有八种，占百分之五十的有二十三种，占百分之四十五的有十一种，占百分之四十的有二十八种，占百分之三十五的有十二种，占百分之三十的有二十一种，占百分之二十五的有十五种，占百分之二十的有七种，占百分之十五的有三种，占百分之十的有三种。

据附表一①所示，画报照片所占面积最多者为百分之四十，次为百分之五十，再次为百分之三十。这可见照片在画报的全面积上并非占有绝对的多数，而是比较的多数，而且由此更可以知道画报并不能完全靠照片来维持它的生命，还有其他的原素，是不可忽略的。

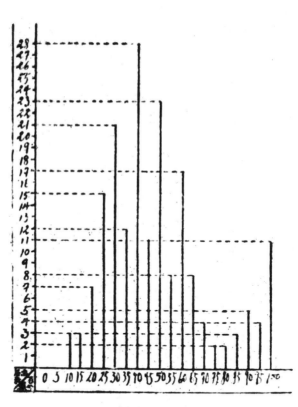

（附表 1）　照片所占面积之百分比

（二）文字的面积分配。画报的文字，它的面积分配是这样的：占全面积百分之九十的有一种，占百分之八十五的有一种，占百分之八十的有两种，占百分之七十五的有两种，占百分

---

① 原文附表一《照片所占面积之百分比》。——编者注

之七十的有四种,占百分之六十五的有六种,占百分之六十的有七种,占百分之五十五的有八种,占百分之五十的有十三种,占百分之四十五的有十种,占百分之四十的有二十二种,占百分之三十五的有十七种,占百分之三十的有三十六种,占百分之二十五的有二十二种,占百分之二十的有九种,占百分之十五的有六种,占百分之十的有八种,占百分之五的有三种。

　　据附表二①所示,画报文字所占面积最多者为百分之三十,次为百分之四十及百分之二十五,再次为百分之三十五。平均而言,文字最大百分比(前三类)之和与照片最大百分比(前三类)之和相差为百分之二十二点五,换言之,即文字在画报所占面积较照片在画报所占面积平均少百分二十二点五。这个结果虽非绝对正确,但至少可以看出"照片为主,文字为辅"这条原则。

　　(三)广告的面积分配。广告在画报上所占的面积,虽有高至百分之五十者,但尚不是多数,其详细之百分比如下:占全面积百分之五十的有十七种,占百分之四十五的有五种,占百分之四十的有五种,占百分之三十五的有两种,占百分之三十的有九种,占百分之二十五的有二十二种,占百分之二十的有十三种,占百分之十五的有十四种,占百分之十的有二十二种,占百分之五的有二十七种。

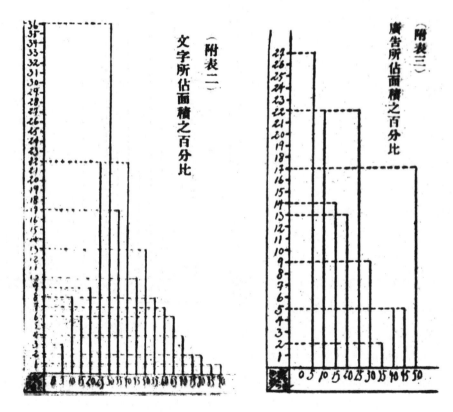

（附表二）文字所占面积之百分比

（附表三）广告所占面积之百分比

---

①　原文附表二《文字所占面积之百分比》。——编者注

依附表三①所示，画报广告所占面积最多者为百分之五，次为百分之十，再次为百分之二十五，其平均与照片文字相差至百分之八十与百分之五十七点五。由此可见，大部份画报还不能把广告的面积扩张得太大，以免影响到画报的内容，而致有碍于销路。至于广告占百分之五十的画报，大约它们的目的是专在求目前的利益，不顾他日的发展，无怪一旦广告无着，立刻就要停版的了。

六、中国画报馆的组织

中国画报馆的组织，其简陋情形，较之普通日报馆为尤甚。一个独立画报，除掉一个编辑而外，既没有制版部，也没有印刷部，怎样称得上组织？还有许多画报是附属在某种机关或者某种报纸，根本就没有独立的组织，也不值得我们的研究。譬如说罢，天津的《北洋画报》在华北的画报当中，可以算是资格较老、销路较多、内容较好的一种，但是，年前卖给天津同生照相馆以后，根本就无所谓报馆的组织，更没有自备的制版部及印刷部，失掉我们研究它的价值。

中国画报馆的组织，能比较完善而具有特点的，真是寥若晨星，作者为聊备一格起见，勉以天津的《商报画报》②及上海的《时代》为代表，但所得材料亦很贫乏，只得俟诸他日再为增益了。

（甲）《天津商报画报》的组织

《天津商报画报》虽与日报同在一处，但实为独立性质，一切编辑、发行皆与日报无关。兹将其组织概况分说如下：

（A）组织系统。

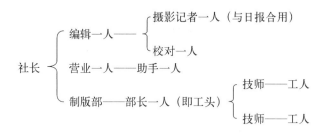

（B）照片来源。照片来源不外下列四种：

（1）外界送来——此类照片大多为优伶、妓女，因他们想替自己做广告，不得不自动将自己照片送至报馆，但无报酬。

（2）自己摄拍——此类照片，大多为新闻，由摄影记者实地摄取。

---

① 原文附表三《广告所占面积之百分比》。——编者注
② 应为《天津商报画刊》。——编者注

（3）设法索取——此类照片，大多为要人、名闺，平时不易取得，非设法去找不可。

（4）外界投稿——此类照片，大多为风景、人物，由摄者寄至报馆，如登出即给以相当报酬。

（C）销路及销数。该报的销路十分之八九是在华北一带，而尤以天津、北平为最。至于销数，大概在三四千份左右。

（D）读者。该报读者多半为有闲阶级及妇女，因内容所载注重新闻、戏剧、妇女及妓女等照片，易受此等人之欢迎也。

（E）特点。该报对于制版方面颇有特长，所制铜版，异常清晰，远非其他画报所能及。又该报对于铜版保存方法，亦有特殊贡献，为其他各报所无者，即对于已用过的铜版，按其性质分为新闻、风景、妇女、戏剧、妓女、坤伶等类，每类皆有一总号数，总号数之内又有分号数，用制就之木厨，按号分类排列，另外每类照片皆分别各贴一簿，下有与厨上分类相同之号数，如欲寻找某类照片，按簿对号，由厨内一索即得，极为便利。此种制度颇足供其他画报馆之仿效。

（乙）上海《时代》的组织概况

上海的图画杂志很多，但内部组织健全，足以为全体之代表者，则不很多见。《时代》在内容及组织各方面皆比较完善，所以，就拿他来研究。

（A）组织系统。

（B）照片来源。

（1）自摄——占全体百分之三四十。

（2）投稿——占全体百分之三四十。

（3）赠送——占全体百分之一二十。

（C）销路及销数。该刊销路，上海本埠占三分之一，华南占三分之一（包括南洋群岛等地），各地占三分之一（包括欧洲、美洲）。该刊创于民国十七年，最初销数为八千份，最近销数为三万份。

（D）读者。该刊读者以智识阶级为多，如学生、商人、妇女等，因内容取材多注重国内外新闻、科学知识及各种有趣及美术照片，标准比较其他为高也。

（E）特点。该刊照片，全部用影写版印刷，颇为清晰悦目。外埠订户及外埠分销，皆于出版前二日或一日寄出，以便外埠读者不致有"明日黄花"之憾。

七、中国画报将来的展望

由于以上对中国画报过去和现在的分析和研究，而不得不再谈一谈关于中国画报将来的展望。中国画报已经有五十年的历史，其中几经变革，方得有今日的成绩。然而，中国的画报其缺点正多，而有待于改革者亦在在皆是。欲求中国画报的进步和发达，对于现在所感觉到的缺点，不得不加以检讨，而另谋一条新的出路。此章之作，其用意亦即在是。下列各节多系一己揣度之词，间亦有参以他人意见，所言是否中肯切要，则不敢武断了。

（甲）画报的真实价值

画报在一般人的眼光里看来，好像不是什么正当的事业，所以办画报的人在他们看起来是一种"业余的消遣"，而画报也就成为他们的"业余的消遣"。这种态度，到最近还是有的。所以，邵洵美在一次宴会上答复一个人的问题："你为什么花了全副的精神去办画报，而不办一个正正经经的纯文艺刊物？"他说："为什么你们以为画报是不正经呢？况且，你办一个刊物，不是先应当有一般读者么？试问我们中国有这许多人口，但是报章、杂志的销路为什么这样微小呢？普及教育唤了这许多年，为什么没有多大的成效呢？原因是你们办的高深的刊物，只能供给极少数人去享受，而这极少数人的知识可都是和你们的知识相差不远，他们能读得懂你的文章，但是读了你们的文章以后，很少会有什么进步，也很少会有什么退步。你们的刊物，有和没有几乎一样。办画报的目的，是使人感觉到这是一种快乐，而不是一种工作。我们要增加识字的人对于读物的兴味，我们要使不识字的人，可以从图画里得到相当的知识，同时假使他们是有灵魂的，他们一定还会觉得光看图画不能满足，而开始想要认字。这时候，画报的功绩是多么伟大！所以我们先要养成一般人对于读书的习惯。"（见邵洵美：《画报在文化界的地位》，《时代》六卷十二期）[1]这一段话，可以代表一般正心办画报的人的态度和意见。

"画报的好处，就在能走到文字所走不到的地方，或是所没有走到的地方。对于前者，我们可以举实例来说：譬如新文学运动到现在有一二十年了，但是除了一小部份学生而外，对于中国大部分的民众，有什么影响没有？以群众为对象的普罗文学，它所得

---

[1] 引文与原文略有出入。——编者注

到的主顾，恐怕比贵族文学更少些。但是，画报是走到了他们所走不到的地方了。所以，普罗文学刊物的销数一千，非普罗文学刊物的销数一万，而画报如《时代》《大众》及《良友》之类便到过六七万。销数当然不能以之来定价值，但是，从这上可以看出群众欢迎的程度，而证明它存在的理由。对于后者，我们也可以举实例来说：譬如大众语问题，现在喊得应天响，但是谁都知道这不过是一般有闲阶级的玩意，他们既不懂什么是文学，更不懂什么是大众，他们以为大众是奴隶，可以受他们自由的驱逐，他们以为大众是猴子，可以受他们强迫的训练。试问，'大众语'和《时代》的'王先生'，同样是三个字，谁真是大众所需要的？图画，的确也曾经前进的作家如鲁迅等的注意，但是，他们所提倡的是高深的木刻，可怜我们浅近的大众，比不上苏维埃高深的同志。所以，我说画报能走到文字所走不到的地方。"

"本来，办画报和玩木刻或是拍美术照是完全两样的，它的对象决不是极少数的欣赏者，而是一般无成见有人性的群众。所以它的取材，不是完全在表现自己的艺术，而是在供给大众的需要。办画报和办文字的刊物也两样，它不看重自己的主张或是意见，而注意人类所应享受的幸福。它不相信凭你的三言两语可以移风易俗，它只想把一切的真相有组织地显示出来，使你们自己去欣赏你们的长处，惭愧你们的弱点。总之，它绝不有一点自私的念头，再说得透澈些，那么，画报的自身始终只处于一种介绍者的地位，不像旁的刊物，总把自己揭出来。"（见邵洵美：《画报在文化界的地位》，《时代》六卷十二期）①

在人生当中，读书应当是一种需要。要养成人们读书的习惯，从画报着手是最好的方法。先用图画去满足人的眼睛，再用趣味去松弛人的神经，最后才能用思想去灌溉人的心灵。第一步工作是画报的，第二步工作是《论语》这一类的刊物的，第三步工作才是所谓"正经的刊物"的。这条路是最正当，而且也最易奏效。因此，画报的真实价值并不像一般人所看的那么小，而是和所谓"正经刊物"如《东方杂志》《申报月刊》等是一样的。

（乙）画报和女性的相因性

目前中国的画报，除掉一二比较前进者外，大半仍是以女性照片为号召读者的中心。有许多画报简直找不出一张男性的照片，它们的内容不外名闺、交际花、高材生、电影明星、坤伶、妓女、舞女的照片。试看那一个画报的封面，不是印着时代姑娘的面庞和腰肢？同样，在小姐们的枕头或书架边，放着的大半是画报。由此，我们可以知道，画报在女性生活中是占了多么重要的位置。

但是，画报之所以必须刊登女性照片，而女性自己也愿意把照片登在画报上者，这

---

① 引文与原刊略有出入。——编者注

其中是有一种相因性。所谓相因性，即是画报与女性，互有其目的，而相因利用也。关于这点，作者不敢武断，试借罗曼女士的话来解释我的意思："画报之借重女性，自然是广告术之一种。借了女性的一肌一肉，一笑一嗔的影子，卑劣的去迎合一种肉感的要求，使一般读者，把整个的神思完全因了女性的俏影而迷离，而狂恋，而吸引，于是他们便热烈的受了肉的麻醉，而昏迷的想在画报上寻满足。因之，画报上的每一帧女性的肖像，便做了若干阅者的兴奋剂，而被批评着，被把握着。由了人们陶醉在画报的消遣里，于是经营画报的人便有一笔收入。为了要增加他们的收入，他们更不惜施行种种的手段，来降低女性的人格，来欺骗女性的纯洁，加以名利的诱惑，使某种女子坦然入其圈套而作了他们的广告的用具，而达到他们赚钱的目的。"（见民国廿三年十一月二十三日《世界日报·妇女界》罗曼之《女性与画刊》）

"一部份被认为时代姑娘的女性们，因了物质的诱惑和虚荣心的夸大，由不得有一种错误的观念在心头，以为自己能够享受一些物质的满足，那便是美满的生活，以为像片嵌在纸张上而出一出风头，那便是至上的光荣。因之，便每日对了画报而做着黄金的幻梦，以为真有什么公子哥儿来拜倒在自己旗袍之下，自己的一生，真像是被美妙决定了似的，终日是希望滑在心头上，甜蜜蜜的。其实，这种女性的心理上的隐私，那才是使自己堕落的引子呢！"（同上）

罗曼女士的两段话，把我的"画报和女性的相因性"解释得很透澈，而且女性描写女性自己的心理，更来得亲切确实。读者看了上面的两段话，当然是十分明白所谓"相因性"的意义了。

画报，当然不能完全离开女性，而且女性的照片登在画报上也并不能算是下流的事。不过事实是要有分别的。如果有一个女性，她对于国家、社会有了很大的贡献的话，是值得画报把她的照片和历史大登特登，介绍于大众的，可是，如果有一个女性只是什么名闺、高材生、某某夫人一类的话，把她的照片登在画报上，究竟有什么意义呢？如果照片是美术摄影的成绩，那还犹可说也，若只是普通的人像，则更没有意思了。

今后的中国画报，对于这点需要有更深切的认识和觉悟。世界之大，无论何处何物，都是画报的良好材料，何必死抓住女性不放呢？

（丙）画报内容的新转变

中国的画报，在绘画石印时期，多半以新闻为主体。等到照相铜版传入中国以后，画报的内容为之一变。从民国九年上海《时报画报》改用铜版印刷以来，一切画报内容，不外电影明星、女学生、舞女、妓女、坤伶、裸体照片、名闺等等，至于美术、新闻、风景等不过是少数中的少数，聊以补充篇幅而已。这种趋势一直维持到现在，还有相当的势力。

但是，无论什么东西，如果天天看来看去，都是一样的口味，当然要使人发腻，何况各报的照片大家又都是千篇一律，大同小异，更容易令人生厌。因此，一般比较脑筋清楚的画报编者，为着大众的需要，不得不将因袭的内容，加以新的转变，使读者换个新口味，同时也使画报的生命得以继续维持，而不致中途夭折。

画报内容的转变总括起来约有十一点：

（一）暴露农村破产的情形。

（二）注重现实生活。

（三）注重国内外大事。

（四）对于各种工商业作有系统的介绍。

（五）注重妇女及家庭问题。

（六）注重儿童问题及儿童兴趣。

（七）提高读者的标准。

（八）凡无意识的照片及无美术价值的裸体像片逐渐减少。

（九）注重照片的教育价值（Educative value）。

（十）文字图画平均发展。

（十一）注重科学的介绍。

属于转变一类的画报很多，其最著的如《良友》《文华》《美术生活》《新潮》《时代》《中华》《大上海》《小世界》《妇人画报》《生活漫画》《旁观者》《时事旬报》《印象》《时代漫画》《科学画报》《大众》《万象》等。这类画报，在意识上是进步多多，至少使人看过之后，没有肉麻的感想。中国画报如果就这样向前努力，前途是有希望的。

（丁）地方兴趣

中国的画报所登材料，范围极其宽泛，没有一定的限制，譬如上海的画报在北平的人一样看得有兴趣，同时北平的画报到上海也受读者的欢迎，这样固然是很好，可是如果每种画报都是这样，发展上自然就要受着很大的影响。

在外国，画报和普通报纸一样，也有所谓"地方兴趣"者（Regional interest），就是一个地方的画报注重其所在地的新闻、风景以及当地人民的习惯好恶、日常生活，把内容地方化，尽量使本地的人看了有兴趣。目前中国画报多没有这种倾向，大家都死对一个目标努力，而不知另图出路。所以，结果弄得大家都没有发展的余地。

据我的意见，目前中国的画报界，其惟一出路就是走向"地方兴趣"这条路，因为如果能这样做，大家各有各的读者，各有各的地域，内容既不互相重复，利益又不互相冲突，就是向外发展也是互有其特点，各不相犯。这样下去，中国的画报才有发达普遍的一天。如果还是照现在的情形，大家在一条路上竞争，所谓两虎相斗，不是你倒就是他倒，把脑力财力都用在无谓的竞争上，未免可惜。要是各画报能转向"地方兴趣"这条路上走去，各奔前程，那就未可限量了。

不过，这种办法，不是容易做的，最好是稍有根基的画报，慢慢地走向这方面，比较易于成功。一个初创的画报，根基未固，信用未立，要想马上就是走上一条新路，如果不得其法，是极易失败的。

（戊）印刷技术上的进步

中国近来比较进步的图画杂志，如《良友》《大众》《美术生活》《时代》《文华》等，除掉用影写版印刷外，并且有时也套印彩色，由一种两种，甚至套印至三种彩色的。这种显然是技术上的进步，在今日中国画报界中，可算是很大的革新了。

照这种"精益求精"的态度来从事画报，它的前途是未可限量的。近来，德国的天然版已经试验成功，一切风景人物，印在报纸上，还和它们的本来面目一样，一点也不差，这个新发明，想不久的将来，一定可以介绍到中国的画报界里来，那末中国的画报又将有一番新的气象了。

八、写在后面

这篇文字乃是作者课余的试作，错误之处，在所难免。而且材料方面差得很多，其原因不得不归于搜集的困难：（一）中国幅员广大，在交通比较发达的各省还可设法去搜集所出的画报，但在偏僻和交通不便的各省，如果没有亲友的话，简直有无从下手之苦，有时连所出画报的名字都不知道，搜集当然更谈不到。（二）中国许多画报，主办都抱着投机和发财的心理，而无充分学术和经验的准备，往往出了两三期就寿终正寝，此起彼仆，日多一日，有时才听说某报的名字，过几天在市场就买不到了，搜集这种画报真是一件难而又难的事。作者所有的二百三十五种画报说起来已花了一两年的工夫，将来继续搜集，或者有更丰富的收获，那时将重写本文，再就正于诸读者之前。

附本文主要参考材料：

戈公振：《中国报学史》

黄天鹏：《五十年来之画报》（《时代》第六卷第十二期）

邵洵美：《画报在文化界的地位》（《时代》六卷第十二期）

罗曼：《女性与画刊》（北平《世界日报·妇女界》，廿三年十一月廿三日）

点石斋画报（清光绪十年）

其他中国画报二百三十五种（名恕不详）

民国二十四年四月十六日于燕大新闻学系

（《报学季刊》第 1 卷第 4 期，1935 年 8 月 15 日）

写在《中国画报的检讨》后面

皎我

读完荫恩先生所作《中国画报的检讨》，觉得有一些意见要提出来，请求读者指正。

（一）搜集材料。在中国研究学问最困难的有两点：（1）无精确的统计可供参考；（2）无可供咨询的机关。但是这两点困难何时可以完全解除，恐怕谁也难以武断。不过大家能注意了这个，那么困难自可一点一点的减少。所以希望大家对于搜集材料这方面特别注意，并多作交换材料的工作。

（二）研究问题。新闻、新闻照片同报纸三者，无论在单独方面及相互方面发生的问题很多。例如新闻照片的保存与分类，新闻与新闻照片的运用等，不都是目下急待研究的问题么？所以希望大家在实际问题上多下工夫。不怕问题很小，只要是切合实际的。其次作者深觉蒋君忽略了不少很重要的材料，例如民众教育馆所出的关于民众的一些画报，禁烟团体、卫生机关所出的一些宣传画刊，大学或中学所出的年刊、同学录、纪念册等。此外，如图画或照片供给机关的研究，亦甚重要。希望蒋君于继续搜集材料时注意及之。

再者，欧战时，有一专门替协约国宣传的报，名《诚报》，为一图画报，甚可注意。

皎我　六，九

（《报学季刊》第 1 卷第 4 期，1935 年 8 月 15 日）

电影画报总检阅

李衡之

在今日的出版界中，画报可说是占着极重要的地位。所谓杂志年，主要的是由于画报数量的增加所促成；所谓专售杂志的杂志公司，如没有了画报，至少即要减少一半以上的营业。在以前，所有的图画杂志不过是《良友》《文华》等数种，现在，福州路各书店的橱窗中，几乎全是那种红红绿绿的东西。我们重视画报，并不见其本身尽了什么文化上或教育上的作用，而是因为由此也可以反映出今日出版界的内情。

在图画杂志中，差不多有百分之八十是电影画报，即使在名称上不标出"电影"，而内容也均以电影为主要材料。而且，所有的图画杂志，几乎没有不刊载关于电影方面的材料的，所差的不过是数量的多少而已。所以，论图画杂志，当以电影画报始。

因电影画报很多时生时灭，今日共有几种，确数不易知道。但据大概的估计，总在二十种至三十种之间。本来，在美国电影画报满地飞，中国的这末几种，还不是怎样惊人的数目。但是，我们须知道：第一，中国出版界的一般穷乏，有许多极重要的文化上或技术上工作，需要有一二种专门刊物的，都还付缺如，而电影刊物却占到二三十种之多（这数目与美国的电影刊物相较，也不见得落后多少）；第二，美国的电影画报发达，是由于电影业的发达而来，而中国电影业的发达与电影画报的发达，则恰成反比例，不但中国现有的电影业发达的程度还不配有这末多的电影画报来衬托，而且，电影画报的发展，恰又是在电影业激遽衰落的今日。

这个现象不是无可理解的矛盾吗？否，否，这可说是今日必有的现象。何以呢？请看今日所有电影刊物的特色：

第一是宣传——这宣传可分好几种，最明显的是各电影公司的自办刊物，自然是公开的广告。有的虽不是公司的出版物，而受有公司的津贴的，也是属于这一种。除国产电影的宣传外，外国影片的驻华经纪人，也多利用电影画报为其影片的宣传品。

第二是捧场——捧场以对电影演员为多，特别是女演员，有时一个人兼办两个或以上的电影刊物，而在其刊物上互相宣传，这是同行之间的互捧。

第三是攻击——捧场的反面自然会有攻击随之而来。攻击以"文人相轻"的笔杆朋友之间为多，对电影演员或"女明星"的也有，不过比较的少。

第四是低级趣味——现有电影画报上要想找出些有意义，或有助于电影业之推进的材料，真是凤毛麟角。所有的文字，不过是像小学生作文簿上抄来的所谓"女明星文学"，以及"电影明星"极平凡的起居注，外加一些不及"刘春山滑稽"的所谓"噱头"而已。

第五是肉感照片——当然都是女明星的（至少是最大多数）所谓浴照，是各画报所视为精彩的材料。其次如春装、秋装，以及所谓日常生活照片。有的再把外国电影画报上的照相剪一些来，即作为"画"的惟一题材。

第六是重复单调——不论是这一种与那一种，不论是这一期与那一期，所有电影画报的内容，无论是"文"或"画"，总是这末一套。以文字来说，不外是某某昨日怎样，前天怎样，一些完全无关影业的私生活记载；以图画来说，也总是胡蝶、徐来、袁美云、貂斑华等几个女演员之千篇一律的"玉照"。

所以，综合起来，今日中国的电影刊物的内容，不过是宣传、捧骂，以及单调、低级趣味的记载而已，委实不敢过分赞美。不过，这是就一般而言，各刊物之间也不是没有一些差别的，虽则有的不过是百步与五十步。

现在即以比较普遍，而又以电影为其主要材料的下列几种画报，略予检阅。下列三种都是电影公司自己出版的刊物，内容自然是"自我宣传"：

（一）《明星》，半月刊，二十三开本，每期二三十面，内容比较多方面。

（二）《联华画报》，半月刊，二十三开本，和《明星》半月刊差不多。

（三）《电通半月画报》，八开本大型，每期不满十面，取材性质比较集中。

（此外，《新华》出了一本《桃花扇专刊》，《艺华》似乎未见。）

以下几种是电影画报中具有上述几种特色之最明显的代表：

（一）《影舞新闻》——不但有跳舞，还加上了所谓"花讯"。内容均是"桃色新闻"。

（二）《人生》——自称是"国内唯一的包罗万象五花八门之定期刊物"。内容虽不如《影舞新闻》样的露骨，而性质也差不多，如这可代表"人生"，则"人生"真太无聊了。

（三）《女神》——这是一本"礼拜六派"的刊物，内容较杂，不过电影仍占重要部份。

（四）《青青电影》——颇有些"肉麻当有趣"之风。

（五）《电影新闻》——电影刊物中无聊的一种，内容有许多是抄自各小报，而所选的却又是很无聊的东西。

（六）《娱乐周报》——在无聊及东凑西拼上，是《电影新闻》的姊妹篇，不过内容比较多方面，不专限于电影而已。

下列几种，比较的好一些，虽则大部都是非常"平凡"得有些枯燥，但至少没有上述几种的无聊而又肉麻：

（一）《电声周刊》——资格很老，卷首"我们的话"号称"敢言"，可惜"识见"限制了"发话者"，所以所言极为平淡。自称"不偏"，信然，但也就为了这不偏，好像自己成为一无意见，文字也多为抄剪而来。

（二）《影坛》——可说是电影画报中新出的印刷最佳的大型刊物，可惜里面都是一些肉感照片，略有一些文字，又是"浅薄得可敬爱"的，有人称之为"肉坛"，信然。

（三）《现象》——说不出有什么特别的讨厌，但也没有什么可爱的地方，内容不限于电影，篇末一些性知识，倒是比较大方而有用的。

（四）《花絮》——颇有一些通俗可读的文字，但同时也有很无聊的东西参杂其间，方面较多，很有些不调和的地方。

（五）《电影生活》——排印还漂亮，但不过就此不能掩住了其平凡。常有电影演员的文字发表，固不说其有秘书与否，读之也足引起吾人"需要开一个电影演员补习学校"

之想。

（六）《艺声》——佳点不下于《电影生活》，而内容没有前者的无聊地方，虽则也没有特别引人入胜之处。

至少在个人，觉得下列几种是比较的好，虽云离开我们的理想还远：

（一）《趣味》——不是专门电影刊物，编制设计比较新颖，取材也还平平。

（二）《声色画报》——电影仅占一部份，其特点是中英文兼有，文字论理比较高级些，图画取材也较有选择。

（三）《电影画报》——外国电影占了较多的篇幅，印刷很漂亮，间有几篇较高级的文字。

（四）《妇人画报》——编印设计，都是用过功夫的，尤其是八月号那期电影特大号，在各同类刊物中，可称为最漂亮的，惟在平常，电影仅占一部份而已。

（此外如已停刊的《文艺电影》等，以及个人疏忽未见的，均暂缺不论。）

知道了各电影画报的一般内容，即可进而知道这些刊物存在的社会意义及其作用。

电影业衰落而电影画报发达，并不是件矛盾的事情，而且互为因果的。因为电影业衰落，电影公司的老板多注力于宣传，这正和因市面不景气而发生的各种大减价宣传呼声一样。同时，又因为宣传过甚，影片的真正好坏反给无谓的宣传所掩没，出品者遂不求品质的改进，而惟宣传是务，致使国人看不到好电影，于是电影业乃更衰落。

其次，今日间接直接依赖电影为生的人日多，又以电影业的衰落，那些在电影工作中被排挤出来的人，也有很多去办电影刊物的。为了彼此宣传或攻击起见，这类电影刊物自必更形多了起来。

这是仅就电影业与电影画报之间的关系来说，再就出版界的立场来看，这些电影画报的存在，正足以表现出今日出版界的贫乏与衰落。因为读书空气的沉寂，以及画报购买力的衰退，于是内容浅薄、趣味低级而定价又不很高的那许多电影画报，遂横行一时，坐在电车上、沙发上以至毛厕上，手执一卷的，都是那些电影画报。所以，于此也可知道一般电影画报内容的肤浅与无聊，实在也是为迎合一般读者的兴趣。

因此，我们的结论是：电影画报的盛行，实是出版界、文化界之不良现象。

（《文化建设》第 2 卷第 1 期，1935 年 10 月 10 日）

大众画报：一个需要，一个建议

识字运动展开了，普及教育的呼声是得到全国的响应了，读完千字课的成人儿童是一天比一天多了。"我们再读什么？""我们有什么报可以看？"这是大众时常问的两个问题。第一个问题是比较容易答复，因为几家大书局里都出了高级民众用读本及民众用丛书，尽可选择介绍，但是第二个问题就把我们难倒了。有什么报可以给粗识字义的大众看？大报写的是文言，又无标点符号，依大众看来，真是漆黑一团，除了知识分子及中等以上的商人谁也不懂。小报、周刊、半月刊多数是用白话文写，也有标点符号，但因西化语法太多，大众也不能看得十分明白。画报是有资格受大众欢迎的，但是有些画报，编排复杂，说明难寻，有时也是文绉绉的，使得大众只是看画而不知道画中的意义。并且价钱太贵，一般大众决不能把两天的饭钱省下来买一份画报看。大众要看报，而中国现在是没有一个报能给大众看得懂。因此，我想向作家及出版界提出一个建议：

编辑出版一种真正的大众画报。

这种大众画报性质采取日报、三日报、周报、半月报、月报，都有需要，但应当符合下列五种条件：

（一）灌输现代知识，培养前进思想；（二）用大众语写，要趣味胜过正经；（三）用连环图画写，要图画多于文字；（四）编排清楚；（五）价钱便宜。

如果能合上面所说的五种条件，这种画报必可成为普及教育的一种最重要的工具。大众得了它必是如同大旱得了大雨一样的快乐。我是天天望着这样有意义的画报出现啊！

（《生活教育》第 2 卷第 18 期，1935 年 11 月 16 日）

画报与儿童

高访仙

画报是什么？儿童为什么爱好画报？这种问题，颇值得当家长的注意。要从画报的内容看来，不外是描写人类在社会上种种生活，或加上些自然科学的材料。

那末，画报究竟是什么？儿童为什么爱好它？画报从形式上看来，就是艺术，可以把它看作图画。因为艺术最高的目的是惟美，而美的功能在引起人们高尚而愉快的情绪，画报也在引起儿童高尚而愉快的情绪，所以它的形式和功用同于图画。不过图画是毫无变化的东西，而画报则不但变化多端，而且是有延续性的艺术。颇合儿童心理，所以儿童喜欢画报更甚于图画。加上画报的内容能适合儿童的经验，容易使儿童了解，时时还可用想像的方式，补充儿童实际生活之不足，使儿童格外感觉愉快，这都是画报的特有性，也是儿童喜欢画报的重要原因。

因为画报是以图画表明意思，较其他儿童读物更为具体，更为直观，儿童特生兴趣，所以画报影响儿童较其他任何读物为大。因此儿童的意识形态、思想结构以及各种活动，全可由画报支配。若欲将儿童造成未来的良好国民，深植其国家观念及民族意识，着眼于画报就可以了。你看西洋各国科学之所以发达，物质之所以进步，多由于画报深植儿童脑海。今列一表如下，以资考证：

一、英国画报。机器工业、各种智慧技巧以及各殖民地的风俗物产，皆为画报所取材，故英之工商业发达，殖民甚盛。

二、俄国画报。满载劳工之神圣、经济之状况、教育之情形、国民之基础知识，故全国国民能信任政府，崇拜劳工。

三、日本画报。为国民造成政治上之前锋队，所以刊些殖民地之物产丰富以增其心理之羡慕，各地民族生活之情形以鼓其精神之勇武，故有今日之强盛。

从上面看起来，画报对于儿童身心学行之关系，是如何的重大啊！那末，当家长的，对于儿童阅读画报，是应如何的审慎呢！

尤其在中国这种坏的社会里，画报之编者一味谋其私产之扩充，而用种种下贱手腕去迎合读者私欲之心理，至于儿童身心之影响、道德之美恶，在所不顾。所以任择一画报，自首至尾，满载某名妓、某名伶或某小姐之跳舞姿势，甚至还有裸体照片，一丝不挂者。总之，莫非是女人大腿充满全篇。如此之画报，令儿童读之，很难有进取之精神及高尚之情绪，但却给儿童留下"奸、邪、诈、骗"等卑贱印象，影响其将来之人格，实非浅鲜。

家长们！应该赶快猛醒，想个对策。我们既不是编者，又没有让他们停刊的权力，所以治本的方法办不到，只好来个消极的治标的方法，至少可以使坏的画报、有碍儿童身心的画报，不要和我们的孩子接触。怎样就算坏的画报呢？举个实在的例子来说，北平某报上的"毛三爷"那个连续画，是当地儿童最爱读的，可是它的取材为社会之流氓地痞等败类，丑态百出。我记得曾有那么一回事："毛三爷想要发财，就开一个六〇六药铺，生意不好，就想个别方，专招染上梅毒的妓女，立个娼窑，社会上立刻增加了许多染有梅毒病的，闹得毛三爷的六〇六药铺应酬不过来了，不几天，毛三爷就发了巨财。"还有南方某杂志的漫画，专描写献媚求荣、拍马屁、嫌贫爱富，将小人伎俩全授与儿童。尤其儿童时代，其模仿性特大，你想，迷于此种画报的儿童，他将来一定成怎样的一种人格？所以此种画报损人之厉，有更甚于那满载女人大腿者。恳请诸位家长，在此一点，着实注意，以免将自己的子弟，投诸水火！！！

（《家庭周刊》乙种第 102 期，1936 年 3 月 22 日）

如何指导儿童阅读画报

查 英

画报在儿童生活上能发生很大的影响。往往儿童因接受画报的暗示，做到父母与教师训言里所期望而得不到的效果。这固然是由于画报内容之良善，在儿童言语与行为上种下的根苗，最主要的还是指导阅读画报的人，态度与方法之得当。

指导阅读画报不是一件随便的事，不要看得不大郑重。你要时时提醒自己，一句话，一种表情，日后在儿童的生活里，都会长叶开花。一个故事的结论是决定儿童应走的方向。切记，希望儿童具一种完美的性格，就是时时趁着机会，使儿童走你所预计的路程。也就是说，在欠缺方面加以修正或补充的说明，在圆满方面出以赞同的意见。因儿童画报皆是包含许许多多做人的图画，它虽未抛掉"好玩儿"的意味，却非全以兴趣为中心，而是以教育为中心。且儿童阅览所接触的范围，并不止于儿童画报，凡一切据有画面的材料，儿童都会很自然的见到而要求着大人讲解，所以随时随地的指导，是不可忽略的。但阅览的范围无论如何广泛，亦仍以专编适合儿童需要的画报为主要的，以其他材料为附带的。下面所论到的，亦多偏重专为儿童阅读的画报。

好的内容（指教育效果），指导者与编者态度是一致的。内容较劣者，指导者却更需要费力，把有毒的因素提出，换上好的因素。因此注意选择画报是必需的。且目前还未发现一种尽美尽善的儿童画报，是最适合需求的。在这上，还得指导者分外的出力，来尽画报方面所未尽的职责。

平时儿童已养成的不良习惯，很难纠正过来。儿童阅读画报如遇着适合的故事，指导时可将儿童兴趣引入深处，使儿童聚精会神的领会了整个故事及其正确的意义。此时不论儿童是高兴或是另外一种情绪，指导者如将故事中正确的具体部份，与儿童日常生活中不当的言语或行为这一个对照加以详细的比较和说明，儿童接受改正的提示是很容易的。而且不易在言语或行为上，效果可以很显明的见出来。在不断的提醒与渐渐的改变中，那个不良的习惯，便可慢慢失掉。在平常父母或教师新认为棘手的事，若善利用机会，至此便不成问题。所以利用画报能纠正儿童已成的错误，可以说是意外的也可以说是预计中的收获。

以上算是指导儿童阅读画报应普遍注意的几方面。还有更重要的原则，即在下面提出：

一、逐渐提高儿童欣赏之能力。大抵儿童对于滑稽意味的最先容易明了，且兴趣格外浓厚，其次渐及含有教育意义者，再次则为唯美的或讽刺的，含有人生意义者则在最后明了。明了之先后亦即难易之差别。但一个故事并不单纯含有某意味，常时一个故事包含着几方面，如滑稽而兼有教育意义者是最常见的例子。但各方面的欣赏能力都是互相逐渐发展的。不要把儿童估量得太不行，以为他们不会明了便不给他们讲，须知能使他们明了是指导者的责任。故事中的各部份也就是生活中的各方面，我们若想让儿童将来生活得很好，那就必须让儿童充分明了故事的内容。那样有关的各方面就必需要都讲到。不要以为儿童不懂人生意义，便不给他讲这类故事，反而他越不懂的越要给他讲，这样他便会逐渐明了这类的故事。如此，也就是提高他的欣赏能力。我们既要儿童勇敢的生活下去，那么对任何画面及其所包含的故事，都要完全讲解出来，只要能提高领会的程度，只要能给予正确的意义，使他不仅知道美的而且知道丑的，不仅知道光明面而且知道黑暗面，须把各种事实摆在他的面前。因为知道了丑的，才能更知道美的悦目；知道黑暗，才能更知道光明之可贵和需要。把各种画面的事实不断的对比，参照探求，深入而即逐渐加增了欣赏的能力。

二、训练儿童观察和批判力。使儿童认清不是每一个故事的内容都可以无条件的接受，也不是所看到的就都不用去想，就都合理，就都无疵可指。我们已经说过，真能指导儿童生活的画报还没有，也可以说若是编画报的大人所走的路子不是正确的，那样看的孩子们也不会走到对的路上去。所以不管画报的本身怎样，让儿童只要看到任何画面及其所包含的故事，都要自己观察出来正与误，最后并择出自己所应走的路。对的故事（指意义的正确性）是这样看法，错误的故事也是这样看法，都是要经过自己的观察和批判而找到正确的路。尤其是在这个不合理的现社会中生活着的儿童，这个态度更是非常需要的，训练这个态度的指导者，不要忽略了这个重大的责任。儿童不要尽受画面的迷蒙、掩蔽和引诱，要把内含的整个意义找出而判明其是非正误，而断定应否接受，这一点非常重要。比如看到一个梳着"两把头"带着大花的旗妇，牵着一条哈巴狗怪写意的，这一个图画表面看来似乎很有趣，其实骨子里正表现着有闲者的无聊和没有出息。这种不同的观点，就是需要指导者训练的地方。我们不要以为小孩子不必懂这些，但人类不息的前进，已经一代比一代优秀，社会不息的前进，正在需要非常才能的小孩。所以对任何的图画解释得如何圆满、正确，也是不能满足他们的需要的，何况我们自己还有不能胜任的地方。最好训练的时候用基本的法则指示给他们，他们自己会去发掘的。若从幼小的时候就这样训练下去，不但阅读画报，就是观察实际生活里的一切，也是一样锐利的。

三、由儿童自己体认，在现实圈里如何利用这些教训（注意己与群的关系）。当儿童阅读画报时，会把自己加入到故事中去，或认自己是正做那件事的人，或是站在他们旁边的人。所以他们自己会慢慢觉得如自己真的遇到那些事情，当如何做法，遇到同样人当如何对待。而且注意自己往对的路上走，不再掉到同一的泥坑里去。用所得的教训帮助认清自己的方向。比如一只老鹰欺侮一只小麻雀，这只小麻雀联合许多小麻雀去抵抗老鹰，这一个许多图画联络起来的故事（最近八十期的《儿童画报》就有似乎这样子的一个故事），明了这个故事的小孩他会知道强者欺侮弱者，许多弱者必须联合起来去抵抗的教训。他一定不会有什么等待打死、等待意外的援助、等待飞来的机会、等着自己长大、力量加强……这些无耻的、湾湾绕的等待的念头，也不会有什么投降、哀求缓和、讲交换条件等等的丑态。因为他会知道这些都是没有用的，只有靠联合起来的正义的力量立刻去抵抗才是最现实的。所以儿童他会由画报里得到这个教训，而在实际生活中应用出来。当然还不止于此，他一定还会知道自己若是那个老鹰就不去欺侮小麻雀；自己若是小麻雀，既或个也大了，力量也强，也不去欺侮比自己小的、弱的。最终他会知道，强者欺侮弱者这一个不合理的事实是不应存在的。就是这样，由这个图画的故事里，他可以得出许许多多的教训，知道了自己可以往弱者抵抗强者的路上走，不可往强者欺侮弱者的路上走，而且顶好能到了没有强弱之争的境地。许许多多画报里的故事都是这样，它蕴藏着丰富的道理，等着指导者帮助儿童去阐明，而后这些教训由儿童自己去活泼的应用，用生动的手法做出来，成为他们自己的成绩。

四、辅助儿童，完成其人格独立之成长。指导儿童阅读画报时，应使儿童察觉出自己存在的地位，并不是依靠大人的，乃是与大人并立的个体，有着自己的行动和自己的见解。一切并不是受大人的支配，而是受大人的指导。尊重儿童的一切意思，错误的加以善意的纠正，使他觉得你是他的一个大朋友，而非辖制他的人。他有自主和自由的生活权利，在他不需要那种经验时，大人不要去管他。在指导阅读画报时，要暗示给他这种意思，而且使他察觉并明白这种意思。阅读某个画面的故事，并不是被动在那里推行，乃是自己非常需要它，不能不明了它。比如看到任何图画，都可让儿童从自己生活中找出有关联的部份来，知道这些事物存在于自己的生活里，自己应该知道它。每一个画面展在儿童的眼前，应该尽量的让儿童去看，看了去想，搜求里面的含意。在他尽量找到意义之前，大人不必去管他。能看画报的儿童，没有不会去想的，不过所达到的限度不同，年龄虽然多少有些关系，最要紧的还是由于训练。指导者就在能根据这种不同的限度，给以适当的指导，以尽量启发儿童智慧为最高目的。一个画面的故事，或加以透辟的解释，或找出正确的意义，这件工作可以慢慢的让儿童去做，大人则日渐减少。

慢慢的，慢慢的他可以学会许多本领，做着大人可以做的事情。这种信托应该很早的从大人手里得到，大人也应该很早的交给他，使儿童时时觉出自己的魄力，自己何时都在勇敢的生活着。有许多儿童为着画报上面的事烦恼，他在羡慕画报上别的儿童或别的大人的活动，他想这事并不是自己不能做，是父母不给自己这种机会，甚至压迫着不允许自由活动（当然也许是用慈爱的力量压迫着）。这是由于许多父母没有看出，试探和冒险在儿童生活过程中是必需的，如此他才能获得许多适合于自己的经验，同时断定了大人传授下来的经验，那一部份是用得着的，可以接受的。所以小孩子时常模仿各种画报里的故事，学习着许多做人的道理，大人不但不要去干预这种学习，而且也不可轻视，要特别尊重这种学习。因此大人须承认画报里许多儿童们的活动，并鼓励儿童自己时时去作种种活动。因这都是扶助儿童日趋独立长成之途。

总之，不要把指导儿童阅读画报看做一件小事，这是一件重要而且繁杂的工作。如同成人一样，读物会影响他的生活一切。何况我们期望于儿童的是做一个完善的人。我们要求他，对任何事都通过理智的作用，不要做迷途的羔羊。并使画报里的故事与实际生活相印证，能找到更正确的路子，不再踏到大人的泥坑里去。这样，指导者的地位更是重要。

因为自己的小孩子喜欢阅读画报，自己非常重视这件事情。但是没有一个小孩子不喜欢阅读画报，所以希望别的父母和教师也一致来注意这件事。我们希望这一个问题的展开，能使儿童们得到更多的好处。

贤明的母亲若肯牺牲掉一点的光阴或每天从琐碎的家务中抽出一部份时间来做这件事情，会于双方都有利益的。公余的父亲回到家中来，若也来做这件事，做父亲的可以恢复一日的疲劳，做孩子的则亦受惠不浅。父母一致注意儿童，为儿童做着有意义的事情，那不只是儿童的幸福，也是整个家庭的幸福。

（《方舟》第 24 期，1936 年 5 月 1 日）

论办画报

——一封想公开的信

徐　訏

旭华先生：

当我答应了别人一种事情，心里就成一种债务，债务在老板小开之类算不了一会事，可是像我这样穷汉，生成命苦，一有债务就切切在心，还清了方才能够安睡，所以自从我答应你为《人生画报》写一点东西后，衷心就有点贼胆心虚。前天二房东讨房钱来，当我太太在付她的时候，我就对她说，请你同朱先生说，稿子我就开始写。二房东对我很好，讨房钱终是叫她女儿来，她的女儿有点像你从前的朋友李小姐，所以我不自觉的就这样说出，这位小姐被我弄得莫名其妙，笑一笑就去了，谁知她就在厨房里讲我神经病，老妈子传给我太太听，太太传给我听，我心里大为不安，因为这里讨债人多，酱油店、煤炭店、裁缝店，我如果一次次都遗笑大方，不是进出都要被人指点吗？所以我就想早一点还清你债，剩得压在下意识里，随时令我不安。我不安原是常事，但你晓得，我是结婚了的！结婚过的男子一不安，太太也自然不安，于是小孩子们也不安起来，于是家庭就不像家庭了。所以我就想立刻还清你。

但是还文债同还钱债一样，没有的时候是一点办法没有的，勉强的鞭策就是抽烟。但我的抽烟也不能同你这样独身的人比，我抽烟还要听太太的顾问。太太要干涉老爷的事，最大的理由就是为老爷康健，日本要侵占中国，不是说为中国剿共与建设么？这个方法就是"太太的方法"。我的抽烟也是一样，起初我不是一有钱就可以买的吗？现在太太说，这种事情不用我操心，她可以替我买，我只要张开嘴来吃就是。我是中国人，好像感到有人替我剿匪，我来收税一样的舒服，就全权请她去买。谁知她有了此权以后，就说为我的健康，烟要少抽才对，所言情理俱合，自然屈服。可是少抽以后，她又说经济困难，应当不抽茄力克；不抽茄力克，我只得抽大前门。可是不久她说，中国人应当爱国，利权不外溢，还是吃白金龙，于是我就抽白金龙。前几天不是新出一种十五铜板一包的白姑娘吗？她又买了来，说："Dear，白金龙你也该吃厌了，这新出的香烟到〔倒〕非常风行，你可换换口味。"于是，我就吃白姑娘了。假如现在有人说我文章不如以前，那一定是我抽坏香烟之故，这个理由我太太提出，终算我胜利一半。现在每到写文的时候，我可以抽点茄力克之类了，但是有了茄力克而写不出，则仍是大前门，再写不出，又将变为白金龙而白姑娘的。我决心替你写文章后，刚刚文思稍兴，忽然香烟换了一种坏的，于是又无文可寻了，这样的过程少说也有七八次。今天有人从吕宋来，送我雪茄二支，所以发了宏愿：先还你债。先还你债，就当使你高兴，要使你高兴，文章一定要合你刊物的格调。于是我把你送我的《人生画报》再看了看。

看了以后，但还是摸不到你这刊物的个性。我觉得画报有三种编法：一种是着重新闻，一种是着重艺术，一种是着重皇后、高材生以及浴缸与游泳池。以你的兴趣，应当是属于第二种的；以你的摄影的经验，到〔倒〕是属于第一种的；以你的交际之广、风度之敏，也大可以办第三种。所以首先的问题你打算办成那一种？如果是着重新闻，那么你送我画报，应当给我看阿比西尼亚的抗意，北平学生之抗警察，山西大同之剿共，以及马丁夫人之演讲与其听众（日报画刊太无系统，画报应当整理之而成一图画故事才好）……如果是着重艺术，那么你翻印德国小丑之像不如多翻印名画，中国的画家需要你来捧场，民间的艺术需要你来整理与宣扬。近来，文艺刊物多介绍中国青年的木刻作品，我到〔倒〕觉得这是画报编者的责任。如果你要办第三种的，我也愿意多有美貌美体的人物鉴赏。但现在我可没有一个清晰的印象。假如说你目的是在综合这三者，我想这不是你们现在的篇幅所能允许的。

中国现在的画报的确也比以前进步许多，有许多好的题材，如无锡大阿福之制造，绍兴酒之制造过程等之种种摄影，也有人把一二种简单的如风筝之制造之类做过了，配好的摄影的游记也有人在写了。但前者可惜并不多，后者做的也无系统。我觉得画报应当多多写实，游记之类由〔尤〕其要切切实实如新闻家的报告，不应当如文艺家的抒写。其他没有做的工作可太多，乡村儿童的玩具是一篇画报好的题材，过年时的神码也是好的题材，清明采茶与制茶种种，渔人们怎样去捉乌贼，其他如许多昆虫的研究、动物的生活，这些都是好的材料。还有一种方法可用的，是把社会上种种现象结构一下，或者是把写实小说配以照相，我想许多都是画报的好题材。

废话说了这么些，都是班门弄斧而已。我想我该先还债才对，恍然一悟，刚要另写，始知二支雪茄已变为灰，我还能写得出什么？吃了好雪茄，再吃撇〔蹩〕脚香烟，人生还有比这更苦么？人生是一段一段的比较错综，一幕一幕的比较错综，一年一年，一月一月，一日一日，一秒一秒的比较错综而来，后者比前者苦，自然更感消极而颓伤起来，不要说写文，连吃饭也会乏味的。其实好香烟没有吃，还是因为金钱债务太多，因为金钱债务要太太对付，势必她要刻扣我的烟粮，因为我也就还不出文债。我虽切切在心，不能安睡，但因果是非莫辩，也不知从何解决起也。如先生以为此信可作外行人论办画报而公开之，我想大则有抛砖引玉之效，小则博大家一笑，而我心头则就此勾清了一笔旧账了！专此祝编安。

徐讦四月七日

（《人生画报》第 2 卷第 6 期，1936 年 5 月 10 日）

谈谈中国出版界

林建七

这期《实报》半月刊的特大号，是因为《实报》创刊八周年的纪念。在《实报》过去八年的演化当中，可以说对于社会是尽了相当的责任，然而在今日贫乏到极度的中国，尤其是这国防前线的北平，无论教育、交通、金融以及一切的建设，更须要负有社会使命的舆论，不恤挣扎，不屈威武，能够应顺时变，供给一般民众的需要，而对于科学研究、文艺作品的介绍，以及文化的努力，才能使这负着沉重耻辱的民族，踏向光明康庄的大道。

虽然，每一个时代转变的期间，常常有因为抱守残缺者而想保持或又恢复原状，但是只要我们认清时代潮流的趋势，以增进大多数劳苦民众的福利为目标，向前迈进，将来的实报，是不可限量的。

趁此《实报》纪念的机会，不佞也来谈谈中国出版界。提起中国"出版界"三个字，未免把题目写得夸大一点，但是，出版界的本身，确能直接影响于每一个民众，尤其每个识字的民众。我们只要从出版界一个角落里去瞥视一下，就可以看到他在国家的文化上，是负有如何重大的使命。

中国自海关开禁以后，受着资本主义的压迫和外国商品的倾销，即以神圣的文化事业，也就不得不同其他事业的一样，受着商品网的限制，跟随市场情况的进退而进退。

过去，在五四运动，中国思想上起了一个很大的变化，出版的机关也就因此而蓬勃起来。当时所谓盛行的白话新书，得到许多青年们一时的热烈欢迎，其实这些白话新书，亦不过注意于新式标点，如《水浒》《红楼梦》等书。嗣后，文艺创作兴起，语丝同创造社的两大阵营，起来轰动了中国整个文坛，在出版方面，亦仅仅只有上海泰东与北京北新而已。至五卅后，创造社自己成立了出版部，以创造社为重心而掀起革命的浪漫主义的文学，几乎疯狂了全国的青年。当时的"落叶"和"飞絮"，而代替了"阿Q"的时代。从民军奠都南京，出版界在此革命的风浪中，亦有一个很大的转变，军阀所不准发行的三民主义以及其他社会科学的书籍，已公然布满了出版界的市场，尤其像马克思主义的书籍，更是风行。可是这时出版界的努力，并不是这些老牌的商务、中华，仍为一般新兴的小书店，如光华、泰东、民智，以及昆仑和联合等的书店。

直到九一八事变，出版界也随着东北的沦亡，而失掉了北方的广大市场，其中虽也喊着杂志年和儿童年的口号，借此来刺激读者，可是，这刺激不久就衰落了下去。直到现在，仍然不见出版界有什么独特的方针和计划，来挽救这个可怕的危机。除了几家稍有远大眼光的书店以外，一般出版业者，还在那里掘骨头的翻印古书，只求商品的倾销，抹杀了出版界自身的意义。同时我们也不能否认我国学术空气的浅薄，不但在哲学、科学、文学等，没有伟大的著作出现，就是今日读书界中，大多数都还在一些低级趣味的奇侠剑仙和淫秽的小说里。

国内文化团体致力于这方面的工作，也是渺不可得。虽过去中国文化建设协会曾经发起全国读书运动和全国读书竞进会，联合全国各大出版机关，半价发售本版书籍，但在社会上所得的成效，实有限得很。其次是目前一些定期刊物，无论月刊、半月刊、周刊，几乎占了出版界的整个市场。的确，他们的内容，没有像日报上那种不正确的新闻，对于时事或论文常识方面，都有简明短悍的解释，更为迎合今日一般小市民的心理，尤其站在经济的观点上而言，一个识字的读者，要想购到一批充实知识的读物，很多就会在时间上和财力上发生问题，但是定期刊物则不然，最高定价者全年不过二三元的左右，而可得到数万言或十万言的代价，比较一般出版物，相差真不可以道里计。不过定期刊物所供给民众的，是限于概要，倘若要去研究某一部门的学识，又非一些定期刊物所能做到，所以仍然还是要出版界自身来担负的。再如严格的来说，在这个时代里的国家，决不是凭着一些飞机炸弹而可以富强起来，是要同样的注意政治、经济、文化的大搏战。所以如何可使自己的力量运用得非常经济有效，这虽然有待于事前的训练，但事前的训练工作，重要的是训练材料的问题，出版界就是这个问题的泉源，应该负起这训练的材料供给，因而所以出版界要注重于大众化、经济化。中国人民的购买力虽然薄弱，但是只要出版界能体念到民众今日的艰难，我相信民众决不会吝惜。假如把书价定得过昂，民众也限于自己的能力，不敢问津，那末，对于训练的工作，就会发生妨碍，直接影响到民族前途，这是如何重要的事啊！

过去，出版业者对于书价的折扣，也有骇人听闻的地方，但完全是一种欺骗狡猾的投机手段，结果不但营业上反而受到亏累，即文化的进程，亦发生最大的阻碍。一般购买者，既不相信书的定价，而怕上当，使购买力的贫弱，这未尝不是一大原因。自教部命令全国出版界划一书目，更以最近（七月份）规定标明实价，此后可免却各书局一些无谓的竞争，提高商业上的道德，同时，读者也就不会再有欺骗和上当的怀疑。在出版界的方面，虽然为了一部份人的生活计，同时不要疏忽了出版界的本身，负有文化上的重大使命。今日能有如此空前改革的现象，实为目前大多数读者的一个迫切的要求和希望。

（《实报半月刊》第 2 卷第 1 期，1936 年 10 月 16 日）

时下流行的儿童画报的几种毛病

黄 翼

画报在儿童生活中占很重要的位置。儿童在未识字之前，已喜欢看图画；已识字能阅书以后，还是喜欢看图画。画报对于小读者潜移默化，力量很大。所以画报的品质是很值得注意的一个教育问题。

作者观察现在市上流行的画报，觉得有几处地方颇有毛病。我们并不是故意抬高批评的标准，我们也知道进步是逐渐的，在现状之下，不符合理想之处当然是不免的。本文中所要提出的毛病，是指一些见解上、立意上根本的错误，如果照这样努力下去，技术越成功则弊害越大。现在分三项略为讨论。

（一）第一种毛病是不合事理的报应思想。且看下面的实例。

例一：一个女孩子受母命到河边去舀水，偶然救了一条失水的鱼。那条鱼一变变成个仙人，要酬报孩子的恩德，使她每开口说一句话，嘴里便有一粒真珠落下来。

这种故事的写意，显然是要劝善惩恶，而取材则模仿舶来的神仙故事。我们并不是无条件地反对神仙故事（注一），神异的幻想有时很美妙有趣，如果指导得当，儿童会取一种游戏的态度，也不见得一定有造成迷信的危险。但是神异的果报观念，是不道德、不足为训的。这种果报，是不可能、不合理的，编者自己并不相信，事实上只是一种诓骗。诓骗已是积极的不道德，到了儿童年龄稍大，看穿了其中的虚伪时，不但劝善惩恶的效力完全消失，而且会对于教育者失其信仰。

真正的道德教育，重在培养仁爱、同情的情感、合作互助的精神，至于利用贪欲和惧怕来引诱胁迫，已不是真正的道德，而况神异的报应总是赏罚过当。偶当做一点好事，往往有一本万利的结果。儿童受这种引诱时，容易发生侥幸希冀之心，存着奢大非分的贪欲。这也是不道德的暗示。

但神怪报应之最大弊病，尤在乎行为的性质与它的结果间没有合理的关系。真正的人生在常态之下，因果之间是有密切相称的关系的，所谓"种瓜得瓜，种豆得豆"，这种有意义的因果才是指示吾人行为适宜的南针。如果用那些没有道理的果报思想塞满了儿童的脑中，反而扰乱合理的思想，养成纷乱的人生观，使儿童不能得到适当的行为标准。

还有一类的报应故事，虽没有神异变化，却和神异变化故事有许多相同的毛病。

例二：弟弟要饼吃，哥哥不分给他，故意放在很高的地方，让弟弟拿不到。忽然来了一只乌鸦，将饼攫取而去。哥哥大懊丧。

例三：甲儿要把一张画挂在墙上，拿铁锤钉钉子，误伤指头，乙儿大乐。乙儿自己钉时，误钉在水桶上，桶内的水力冲而出，乙童全身俱湿。甲儿大乐。

例四："李胖子"要抢两个儿童的饼干，两儿急携饼盒爬到树上躲避，李儿坐在树下守候不去。忽然树枝折断，两儿无伤，而压痛了李儿的脚。两儿大悦。

这些例子，编者的苦心当然是要使顽童到底吃亏，以为儆戒。但前后情节之缺乏有理、当然的因果关系，立意近于诓骗，全部毫无积极的道德价值，与神异报应如出一辙。

（二）更常见的一种弊病是害人和报仇的思想。

例五：甲儿钓鱼，乙儿故意将他罐中的鱼饵倒掉了。过些时乙儿疲倦睡去，甲儿将钓鱼线的一头系在乙儿装饼干的盒子上。鱼来吞钓后奔逃，将乙儿的饼干拉入海中。

例六：甲儿要强夺乙、丙的水盆，乙、丙阴将水盆用胶粘在桌子上。甲来用力一拉，盆子连桌一齐倒翻，盆中的水泼在身上。乙、丙说："你还敢霸占人家的东西么？哈哈！"

例七：父子同游动物园，两儿将爸爸关在一个空铁网橱内。但点心在爸爸处，爸爸在网橱中从容取去独享。两儿大悔。

这类的故事，总是一两个顽童作弄人，或是仗武力欺负人，但被害者将计就计来报仇，结果侵略者自己反吃大亏。故事的主意当然又是借害人者反害己的报应观念要来儆戒顽心，但其不道德的暗示则了如指掌。这种材料似乎是受了社会上流行的一种品质卑下的"滑稽"故事的影响，如"王先生""徐文长"和外国报纸上的"Mutt and Jeff"之类。在编者虽然安排得使犯过者到底受惩创，然而最显著的特点反是积极供给许多顽皮行为的暗示。在这些故事中，那个顽童事实上是舞台上的主角：他的侵略性，他的胆量，他的异想天开，他的技巧，是故事中最耸动耳目的地方，使他在小读者心目中成功一个极有趣极生动的英雄，正如"徐文长"在那些颂扬他的劣迹的传说中一样。我们知道儿童喜欢人家注意，别人的惊诧、笑乐、忙乱，以及不甚诚意的禁止责备，是许多问题行为的主因。学校中有些所谓"顽劣儿童"，情愿领受师长的责罚，故意做许多犯规冒险的行为，目的专在乎博得同学的惊佩。最足以鼓励提倡顽皮行为的办法，便是对这种行为加以注意、讨论和公开的宣传，特别是当它做滑稽有趣的新闻看待（注二）。

有时儿童根本没有想到要做某件事，一听到人家说起，受了暗示，倒觉得非去试试不可。郑晓沧先生译的《小男儿》一书中，有裴夫人口中叙述的这样一段故事：

一个穷女人有三四个孩子，她出去工作时，常锁他们在她的房间里，免得他们出事。有一次她临行的时候对他们说道："现在，宝，不要让小宝宝跌出窗外，不要玩火柴，不要放黄豆到你们的鼻子里去。"豆子塞在鼻子里，——孩子们原梦也想不到这么一回事，她却把这件事放入他们的脑子里去，因此他们等她一出门，立时跑去将他们各个小鼻子都塞满了黄豆，便是要一试到底是个什么的味儿，可是等她回家的时候，只见他们都在哭泣了。

……

……我的母亲告诉我这故事的时候，我这么呆笨，竟会自己去尝试。我没有豆，我拿了些小卵石，放几颗在我的鼻子里。……（一八七——一八八页）

这种情形，极合心理的原则，的确是可能的。

除了提倡顽劣行为之外，这种害人和报仇的故事，充满了奸狡险诈的空气。彼此钩心斗角，以陷害别人为能事，连父子之间都不免。其不道德的暗示不言可喻。

更根本的恶劣处是一种幸灾乐祸，以他人的不幸为自己的快乐的态度。这一点在例二、三、四中亦可见到。不但顽童害人时自己总是大笑大乐，及至被害者报仇的对策成功时，也轮到他大笑大乐。编者显然是同情于被害者，而且有意要读者同情于被害者的。当被害者最后大笑大乐时，我们不难想像编者亦陪他大笑大乐，千千万万的小读者亦陪他大笑大乐。这真是荒谬之至。以人家的不幸为诙谐，这是最原始野蛮的反应。下等的电影笑剧往往用人跌交、落水，被一桶柏油兜头淋下来等类的材料来迎合下流社会的心理。在以教育幼童为职务的画报，竟然也一味鼓励这种恶意、粗俗的反应，岂非怪事。

（三）第三种大毛病可以用下列的例子为代表。

例八：学生用帽子变戏法，拿错了先生的帽子，里面装了打破的鸡蛋。先生不知，拿来戴上，头面淋漓。先生大怒，罚学生做很难的算数题目。

例九：群儿用网子扑蝴蝶。母亲刚巧拿一篮果子走进来，网子误扑在母亲头上，果子散落地下。母亲厉色叱骂，罚他拾了果子后，到她房子里去。

例十：父母买了糊墙的花纸回家，说要叫匠人来糊。兄妹以为叫人糊太费钱，自己动手，但不懂得是要平贴的，却用钉子一卷一卷钉在墙上。父母看见花纸已毁，要他们赔，搜索他们的储蓄箱，钱确刚够，尽数取去。

例十一：孩子们用汽〔气〕枪打用竹管吹出的肥皂泡玩。隔墙有些轻气球，孩子们以为也是肥皂泡，打破了好几个。轻气球的主人赶来，厉色恶声，要他们赔。

从例八、九、十和上面的例七，可以看见在这些画报中，父母师长并不一定是用善意、慈爱的态度来指教帮助儿童的，往往是立于敌对的地位，捉拿儿童的错处，加以威迫的。他们责罚儿童，不一定是因儿童的行为不对，施行善意的、建设的、教育的矫正，而常常是因为自己的权利受损害或个人受触犯，生了气而对儿童加以惩创。

从例八、九、十、十一又可以看到，儿童受罚往往不是因为所做的事自身不对，应受禁止，而是因为事实上有不幸的结果，使大人蒙其损失。譬如变戏法、玩汽〔气〕枪、扑蝴蝶，原都是正当的游戏，便是顾虑不周，或一时失误，也都是无心为恶的。但是因为事实上偶然的结果，损坏了东西，触犯了先生母亲，还是要吃苦头。至于那两个钉花纸的儿童，存心是要替父母省钱，情愿自己劳苦，原是一团好意，不幸因为智识不足，所以事实上反弄毁了花纸。如果他们的父母略具常识，应该称赞感谢他们的好心，而温和地与以智识上的指导，叫他们以后不可妄自动手。那知那两个狠心的财迷，竟然以怨报德，尽夺了儿童们辛苦积下的储蓄！

关于这一点，有一些儿童道德观念的研究，可以供给我们有趣味的比较。现在且举本文作者和浙江大学教育系同学王元璋君的研究为例。我们编下列这一类的故事，讲给各种年龄的儿童听：

一个母亲要出门去的时候，拿些香蕉给她的子女吃，并吩咐他们香蕉皮不要随地乱丢，以免人家滑倒。哥哥吃完后遵命将香蕉皮去丢在痰盂里，但是无意之中有一小块落在地上。妹妹没有留意踏着了，果然滑了一交，跌得很痛，大哭。弟弟看见，以为很好玩，便故意拿一块香蕉皮丢在街上，自己躲在墙角，准备要看过路的人跌交。但过路人都看见香蕉皮，没有人上当。后来母亲回来知道了，你说母亲应该罚哥哥还是罚弟弟？（如果儿童回答说都要罚，就问那个应该罚的重）。

年纪大的儿童知道弟弟该罚而哥哥不该罚，因为弟弟是故意要害人而哥哥是无心的。但年纪小的儿童很多说弟弟不该罚，或应该罚得轻，哥哥应该罚或应该罚得重，因为过路的人并未吃亏而妹妹跌哭了。

瑞士日内瓦的披亚瑞教授（J.Piaget）亦曾做过大同小异的研究（注三）。结果和我们的一般证明幼童判断是非，往往不是用行为自身的性质或做事的人的存心为标准，而是以行为偶然的结果的好坏为标准。据披亚瑞，儿童所以会得到这种固陋的观念，正是因为受了长久不适当的教育和暗示而来的。

统观以上三端，其共同之处都在乎编画报的人太苦口婆心要施行道德的教训，而所用的材料却反充满了固陋的见解和不道德的暗示。其实画报中正不必急急于狭义的道德教训。而施行道德教训时，应着重在良好行为之积极指导，不在乎顽恶行为之惩戒禁制。至于材料的选择，尤应注意对于道德的见解和幽默的赏鉴，有优美高尚的暗示，然后对于儿童可以有良好的影响。

注一：参看拙著《神仙故事与儿童心理》，商务。

注二：参看拙著《人来疯》一文，《教与学月刊》，一卷第十期二三六——九。

注三：J. Piaget, *The moral Judgment of the Child*, Harcourt, Brace, Ch.II。

（《教师之友》第 3 卷第 3 期，1937 年 3 月 1 日）

"图画"与"抗战"

陈永嘉

自从民族解放战争开展以来，在前线有忠勇战士的牺牲血肉，在后方有爱国民众从事各种的救亡工作，这些事实，是在说明了中华民族的一部份国民，已能直接间接的站到民族战争的前面，不顾任何重大的牺牲，来换取民族国家的自由解放与生存。但是，这还不能算是动员全民族，起来参加抗战，以争取胜利的。我们为要动员更广大的无限的人力来实现全民抗战，来粉碎敌人鲸吞整个我国的迷梦，而把握到我们的最终胜利，那就要依靠宣传的能力，以唤醒和动员全民众的参加抗战了！

不过，我们中国的版图广大，有许多偏僻的地方，而文盲充塞着。根据我国文盲的统计，民众不识字的，占全国百份之八十以上，而能看懂报纸、读宣传文字的文化水准较高的民众，恐怕是少数之极了。在这种情形之下，用文字来宣传吗？他们本来就是不识字的；用无线电吗？他们不特没有这个设备，而且都是听不懂那种国语的。在这个场合，图画便是最优良的救亡宣传工具了，因为它是最容易被一般大众所了解，最能普遍而深入大众群里去的一种东西的。

但在这民族与国家已到生死存亡的最后关头的今日，像从前那种在社会上"只供一小部份的有闲阶级者，当为茶余酒后消遣的欣赏的图画"，可以说是抗战中的大众所需要的吗？决不是的，那是要被大众所唾弃的。因为在这抗战救亡的时候，那种颓废的艺术品，早已失掉它所具有的时代价值，是要不得的，是要拉到坟墓里埋葬去了！

在这抗战时期，为大众所急需的图画，应该是以"抗战救亡"为中心，从以前所描写的模特儿、山川异卉以及鸣禽走兽这类东西的作风，而转变到巨大壮烈的战迹，前方英勇将士的浴血苦战的精神，和敌人惨无人道残酷行为等的描模，尽量利用艺术的功能宣达抗战的意识，暴露敌人的横行，充分的发扬民族的精神，以推动救亡运动，燃起全民族的抗敌情绪，与发动全民族的抗敌行动，使每个民众，都能伸展出抗战的拳头来，成为抗战行列中的最健强的一员。

因此，在民族的危难中，图画万不能与抗战脱节，无疑的，它是我们抗战的最好武器，它要在中华民族求自由解放与生存的搏斗中，而尽量的来发挥它伟大的宣传任务！

（《教战旬刊》第 4 期，1938 年 1 月 30 日）

谈女人与画报

高以敬

用"谈"字做题目的起首，还是第一次。这次所谈又涉及冠冕堂皇的妇女健全问题，在像我这所谓骆驼派、新鸳鸯蝴蝶派（这个名词比较洽〔恰〕当）的无聊文人说来，又堪称得起一件奇迹。但题目似乎改为"怎样才称得起一个健全的女性"或"健全女性必具诸条件"，又或"画报立场之检讨"等等，才比较郑重、清晰。而"谈"是比较来得随便，下笔时无须乎太多的斟酌，不用脸红脖子粗地咬章嚼句，"谈风"之盛于一时，其原因兴或在此。

说女人先从流行画报起。流行的画报前页照例有小姐大照片，全面当然更有许多小照片，充塞其间的不外乎女人的脸和身子。画报不能免除图片，而女人图片的运用则其先例不在《良友》《文华》。昨天从芳处抱来几本民国四年时包天笑所编的《小说大观》，那时的人已相当了解此点，大批的女人照片刊在小说的前面，只可惜那些照片底下的说明不是某校高材生、某某名媛等，而是"春申名花王巧云""海上名花兰云阁"之流。前后两者阶级虽然不同，不能一概而论，但其为女人则一，为办报人利用以诱致读者，尤无二致，却也无足怪。只是文字内容，谈到女人，十分五六是在告诉女人该如何打扮、如何应酬。换言之，那是所有"交际场""爱美"等名词的运用，我有点寒心。

说寒心，却又不自今日起。记得有一个时期，有朋友约我写关于妇女的文字，当时我回复以"我只会骂女人"。话呢，说得未免有点过了火，该骂的是整个糜烂了的都市——委过于弱者的劣根性未尽消除，提及此，我应先向妇女界告罪。而那个朋友，他却要我这面疤疮满头而无法医治的男子汉去教女人们怎样的美容！不识女子乳房真面目的人，告诉女人们怎样的选择奶罩呢！故当时感慨系之，以含糊且无理性的话应之，也且不便深究。所以寒心的原故，却是新女性从画报获得的新知识，只能健全外形，由是更萎弱了内心！

是好几年以前，我的一个朋友结了婚，太太是了不起的漂亮，任何人都预料这友人将消受不尽画眉的艳福了。殊不料最近我又见到他，那位朋友差不多流下泪的向我诉苦！他告诉我，他的太太仅此是一朵美丽的花，漂亮只在外形。只在外形，当然可以包括了一切流行画报之精华，而这精英却使一个男人下了泪！到现在，含泪向人诉苦，与流行画报精华共生活的男人们更该多了。环境制造这些——两性间不幸的生活，深责流行画报与前所骂女人同一过错。按实说画报的力量只是附庸，整个不幸环境中的一种点缀而已，故更无庸我之大声疾呼，清谈又是一个聪明的法子。然而我终讨厌那些千篇一律说教式的文字，似乎因为对方是善良的女性，故写妇女文字人肯不厌烦的千百次重复，如何点口红，做眼眉，烧头发……读者亦从无厌腻，故熟知寇丹如何用，眼皮如何割，乳房如何高，而茫然于洗衣须乎水与肥皂，裁衣更不可缺少剪刀与尺。

爱美与交际是他们的护身符，念英文为与英人交际，看文艺读物预备从里面挑几句俏皮话，做恋爱。流行画报就是包括这些玩艺的百科全书，亦足以引证前说"附庸"之不谬。

晚近许多刊物相当了解此点，故不乏有价值之妇女问题见于较佳之刊物上。我虽闲谈，近乎顽固老朽骂摩登，有话皆过火，无说不囫囵，而真意则望流行画报能更进一步的改改调子。胡琴托得好，不如唱的讨俏，回到领导和指示的地位去，使世上少有流泪诉苦之丈夫，文坛更无挤着面疤疮写美容术的汉子，功德无量！

而万一刊物销不动，只怪你听了我的话，因是闲谈，我更不负丝毫责任。

（《立言画刊》第 62 期，1939 年 12 月 2 日）

摄影百年进步概谈

聂光地

（一）

一九三九年盖已公认为摄影学术之百年纪念矣。感光之于景物，其作用世人固粗知之，殆已一百五十年。百年前（一八三九年）正二月间法人达盖尔（Daguerre）与英人福司泰保（Fox-Talbot）不约而同公布其发明于世，而奠摄影术之基，故不可不纪念也。

（二）

许兹（Henry Schultz）于一七二七年间试用白垩与硝酸银混合物而得字迹之复印，但字迹终不可留，以无定影之方也。席勒（K. W. Scheele），瑞典名化学师也，于一七七七年最先发见氯化银受日光作用而成黑色。其法将氯化银置水中使受日光，则水液内生一种溶化物，此物如加以硝酸银，复产新生之氯化银下降水中。如置此黝黑色之氯化银于阿莫尼亚溶液中，沉淀水底者乃不能溶化之纯银，盖又生化学作用矣。席勒并发现太阳辐射之数种光带中，以紫光带最易使氯化银转变黑色，故席勒可称为将化学与光带分析学并合于摄影科学之先驱。所惜其试验者半途中辍，未能继续深究，良可憾焉。

一七八二年，施理弼（J. Senebier）复按席勒之试验，发现红光带需时二十分钟使氯化银变黑，而紫光带仅需十五秒钟（但彼不知如所用为纯光带，则红光带并无感光作用）。

其后对于感光作用之研究者，续有其人，如 Robert Harrup, J. W. Ritter, H. Davy, Thomas Wedgwood, 其尤著也者。

卫其乌（Wedgwood）于一八〇二年刊一文于《皇家学会丛刊》中，申述其物面取影之法，如于白皮面浸以硝酸银而能留影，卒以感光性薄弱，而无法自暗箱中摄取之也。

一七九九年，乔锡尔（F.Chaussier）发现次亚硫酸钠（即大苏打），于是摄影之景物得以定影。尚有英人名赫歇儿（John Herschel）者发明大苏打之溶解力而成定影剂，且为创用"正片"与"反片"名词之第一人。

（三）

达盖尔（Louis Jacques Mande Daguerre），法国画家及物理学家，生于一七八九年，死于巴黎附近一村镇中，时为一八五一年七月十二日也。初为征税员，后改业为歌剧场之绘布景师，所构各国京都风景之布景甚多。

时有其国人名尼普司（J. Nicephore de Niepce）者，潜心于利用日光线永留景像之试验有年，于一八二六年探悉达盖尔亦有同癖，三年后，乃通讯于达氏，告其以金属片上涂以地沥青及香草油混合物而得影定形之法。此片感光后，其化合物浸入汽油及香草油之混合油中并不溶化，必待受酸性及其他化学物之作用后，所摄景物方渐显露。两人遂共同研究，自一八二九年至一八三三年。尼普司死后，达盖尔继续研究，有所发明，因即以其名称之曰"达盖尔式片"（Daguerretype）。

据其自称，斯术有五步骤：（一）银面金属片之研究；（二）置碘化气中二十分钟使受碘化银作用；（三）使景物感光于此碘化之金属片上；（四）用水银之蒸气使景物之潜影显出；（五）最后，浸入大苏打溶液中定影。

至一八三九年一月九日法国科学研究会中，阿赖戈（Arago）力称"达盖尔式片"发明之重要性，彼与卢萨（GayLussac）联名呈请政府，该年六月十五日达式遂得法政府之褒奖勋封。同日议会中有一议案提出，内容为达盖尔及尼普司之后嗣，此后，每年各许得恩俸六千及四千法郎，但其发明应公布于科学研究会。该案于七八月中由两院通过，而达盖尔显影法及其透明与不透明油画术，遂由政府印刷发行，而传播四海矣。

（四）

当达氏致力于其实验，英国同时有人名福司泰保（Fox-Talbot）者亦潜心此道。其所宗为卫其乌之法，而作进一步之研究，乃至一八三九年一月，果能自暗匣中摄影矣。其法用纸片作介物，先浸入食盐液中，干后再浸入硝酸银内。此法感光性大为增进。是年一月，福司泰保之显影法与达盖尔法同由皇家学会刊布。

（《良友》第 150 期，1940 年 1 月 15 日）

漫谈摄影

郎静山

摄影术之传入吾国，远在九十年前。宜昌照相馆尚藏有达盖尔氏照相法之照片，足征斯术之入内地，由来已久。曩昔国人究习此道者，以营业为多，即有自供玩赏，或视之为专门学术锲而不舍者，偶有心得，辄秘而不宣，未尝公布于世。

溯吾国爱好摄影者之团体，以北平光社为之先。余偕数同志发起华社，其时亦甚早，曾于民十七年春，在上海《时报》摄影室，举行第一次展览会。其时广东景社亦已成立，由是各地学校，乃有摄影学会之组织，国人于此道，始作进一步之探讨，不数年间，有突飞猛进之成绩。

余于摄影，髫龄即深感兴趣，常思宇宙事物之影像，能使之传远存久，而复逼真当时情景者，舍摄影术莫由。盖此种存象，较之文字图画之描写为真确也。

先君七十年前之结婚照片，当时情景，今犹宛然可观。今岁蜀中警收，其出产可供十年之需，虽以天赋膏腴，而水利之功亦绝大，其工程皆数千年前古法，今可利用摄影，广传于世，而供各国人士之研究参考。其他类是之道，可得摄影之助，世广为流传或研讨者，正不可胜举。由此可知摄影之于社会及各种学术之关系至巨也。

近来世界各国，美术摄影钻研日精，能于板刻之纪象作用外，别求情趣，由机械的而化为艺术的，其进步询〔洵〕足警异，而所采构图理法，亦多与吾国绘事相同。如凑合数种底片，汇印于一张，若吾国画家之对景物随意取舍者然，而造成理想之新境地，其法一也。又取底片之一部而剪裁成章，及用长焦点镜摄影，在适合角度，求图面物象匀称，与吾国画中，远近物体匀称而无大差别，其理同也。由此观之，东方艺术可为摄影之助，摄影亦足证东方艺术已早入于精妙之域也。今者世界各国，国际影展每年多至五百数十起，投寄作品者至千人之多，主办者既不限国藉〔籍〕，出品者亦无门户之见，由兹足证世界之摄影团体，已渐臻吾国所谓大同之道矣。

顾摄影虽已进于艺术之域，非仅供私人之娱赏，亦以文化为归墟，故对于工业医学，尤努力贡献其功能。总之任何科学之发明与促进，务须以人类之幸福为鹄的，方有不可磨灭之价值。以此复令人追思先哲达盖尔氏摄影术之发明，因其发明，而得今日精进之境地，其功厥伟。今值氏公布其摄影术之百年纪念，又届中国历史最久之《良友》画报出版一百五十期，书此以作纪念。

（《良友》第 150 期，1940 年 1 月 15 日）

画报漫谈

拜　石

一、画报的伟力

画报这个名词，我总觉着它有点摩登意味，它不但教人听着响亮，它的内容形式之美，教人看了也很舒服。它能给人生以莫名的安慰和感动，因为它的感觉力比任何艺术品都伟大，所以我下了一个武断的比喻，也可以说是赞喻，就是："普通报纸是文学中的'文'，画报是文学中的'诗'。"文章的感应力不如诗，这是人所公认的；普通报纸的感应力不如画报，虽没被人公认，我却"公认"了！诸位如何？我且不管，信不信由你。我暂举出实证作为我所以"公认"之理由，以备诸公之追认，如何？宋王安石实行青苗法，以组织不健全，行之者不得其人，扰民病国，天下骚动，弄得农民流离失所，农村经济整个破产，全国臣民群起反对，以偌大的反动力，竟没拔掉青苗法的一根毫毛，依然进行，屹立不动。这时郑侠想了个绝妙的办法，把拥塞道途中的流民苦状，绘而为图，上之银台，竟感动了神宗皇帝，潜〔潸〕然泪下，览毕下责躬诏，罢诸新法，全民赖以复活，天下赖以安定。

你说画报的感动力大不大？！我来再举一个西洋的例子，以见它——画报——的"一般性"是无分中外的。美国《纽约日报》向不注重新闻插图，自从采用康培方法，在新闻记事中插以图画，五年之间，销数竟增加到一百万份以上！这个惊人的数目，纯是画报的感动力量，专靠文字式的新闻记事，绝不会收到这样的效果。还有一个有趣的证明：过去美国旧金山的电车公司及司机者，十分野蛮而不讲人道，横闯直撞，死于轮下的幼童不计其数，市民抗议，公司不理，司机仍是我行我素。报纸上差不多大〔天〕天登有这种惨案，报纸的编者，几于总动员向电车公司展开交手战，公司当局仍是"满没听题"。这时美国黄色新闻创始者、报界托辣斯大王哈斯脱氏宁愿失去他的"感觉新闻"资料，而请出一位漫画家把这种不人道的情形画了一张漫画，登在报上，说也奇怪，电车公司当局竟受此漫画的感动软化了，于是重行组织训练，力求迟免惨事发生。

由此证明，把画报感动人的力量比之于文学中的"诗"，当有过之无不及吧！

画报的力量为什么这样大呢！前边已经说过，它具有"一般性"。它的一般性比综合急①的报纸怎样？那当然大的多！不论文化的程度如何，不论古今中外男女老少，都是它的良友；都能了解它，都愿意了解它，都竭力的求了解它，因为它具有与人以容易了解的妙处。普通报纸在手段上和形式上，非有跟它同等的程度不能了解，画报就没有这种限制。所以自古以来有不读书不识字的诗家，没有不读书不识字的文艺家。换言之，就是自古以来有不读书不识字的画报读者，没有不读书不识字的普通报纸读者。

二、画报本位

新闻业者在经营新闻纸的政策上，有两个主义：一个叫做"新闻贡献"，一个叫做"营业本位"。新闻贡献有两个策略：一个是新闻本位，一个是议论本位。新闻本位是以网罗新闻为竞争的工俱〔具〕，在网罗新闻的手段上，不但力求速报，而且力求精确；议论本位是以解释时事为竞争工俱〔具〕，其注意点在广搜情报，作为立论的根据，不言则已，言必惊人。营业本位也有两个策略：一个叫做发行本位，一个叫做广告本位。发行本位侧重报纸的推销，以报费的收入为经济基础；广告本位侧重在广告效力的提高，以扩充广告地位，增高广告刊费，以广告收入作为报馆的食粮。这四个本位的错综关系，及其执行的种种手段，不是本文题目内的事情，恕不赘说。我所以提出这几个文不对题的本位，并不在显示这种浅陋的博识意，谓在报纸经营政策上，仅这四个本位还不够，想促起中国的新闻业者除对此四者外注意一下"画报本位"。画报本位的实行，不是指单独发行，是促起新闻业者在"本发行物"中注意一下"临时发行物"式的画报或插画。现在《中国日报》中的附刊画报和新闻插画，都具有许多的毛病，不是失于严肃，便是失于轻薄。有的浪费篇幅，不论价值如何，一幅占全版六分之一，结果版面还是一榻糊涂——主景背景一片黑（这是网线疏密跟印纸粗细不调和的关系）。有的过于琐碎，缩失了原图的价值。这都是编排制版技术和设备太差的原故。如《华文大阪每日》约三页画报和插画，无论编排制版技术和取材的意义，无处不表现出真美善来！这是很足以取法的。希望中国新闻界对这一方面多多努力，不可视为无聊的点缀，敷衍塞责。画报和插画有推展新闻营业的伟力，"叫座"的人缘——这是不可轻视的！

三、画报溯源

一九一〇年德人麦尔腾斯用照相凹版于耶稣复活节给福来布尔格之新闻纸

---

① 原文如此。——编者注

《Freiburger Zcitung》印制图画增刊，为欧洲报纸附刊画报的起源。此后英德各报争仿效之，各该报的销数，由是日益增加。一九一二年，美国《纽约时报》在圣诞节用凹版法印刷图画副刊，为美国新闻纸有图画副刊之始。这都是现代式的产物，至于画报的起源，其时间还得往上推。美国人康培于一七〇四年四月发明"新闻信"于波士敦城，名叫《波士敦新闻》，内容是各地新闻，用笔写成书信式分寄各地售卖。其主笔别出心裁，有时在信纸上附以手绘插画，被推为欧美报纸插画的鼻祖。

至于卑〔单〕独发行的画报，还得说是始于中国。——这不是我自傲，简直抱愧之至！一切都发明于中国，在发展史上结果中国都落了后，还要拜贵高足为太老师！愧然！愧然！死罪！死罪！——宋郑侠之《流民图》，漫画学者己指为中国最古的漫画，也可以说是最古而且具体的画新闻，不过没有印刷发行就是了。贩卖的画新闻，据清代述所载，乾隆年间就有这种专业："乾隆中有法和尚者，居城东某寺，势甚薰赫。所结交皆王公贵客，于寺中设赌局，诱富家子弟聚博。又私蓄诸女妓，日夜淫纵。富逾王侯，人莫敢撄。勇毅公阿里衮，恶其坏法，乃令番役夜逾垣检之，尽得其不法诸状。阿恐狱缓为之援颊者众，乃遍集诸寺僧寮立毙杖下。逾时要津之托始至，已无及矣。人争快之，至于市井间绘图鬻卖，久之未已。"据传依此为业者叫做"卖图儿"。所谓绘图鬻卖，是否经过版印刷一层手续，虽不得而知，但其类似"年画"，则可断言。中国的年画因为是大量的贩卖品，都是由印刷而成的，最老的年画并且都是木版五色套印。其取材极合于新闻的"时官性"，据笔者所知，如"杀子""拿康小八"……都是在新闻发生后立即出版的。这跟日本的"净琉璃"在新闻发生后立即排演成新闻剧有同等的价值和意义。根据年画的发行手段，所谓"绘图鬻卖，久之未已"或者就是一种复印出版品。细译"久之未已"一句的含意，类似大量的发行，大量发行就不是手绘所能办到的了，况且"市井间"一语的范围，也颇广阔，更足证明它是一种复印品。这一类的画报，凡是没有时间急的创作品，如"庄家忙""过新年""肥猪哄门""抬财进宝""接财神"都是单幅的，新闻画有许多连环性作品。有一种杂志式的"蛤蟆老鼠娶媳妇"，很具幽默意味，这简直就是连环漫画了。这是最古而最通行的一种。

四、中国现代画报的发源

中国一般新闻学者都说《点石斋画报》是中国现代式画报的鼻祖。点石斋是英人美查在上海所创的一个石印局，出了许多版权消灭的中国书。他的《申报》营业也很发达，一个穷光蛋立成巨富，把许多中国人的钱运回国去。《点石斋画报》是一个旬刊，发行于光绪十年（一八八四），用天干、地支、八音、六艺为编目，每册八页，出至三十六卷停版。执笔者有英〔吴〕友如、金蟾香、张志瀛、田子琳、何元俊、符艮心等，都是当时有名的画家。新闻画以外的作品类似《聊斋》插画，尽是些荒诞不经的作品。同时《申报》

也出了一种附刊画报，十日一纸，每纸八图，以时事为主，每期单售八文。这不但是中国报纸增刊的始祖，并且是附刊画报的始祖。在光绪六年（一八八〇）上海圣教会曾出版一种画报，叫做《图画新闻》，每月一册，连史纸雕刻铜版精印，内容有地图、风景、天文、地理、科学、风俗、时事、名人像等。据此，中国的画报不但不始于《点石斋》，并且连中国新闻学者把这一时期的画报定为"石印时期"的分划也给打倒了。

（《华文大阪每日》第 4 卷第 8 期，1940 年 4 月 15 日）

幽默杂志与画报

林　君

七毛钱一册的"幽默"杂志，一块六毛钱一册的画刊，在最近的重庆市场，据说都有很好的销路。的确，这现象是最近的，各书店的门市，这类红红绿绿的装饰，近半年来才更多，其他如酒楼、旅馆、戏园，特别是电影院，我们也在最近才看到那么多的"文化"的"宣传"家。这自然是因为有了好的销路。

有位常到电影院的朋友告诉我，电影院里，幽默刊物、画报生意是特别大的，每一场，每种幽默杂志、画刊都能销上十几册，尤其是晚场更好。其他场所，如旅馆、酒楼也都不坏。读者自然是观众、旅客、食客等，其中各色各样的人都有，但最多似乎是公务员、商人和女性居多。

书店方面又告诉我们，这类刊物的读者中不少是军人，尤其是前方回到后方来的，也有大批的买到前方去的。一位跑过不少地区的友人也说过，在某某地区，什么报纸、杂志都没有，但看见几册幽默刊物、电影画报之类，可见其言不假。

很有人对于这种现象颇为惊疑。读者的口味在抗战快到三年时，真的有些变了么？

其实，那是不足为怪的。

生活是多方面的，人也不能一年三百六十五日中，天天在紧张中生活，即令在紧张中，我们虽然需要与实际斗争更相关联的读物，但我们也无理由排拒轻松辛辣味的散文，以及图画、照片之类的读物。这些东西，今天我们的大后方，因为印刷纸张等条件不够，不能印出，的确是一种损失，但不能说，抗战中大家就没有这样的要求。上海、香港印刷方便，大量的生产出来，那是自然会流到内地来的。

虽然七毛、一块六毛一册的刊物，不免觉得太贵了一点，但比起一百多元一双摩登女皮鞋、六七十元一双丝袜，那也无什么惊异之处，何况，这类东西，到底还是属于精神的粮食，自然不可同日而语。至于说到运输困难，好的读物不能输入，而这类东西反源源而来，不免有点可惜，那也似乎是不必的，我们到〔倒〕不必将这类性质的刊物的价值过于低估。我们要问的到〔倒〕是这些东西的内容怎样，如果没有毒害，那不应轻视它，如果真有内容，那更当欢迎它。虽然贵了一点，那也不足深责了。尤其为了给前方将士一些精神上的安慰，也的确需要多印这类刊物。

现在成为问题的是，目前流到重庆来的幽默刊物和画报的内容是有些糟糕了。内容的贫弱，有的完全是在投机取巧，不说它，但有意在传播毒素的也不在少数。一本很能动人的小刊物，又美丽，又幽默，有照片，有漫画，但它却在令你神往处，来一幅反苏的插画，或故意曲解当前政治上最重要的一个问题，或暗中在进行国内团结的挑拨，或撒播民族失败主义的种子。这一切，无疑的是严重的，我们还得谨防敌寇和汗〔汉〕逆等利用它们。

因此，我们对于出版界就有这样的要求，希望我们有健康的幽默杂志画报出世，用好的去代替差的。但在好的还未出版以前呢？我们希望有人能对这些刊物，随时加以批评，书店贩卖这类东西以前，请先看看内容，尤其要请武装同志们注意，在购这类刊物时，要加以选择，不要将有毒害的东西，带到前方去。

（《全民抗战》第 123 期，1940 年 5 月 18 日）

画报前途无量

马星野

"百闻不如一见"，人类的感官，对视觉最为信任。通过视觉，也最容易激动心灵，刺激感情。图画所以高居艺术的宝座，画报所以成为读物中主要的一环，即以此故。

在中国，画报的前途尤是无量。因为第一，中国教育不发达，刀块体的文字难懂，识字同胞尚不及百分之五十，不识字者唯有从画报上认识环境，吸收新智识，所以中国画报的境域特别广大；第二，中国电影事业不发达，在城市里有电影设备者已经不多，乡村更不必说，补这个大缺憾的惟恃画报，画报是静的无声的电影，具有电影局部的作用；第三，我国缺乏高尚消遣性的读物，以致缺乏富于"人生趣味"的休闲生活，而优良的画报，足供消遣之用，且可于消遣之中获得种种宝贵智识。所以在中国，画报是一种可以大大发展的事业，在建国的需要上说，也是应该极力提倡的一种工作。

《联合画报》创刊已满两年，以内容充实，印刷清晰，在社会上获有相当声誉，在国内若干画报中，是堪称首屈一指的。若要以春秋责备贤者的态度指致其不足之处，则在内容的分量上，似乎中国的事事物物所占的比例太少了。中国是一个包藏无穷、发掘不尽的泱泱大国，有许多山水风物与人事，是可以也应该借画报的表达，而让国人认识，让友邦人士认识的。希望《联合画报》在这一方面多所致力，则其成就与受人欢迎的程度必更无限量。

《联合画报》是目前一份可贵的完善的画报，今日是她诞生两周年纪念日，谨于此祝她精益求精，前途无量！

（《联合画报》第 99 期，1944 年 9 月 29 日）

画　报

——平民的教师

杜知志

画报，我始终认为它是该放在一般平民案头的智识宝库，而不是躺在有钱人茶几上的装饰品。美国的《生活》画报所以有几百万年〔册〕销路，正因为它是一本通俗的杂志。如果美国人都像我国若干高贵人士那样，把画报作为陈列装饰品，那么像《生活》这样的大型画报早就"关门大吉"了。

画报所以成为平民的恩物，因为它能以图画和浅显的文字报导新的事物，启发新的思想。它是人类交换知识的有力工具之一，而且也是比较成功的一种工具。

因此，我认为画报应该是一位朴实可亲的平民，而不是一位富丽高傲的绅士，它是走向平民群中去的教师，而不是挤在达官贵人圈中的政客。

这样一位平民的教师，满肚都是学问，但他不是出口"之乎"闭口"也者"的老夫子，他是一位能以最佳的方法表达他的思想，传授他的学问的先生。他知道怎样去引起人们的兴趣，他知道怎样使学生们注意倾听。

作为平民教师的画报，内容应该非常充实，应该是"满腹经纶"，但在外形上，它又该是和蔼可亲，是非常通俗有趣的。这讲来似乎不难，实际上却十分困难。因为有学问的人，往往要装出有学问的样子，没有学问的人，却又喜欢装出有学问的门面，真正肯打入平民群中去的先生，实在太少了。

我理想中的画报，就该具备作为平民教师的各种条件，它应该是一种通俗的教科书，是一种老百姓的良好读物——在中国，它是负起普及教育巨任的开路先锋！

如果有人说在中国办平民看的画报很难有发展的希望，我可以回答他说：在初创时它会遭遇种种困难的，但它一定会得到最后胜利的。

画报——我理想的画报的最后胜利是怎样的呢？它的情形是：四万万五千万人，人手一张；四万万五千万人，人人觉得它是必需有的伴侣！

（《联合画报》第 112 期，1944 年 12 月 29 日）

画报的功能

编　者

在编辑室中，为了工作的关系，手边时常堆着许多种画报，自然，这许多画报是为了工作的需要做参考。因为时常翻阅，对于这些刊物编辑体裁，就引起了深切的研究，由此，便可知道，画报企业，在二十世纪的人类文明史上，已经握住它主要的地位了。

如果二十世纪是一个文明时代，画报便是这世纪文明的缩影；如果这世界永久在进化着，而画报便是这进化的活纪录。这并非我们作画报的人大言耸听，实在是国人对于画报所负的使命和效果，还没有普遍地得到认识的缘故。

这世界是一个光怪陆离不停前进的世界，我们以有限的生命。要全部经历那些事物的实况，要一一学习，一一体验，是决对不可能的。唯有画报始能补偿这个缺陷，它能把宇宙间所发生的一切新奇事态、人类间一切繁复离奇斗争、千奇百怪的大自然界的现象，都想尽方法，容纳到一个册子里。宇宙间的变化无穷无尽，画报的变化也就无穷无尽，我们也就由这册子中，认识了世界，认识了国家，并且认识了自己。自己所处的是一种什么地位，因而觉悟到应该怎样处理当前自身的问题。

写到这里，我又想起来美国画报大王鲁斯先生的话了。他在北平时，对我们报界同人强调说明图画的效力，尤其画报是推动文化的最有效的工具。笔者对鲁斯先生的言论，是十分具有同感的，但是回头看着我们的力量，实在相形见拙〔绌〕了，做起来真是困难重重，又加国人投资的兴趣不在出版事业上，而形成了画报事业的颓落状态。反观 LIFE，每期销行数量是一千万，每月发刊四回，八开大册，凡一百二十余页，包括图片五六百幅，文字十余万言，销行全世界，在战时并且发行了军用海外版，为了转运轻便，抽去了广告，特用轻量纸印刷，但它的精彩内容，是丝毫不受影响的。

　　和 LIFE 性质相同的画报，种类还多得很，这里不必一一列举了。读者不要以为我替外国刊物作宣传，而 LIFE 也不需要我们替它作宣传，因为它本身就是最强的宣传。今后的国人，必须敢于正视别国，并且要正视自己，无谓的夸耀和虚浮的隐蔽，都是不必要的。胜利的国家必须有健全的教育，尤其需要最有效的推进工具，那工具是什么呢？就是画报。

　　上面，是笔者编辑画报工作之余的一点感想，希望读者要抛开笔者的立场来看这篇文字。

（《天津民国日报画刊》第 7 期，1946 年 1 月 13 日）

画报随时而精进

苍　苍

　　画报在读者方面看，是兼有"知识"与"兴趣"的刊物，其本身应具有"文"与"美"之两优点。我这里存有平、津、沪、宁、青等处画刊不下百种之多，十分之六七是与有写作关系者，其余则因担任新闻或撰述而附于报纸而赠送的，三十年来，日积月累，分门别类，五光十色真是满目琳琅。

　　画报昔有用绘画及新闻故事相联系的，一段文一段画，节节相随，如六十年前之点石斋石印，已成历史的参考物。近代盛行者则摄影制版，处处以实在的景物，呈现于读者面前，恍如身临其境，其印象之深刻清切，自非彼时"小说图画"的办法所能及，此乃物质的进步，时代的赐与。

　　画报之"内容"有美术的，有新闻的，有黄色的桃色低趣的；其"发行"有独立的，有附于大报的；其"刊期"有三日的，有一周的；其"印刷"用纸用墨及排印之技术亦等等不一。

　　以平津两地而言，昔之《北晨画报》（《晨报》的）即是美术的，纯雅的，取材雅（书画印章、名胜古迹等），印刷雅（纸张洁白，墨色深透），排式雅（清明秀整），随时复圆皆有佳趣可味。《京报画报》按部就班平正通达，惟封面例用女性大照片一帧（某名闺、某高材生、某校花云云），未免投时所好。《北洋画报》油墨之浓艳，纸张之光洁厚亮，可称首屈一指，内容则以热闹为主，黄色无疑，是独立的画报，为营业计不得不然也。《商报画刊》与《北洋画报》走一条路，虽附于大报发行，然商报本身就是营业性质，则道一风同亦自然之势也。《大公报》之画刊是事变之前一年才有的，即在大报上开辟"八开的一方"，因为底子就是报纸，所以印刷上的美感，根本谈不到，而取材之不能容纳美术品，亦是印刷上的限制，亦不得不然也。若以画刊严格相衡，所缺之条件太多。惟新闻照片尚属可观，印在报纸上只要大致看得过就行了。

现在之《民国日报画刊》，兼有"美术"与"新闻"两种长处，有好些实事写真，尤其是战后的，国内国外的，一切应合读者急切之需要，而迅速的充足的贡献出来，仿佛看时事电影一般。这又是从前的画报所未曾有的，于此更应认识时代之伟大。

（《天津民国日报画刊》第 32 期，1946 年 7 月 7 日）

画报小言

凤 子

我国最早的画报，是《点石斋画报》，创刊于满清光绪十年，到现在已经有六十四年的历史。

我国画报的印刷，可分三个时期，即：（一）石印时期，（二）照像铜版时期，（三）影写版时期。七七国难前，上海成册画报已采用影写版印刷。胜利后，影写版画报仍未恢复，多采铜版印刷，好像又倒退十年。

最富有美术价值画报，要推《飞影阁画报》，由名画家吴友如等主绘，精致异常，今已编为《飞影阁画谱》。

我国销行广远的画报，要属《良友》画报，每期销数达四万余份。

北方最好的画报，要属晨报副刊之《星期画报》，珍闻、美术并重，印刷亦佳。虽事隔二十年，现有画报仍未能超过《星期画报》的标准。

北方画报最盛时期，要属民国十八年至二十二年之间，平津画报约四十余种。

世界最豪华的画报，当推法国的《ILLUSTRATEN》。世界销数最大的画报当推美国的《LIFE》，截至本年七月该社发行国际版止，每期已销行四百八十万册（该刊每周出册一册）。

（《天津民国日报画刊》第 53 期，1946 年 12 月 4 日）

漫谭画报

——从《永安》百期想起

黄觉寺

  《永安》到现在，已出刊百期了。百期这个数字已不算太短了。我是许多爱读者中的一个，在她百期华诞，特地把她所有的从创刊号起到最近期罗列在案头，真感到图文并茂，一期有一期的精彩，一期有一期的进步。特别使我感到满意的是：印刷的不马虎，三色铜版的精绝，尤其在创刊号起的前半个阶段，所有金属版都用铜版纸或者重磅的米色道林纸印刷。清晰美丽犹其余事，而数量很多，范围包括中西绘画、书法、金石、艺术摄影、漫画等等，每期的分量支配得很适合，这是值得一提的。以后金属版和纸张陆续地昂贵起来，《永安》还不肯随便把这个制版问题苟且了事，勉强维持着原状好一个时期。直到后来，物价如脱缰的野马，出版物不能像野马一样追上去，《永安》恐怕也同其他刊物一样，太"不胜"亏耗了，于是铜图数量由丰富而减少。本来用以印刷铜图的纸，也由铜版纸而米色道林纸而报纸了。这是在物质条件压迫下，任何刊物是无法可以改善的，也是无可非难的。

  由于《永安》的一贯作风——文图并茂，使我联想到国内外的许多刊物，与《永安》具同样好感的，过去有英国的《伦敦新闻》，巴黎的《L'illustration》和《笑》《Le Rire》及现在的《生活杂志》《老爷杂志》。（《伦敦新闻》和《L'illustration》至今还继续不断在出版，《笑》已不见多时了，不知还继续否？）这些刊物虽然不完全是关于美术的，可是每期有精绝的名画艺术介绍，或者发人深省的漫画。而《L'illustration》每年一次的"圣诞号"和"沙龙画展特刊"更是洋洋大观，可以说是极出版之能事。因之，一书出版，风行世界各大都市，其文图宣扬之力，真能转移一时的风气。许多名流的名言谠论，大艺人的手迹艺术，墨沈还未干，一经这种刊物一载，不旋踵而风靡全世界矣。国内文图并重的刊物不大多，听说最早的一种当以一八七五年（光绪元年）西人范约翰主编的《儿童》（Child's Paper）为滥觞。其后圣教会出版的《图画新闻》（Chinese Illustrated News）发行得相当长久，听说创刊于光绪六年，每月发行一回，直到民国二年止。申报馆的《点不〔石〕斋画报》和《飞影阁画报》也是当时由国人主编的姊妹画报，内容侧重民情风俗、时事要闻，用骈体文字来说明绘图，图画都出名手，如吴友如、金蟾香、张瀛仙、周慕桥等，更是此中杰出人才。与《点石斋画报》同时的，还有一种西人主持的《饶舌杂志》（Rafile），清光绪二十一年发行。那时金属版印刷术还没有到国内来，所以一切刊物都是用石印印的。《饶舌》是一册以漫画作风为主的画刊，作品大部分是出于哈脱（H. W. G. Hayter）的手笔，文图满含幽默和讥讽，用英文来写述，行销得也相当广远，装帧有古典风味。对于我国这时那种民情闭塞，确实很引起他们的不少的好奇心或疑视的心理。当然，这本刊物我国人是不会理会他的，理会他的无非是西国的绅士、淑女们。一九○八年（光绪三十四年），土山湾出版的《科学汇报杂志》也是有文有图的刊物，不过，这是以科学为主题，而间以世界的奇风异俗的图片，在当时想一定是一本最富于新知识的介绍，像我们现在谈谈原子弹一样的时髦刊物。那时这本刊物已有金属版的插图，像纽约的摘星楼、摩天大厦等的摄影，已很清晰地制成金属版了。在宣统元年发行的《图画日报》，内容无非是新闻与风景等，间及国际时事，内容相当丰富。一入民国，印刷术已发展到了开明期。国内以文图并茂的刊物，有一个时期像雨后春笋，非常蓬勃。可是能屹然的也没有多种，随生随灭，能够维持八九年而前途还非常辉煌的，更是寥若晨星。

八年抗战，那种岁月是异常沉闷的。沦陷在海上的，尤其有窒息透不过气的苦闷。《永安》就在那样的时期诞生。她的诞生，真像甘露那般的使挣扎在双重痛苦下的每一个市民，暂时得到慰安，暂时获得一点清凉剂。发刊到现在，已整整八年余，在她的百期诞生的今天，不禁使我联想到"她的长成是不易的"。她一直能够安全地成长，虽然一半的功是保姆们维护的得力，但是在多难的环境下产生的宁馨，一定会比温衣足食的"金枝玉叶"来得强健、活泼，可以断言。不有疾风，那会有劲草？所以，《永安》未来的生命力正象征健康的孩子，无穷尽的蕴藏着，潜蓄着。或者这个"百期"会便是她出发长途的开始点。

末了，我希望她在一般的物质条件好转后，从新回复到创刊初期的那种精神，或者有过之而无不及，实现文图并茂，做成我国的一册《L'illustration》，风行到整个宇宙。

八月七日于苏州藕花深处

（《永安月刊》第 100 期，1947 年 9 月 1 日）

第七部分

著名报人

戈公振

红叶先生述　心心记

　　戈公振，江苏东台人。生于读书之家，自故乡学校卒业后，以素嗜新闻，走沪为《时报》地方版编辑。勤谨聪敏，富有干的精神，编辑独出心裁，别创新格，遂见重馆主狄平子，擢任国内外要闻栏。暇则佐馆主经营有正书局，肆力学问，以求深造，而于新闻学术尤三致意。时吾国报纸尚在幼稚时期，昧于新闻原理，且多因陋就简，墨守陈法，《时报》则根衡学理，旁考西文，为种种之革新，作同业风，皆戈氏之擘画也。如"特约通讯"独开风气之先，名记者黄远生、徐霄汉、李昭实、王万叶诸氏先后会萃。年来风行一时之文学、小说、电影各种刊物亦创自《时报》。氏主编之《图画时报》久已哙〔脍〕炙人口，今日隐然主盟画刊矣。世所谓"报屁股"，亦效自《小时报》。他如专电与新闻混合为一，初创既感困难，同业亦多诽笑，氏之不顾，今日且为世法，盖其具有艺术化的新闻之组织法也。

　　氏之创造力、建设力，非仅限于《时报》已也。先时上海有新闻团体之组织，以抗外人操纵我国新闻事业。氏以为单纯注意抗外，而忽略内部的团结与研究，终为憾事。乃倡议组织新闻演讲会，延请中西新闻家讲演，以谋报界之新发展。又倡报馆应仿外制，馆员服务若干年，例给假出洋考察。近氏以服务《时报》十四年之暇，已漫游欧美而竟素志。他日归来，谅有莫大之贡献也。其译述颇多，有《新闻学撮要》行世，近又将有《报学史》出版，闻系主讲上海新闻讲座稿已。

　　氏为人忠谨而笃于情，曾力助其夫人求学京师，伉俪甚殷，湖上一对璧人，今犹有艳称者。后闻夫人佗〔佗〕傺亡，氏哀感万端，至今尚不提续弦事。其于新闻界之创作，殊可风已。

（《新闻学刊》第 1 卷第 2 期，1927 年 3 月）

《上海漫画》被控中之张氏兄弟

玉　玉

　　《上海漫画》为张光宇、张振宇兄弟所办，发行以来，颇能风行一时。最近数期，该报所刊世界人体比较表，系将外国各地女性无分妍媸，均制以铜版，尽量刊载，销路乃大盛，□此颇为一般人所注意。事［为］捕房得知，即检举该报所刊相片，均系赤裸裸地一丝不挂之模特儿，遂指为诲淫，控该报于临时法院。光宇得知时，在某烟公司广告部，闻讯即摇电谓乃弟曰："今日之事，已先得兆预。于今晨由家中出到公司时，讵走至弄口，忽有一少妇将一大盆水，从窗口倒下，覆我一身，淋漓尽致，幸尚有呢帽在头，否则真成□美的模特儿矣。夫倒水于头，乃上海人所认为最触霉头之事，现在捕房果来干涉，岂非预兆吗？"振宇聆电后，乃笑不可仰，谓其兄曰："别样倒不触霉头，晦气了寒兄的尊翁而已！"振宇素有抖乱雅号，乃"临危尚乱"，不改其态，此君狂放可知已。现闻临时法院已出传票，张氏弟兄不日将与捕房对簿于公庭矣。

（《大福尔摩斯》，1928 年 10 月 2 日）

戈公振对于画报之见解

记 者

本月二十六日上午十时，新近回国新闻学家戈公振先生驾临本馆，造访本馆林君，相谈至为投机。兹将戈君周游各国对于画报（就普通而言，非专指本报）之见解略述于下。

二种。画报可因其纸张之优劣，约分为二种。（一）铜版纸或道林纸，此种报纸在外国多为大报附刊，印刷极精，系用 Rotary Photogravure 所印。因其成本极重，故不宜在中国单独出售。（二）报纸所印之画报，如英国之《Daily Mirror》《Graphic》等，在国外销数极佳，国内尚付缺如。先生（指林君）富有此种办报经验，似应创办，惟取材宜精而有兴趣也。

印刷之比较。各国画报之印刷均甚精美，此点关系极大。以比较而言，则美国与德国之印刷最佳，英国次之，法国较劣（吾国并未计入）。

取材。既称画报，则应多刊时事与生活化之照片，与人生最有关系，使读者不可一日无此君。如是则销路自可广遍矣。

注重摄影。外国报馆均另组"摄影队"分头采集照片，至为敏捷。且用电传照片，迅速无比。摄影记者竞争极烈，努力奋斗采取。某次审判官断"谋杀亲夫"之某妇应坐电椅置之死刑，同时并禁止记者摄影，因其过于凄惨。惟此案轰动全国，故某报摄影记者竟异想天开，将小摄影器存于裤内暗摄之，明日于报上发表。该报销数竟特加数十万份，经理除给记者数千金外，并给假一月游历各地，以酬其劳。惜国内有新闻学识之摄影记者极为缺乏，所摄之照片多呆笨而无新闻化（后由林君将本报刊载新闻部摄影记者所采取之照片见示，并述"摄影良友"内之《摄影记者指南》一文所述，戈君连声赞许不置）。故办画报应注重有新闻价之照片。

剪裁。外国画报照片之剪裁，均有专家担任，对于照片之大小、高低、绘图、取舍等慎重剪裁，足以增加新闻之价值与美观。且须有专门剪裁学问之艺术家，方克胜任。

精神与毅力。办画报贵乎有精神与毅力，对于取材须有特别之眼光，审定轻重而采取之，切忌乏味枯燥，致未能引起读者之爱阅耳。贵报精神饱满，能于图文中见之。

资本。办报难，办画报更难。资本宜充足，然后可以渐谋发展矣。

谈至此已十一时有奇，而戈君即于是日午车赴京，故匆匆握别，并订回沪时细谈，当再有所报告于读者也。

（《卷筒纸画报》第 4 卷第 171 期，1928 年 12 月 29 日）

戈公振之画报谈

炯 炯

《申报》记者戈公振先生漫游世界而归。先生思虑缜密，观察周详，新闻记者之眼光，固高出寻常一等也。先生尝谓世界各国之画报多至数百种，尤以英德为巨观。英国有每种销行七十万份者，德国之印画报机器，每具价值华币三十余万，一报馆而具三机器，其值且达百万矣。以视吾国之画报，相去不啻万里。吾人固闻而知愧，然不应不自勖也。

（《上海画报》第 500 期，1929 年 8 月 24 日）

《图画日报》停刊中之艳闻

钟　玉

　　天津在中华民国廿一年开头第一件新闻，厥为《图画日报》之发刊。乃出版甫浃旬，即以停刊闻，究其原因，颇饶趣意，亦津沽之艳闻也。

　　主办《北洋画报》之冯武越，以津市画报虽多，要皆定期刊物，日刊之画报尚系阙如，乃约集名记者王小隐、吴秋尘诸人，联合创办，筹备多日，于元旦日随新岁而诞生。篇幅只一小张，内容尚称不恶，分新闻、文艺、小说三种，并于封面日刊时评一则，为王小隐主笔。小说有四篇之多，最能叫座者为北方武侠小说家赵焕亭之《姑妄言之》，其他如有名耍骨头之宫竹心之《拔舌地狱》、吴秋尘之《楼上黄昏》、施冰厚之《人间味》亦均可观。乃甫将"引子"唱出，即截然而止，为可惜耳。

　　六日晚，冯武越接其北平寓中电话，云其老太爷（名祥光，即冯耿光之兄，曾任驻墨西哥公使）为电车撞伤甚重，促其返平，冯即当晚归。翌日冯自平电告王小隐，谓其父以年老流血过多而卒，将与电车公司起诉，请王即日将《图日》（图画日报之简称）停刊，遄赴北平，参谋一切。当时王以《图日》甫发刊，兴致颇高，不肯停刊，决绝反对冯之主张，未允所请，始获继续出版。孰知极短生命之刊物，中间已发生一次死活关头也。

　　昆曲家陈文娣女士、亦津沽之交际花也，素与王友善，文字往还颇为亲密，近益过从欢昵，或游或饮，日必相偕，有将组合家庭之讯矣。王对人云："向陈进攻者，年来大有人在，而予与陈相识，数载于兹，臭味相投，日益□浃，初无任何奢念，然水到渠成，乃自然之趋势也。"

　　某日之夕，夜深王犹未莅馆编发稿件，员工均在焦急之际，王以电话通知，谓我醉欲眠，不能到馆矣。时有某君□□出力帮忙者也，适在馆，知其饮于陈寓也，乃草书责其为色所迷，有"酒不醉人人自醉"之语，□斥陈之不应以色诱人，销沉□志。由时王已醉卧，书为陈得，痛斥□书者，究作者何人，又大骂而罢。王终亦未见此信，自此后，对于报务，益行消极，延至十一日，王益不能安于编辑室矣，遂对员工发表停刊意见，谓："予岂能受此羁绊，夜深不得睡，行受牵扯。予岂能受此羁绊者，且诸君又岂能受此苦辛耶。今且停刊，俟谋切实办法，以作久远计可也。"遂翌日刊启事二则，一以报馆名义，宣传停版，一为王之个人名义，辞曰："投林倦鸟，原无志于高飞；恋岫归云，尚有意于小憩。铅刀偶试，辱荷垂青，樗木不材，原宜善卷。兹以友好敦约，复作旧都之游，续俟琴剑言归，再作曝芹之献。"于是诞未半月之新刊物，遂如此无疾而终。

　　王既将此羁绊铲除，乃得专力于所谓自然的组合，闻王已向家庭中游说，据云已无问题，是则佳人才子，相得益彰，行见佳话流传，津沽竞说，新夫妇之俪影，想不久定可于《北画》中于〔与〕读者相见也。

（《小日报》，1932 年 1 月 24 日）

谈谈《大亚画报》与沈叔逵先生

何海鸣

　　辽宁省沈阳商埠之《大亚画报》，于"九一八"在上海复刊矣。自上年"九一八"因暴日侵占沈阳而停刊，迄今适一周年，而亦即"九一八"最可哀痛之纪念也。吾国人醉生梦死之光阴，自"九一八"后，荏苒已及一年，虽日日以收复失地为口号，而东北固无尺寸之地收复，其真正得复者，唯此《大亚画报》之复刊耳。吾虽为《大亚画报》庆，能不为东北悲及中属悲乎。且《大亚画报》本在沈阳出版者，例应仍在沈阳复刊，顾乃不能，而须假地于上海，亦仍为可悲与可耻之事。彼空言收复东北失地者，不特负中国、负东北，兼负我《大亚画报》矣。

　　以上所云，乃予对于《大亚画报》复刊之感想。兹更以《大亚画报》往日之历史，介绍于复刊地之上海及全国。昔日东北之报纸，虽亦有多家，而负有宣扬文化、提倡美学之使命之画报，仅有《大亚》，且其经过之历史亦甚长，是皆吾挚友溧阳沈叔逵先生个人艰难缔造与辛苦经营之所致也。叔逵初本为财政经济专家，曾服务于东北银行界，乃薄银行事业不为，出全力以创刊此画报。初出版时，尚用石印，其艰苦或同于开辟草莱，而于沙漠中种一奇葩异卉，只以时有毅力，孜孜不倦，经长时期之灌溉，不断之劳作，始得逐步精进，蔚为大观。使东北昔日之执政权者，亦有叔逵此种办报之奋斗精神，以谋巩固边圉，力图治理，又何至为暴日所乘，有去年"九一八"之变，致危及我东北与《大亚画报》哉？叔逵又生性伉爽，喜交游，东北昔日之显贵，莫不乐与之交，设叔逵舍办报而慕富贵，实不难致身于宦途，然叔逵视《大亚画报》如生命，视宦途为罪薮，不欲辱身，亦不欲易志也。其与显贵交游，不过随时尽其友谊，婉进策善之忠告耳。故《大亚画报》之在东北，除绝对不受任用〔何〕津贴外，东北当局以及民众，无不乐为推消〔销〕，而获得巨大之成功焉。

　　予前三年曾有沈阳之行，卜居半载，迹近隐遁，幸获交叔逵，始有友生之乐。而叔逵肝胆照人，屡济我于穷危，屈指生平，朋侪中厚我如叔逵者，殆不多得，不图于沈阳之行遇之，此行诚不虚矣。前年夏初，离沈至津，迄今虽未获再晤叔邃，而于《大亚画报》之文稿，投寄未有间断，聊当沧海一粟之助。去岁"九一八"变作，久未得叔邃音书，至以为念，以叔邃之《大亚画报》，平日诋斥日本在东北之暴行最力，日人曾衔之甚，其安全殊可虑也。惟内子屡言，沈先生忠厚人，当获天麻，必无恙，而叔邃果平安脱险，归其故里，且又于上海经营上海之复刊矣。

此次复刊之《大亚画报》，以叔邃昔日在沈之毅力，经之营之，其发展当更优越于在沈之时，可以预卜。予则卖文为业，多以海上各报为主顾，自应益为叔邃尽臂助之劳，不同泛泛。兹于复刊之始，略述画报经过、叔邃生平，及我二人之交谊亦介绍于沪人，报告于全国，并祝《大亚》发达，叔邃健强，与国步更新，东北及早收复，俾叔邃将来扩充《大亚》于上海、沈阳两地，各别出版，期期不断，以至于亿万斯年。

（《大亚画报》第 324 期，1932 年 9 月 18 日）

告别《良友》

梁得所

这是一件应该告诉阅者的事：我最近辞了《良友》编辑职，这期出版以后，就和诸君一样做一个《良友》读者了。

"为什么呢？"阅者不免要问。或因关怀的原故，以为我应该守成，或者猜想我厌倦笔墨生涯而另有高就吧。

猜忖尽管猜忖，本来个人职工问题是不必在杂志讨论的，不过借此可以谈谈我对于个人与事业关系的意见。又来一篇随笔好不好？

我觉得人有许多地方应该学学禽兽。比如鸡犬，它们养育儿子，幼稚时爱护无微不至；到它们长成了，母狗母鸡就再没有追数以前的劬劳。现在我说这点，阅者不要以为我把这杂志当作自己儿子，其实我只是一个雇来的保姆，八年来日夜看顾他，因为爱顾之切，有时别人见了还当作是我的儿子哩。现在这孩子虽仍需要看顾，可是像进了学校的年纪，本身结交了许多良友，有师长校医共同照顾，那家庭式的保姆责任就轻了。并非说责任轻就要走，不过此时如要告辞自己觉得放心了罢。几年来这小孩子有时因保姆给他吃错点东西，不免害过一两次发烧；或因偶不留神让他在扶梯口跌过一两交。幸而没有夭折，还算与年俱长。此时做保姆的告辞卸责，心里只有由惶恐而感到一点欣慰而已。

事业是大众的，其成就不是个人的成就。比如八年来《良友》杂志销数由三千进到四万，关键非常之多，营业得法，时机适应，阅者爱护，投稿踊跃，然后加上编者的工作。自己既明白是参与的一分子，时刻提防免误事，留不敢谓守成，去更无所居功。

或者说："怪不得，你对事业看得那么轻，一旦有优厚安闲的职位自然可以吸引去了。"人终归是人，谁都爱享受。"牺牲"二字是我们平常人谈不到的。但如果只求安乐享受的，大概早已改行了。我们这辈人生活需求是很简单的，事实上现在已够安定，离此而去势必没有现在的舒适，但我相信此后可因服务效率策进而增愉快。如果多一点劳悴而能满足意志的企求，我承认这是一种自私，戴不上牺牲的冠冕。

为求工作上理想之实现起见，我认定环境有变换之必要。虽然公司和同事诚恳的挽留，而我在情感上亦未尝不觉得同样难舍。但结果同事朋友们不能不了解我处事一经决定绝少犹疑的特性。好在现下编辑部已有相当组织，我就可以把杂志手续和摄影团等等兼顾的事务整理交代，八月十五日我在《良友》的职守就完结了。

我爱《良友》，正如保姆辞职后仍然爱那少主一样。今后职责虽解，勤助之心常在。或者换了方法和立场，另有新的促进方法亦未定。

回想八年服务期间，为了自己学识所限，工作上有许多心余力绌的地方。阅者不责，屡予嘉勉，汗颜之余，自当本着已往经验，在社会上谋继续的贡献。我的手尚能执笔，脑还肯思想，与阅者相见的机会多着哩。

就此留着几句职务上告别的话。谨祝人间友谊悠久，正如《良友》杂志的前途，进展无穷无尽！

廿二年八月，在《良友》编辑部

（《良友》第 79 期，1933 年 8 月）

吴稚晖先生谈《世界画报》

张光宇记

某次在上海世界社举行一种学术聚会时，我很荣幸地遇见吴稚晖先生。我素仰吴先生是一个善于说话，会做好文章，同时是非常热心于画报事业的老前辈。因此就借办画报这一个题目，请教他发表一点意见，给我们做参考。

那一天，吴先生的兴致似乎特别的好。他特地拖了在会场中的李石曾、褚民谊两位先生，给我介绍。说："我们三个人，都是办过画报的老同志。在二十多年以前，我们在法京巴黎共同编印过两期《世界画报》和《近世界六十名人》画册。那时候我们组织一个集团叫做世界社，专门编印画报。印刷所设在巴黎，画报中所用的中国铅字，都是特地从中国装运到法国。因为外国的排字工人，不识中国字，于是由我和李、褚两位先生，亲自动手排字。我们不但要动笔做文章，而且还须兼做排字、制版和印刷的工作。我们今日在这里所建筑的这一座高大洋房，就是纪念当年发行《世界画报》的那个初期的世界社的。"

听了吴先生这几句谈话，不禁使我回想起童年的旧事来了。《世界画报》第一期出版，是在光绪三十四年（公元一九〇七年），在上海四马路望平街（即今日的福州路山东路口，时代图书公司的附近）有一家挂着"世界社"牌号的书店，看见过一种八开大本、格式精善、印刷美丽的画报，里面有几张人胎、鸡胎、龟胎的照片，和两张彩色精印的英王查尔斯第一及法王鲁伊十六上断头机的图画，都给我以极深刻的印象。当时我即爱不忍释，不过因为定价须售大洋二圆，我是一个小学生，虽则那时候天性已极爱好美术，但是我终于无力购买。而且，那时正当光绪皇帝登龙座的末一年，像这种□□□□□的画报，做家长的都视为危险物品，我那里有幸福会到手作为父母赠给子女的恩物呢？

那天我把我的童年回忆讲给吴先生听后，他愈发起劲起来。他指着褚民谊博士对我说："那时我和褚先生等，都努力于介绍世界的科学及世界进化的略迹。我们在第一期上，即介绍达尔文的进化学说，和郝智尔的进化学说。那几篇关于人胎与兽胎的比较论文，或许还是出于褚先生的手笔，因为他是对于胎学特别有研究的兴味。"

我私人暗想，吴先生的记忆力真强。褚民谊先生不是一个卫生学博士吗？他曾经用法文写过一篇关于免孕的论文。我们现在都只知道褚先生是现任行政院的秘书长，是一个提倡运动及拳术不遗余力的人物，谁知道他原是一个专心研究科学也曾经办过画报的热心人呢？这真如大家都只知道吴稚晖先生和李石曾先生都是当今党国的元老，谁知道他们两位还是中国画报事业的开山老祖呢？

《世界画报》初次发行的时候，不用说在中国是属于空前的创举。即使在印刷界进步甚速的日本，也没有那样精美和豪华的类似性质的画报出现。《世界画报》真可以骄傲地占坐东亚印刷界的第一把椅子，是东亚画报中的鼻祖。

在形式方面，《世界画报》有两种特点：第一，是版图清晰；第二，是编排醒目。据吴稚晖先生自己说："我编《世界画报》时所担任的工作，特别注重印刷方面。我自己慎重研究摄制铜版的方法，如怎样垫版，选用怎样性质的纸张，可以使版图平均地纤毫毕露。在编辑方面，也颇注意到文字和插图的排列和支配，怎样可以合乎读者兴味，使人一目了然。好在排字都是自己动手，文字的长短，都可以自由伸缩。有时我做文章，最先并不动笔写稿子，我只打好了一个腹稿，就到铅字架上去检寻铅字，像外国人用打字机器一般地做稿子。这样对于文字编排方面，倒反而要觉得省力方便得多。"

那一天，吴稚晖先生谈论画报事业时，他发表了许多许多关于图书技术方面的事件。恰巧邵洵美先生也在旁边。吴先生先极口赞美时代印刷公司刊行各种画报印刷的精良，说是中国今日的印刷界已有极迅速的进展。邵先生问起他关于影写版技术的改良方法，吴先生笑着摇头说："那我完全是一个外行。因为在二十多年前，当我们印《世界画报》时，还没有发明影写版的印刷术，那时铜版也才流行不久。我对于影写版自己虽没有研究过，但是依我看来，或者就是对于普通铜版印刷术的一种相反的新技术吧？在普通的铜版印刷术，是用油墨滚在铜版凸出部份的网线上。影写版的不同点大约是在凹陷的部份。""吴先生言之有理。所以近人也有称铜版叫做凸版。影写版叫做凹版的。"

世界社的三位老同志，那天忙于演说及招待来宾，我们能够得到吴先生在百忙中抽出十五分钟的时间，给我们的画报贡献了许多有益的意见，真是觉得十分荣幸而且感激得很。吴先生等在二十七八年前所编印的画报，我私人幸都已收藏具备。现在把两期《世界画报》的内容，略为撮要介绍于后。

第一期目次，共分世界各殊之景物、世界真理之科学、世界最近之现象、世界纪念之历史、世界进化之略迹五类，共五十六页，均用重磅铜版纸精印。报首刊巴黎大学教授南逮博士 A. Naquet 的法文原序《东方与西方论》，及姚蕙的译文。序文大意是根据世界进化的学理，促进东方与西方携手合作，以建世界大同的始基。所以在该期文字方面，特别注意介绍达尔文及郝智尔的进化学说，共占十六页，详述达、郝两氏的行略，著述目录提要，及各种生物解剖，生理比较的图表。又在"世界现象"一栏中，刊有上海公堂案英租界扰乱照片三幅，是上海外交史中很名贵的材料（参见附图《上海权利之竞争》）。此外，如上海女子天足会的大会照片，中国新军，及出洋调查专使等的图像，在今日，都变成为有历史价值的新闻照片了。

在第一期中，还有一篇很可注目的文字，为《君民权利之消长》，恐即出于吴先生的手笔。那时正当清代末叶，革命先进们鼓吹民权思想甚力。该文颇具匠心，但措辞极巧妙。如结论中说："自印刷器出，而民智之开，一日千里，民权之伸长，君权之减缩，较之古昔，实为一加速比例。其开幕则在英，次及美法。至拿破伦绝代英雄，亦不能成从帝王之永业，此非才力之有所绌，实时为之也。然世之君人者，亦人群中之一人，断非兕虎豺狼，别为异类。苟随时势为演进，明卫群之义，则见群德之进，亦且欣然，而己亦必与承其休也。故历史之事实（即《查尔斯第一奇祸》《鲁伊十六之惨剧》《拿破伦之末路》等图说）以为鉴戒，将求和平吉祥之果，于我此后之人群，时势进，而悲惨之剧必可减矣。"

第二期的编辑目次，略如第一期，惟篇幅增至八十六页。在科学类中，介绍巴斯德的微生物学，穿照物体的 X 光学说，电传照相术，及新式德律风等等。在世界最近现象中，关于中国时事的图文，有上海商会团练兵过租界，中国男女吸食鸦片问题，淮北饥荒等等。该期特别注意介绍欧美教育及户外运动，举凡竞舟、体操、游水、滑冰、滑雪、踢球、击球、蓝〔篮〕球、竞马等，都有详细的图文说明。并介绍西洋、中国及爪哇的演剧，译录西洋名剧本事及照像二十余种，如歌剧《蝴蝶夫人》《风流寡妇》等，也都列入。这篇文字，恐怕是出于李石曾先生的手笔，因为李先生素来爱好研究西洋的戏剧与音乐。那时他还编译过一本比国音乐家欧思东的《新乐谱课本》，及《鸣不平》《夜未央》两种剧本，同列为万国美术研究社的丛书。

　　世界社除了出版两期精美的《世界画报》之外，还选印了《近世界六十名人写真画集》。封面外印的是达尔文像，其中六十人，都是可以仪式可以敬佩的欧美著名人物。在每张珍罕画像之下，缀以每人的生平小传，文字趣味浓深，等于是一部豪华版的名人传记。六十人的姓名依次列表如下：

贞德 Jeanne D'Drc	罗兰 Marie Rolland
巴古宁 Alexandre Bakounine	裴根 Francois Bacon
萧尔孙 Horace Nelson	毕斯麦 Othon Von Bismark
叶斯璧 William Shakespeare	拿破伦 Napoléon 1er de Bonaparte
马格斯 Karl Marx	戴楷尔 Réne Descartes
惠灵顿 Authur Wellington	斯宾塞 Herbert Spencer
克林威尔 Oliver Cromwell	瞿惠业 George Cuvier
南沁甘 Florence Nightingale	牛端 Issac Newton
陆谟克 Jean Lamark	巴斯德 Louis Pasteur
孟德斯鸠 Charles de Montesquieu	海哲尔 George Hegel
濮皋 Paul Broca	服尔德 Francois de Voltaire
法雷台 Michel Faraday	赫胥黎 Thomas Huxley
樊克林 Benjamin Franklin	威廉第一 Welhelm 1er de Hohenzollern
裴在辂 Pierre Berthelot	李萧 Charles Linne
孔德 Auguste Comte	陶斯道 Léon Tolstoi
卢骚 Jean Jacques Rousseau	毛奇 Helmuth. Von Moltke
卢月 Clémence Royer	狄岱麓 Denis Diderot
许峨 Victor Hugo	邵可侣 Elise Reclus
斯密亚丹 Adam Smith	马志尼 Guiseppe Mazzini
郝智尔 Ernest Haeckel	康德 Emmanuel Kant

穆勒约翰 John Mill	南遝 Alfred Naquet
华盛顿 Georges Washington	皐利波的 Guiseppe Garibaldi
梅晓若 Louise Michel	华特 James Watt
格兰斯顿 William Gladstone	龙蒲束 César Lombroso
鹿化西 Antoine Lavoisier	林肯 Abraham Lincoln
劳伯伦 Albert de Lapparent	边沁 Jérémy Bentham
达尔文 Charles Darwin	柯伯坚 Pierre Kropotkine
劳百宿 Pierre de Laplace	嘉富尔 Camillo di Cavour
苏斐雅 Sophie Pérovskaia	高特 Jean Goethe
裴乃德 Claude Bernard	居梅礼 Marie Curie

（《万象》第 1 期，1934 年 5 月 20 日）

我与《大众画报》

《大众画报》编辑 梁得所

　　每逢新春年头，刊物多征特稿，而自述一类文字更觉广遍爱读。记得去年《东方杂志》发表胡适之先生以《逼上梁山》为题，述当年提白话文成事的〔经〕过，和王云五先生述商务复兴《两年来的苦斗》，两篇文章我曾一气读完。现在《人言》叫我述《我与〈大众画报〉》，使我无意中联想起胡王两文，第一点是觉自己的事殊未足对社会述，第二点如果要述的话，文长恐要兼拼《逼上梁山》和《两年来的苦斗》，若然，《人言》虽出专号亦载不完。但郭明先生不必担心，我不会写长的，因为我正处在言论不自由环境中。

　　自从进疗养院个多月以来，言论失了自由。朋友来访谈到一半，看护便奉医生命下善意的逐客令。写文章吗，医生虽无明令禁绝，但说过如果我想神经复强，暂时少写为宜，这比强权禁制〔止〕言论自由更为厉害。

　　闲话休提，且说我在出版工作各部门中，画报方面向来留意较多，所以当大众出版社办立之初，就先出《大众画报》。画报无非智识思想传播工具，也就是精神的荣养品，一如肉体的荣养，具有许多方式。就我现在说罢，每天医生给我打一针蛋黄素，直接增加体内蛋白质和脂肪质；又吃砖片，增加石灰质。这两种荣养法在触觉、味觉上多少是属于痛苦的，但为体质所需，也就乐于接受。此外最使我易于接受的，是一日三餐的混合食。这些饭餐注重烹调适口，饭菜中含有各种荣养质素，可是大部分是变粪的多余材料。并且像胡椒末、辣酱油等，严格来说其刺激性对我的神经是有害，但少量调食足以增加食欲，不知不觉中促进荣养。

上面所举几种荣养法，可以用来比喻几种书报。注射蛋黄素好比捡〔检〕阅辞典，提取精义以求简明；吃砖片好比读论著，往往乏味而有益。至于三餐混合食，就像杂志，尤其像画报。画报的悦目效果足以增加读欲，甚至有一部分材料严格来说是不必要的，但少量调味亦自有其效用。在新闻或科学材料之后发现一页彩色美女，这当然不是必须看，但我不相信你不爱看。至于一幅照片、几句说明，往往自成文章。画报的方式易于形成混合食，里面含有各种荣养质，可以使在不知不觉中吸收。因有这种情景，画报比别种刊物易于普及。

混合食欲求完善，比蛋黄素之提取较难，虽然厨师学识不必如化学师。制练化学品是有标准的，烧菜巧妙难传。厨师要有科学常识则取材有竭无毒，然后用艺术手腕供出。画报要编得好，很不容易。

我对编辑事业有许多理想，至今还未能尽量实现，但我是常在求其实现。《大众》创刊以来曾得实现一部分，今后更望在无标准中寻求较高的标准，用比喻来说，就是适口之外，求其含多量的荣养质，而且易于消化。编辑工作我是喜欢做的，也不怕其繁琐。一个人总得有种职业，专事谋生太无意义，纯粹作社会服务事实上也办不到。我觉得出版事业是半社会的 Semi-social 工作，所以喜欢得在这种事业里尽一分子的微力。

因为暂时言论不自由，完了。

（《人言周刊》第 2 卷第 1 期"一周纪念编辑特刊"，1935 年 2 月 2 日）

《图文月刊》伍联德将去广州拿货色给老板看

黑　君

伍联德离开《良友》后，为挣面子，自办图文出版社，出版印写版精印八开大本的电影杂志《影坛》，算是试试财运如何。但结果因杂志的印刷纸张虽好，内容太空泛，只能销个三千左右，终于停刊。同时，伍先生努力钻营商务的脚路又告失败，弄得他一时无路可走。竟想跟潘有声合作编《艺声》，以捧胡蝶为条件，要潘郎在中华广告公司设法按月拉五六百元广告费，而那时中华广告公司本身因帐务不清，难渡年关而结束了，这正使伍联德一筹莫展了。

而伍联德忽然又出版《图文月刊》了，那么厚厚的一册，只卖二角，可是只就其纸张与印刷的成本，据吃印刷饭的人说，至少要印一万份以上，每册成本也需二角。在这个年头儿，像《图文月刊》要立住脚是不容易的，人家料他不月蚀一千八百还算常事哩。

那末，伍联德现在会情愿做这蚀本生意吗？就是他愿做，他现在的经济力量够得到吗？况且伍联德在做生意方面决不是个傻瓜！原来伍联德之创办《图文月刊》，抱着打倒《良友》的野心。在创刊之前，伍联德和广东方面的某要人接洽过，答应拿货色来看过，再拨款子下来。现在《图文》创刊号出版已久，第二期也快出版了，消息传来，伍联德于第二期《图文》出版后，就要拿了所谓货色去广州给后台老板看了。我们希望那个后台老板，看过货色后，能表示十分满意，大量供给法币，以免印刷得不错的、厚厚一册的《图文月刊》也短命。

（《社会日报》，1936年2月12日）

忆两故人

秋　尘①

中国之首创铜版画报者，为上海《时报》之《图画周刊》，主其事者为去年新故之名记者戈公振氏。戈近数年来努力国际宣传，著有伟绩，方期其大展抱负，而天不永年，赍志以没，惜哉！

平津之首创铜版画图者，在平为《图画世界》，出四期而止，在津为《北洋画报》，均冯武越所主持。冯以身体积弱，三年前始将其心血所凝结之《北画》转让友人，刊行至今，破全国画报期数之纪录。养疴西山者已两载，终不起，于四十日前作古，亦可慨也。

戈为江苏人，冯则粤籍。两君皆温文精细，冯尤酷爱艺术，好学不倦。戈在新闻界上已博盛名，冯并此而不得，是亦有幸有不幸欤？

冯为作者至友，戈亦相识数年。于《玫瑰画报》创刊之日，谨以此二画报先进介绍于

---

① 即吴秋尘。——编者注

读者。

（《玫瑰画报》创刊号，1936 年 2 月 28 日）

冯武越先生小传

唐兰、李壮飞合撰

　　冯武越，名启缪，粤之番禺人。早慧，慷慨有壮志。共和肇建之岁，年十六，负笈走法兰西，又之比利时、瑞士，潜心于航空机械及无线电等学。学成，更漫游欧美诸邦扩实验。十年春回国，入航空署，迭为航站管理讲习所机械科教官、航空名词审订委员会委员、编查科科长、《航空月报》总主任、技正、参议。其间曾一为农商部咨议，一为京畿警备总司令部参议。十四年，又入东北航空署为总务处第五科中校科长及佥事上任事。次年夏，天津益世报馆聘为总监察兼撰述。是为武越珥笔为记者之始。由是而回翔于京奉铁路管理局、直隶全省矿政监督公署及国民革命军第三集团军第十五军者又数年。然非武越之志也。虽十九年复为东北边防司令长官署东北文化社委员，旋主编《东北年鉴》，二十三年为十五路军总指挥部少将参议。武越益视之蔑如也。

　　原夫武越研习航空机械及无线电之初心，其自殆不可一世，顾以性率直，不屑随俗俯仰，终不得以展其才。是宁独武越一人之不幸哉？武越宿有肺疾，年方壮，体已伛偻，然心雄万夫，治事勤，有进无退，则非常人所可及。近岁自以不得志于时，一敛其豪迈之气，反而含咀韵趣于墨书艺圃间。创《北洋画报》，开北方画报之筚路，经营七载，实大声宏，惜叠遭父弟丧，病加剧，而于扶榇归粤、习静养疴之际，犹摄华林寺五百罗汉象，至于逾月之久。

　　其酷嗜美艺为何如耶？善绘松，且精颖拓佛像，病中书《金刚经》，未尝一日间辍。尤喜延并世艺士誉，遇有事，不惜勤怨，必襄厥成。睹杭人钱达根画及摹印，辄恨相见晚。粤中画家黄少强、赵少昂来津展览其所为画，武越方卧病故都，闻之即至而为之游扬，虽体力弗胜弗顾也。

　　病中多居北平之西山。二十五年一月十二日病笃，入城就疗于德国医院，中途车败，至院已昏厥。展转八日，以一月十九日卒，年三十又九。夫人赵氏，名绛雪，善书，明敏练达，于武越事多所赞画。子二，健龙、健麟，女健凤，均尚幼。

　　呜呼，吾闻武越年少时，刚猛喜斗，数年来朝夕处，则惟见其恂恂然谈艺事耳。夫使武越虚负创作之才，数踬于境，止以艺事闻于时，方及中年，憔悴谢世，是果天之厄之欤？是果天之厄之欤！

（《天津商报画刊》第 17 卷第 18 期"追悼武越专页"，1936 年 5 月 3 日）

《上海画报》拾遗记

憩　庵

人生觉得太空虚了，不到一百年的光阴，无论亲疏好恶，仿佛天天在看电影，一幕幕从眼睛前过去，就一幕幕在眼睛里消灭。故友毕倚虹，逝世十年了，如今文艺界里、宴会场中，提起他名字的恐怕已经不多。前天家中人因为积存的旧报纸，太腌臜了，一箍脑儿送到杂货铺子里去，供他们覆瓿里物之用。我猛然想起里面有不少《上海画报》，散失是很可惜的，逼着他们去要回来，那知道已被拖散，好容易收拾得三四叠，拿来整理一下，巧极了，从第一期到一百期居然完全无缺，或许是倚虹灵爽所凭吧！

读者想多知道，《上海画报》是倚虹一手创办的，但拿这一百期旧报，约略复阅一过，那真可怜。这画报差不多就是倚虹催命符，你想一个人有多少精神，要筹画资金，要搜集材料，还要伏在案上，编辑、做小说，还要跑到印字局里，排比、校雠、监视印刷，约摸出到五十期光景，他已自己感觉到精神不能维持，到得七十余期，连一篇小说（《新人间地狱》）都不能再做，盖已病得不成模样了。第一百期的纪念号上，天笑有一篇文字，说"我们三日一看《上海画报》，便要忆着倚虹，便要想到倚虹的病"，这话沉痛极了。这时为民国十五年四月，距《上海画报》出世期（十四年六月）才止十个月，而倚虹即于是年五月逝世，到今年恰恰十年，仅赖有这百张破纸，动人怀想罢了。凡是藏有《上海画报》的"倚虹之友"（倚虹病中犹思编印的小说月刊名）能不感慨系之吗？

（《晶报》，1936 年 7 月 11 日）

伍联德还是干老本行，大业出版社组织成立

《良友》创办人伍联德在脱离良友公司以后，曾当了几个月的《图文》老板，结果《图文》在编辑方面虽有优美的成绩，但营业方面是失败了！于是伍联德在结束了《图文》的一切以后，便离开了上海，而作南洋群岛之行。

在陈嘉震陈尸上海殡仪馆，举行大殓的那一天，吊客中忽然发现了伍联德，原来已从南洋回来了。有人问他到南洋去了一趟收获如何，他只是摇摇头。

可是在最近的半个月里，伍联德又有了新发展，他找到了一位后台老板，那便是承印农民银行钞票的大业印刷公司的老板阴沟博士李祖法。

伍联德与李祖法一向友谊甚深，影后胡蝶与潘郎有声结婚的喜帖，便是伍联德托大业公司印赠的。现在伍联德获得了阴沟博士的支援，已组织了一个大业出版社，从事于新刊物的创办。目下，伍联德已拉住了两位合作人员，一是前《图文》编者之一的徐心芹，一是被梁得所轧出了的《时代画报》编者张大任，担任新刊物的编辑事宜，而新刊物的名称则已决定为《国情画报》，内容将侧重于硬性一方面。现在伍联德已在四川路租定了房屋，将大业出版社的牌子挂出，同时《国情画报》也已经筹备得差不多，大概不久将问世了。

（《社会日报》，1936 年 10 月 21 日）

伍联德独霸画报界

未然

以出版《良友》成绩斐然的伍联德，近来又振起了。他要以绝大的资力，建树一个画报什志年。

他的计划是准备出五种画报，家庭、国情、儿童等，每六天出版一种。现在一种叫《儿童生活》的画报，标定出版的日期一九三七年一月十日，可是本月的十日，已经可以在市上读到了。这种精神是取法于东邻的什志界的，东邻什志常常在半个月前就印好发行。

此外一种叫《家庭什志》的是仿照日本的《主妇》和《妇人之友》的，内容侧重家庭

工业、家政等，已由一位姓何的女士主篇〔编〕，在这个月十五日也可读到。这种先期出版的精神，非资才两足是谈不到的。

其他《国情》等画报，也提早先在年内印就，依期发行。这一特点是其他书店所不易做到的。

（《社会日报》，1936 年 12 月 24 日）

吾怎样开始学习摄影

王劳生

我在小学时，图画一科，常列丁等，画笔不听我指挥，颜料对着我揶揄，真使我难堪。但是我对于绘画的爱好心，是非常热烈的，名人画册与画展，每使我神往不置。我自知是个低能的人，绘画的天才不容我占有半分，我为了艺术与我无缘而生怨望。

有一天我用镜箱摄取风景，觉得所获结果尚含画意，经过几次试验，我发觉镜箱原是机械化的笔画，一面我参阅了好多种摄影书籍，暗中摸索，终算修完了摄影的普通学程。低能如我，虽不能握住画笔，却能运用镜箱，这并非是我的长处，正借镜箱的精密的机构，补偿我的愚拙而已。

初学时，视入选国际沙龙及外国影鉴为难事，但后来均使我如愿，因此我认为摄影实不足居奇，是每个有心学习者，都能享受而容易成就的一种艺术，不如绘画只供少数有天才者所独占。

郎静山

说起照相，使我印象最深刻的，是我小时候看见先君一张放大设色的照片，那时我才三四岁，记忆力很强，觉得这样照片，和他原来面目毫发不爽，便使我感到很深的兴趣，这是我起始注意到照相的一个启发。

十四岁时入南洋中学读书，图画教员李靖澜先生，有时照相冲片，用白金纸印晒，我便起首和他学习。寒假回家，便自己做蓝晒纸印相，并对着穿衣镜自摄己像，当时很为得意。

民元我入申报馆做事，有时晤胡伯翔君及丁慕琴君，那时他们照相相当多，各有只柯达袖珍摄影机，我也常常借用，又和亡友沈泊尘君常在一起到哈同花园去照相。有一时期，在青年会寄宿，我每天在曹雪赓君的暗房印照，几废寝食。一天照得一张荷花池柳树的园景，慕琴甚为赞赏，戈公振君便将这张照片并和我其他的许多照片，登在《时报画报》上，这是我的照片第一次在刊物上发表。但我也从未到别的刊物去投稿，那时刊物少，照相的人也不多见，只有公振有这提倡的兴趣。

一日聂管臣君介绍我认识胡筠籁君。他是很有志的 AMATEUR，他的照相机很多，而且当时欧洲所出的他都有，并有各种照相杂志，于是我又多了一位导师。民七八年间，时日却记不清了，有一天筠籁对我说有一西人上海摄影会展览照片，介绍我去参加，地点在亚洲文会，照片陈列在四边书桌上，分为三等：A 是照相、冲洗、放大完全自己办的，B 是照相和冲洗自己动手，仅请人代为放大，C 是除照相而外，均求助于人。我的照片列在 B 等，送去四张照片，入选有三张之多。这是我第一次在展览会出品。

民十一年三月三日，法国霞飞将军到沪，曾在法国公园举行植树式，我开始摄新闻照片。那时除外国报有记者照相外，中国报馆似乎无人前往，继后《时报》用的新闻照非常多，我乃大照其相。民十五后，照相朋友一天多一天，常听人说照相材料进口年值几百万至二千万，每览外国照相年鉴，又竟无东方作品，使我感到兴奋。一九三一年乃与黄仲长、徐祖荫、刘旭沧等，发起将照相送往外国展览。

这是我一篇照相的糊涂帐，今《良友》发刊摄影百年纪念特辑，属余记述我如何起始照相，乃信笔略记所经历，聊以塞责。

陈传霖

我真感谢《良友》编者张君的盛意，因为他要我写一篇关于摄影的文章而把我过去的生活又回忆了起来。虽然在我的生活史上没有什么值得回忆与赞美的地方，可是那种不然而然的美——人的美，物的美，光的和自然的美，很容易的就呈现在心头。

关于摄影虽然有十多年的历史，可是说到艺术的成就，我却惭愧得很。的确，美的艺术生活始终还是靠着美的心灵和美的感觉。

记得在童年读书的时候，对于图画，我已感受到兴趣，可是艺术的教育还没有相当的发达，同时因为自己天才不够，结果并没有意想的那样美满。尤其在好奇心正在极度的发展的当儿，看到一幅四方箱儿和一张开牙齿的动物照片的广告，无疑的，这对于我的思想就发生极大的感受和变化，这种神奇的变化，结果就是我十多年来镜箱生活的开始。

我认为无论那一件事情绝对没有完全的成功和失败，这就是说人类的欲望是无穷的，永远向上跑的，什么都一样，摄影当然也不能例外，不然的话，摄影工具那会发展得这么快？所以事情的开始总是由兴趣而努力，由努力更感到而兴趣，这样关连的现象，就是我们所谓因果的关系。至于我呢，我是始终还在努力的过程中呢。

黄仲长

回忆儿时闻家中乡妪谈，凡人拍照者，其神即被摄取，每蒙不利，若病者愈后照之，反可脱灾，言之娓娓，复证之故事，令听者闻之忘倦。先君子偶闻之辄呵止，且为余兄弟详晰其理，并释其妄，故束发受书以来，先君子对师资之选择极慎，类皆有科学智识者。每当课余时，随教师郊外散步，见有美景必用镜箱摄取，返家后冲洗晒印，日间所见即留印纸上。余虽未能摄之，然以此渐感兴趣。

十二岁时，适逢先君子寿庆，蒙赐小镜箱一具，喜跃之情，形之寤寐。自此家中婢仆皆为吾机之资料，断头残足，为吾机之成绩，只求入吾镜中，不求精良，全手术之优劣不暇计及也。如是者月余，所费底片不计其数，然余甚怡然自得，而最不惬意者为婢仆辈，盖渠等见所摄之照片，肢体皆为残缺不全者，每见余手携镜箱即远避，当时甚感英雄无用武之地。幸吾师假满来馆，每次摄影，从旁指导，自是以后，成绩渐佳，即对于冲洗晒印，亦能躬身自为之。

民国十五年得识郎君静山于海上，时相过从，获益非浅。尝念吾国数千年之文化美术，欧美各国虽不乏博学之士，然皆无深刻之认识，若能籍〔借〕照片以资流传，使海外者恍如目睹，发扬国粹，实利赖之。民国十八年由郎君发起与刘君旭沧等组三友摄影研究社，籍〔借〕以灌输吾国数千年文化，为国家增进光荣。十余年来，孜孜不倦，以随诸君子后，每逢海外展览，幸厕一席，兢兢自励，为国家民族光荣计者大，为个人艺术私誉者小。兹值《良友》张君嘱稿，书此数语，聊以塞责，读者或不以琐谈为厌乎？

刘旭沧

余性嗜美术，于图画尤所醉心，童时肆业塾中，课本插画，辄背师钩勒，着意临摹，但致力虽多，仅具模型，鲜能酷肖，引以为憾。思有某戚，尝为其家属摄影，时间既简，而形态逼真，心窃羡之，拟舍所学而从焉。翌日，即借其镜箱（系柯达克折式白朗尼），并集所储糖果金，购软片一卷而试摄之。因渴慕已久，急不暇择，第一张即摄路灯数盏，次为家人及家畜等，未及半小时，均已摄完，及洗出一观，有不清楚者，或重复摄者，但仍颇满意，如是约经七八卷。惜我戚之机，不能久假不归，又自力不足购机，偶见他人摄影，馋涎欲滴，尝乞彼为己摄影。彼以无片之镜箱给余，翌时询之，则云片已拍坏，余明知而无如之何，乃决将果金储积，历年而得置一较优之镜箱，但成绩反不如前，因镜箱愈佳，则手续愈较复杂。后得友人指导，所作渐有进境，兴致益浓，乃自习冲洗，至于废寝忘餐。高堂见责，余仍孜孜不倦。及后长者见余专力一艺，究胜于无所用心，亦听其自然矣。研求迄今，忽忽十余年，虽登峰造极，志有未逮，而此中甘苦，亦已备尝。摄影余暇，偶忆及学摄之初，往事经历，如在目前，笔之于书，以充日记之篇幅，不足为外人道也。迩《良友》张君为纪念摄影百周纪念，拟出一特辑，征余记述，余言之无文，无所贡献，聊录此以应。

邵卧云

人类爱美，是天赋的个性，因为性情不同，所以嗜好亦不一致，世界上从一个美字，便产生出许多美的艺术文化来，摄影是近代艺术的一种，我在幼年时代，最喜欢旅行郊外，看见美的景物，就把它收拾到镜箱里，久而久之，摄影便是我最喜欢的嗜好了，记得在宣统年间，我就买到了一只镜箱，开始摄影，第一次拍的，是城内文庙古迹，当时审美眼光，是谈不到，只求照片无病，已经十分满意，这张照片，前年在市博物馆上海文献展览会里陈列过，可以说是我三十年前的处女作，我历年的成绩很有几张，参加各国影展，今年有一帧照片，在伦敦皇家摄影会陈列月余，后来继续在各国展览。我常常披阅欧美名作，和书籍，是我研究摄影的方法，而我最欣赏者就是比国摄影家 LENARD MISONNE 的作风。中日战事发生，家宅被毁，在此环境之下，镜箱就是慰籍〔藉〕我的唯一良伴。

胡君磊

二十年前，我认识商务印书馆的鲁文辉君，因为他是照相部主任，所以对于拍照早有相当的经验了。那时我常常看见他，拿着照相机，拍了许多阅〔悦〕目的人像和风景，使我非常羡慕着，所以也买了一只三寸折叠式的白朗尼，来开始学习。后来，觉得摄影不但是一件有趣的玩意，而且它和美术、科学，都有密切的关系。因为我向来没有别种嗜好的，从此就与镜箱结下那不解缘了。

在华社举行展览会的时候，我也送几张照片去献丑献丑，居然很傲倖的被选而陈列了，这一来，使我对于拍照的旨趣更加兴奋。华社是上海最先创立的一个摄影团体，我是社员中最末加入的一个。该社曾经有过一页很灿烂的历史，后来因为社员星散，便无形停顿。真是海上摄影界最可惜的一件事情。

现在中国摄影界杰出的人才，已经逐渐产生了。但是不进而退的我，已成了落伍的一个。

陈民彝

在民国初年吧！有一位姓田的亲戚，他喜欢玩照相。时常为我拍照，有时到他家里，看着他做暗房工作，很感兴趣！那时，我对于摄影就有了深刻印象。过了几年转学到上海来，记得有一年，大概是民国八年，学校里举行春假，旅行杭州，我就兴奋地买了一只柯达镜箱，这可算我与摄影实际接触的开始吧。在旅行时间，到六桥三竺，拍了许多风景照，往后在学校里，也时常拍拍生活照，和人像照，更感兴趣地又买了一副柯达出品的简单冲晒器具，在宿舍扶梯下的小间，临时作了黑房，在红灯下依样的摸索着。到民国十一年，出了学校，进身商界，在这几年里，与摄影断了关系。后来因为在放假的日子，常常出去旅行，引起我的旧恋，又备了一只折合式的返光镜箱。然而在旅行的时候，仍是做记录照的工作。等到民国廿二年，遇着了摄影前辈邵君，和胡君，经他们的指导，对于摄影术，方始得了门径，并且络续阅读一点关于摄影书报和年鉴，从新置备了冲晒放大的用具，同时加入了上海摄影会，和各同志互相研究探讨，这才算是开始正式学习摄影了。

刘体志

七十年前，西学东渐，先二伯父已于此时研究科学。尝试验摄影，当时成绩，至今仍有存者，此可称为吾国摄影之先期纪念物也。余生也晚，未获先伯父之直接传授，至十二龄，翻阅家中藏籍，始得略解摄影原理。当时广州购买摄影材料尚非容易，欲施实验，苦无机会，乃嵌钟表匠所用之凸形"阳燧"（即镜头，见宋人《梦溪笔述》），于小厚纸筒中，推前抽后，得其聚光焦点成倒像于筒端透光腊纸膜上，喜不自胜，然仍以不能固定其像为憾事。迨有某摄影师惠以溴纸余屑，剪成图形，纳于纸筒后端，复加圆盖，使免泄光，又加圆盖于筒之前端，以作光盖，使仆人戴上大头僧假面具，将筒向准揭盖摄之，依法显形，果得负像，更用油腊渍纸使之透光，复印成正像于别纸之上，眉目毕肖，此吾试摄验影之首次成功也。翌年先严由香港购得箱形影机归，自是仍得切实研究，三十余年以来，屡易影机，细加试验，惟以业医关系，中止者屡矣，岂能与力求深造者竞美乎。

卢施福

不少朋友问我："你学习摄影有多少年？"我很直爽的回答："学摄影的人不是古董，年数越多越值钱，说一句笑话——有一位朋友，他在五十年前就买了一具鹦眼摄影机藏在箱子里，直到现在，他从箱子里取出那鹦眼机很夸耀的对他的朋友们说着：'我在五十年前就开始学习摄影了，你如不相信，这里还有当时买那鹦眼机的发票来证明呢！'"笑话说完了，现在还是谈正题罢。

我也记不清楚了，大约旧济中学毕业的十八九岁那一年吧，我把糖果费和车资省洋十几元买了一只柯达有记录铁笔的折式镜箱，从此就应了摄影家的称呼了。我怎么样开始学习摄影？我只知勤于摄取题材，努力暗房的工作，和阅读近代的各国摄影书籍，其余也不问年份，不要古董式的荣誉。初学的朋友说：摄影术的进展是跟着时代的巨轮前进的，只要勤于研习探讨，成绩是会一日千里的。

聂光地

这题目给我很有趣的回忆。

依稀记得是十九年前吧，那时我攻读于本市复旦中学。校址是徐家汇的李公祠，校内有水榭，有小池，有假山石，故颇有园林之胜。该时江湾大学部校址尚未购置，所以大学部和中学部共在一起。

记得有一天看见一位大学生拿了一只柯达摄影机东照西摄，不觉见猎心喜，不久是我的生日，父亲问我要什么礼物，我就提出了摄影机。

从英明照相馆，父亲为我买了有生以来第一只摄影机——是一个柯达折形镜箱，镜头是柯达本厂 US 式，那时市上的德国镜箱用 F 式光圈还很少呢。于是开始了我的摄影生涯。

那是一二○号软片一卷仅可摄六张。不用说回校后第一件事就是新机试影典礼。同学们成了临时主角，每片一人，一口气就拍了五张，大致第六张是我自己。试想第一卷软片冲洗出来居然张张有东西显出，不是人去了一个头就是少了一双脚，再不然就是人居然变出了两个脑袋和两个身体——可是，我记得很清楚，六张中确有一张内中人物身体俱全，五官清晰不缺，这一喜非同小可，欣慰初次尝试之成功也。这张人物似乎记得是位扬州同学姓方的。现在他本人不知萍迹何处，而他这张底片也不知何处去了。

那时买了几本关于摄影的书籍看看。英文的，因为自己程度太差，根本看了不能领悟。中文的，不知是编法不佳还是自己智识不足，看了仍是似懂非懂。以后索性一概不看，拿了镜箱瞎拍一阵，日久居然增加了相当心得，然而所糟塌的软片却不可胜计了。

后来有一位大学生指导我如何自己冲晒，这又好比哥伦布发现了新大陆。于是又买了些柯达的 M-O 显影液，大苏打粉，依尔福的 P.O.P.纸，柯达的 VELOX 纸，冲盆，晒架，红灯等件。夜课完毕，邀了一位姓曾的同级生到代数讲堂去实地试验，几乎每夜如此。教师的讲抬就充我们临时暗室——如此不知消磨过多少有趣的夜晚，有时甚至于夜课也赖掉。

十九年来，不知换过了多少种照像机，也不知耗费了几千几百张底片。回忆是甜密的。然而自愧是进步太慢，成绩太差，以视国内先进后学，均觉瞠乎人后，望尘莫及，书至此，汗颜无地，就此打罢住〔住罢〕。

（《良友》第 150 期，1940 年 1 月 15 日）

报人外史（续二九）·（十）自由之花周瘦鹃

玖　君

周瘦鹃先生在《申报》的地位和《新闻报》严独鹤相捋〔埒〕，登龙小史，同出一辙。周郎"自由谈"，严记"快活林"，包办两大报报屁股。十年前"自由之鹃"与"快活之鹤"，海派文坛祭酒，礼拜六派盟主，并重鸡林。各方宴请报人，座无严先生和周先生，算不得盛会，东道主事先托人代邀，到期专车迎迓，临时缺席，电话速驾，务必双双惠临，才觉"蓬增辉"，阖座生光。周严如此冲要，洵无限光荣焉。

不过周先生在《申报》，近十年来，小有变迁，没有严独鹤交常生运，任职《新闻报》一帆风顺，从编殿军的副刊，步步高升，至副总主笔，亚元屁股头。周则《申报》"返老还童"（六十周年纪念），故史老板厌旧迎新，任用新人（黄炎培、陈彬龢、李公朴、俞颂华、黎烈文……），周记"自由谈"地盘，首被缴械。后生可畏，留法新文艺家黎烈文抢摆擂台，周先生心血灌溉十五六年一朵自由之花，根深蒂固，老园丁相期白首的了，岂知"返老还童"口号下，摧枯拉朽，周先生第一个受排挤，攒出自由园地。意想不到袭击，怎不意懒心灰呢？蛰居吴门"紫罗兰盦"，拟效陶渊明《归去来兮》，种花东篱下，翘首望虎丘了。

故史老板见周丧失"自由谈"地盘后，徬徨无着落也，体念旧人，特别安慰，增辟"春秋"栏，使周失之东隅，收之桑榆。玩惯报屁股的周先生，依然拖条尾巴，于愿已足。礼拜六文艺，早受新兴文艺袭击，黯然失色，老矣朽也。周先生掌握旧文坛权威□十多年，顾影自怜，光顶（？）尊首，既添茎茎白发，更稀秃不少黑发，前额"五月不毛"，的确"春秋"垂老，换编"春秋"，倒名符其实呢！

（《奋报》，1940 年 4 月 12 日）

报人外史（续三〇）·（十）自由之花周瘦鹃

玖 君

周小南门民立中学出身，苏小乡亲（祖籍苏州）。天资聪慧，中英文卓具根底，中学生造诣使大学生甘拜下风。未进《申报》以前，投稿杂志报章，那时王钝根主编《礼拜六》半月刊，发表他的小说译作最多，以是知名文坛。

"天虚我生"（陈蝶仙）编《常识》，办家庭工业社，出品无敌牌牙粉，营业有"有意想不到之效力"后，面渐团团，脱去瘦削文丐寒酸态，摆脱"自由谈""常识"副刊辑务，向《申报》提出辞呈，投笔经商矣。"天虚我生"在《申报》，宾主相得，爰于当局热烈挽留时，"徐庶走马荐诸葛"般，介绍周瘦鹃庖代。陈于《礼拜六》同文，独许周后生可畏，乃识拔他进《申报》，继已笔政。周之于陈，生平第一知遇，日后成名，红且发紫，饮水思源，感陈奖掖，始终事以师礼。前月"天虚我生"的蝶"仙"老丈真作"仙"游，大殓世界殡仪馆之日，周赶往祭吊，讨穿白长衫，抚棺恸哭，便因此一段文字因缘，感恩知遇也！

周进《申报》，编辑"自由谈"，文名日隆，成海派文坛盟主。大东书局总理许骏声网罗名士，编辑书籍杂志，周亦受聘，主持《半月杂志》，一贯《礼拜六》作风，在民十前后，风行一时。三卷后，改名《紫罗兰》。说起《紫罗兰》——人面桃花相映红般——很有一段旖旎风光的外史足述咧。

周爱花成癖，尤爱紫罗兰，寓沪石库门时代，已"螺丝壳里做道场"，就天井一角，艺植盆景。俟移居吴门，纸上谈兵的"紫罗兰盦"，支票兑现，真的惨淡经营成一所幽雅园林了！周如愿以偿，意兴勃勃，广植紫罗兰，大蓄金鱼，文人登龙，有此象牙塔，殊堪自负使一般文丐羡煞愧煞！

（《奋报》，1940 年 4 月 13 日）

报人外史（续三一）·（十）自由之花周瘦鹃

玖 君

文人癖性不一，周先生垂青花中紫罗兰，既别致又风雅。他颜书斋曰"紫罗兰盦"，又改《半月》杂志为《紫罗兰》，和严独鹤受世界书局之聘，主辑《红杂志》，后改《红玫瑰》。两位报屁股名编者，兼馆外职务，亦走一条轨道，无独有偶，洵文坛佳话。

《紫罗兰》半月刊外，兼创《紫兰花片》，小型杂志，三十二开本日记薄〔簿〕式，活叶装订，玲珑精致。这是周先生的个人刊物，唱独脚戏，配双簧般完全一己的作品。他在大东书局，大交其紫罗兰花鸿运时，无巧不成书，春申江上忽然从天南翩跹飞来一头黄莺儿——歌舞明星紫罗兰，芳名恰是紫罗兰呵！

这时期上海歌舞界有黎明晖小父亲，标准美人徐来的标准丈夫（五年前脱幅移交给唐生智阿弟唐生明了），黎锦晖一曲《葡萄仙子》《毛毛雨下个不停》……汇□新潮，掀动全埠。南国少女紫罗兰，小小年纪，天赋珠喉，挟技来沪。艺人登台，例须联欢文艺界，俾捧场揄扬，快活之鹤、自由之鹃，文士班头，此中领袖。紫罗兰抵埠后，欣悉鹃□编辑，酷爱紫罗兰花，爱花及人，本人适投其好，乃挽〔浼〕接近周先生者引见。紫罗兰姑娘绝顶聪明，拜谒那天，持着紫罗兰色绸舞衣，发束紫罗兰缎带，丫角发辫加插紫罗兰花朵……另携紫罗兰花篮，□有紫皆备，无兰不臻。周先生接见之下，笑逐颜开，欣慰紫罗兰盦，破天荒第一遭光降本盦风光，嘉宾投合所好，吾道大行，对于紫罗兰姑娘特别垂青，热烈招待，声言"有缘千里来相会，本人嗜好的紫罗兰花，人海中意想不到有你这如花美女，妙舞青歌，蜚声南国，更来沪上广播新声。本人忝属护花使者，是当尽力捧场，如梅党之结梅社，创组紫罗兰社，务使红极发'紫'，不负爱花及人一段因缘"云云。

（《奋报》，1940 年 4 月 14 日）

报人外史（续三二）·（十）自由之花周瘦鹃

玖　君

紫罗兰初次来沪，芳龄二七，聪明伶俐的少女，登台献艺，周先生全力捧场，卖座鼎盛。紫罗兰感周吹嘘，拜为"义父"，从此紫罗兰盦主人，平添"一朵能行白牡丹"，解语名花。周编自由谈《紫罗兰》《紫罗兰花片》①，满载紫罗兰图文。名士红粉，奇缘投合，诚文坛佳话，艺海盛事也。

紫罗兰姑娘数度来沪，周义父捧场如仪。联华影业公司全盛时代，试拍粤语声片，处女作《银汉双星》，即聘她担任。紫罗兰解语名花，成长秀发，双十妙年华，银幕相见，灼灼艳光，逼人视线。现名花有主（在港与林姓侨商之子结合），伉俪情笃，息影歌坛，持家作主妇，绿叶成荫子满枝——二儿一女小母亲——矣。

十六年，革命军光复淞沪，新文艺潮泛滥，创造社郁达夫、张天翼、王独清、成仿吾等，高揭文艺革命旗帜，《阿 Q》作者鲁迅，新文艺权威，新青年偶像。"鸳鸯蝴蝶"的"礼拜六派"，痛遭袭击，来势汹汹，潮流所趋，无法抵御，《紫罗兰》等杂志纷纷停刊。周先生眼见风色不对，宣告下野。

周恂恂儒雅，书生本色，处世态度一似他清新行，文和淡冲逸，抱田园诗人志趣，厌恶长安居，尘俗烦嚣，乃于十九年秋，购地吴门桃花坞，营建"紫罗兰小筑"，外中内西，正屋六椽之外，四周庭园，遍植花木。先生胸其邱壑，园景设计，超尘绝俗，一石、一丘、一亭、一榭……位置恰宜，备见匠心。自营此别墅后，商准馆方，副刊辑务添聘黄萍君助理，本人每一来复，莅沪到馆理事一次，实际上，遥领名义编辑。莳居艺花、蓄鱼、读书、写作……咤叱风云之文坛主帅，功成名就，解甲归田。周先生急流勇退，知足常乐，典型幸福文人，清福报人也。

（《奋报》，1940 年 4 月 15 日）

---

①　原文如此，当为《紫兰花片》。——编者注

图书在版编目(CIP)数据

中国近代画报大系. 报刊文论卷/吉朋辉,周利成
主编;天津市档案馆编. —上海:上海书店出版社,
2024.6
ISBN 978-7-5458-2355-4

Ⅰ.①中… Ⅱ.①吉… ②周… ③天… Ⅲ.①画报—
史料—中国—近代 Ⅳ.①G239.295

中国国家版本馆 CIP 数据核字(2024)第 023830 号

责任编辑 杨何林 时 韵
封面设计 汪 昊

中国近代画报大系·报刊文论卷
天津市档案馆 编
吉朋辉 周利成 主编

出   版 上海书店出版社
          (201101 上海市闵行区号景路 159 弄 C 座)
发   行 上海人民出版社发行中心
印   刷 苏州市越洋印刷有限公司
开   本 787×1092 1/16
印   张 27
字   数 500,000
版   次 2024 年 6 月第 1 版
印   次 2024 年 6 月第 1 次印刷
ISBN 978-7-5458-2355-4/G.195
定   价 190.00 元